从"学历社会"
走向"技能社会"

新工业革命下的
产业工人技能匹配与提升策略

刘晓 等◎著

FROM
"CREDENTIAL SOCIETY"
TO
"SKILLS SOCIETY"

SKILL MATCHING AND PROMOTION STRATEGIES FOR
INDUSTRIAL WORKERS UNDER THE NEW INDUSTRIAL REVOLUTION

ZHEJIANG UNIVERSITY PRESS
浙江大学出版社
·杭州·

自　序

　　产业工人作为我国工人阶级的中坚力量,在推动国民经济发展、赢得产业变革先机方面起着关键性作用。党的十八大以来,以习近平同志为核心的党中央高度重视我国产业工人队伍建设,多次强调产业工人是我国工人阶级中发挥支撑作用的主体力量,是创造社会财富的中坚力量,是创新驱动发展的骨干力量,是实施制造强国战略的有生力量。2017 年,中共中央、国务院印发重磅文件——《新时期产业工人队伍建设改革方案》,提出了"造就一支有理想守信念、懂技术会创新、敢担当讲奉献的宏大的产业工人队伍"的战略目标,这是党中央着眼于巩固党的执政基础、实施制造强国战略、全面提高产业工人素质作出的重大决策部署,体现了以人民为中心的发展思想和全心全意依靠工人阶级的方针,体现了对包括产业工人在内的工人阶级的高度重视和巨大关怀,具有重大而深远的意义。2022 年,国家对《中华人民共和国职业教育法》进行修订,进一步确立和肯定了推动职业教育高质量发展在提高劳动者技术技能水平和建设教育强国、人力资源强国和技能型社会方面重要的法律地位。近年来,一项与亿万产业工人息息相关的重大改革拉开大幕,一场党政、群团、社会各界共同参与的"国家行动"全面铺开,产业工人队伍建设改革陆续被纳入国家和地方经济社会发展规划。

一、新中国成立以来职业教育助推产业工人队伍建设的历史回顾

　　新中国成立以来,产业工人队伍建设受到党和政府的高度重视。职业教育在政策制定、院校办学以及制度完善等诸多方面作出深入改革,并根据不同时期的经济社会发展特点,提供有助于队伍建设的指导。本书通过对 70 多年相关政策的梳理,总结我国产业工人技能形成和队伍建设的发展路径。

（一）新中国成立初期的起步时期（1949—1978 年）

新中国成立初期，国内外环境错综复杂，职业教育受到政治、经济、文化等因素的影响，在工人培育方面贡献程度相对有限。这一时期，我国主要借鉴苏联经济的发展模式，在全国范围内"优先发展重工业"。在 1953 年到 1957 年，我国工、农、林等部门急需 100 万左右能够胜任技术类工作的工人[①]。为保障工业化进程的稳健发展，国家在部分技工学校中增设了与产业发展相关的专业与课程，我国正式确立起以产业工人培育为目标的职业教育模式。然而，当时的职业教育受政府严格控制与计划，技工学校的招生计划制定、课程设置、教学实施及就业分配都要以国家政策为主要依据。20 世纪 50 年代，技工学校招收学制 2～3 年不等的高小毕业生和学制 3 年的初中毕业生；60 年代，学校仅招收初中毕业生源，并将学制定位为 3 年；再到 70 年代，技工学校开始正式招收高中毕业生，作为技术工人的储备人员，这类学生由于已经具备相应的知识水平，学校将他们在校学习的时间缩短到 1～2 年。这一阶段，我国培育出一批能够适应工业发展的产业工人，工人工资待遇制度也受到一些地区的关注。1950 年，东北地区开始学习苏联，逐步实行八级工资制。1956 年，我国的八级工资制度开始全面实施，这种制度主要由"工资等级""工资标准""技术标准"三部分组成，将工资、待遇和福利标准与个人的技术技能等级相挂钩[②]，工人队伍中技术水平较高的师傅逐渐占据较高地位，而徒弟的水平短期内无法超越师傅，一定程度上促进了工厂中师傅带徒弟的积极性，有助于提升产业工人的技术技能水平。然而，在"文革"期间，我国发展起来的 300 多所技工学校纷纷停办，教师和学生被迫离开学校，大量积累下来的教学资料被销毁，产业工人队伍的建设进程受到严重阻碍。1972 年，为继续推进国家重工业发展，国务院科教组开始推动技工学校继续招生，一些工厂也逐渐开设了技工学校，当时我国共建有 1000 多所技工学校，但多数学校并未设置专门化的教学目标、考试标准、教学计划和教学大纲，使得大批生源入学后直接进入厂房工作，与工厂学徒无异。

---

① 李百浩,彭秀涛,黄立.中国现代新兴工业城市规划的历史研究——以苏联援助的 156 项重点工程为中心[J].城市规划学刊,2006(4):84-92.

② 李强.为什么农民工"有技术无地位"——技术工人转向中间阶层社会结构的战略探索[J].江苏社会科学,2010(6):8-18.

(二)改革开放后的调整时期(1978—2016 年)

党的十一届三中全会打开了我国市场经济的大门,原有的培养模式无法满足改革开放后生产岗位对产业工人的新需求,职业教育对产业工人的培育进入调整时期。这一时期,中国制造业工人的主体经历了以城镇居民为主到以农民工为主的转变,并伴随着产业工人社会地位的下降,职业学校无法延续计划经济时期统一招生就业的办学模式,职业教育在工人培育中的作用逐渐式微①。为此,1980 年 10 月,国务院出台《关于中等教育结构改革的报告》,明确指出,技工学校是培养中级技术工人的学校,要办好现有的技工学校,可适当地将部分普通高中改办为职业(技术)学校、职业中学、农业中学②,这份文件的出台为职业教育培育更多高质量、高素质的产业工人打下良好的政策基础,有利于工人队伍的进一步扩充。1989 年 2 月,国家颁布《劳动部关于修订工人技术等级标准和制定岗位规范的通知》(劳办培字〔1989〕第 5 号)并指出,工人技术等级标准和岗位规范是进行工人培训与考核的重要依据,也是劳动、工资工作的组成部分③,这份文件进一步完善了工人等级标准和岗位规范,技能与待遇的挂钩程度更加明显。20 世纪 90 年代,大学扩招对职业教育的发展产生了较大影响,职业学校的优质生源被进一步压缩。随着我国产业化发展的提速,产业工人逐渐受到党和国家的重视。2005 年 10 月,国务院颁布《关于大力发展职业教育的决定》(国发〔2005〕35 号),明确指出要"逐步提高生产服务一线技能人才,特别是高技能人才的社会地位和经济收入"④,产业工人社会地位的提升问题逐步进入公众视野,这极大加强了社会对产业工人群体的认识。2014 年 8 月,教育部出台《关于开展现代学徒制试点工作的意见》(教职成〔2014〕9 号),职业院校开始尝试利用现代学徒制解决人才技能提升与产业岗位技能需求的矛盾,使现有的人才培养模式得以创新⑤。在2015 年表彰全国劳动模范和先进工作者大会上,习近平总书记要求社会各界

---

① 蒋丹兴,杜连森.产业工人技能形成体系的历史分析与建设对策[J].教育理论与实践,2018,38(30):23-25.

② 和震.我国职业教育政策三十年回顾[J].教育发展研究,2009,29(3):32-37.

③ 劳动和社会保障部.劳动部关于修订工人技术等级标准和制定岗位规范的通知[Z].1989-02-11.

④ 国务院.国务院关于大力发展职业教育的决定[Z].2005-10-28.

⑤ 教育部.教育部关于开展现代学徒制试点工作的意见[Z].2014-08-25.

要促进公平与正义，"实现好、维护好、发展好"广大劳动者的根本利益①，这为产业工人队伍的稳步建设创造了良好的社会氛围。

（三）供给侧结构性改革下的多元发展时期（2016 年至今）

进入"十三五"，国家开始深入实施"中国制造 2025"和人才优先发展战略。为实现制造业"大国"向制造业"强国"的转型，我国需要职业教育培育一批技能熟练的产业工人。为全面提升我国产业工人的层次水平，打造高素质产业生力军，我国出台了一系列与工人队伍建设相关的政策。为解决长期困扰中国制造业发展的"技工荒"难题，2017 年 6 月，中共中央、国务院印发《新时期产业工人队伍建设改革方案》并指出，要统筹发展职业学校教育和职业培训，建立多方力量共同参与的职业教育培训体系②，这为职业教育继续完善产业工人的培养培训工作指明了改革方向。至此，"技能形成"概念被正式提出，产业工人的技能提升方案被摆在一个更加宽广的视野下。同时，为推动创新驱动和产业结构升级，国家越来越重视产业工人尤其是高技能工人的培育。为此，党的十九大报告明确指出要构建"职业教育与培训体系"的发展目标，通过深化供给侧结构性改革来丰富职业教育、助力工人成长的发展内涵，为建设"知识型、技能型、创新型"的劳动者大军提供保障③。在这一阶段，产业工人的福利待遇与权益保障也得到党和政府的进一步关注。2018 年 3 月，中共中央办公厅与国务院办公厅印发《关于提高技术工人待遇的意见》，提出了"把改革发展成果更多、更公平地惠及技术人才"的目标，这极大激发了工人的创造与创新能力，使他们更加愿意投身到社会主义现代化的建设中④。同年 4 月，人社部印发《关于贯彻落实〈关于提高技术工人待遇的意见〉精神的通知》（人社部发〔2018〕24 号），指出深刻领会《意见》的重要意义，加强任务分

---

① 在庆祝"五一"国际劳动节暨表彰全国劳动模范和先进工作者大会上的讲话[EB/OL].（2015-04-28）[2021-08-04]. http://www. xinhuanet. com/politics/2015/04/28/c_1115120734. htm.

② 中共中央国务院. 新时期产业工人队伍建设改革方案[Z],2017-06-19.

③ 决胜全面建成小康社会　夺取新时代中国特色社会主义伟大胜利[EB/OL].（2017-10-18）[2021-08-04]. http://politics. people. com. cn/n1/2017/1028/c1001-29613514. html.

④ 中共中央办公厅,国务院办公厅. 关于提高技术工人待遇的意见[Z],2018-03-22.

工与统筹协调,推动各项政策措施落到实处①。2019 年 5 月,国务院办公厅印发《职业技能提升行动方案(2019—2021 年)》(国办发〔2019〕24 号),提出了"持续开展职业技能提升行动,提高产业工人培养培训工作的针对性及实效性"的决策部署②。供给侧结构性改革背景下,产业发展对高技能人才的用人需求不断扩大,职业教育在一定程度上提升了产业工人队伍的整体素质,助力国家产业工人薪资福利和权益保障制度的健全,职业教育也通过深化改革,进一步构建产业工人职业培训体系,助推产业工人队伍建设工作的开展。

二、职业教育助推产业工人队伍建设的时代成效

回顾产业工人队伍建设的发展历程,可知我国职业教育使工人队伍得以扩充,工人的权益保障问题也逐步得到解决,这为国家的发展和社会的稳定奠定了坚实的基础。在相关政策的持续推进下,高素质工人技能提升和队伍建设工作不断开展,并在诸多方面取得较好成绩。

(一)职教助推:产业工人培养规模不断扩大

新的历史时期,国家高度重视产业工人的培养。通过人才培养围绕国家重大发展战略、加强产业工人思政教育、坚持工人培养培训的多元办学等一系列国家政策与重大举措,我国着力搭建产业工人成长的"立交桥",目前已建立起较完备的职业教育体系,基本具备大规模培育产业工人的能力。在教育部公布的 2020 年全国高校名单中,高职高专院校总计 1468 所,公办高职高专院校 1128 所,民办高职高专院校 337 所,中外合作办学高职高专院校 3 所,各大院校的专业设置基本覆盖了全国各个省份和地级行政区经济发展的主要行业。其中,专任教师人数达 49.8 万人,院校年招生规模达 368.8 万人,在校生约为 1133.7 万人,毕业生约为 366.5 万人。近几年,我国大力发展技工教育,全国技工院校招生实现跨时代的连续增长,毕业生就业率达 97.6%。2018 年,我国新增高技能人才数量高达 320 万人,为产业工人队伍扩容提供了大批创新型工人和高技能工人。在第 44 届世界技能大赛上,中国代表团获得喜人成绩,实现历史性重大突破,并成功申办第 46 届世界技能大赛。由此可见,国家出台的产业工人技能提升政策是有成效的,产业工人队伍规模不

---

① 人力资源和社会保障部.人力资源社会保障部关于贯彻落实《关于提高技术工人待遇的意见》精神[Z],2018-04-20.

② 国务院办公厅.职业技能提升行动方案(2019—2021 年)[Z],2019-05-18.

断扩大、结构不断优化，为国民经济发展提供了强有力的人才支撑。

（二）队伍扩容：工人对接重点产业程度加强

随着新业态、新技术的出现，高技能工人成为工人队伍中的技术核心力量，产业工人队伍与重点建设产业、新兴技术产业的对接程度不断加强。2019年，我国就业人员达7.75亿人，成为全球最庞大的就业队伍，高等教育和专业技能培训的人才超1.7亿人次，这为建设现代化经济体系提供智力支撑和人才保障。以课题组所在的杭州市为例，根据杭州市政府提供的《2019年杭州统计年鉴》可知，截至2019年，杭州市从业人员数量为690.1万人，相较2012年增加了45.67万人次；2012年到2018年间，一、二产业中的产业工人占比略有减少，而第三产业的从业人员大幅增加，制造业、软件和信息技术服务业、科学研究和技术服务业等重点发展产业的高技能工人数量增幅明显，可见"重""新"产业的升级也在一定程度上推动产业工人从传统领域向其他领域扩散。近年来，全国范围内无论是政策制定还是培养工作实施，都贯彻落实新发展理念，使产业工人队伍紧密对接新兴技术产业、工业战略性新兴产业和高技术制造业，促进数字经济、网络经济、平台经济、共享经济、智能经济蓬勃发展。

（三）制度优化：待遇、权益与评价有所完善

国家号召"劳动光荣、技能宝贵"，为产业工人营造积极向上的发展环境。评价制度的完善是激发产业工人创新思维，提高产业贡献能力的重要保障。近几年，我国初步建立有助于产业工人成长的技能评价与权益保障基本制度框架，把保障工人的基本权益、提高薪资待遇以及福利水平作为政策制定与实施的出发点和落脚点，并时时做出调整与丰富（相关政策表述详见表0-1）。在产业工人待遇方面，截至2018年，我国城镇非私营单位就业人员中的在岗职工年平均工资达到84744元，相较2012年增长了37151元，同比增长达78.1%，工人待遇水平得到显著提升。同时，工会建档立卡的困难工人与职工由2013年6月的489万户下降到2018年1月的247万户，减少了242万户。近几年，我国多地省市级别的总工会响应党和国家的号召，纷纷根据区域经济发展特色和产业工人生产生活实际制定相关改革方案。国家和地区出台一系列政策，加强了对产业工人技能评价与福利待遇的重视，这既是提升产业工人社会地位、增强职业荣誉感的重要举措，也是激发青年一代投身产业工人队伍、自发开展人力资本投资的重要推力。

产业工人队伍建设改革是实施科教兴国战略、人才强国战略、创新驱动发展战略的重要支撑和基础保障。近年来,党中央、国务院及国家相关部委注重顶层设计,连续出台 30 个制度文件,涉及思想政治建设、技术工人待遇、职业发展、职业教育改革、职业技能培训、技能人才队伍建设、产教融合、农民工培训、企业职工教育经费提取等诸多方面,为产业工人队伍建设改革营造良好的政策制度环境。

表 0-1　近年政策针对产业工人待遇、权益与评价的表述①

时间	相关政策	政策表述
2017 年 6 月	《新时期产业工人队伍建设改革方案》	维护产业工人权益,改革不适应产业工人队伍建设要求的体制机制
2018 年 3 月	《关于提高技术工人待遇的意见》	突出"高精尖缺"导向、实施工资激励计划、构建技能形成与提升体系、强化评价使用激励工作,全面提高工人待遇水平
2018 年 5 月	《关于推行终身职业技能培训制度的意见》(国发〔2018〕11 号)	建立技能人才多元评价机制,建立技能提升多渠道激励机制,进一步优化社会环境
2019 年 5 月	《职业技能提升行动方案(2019—2021 年)》(国办发〔2019〕24号)	鼓励支持社会培训和评价机构开展职业技能培训和评价工作;三年共开展各类补贴性职业技能培训 5000 万人次以上
2019 年 7 月	《关于授予职业技能竞赛优秀选手全国技术能手荣誉的决定》(人社部发〔2019〕55 号)	进一步发挥职业技能竞赛在技能提升工作中的重要作用,加强人才队伍建设
2019 年 9 月	《关于改革完善技能人才评价制度的意见》(人社部发〔2019〕90号)	健全完善技能人才评价体系,形成科学化、社会化、多元化的技能人才评价机制
2020 年 2 月	《关于切实做好新型冠状病毒感染肺炎疫情防控期间技能人才评价有关工作的通知》(人社厅函〔2020〕22 号)	扛起疫情防控政治责任,加强对技能人才评价工作的组织协调和监督管理

---

① 刘晓,陆宇正.新时代我国产业工人技能提升的政策寻迹与路径[J].现代教育管理,2020(9):97-104.

续表

时间	相关政策	政策表述
2020 年 2 月	《关于实施职业技能提升行动"互联网＋职业技能培训计划"的通知》（人社部发〔2020〕10 号）	企业可结合生产经营实际，采取线上理论考试、生产过程考核、工作业绩考评等方式进行技能评价，指导社会培训评价组织有序开展职业技能等级认定
2020 年 5 月	《关于做好疫情防控常态化条件下技能扶贫工作的通知》（人社厅函〔2020〕81 号）	着重选择就业需求量大、简单易学的就业技能，大力开展职业技能评价，积极组织开发专项职业能力考核规范
2020 年 5 月	《关于印发农民工稳就业职业技能培训计划的通知》（人社部函〔2020〕48 号）	每年培训农民工 700 万人次以上，促进农民工职业技能提升，推动农民工稳岗就业和返乡创业，改善农民工就业结构，将农民工培育成为重要的人力资源
2020 年 11 月	《关于支持企业大力开展技能人才评价工作的通知》（人社厅发〔2020〕104 号）	支持企业自主开展技能人才评价，自主确定评价范围，自主设置职业技能等级，自主运用评价方法，贯通企业技能人才职业发展
2020 年 12 月	《关于进一步加强高技能人才与专业技术人才职业发展贯通的实施意见》（人社部发〔2020〕96 号）	综合采用理论知识考试、技能操作考核、业绩评审、面试答辩、竞赛选拔等多种方式评价高技能人才
2021 年 1 月	《关于印发技能人才薪酬分配指引的通知》（人社厅发〔2021〕7 号）	按照为岗位付酬、为能力付酬、为绩效付酬的付酬因素；对于取得高级工、技师、高级技师，并在相关技能操作类岗位工作的技能人才，发放一定额度的技能津贴，鼓励技能人才学技术、长本领
2021 年 6 月	《关于全面推行中国特色企业新型学徒制加强技能人才培养的指导意见》（人社部发〔2021〕39 号）	学徒在学习培训期间，企业应当按照劳动合同法的规定支付工资；推动企业全面自主开展技能人才评价，并将参加新型学徒制培训的人员纳入其中
2021 年 6 月	《关于印发国家乡村振兴重点帮扶地区职业技能提升工程实施方案的通知》（人社部发〔2021〕45 号）	对帮扶家庭子女接受技工教育给予补助；对符合条件的劳动者参加专项职业能力项目培训的，可按规定纳入政府补贴性职业技能培训项目范围，落实职业培训和鉴定补贴

续表

时间	相关政策	政策表述
2021年6月	《关于印发"技能中国行动"实施方案的通知》(人社部发〔2021〕48号)	健全以技能需求和技能评价结果为导向的培训补贴政策;建立健全以国家奖励为导向、用人单位奖励为主体、社会奖励为补充的技能人才奖励体系
2022年5月	新修订的《职业教方法》	建设教育强国、人力资源强国和技能型社会

三、产业工人技能提升的区域实践与成效

2018年以来,全国31个省(区、市)认真落实党中央、国务院关于加强产业工人队伍建设改革的决策部署,始终把产业工人队伍建设改革作为推进高质量发展的重要举措,重点围绕产业工人思想政治引领、技能素质提升、技能等级评价、数字平台建设、权益待遇保障、建功立业服务等焦点问题,紧密结合各省份实际情况出台若干实施意见和行动方案,坚持强化领导与联动攻坚同步,深化改革和创新机制并举,形成一批各具特色的"地方计划"和改革亮点。

(一)党建创新,产业工人思想政治引领工作取得新进展

以加强党的领导核心作用为主要内容的思想政治建设,是新时期产业工人队伍建设改革工作的灵魂和基础,也是夯实党执政的阶级基础和群众基础的有力抓手。面对社会环境和执政条件的深刻变化,各省围绕"加强和改进产业工人队伍思想政治建设"进行了探索和改革,并取得了显著成效。

一是省工会引领,加大在产业工人中发展党员的力度。黑龙江一直重视职工思想政治引领工作,出台《关于加强和改进新时代产业工人队伍思想政治工作的具体措施》《黑龙江省职工素质建设工程五年规划(2020—2024年)》,将"加强和改进产业工人队伍思想政治建设"放在突出位置。黑龙江省已开展"全省万名职工思想政治引领骨干大培训行动",首批计划用1年左右的时间,投入1600万元培训1.5万名职工骨干,充分释放骨干队伍"播种机"效能。二是鼓励非公企业创建劳模创新工作室和劳模党支部。非公企业是江苏经济增长的"主力军",全省80%的产业工人集聚于此。为最大限度地消除非公企业党工组织的"空白点",江苏省出台《关于在全省非公有制企业开展党建带工建"三创争两提升"活动的意见》(苏组通〔2019〕65号),提出在全

省非公企业中开展"三创争两提升"活动,每两年将评选出100家示范单位,以彰显党员的先锋模范作用。据统计,江苏近年来选取3300家企业作为各级组织部门重点联系对象,全省成立劳模创新工作室党支部227个、党员先锋岗711个,形成"党建带工建、工建助产改"的生动局面。三是畅通产业工人参政议政渠道,突出产业工人的地位和作用。《新时代江苏产业工人队伍建设改革实施方案》指出,要将党建与职工思想政治工作、能力提升工作、权益维护工作等有机结合起来。在2020年全国劳动模范和先进工作者表彰大会上,来自江苏的125人中有27人为江苏各级人大代表,占比超过五分之一,他们中有工人、农民、企业负责人,也有科教人员、管理人员、机关工作人员。目前产业工人在江苏省新发展党员中占14%,在省级"两代表一委员"中占10%左右,在今年候选省劳模中占45%。

（二）技能提升,产业工人技能教育和培训体系得到新加强

产业工人队伍建设的核心是实现技能提升,为缓解产业转型升级过程中"用工荒"和产业工人技能供需不匹配的难题,各省份相关部门、各级工会贯彻落实《新时期产业工人队伍建设改革方案》、《职业技能提升行动方案（2019—2021年）》(国办发〔2019〕24号)、《关于实施职业技能提升行动"互联网＋职业技能培训计划"的通知》(人社部发〔2020〕10号)的精神,围绕"产业工人技能素质提升"这一重点、难点进一步制定具体细化措施和配套政策,努力构建全覆盖、差异化的职业技能教育与培训体系。

一是不断深化职业教育校企合作培养,推行企业新型学徒制。广东作为改革开放的前沿阵地,产业工人数量占全国八分之一。近年来,广东省委、省政府把产业工人队伍建设摆在全省经济社会发展大局中谋划推进,开创被誉为"中国特色技能人才培养模式"的校企双制办学,出台《广东省人民政府办公厅关于深化产教融合的实施意见》(粤府办〔2018〕40号)、《广东省全面推行企业新型学徒制实施方案》(粤人社规〔2019〕25号)、《广东省产教融合建设试点实施方案》(粤发改社会〔2020〕418号)等若干文件,推动学科专业与产业需求精准对接,推进产教协同育人,构建教育和产业统筹融合发展格局。浙江省近年来全面推行企业新型学徒制工作,《关于加强企业技能人才队伍建设实施意见的通知》(浙政办发〔2013〕4号)与《关于印发浙江省企业新型学徒制工作实施方案的通知》(浙人社发〔2019〕40号)将企业新型学徒制培训对象从新招录员工扩大到企业在岗职工,并且建立企校双师共同培养制度,明确了

新型学徒制补贴标准,显著提高了企业培训的积极性。江苏省出台《关于深化产教融合的实施意见》(苏政办发〔2018〕48号)、《江苏省职业教育校企合作促进条例》,支持企业深度参与职业学校、高校教育教学改革和学校专业规划、课程设置、教材开发、实习实训等工作,促进企业最新需求融入人才培养环节,推动产教融合、校企合作从发展理念向制度供给落地。

二是聚焦产业工人技能素质提升,开展各项技能培训活动。河北省在全国率先出台职业技能提升实施方案,出台《关于河北省职业技能提升行动实施方案(2019—2021年)的通知》,坚持标准促训、评价促训、政策促训和竞赛促训,采取"五五五"推进法,深入实施职业技能提升行动,力促职业技能培训"量质双升"。截至2021年6月底,全省已开展补贴性培训192.7万人次,提前超额完成3年150万人次的培训任务。广东省出台《关于规范职业技能竞赛活动加强高技能人才选拔工作的通知》(粤劳社函〔2007〕1759号)、《关于印发2021年广东省职业技能大赛暨第7届全国职工职业技能大赛选拔赛的相关通知》等文件,积极构建以世赛为龙头、国赛为主体、省赛为基础的职业技能竞赛体系,把大赛的新理念、新标准、新技术、新工艺、新方法等广泛应用在教育教学和技能培训中。目前,广东技能人才共计1330万人,其中高技能人才443万人,高技能人才占技能人才总量比重达33.3%,为推动经济高质量发展提供有力支撑。浙江省加强职业技能建设领域的国际交流与合作,出台《关于加快推行终身职业技能培训制度的通知》(浙委办发〔2018〕130号)与《"金蓝领"职业技能提升行动方案(2020)》,聚焦全球先进制造业基地建设和重点产业行业,促进省内职业院校与国外职业院校达成多项对口合作,通过"金蓝领"培训工程成功组织开展高技能领军人才参与国际会议、技术援助、外宣、培训、交流等活动,大规模开展有针对性的职业技能培训。

三是培育创客群体,带动更多产业工人参与技术创新活动。江苏省出台的《新时代江苏产业工人队伍建设改革实施方案》指出,开展创客群体培育行动,在省科技进步奖中专设产业工人组别,发挥劳模工匠等群体的示范引领作用,引导企业将职工"五小"(小发明、小创造、小革新、小设计、小建议)创新活动纳入企业创新体系,建立技能水平与薪酬等级挂钩制度,推动技术工人的创新成果按要素参与分配,实现技高者多得、多劳者多得。中天科技集团在全国首创"知识产权银行",员工凭借创新成果获取积分存入"银行"并兑换现金奖励,依靠强大的创新活力,中天科技承担了80多个国家重点研发项目和火炬计划项目,获得860多个自主知识产权的专利授权。

　　四是突出重点群体，加大高校毕业生、农民工、退役军人等群体的职业培训力度。湖北是首个出台省级产业工人队伍建设改革方案的省份，也是在推动农民工向产业工人转型、产业工人素质提升和权益维护等方面实现创新和突破的省份。依据《湖北省产业工人队伍建设改革实施方案》，为进一步实施新生代农民工职业技能提升行动，相继出台《关于全面推进乡村振兴和农业产业强省建设加快农业农村现代化的实施意见》《2021 年全省新型城镇化和城乡融合发展工作要点》（鄂发改规划〔2021〕139 号）、《湖北省保障农民工工资支付办法》等文件，从职业培训、就业政策、用工管理、服务供给等方面助推农民工转型，加快其融入城市社会，形成推进产业工人队伍建设改革的"湖北版"。广东省面向退役军人着力构建以全员适应性培训为基础，就业创业技能培训和学历教育互为补充，具有广东特色的教育培训体系，出台《广东省促进退役军人就业创业的若干政策措施》《广东省困难退役军人帮扶援助办法》《关于加强退役军人司法救助工作的意见》等若干文件，从就业创业渠道、就业创业培训与扶持、保障与服务等方面推动退役军人实现稳定就业、稳健创业和美好生活。广东省印发《广东省职业技能提升行动实施方案（2019—2021 年）的通知》（粤府办〔2019〕14 号），积极引导帮助中小微企业开展职工技能提升培训，深入实施新生代产业工人（含港澳青年）"圆梦计划"，建设适应现代产业发展需要的南粤工匠队伍。

　　（三）规范评价，产业工人成长成才发展通道取得新实效

　　实现专业技术人才和技能人才职业发展贯通，是时代任务，也是国家需要。针对产业工人职业发展中出现的"独木桥""天花板"问题，各省份相关部门根据《关于改革完善技能人才评价制度的意见》（人社部发〔2019〕90 号）、《关于分类推进人才评价机制改革的指导意见的通知》（中办发〔2018〕6 号）出台若干文件，改进人才评价机制，打破专业技术职称评审与职业技能评价界限，打通技能人才培养、使用、评价、激励链条，拓宽技术技能人才上升通道。

　　一是积极推进企业和第三方技能等级认定工作。近年来，浙江省相继出台《关于选树技能人才自主评价引领企业的通知》（浙人社办发〔2018〕54 号）、《浙江省企业职业技能等级认定试点办法》（浙人社发〔2019〕66 号）、《关于技工院校开展职业技能等级认定试点工作的通知》（浙人社办发〔2020〕6 号）、《关于开展职业技能等级认定试点社会培训评价组织遴选工作的通知》（浙人社办发〔2020〕35 号），明确除准入类职业（工种）外，允许企业和第三方组织开

展技能认定工作,由其自主确定评价方案,核发职业技能等级认定证书。鼓励企业对产业工人进行自主评价。台州市率先完成全省首批职业技能等级认定试点第三方认定工作,来自三门核电集团公司等十多家知名企业的51名技师领证,到目前为止,全省共有100多家企业和第三方机构进行了技能等级认定试点备案。山东省出台《关于开展企业技能人才自主评价的实施意见》(鲁人社发〔2019〕14号)、《关于全面开展企业技能人才自主评价工作的通知》,在全省范围内试点开展企业技能人才自主评价,"谁用人谁评价",把技能人才评价权"放"给企业,企业也必须为技能人才兑现相应的待遇,这在一定程度上倒逼企业抓职工培训,促进技能提升。目前在山东全省范围内试点开展企业技能人才自主评价试点工作,242家企业备案,企业共自主评价57534名技能人才,其中省属企业15945人,央企驻鲁分公司41589人,有力促进了企业职工学技能的积极性,提高了技术工人待遇。

二是构建多元技能人才评价方式。浙江省健全技能人才评价制度,出台《关于实施新时代浙江工匠培育工程的意见》,完善职业资格评价、职业技能等级认定、专项职业能力考核等多元化评价方式。浙江大工匠等特别优秀的高技能人才可以直接认定为特级技师,特级技师的待遇参照正高级专业技术职称执行,目前全省已制订专项职业能力规范66个。同时浙江省建立证书互认制度。加快推进技能人才学历证书和技能等级证书互通转换,职业院校对取得职业技能等级证书的劳动者,根据其证书等级和类别免修部分课程,在其完成规定内容学习后依法授予学历证书;接受职业院校学历教育并取得毕业证书的学生,在职业技能等级认定中可免试部分内容。上海创新技能人才评价模式,出台《关于深化项目评审、人才评价、机构评估改革的意见》,科学设置分类评价标准,重点突出品德、能力、业绩导向,克服唯论文、唯职称、唯学历、唯奖项(简称"四唯")倾向,提高评价的精准性。

三是建立产业工人职业晋升"多通道"机制。吉林省健全技能人才发展政策体系,在全国率先打通技能人才与干部队伍的发展通道,以省委、省政府办公厅名义出台了《关于促进高技能人才成长的若干意见》等一系列政策文件,明确技师学院高级工班以上毕业生可以报考基层公务员,事业单位可以破格招聘技师以上高技能人才,打破了技能人才发展的"天花板"。浙江省出台《关于在工程技术领域实现高技能人才与工程技术人才职业发展贯通的意见》(浙人社发〔2019〕31号),提出在工程技术领域,高技能人才可以参加相应等级的工程技术职称评审,两类人才的身份界限被打破,极大拓宽了浙江省技能人才的职业发展通道。广东印发《关于促进劳动力和人才社会性流动体制机制改革的实施意见》，明确强化就业优先政策、创造流动机会、深化户籍制度改革、畅通流动渠道、拓宽技术技能人才上升通道等多项措施。

（四）数字赋能，产业工人学习平台建设呈现新活力

运用互联网推动产业工人队伍建设改革是党中央提出的明确要求，是助推高质量发展的客观需求，是广大产业工人的现实诉求，也是后疫情时代缓解"用工荒"和提高产业效能的必然要求。近年来，各省级被工会以互联网为突破口，积极打造数字化产业工人学习平台，为推进产业工人队伍建设改革提供了支撑。

一是创新培训方式，通过网络平台提供远程培训服务。浙江省率先出台《关于在疫情防控期间支持企业开展线上职业技能培训工作的通知》，围绕企业生产经营需求，全力推进线上培训，征集培训平台 34 个，培训工种 500 余个，4000 多家企业参加培训，超过 33 万名职工享受政府补贴培训。深圳在全国率先建立第三方实时培训监管系统，运用人脸识别、随机打卡、实时定位等方式，实现全链条、无死角的"互联网＋"过程监管，保障补贴资金发放规范、高效、安全。据统计，"十三五"期间，累计支出各类培训补贴资金 5.73 亿元，完成职业技能培训 112.6 万人次。吉林省出台《疫情防控期间支持企业复工复产安全防范 10 项措施》《关于应对疫情影响支持服务业健康发展的若干政策举措》，通过网络平台提供远程培训服务，助力新冠肺炎疫情防控，在全国率先开展公共卫生辅助服务员线上培训 9 万余人次，并支援湖北培训 8.1 万人次，为助力湖北省乃至全国打赢疫情防控阻击战作出了积极贡献。

二是加强信息化建设，实现培训就业数据共享。山西省贯彻落实《职业技能提升行动方案（2019—2021 年）》《2020 年山西省推进职业技能提升培训工作方案》精神要求，建立了山西省培训实名制管理信息系统、山西省劳动力建档立卡信息平台、电子培训券应用平台、线上职业技能培训平台等多个系统，实现劳动力建档立卡、职业技能培训实名制、就业服务信息化平台数据共享，依据全省统一的社保卡持卡人员基础信息库，为"一点登记、全域办理"的一体化经办新模式提供了强有力的技术支撑。浙江省建立省职业能力一体化平台，制定开发专项能力规范并推进考核。浙江省率先建立的省职业能力一体化平台将所有开展技能等级认定的单位统一纳入省信息系统平台，实现网上办理，方便企业和第三方机构简化办理流程，大大提高工作效率。

三是创新开展"网红"培训,丰富产业工人就业模式。为服务发展"网红经济",吉林省出台《吉林省助力发展"网红经济"开展直播销售员职业技能培训的方案》,并组织编印了全国第一本直播销售员培训教材,创新开展直播销售员职业技能培训近 6000 人次,举办了吉林省首届"东北袜业杯"网络直播销售技能大赛,选拔培育了一批"带货网红",在社会上引起了强烈反响。杭州市商务局出台《关于加快杭州市直播电商经济发展的若干意见》,推动建立"直播＋电商"产业,同时由浙江省商务厅和阿里巴巴集团在万田乡村振兴综合体创建全国首个"阿里巴巴村播基地",打造"村播学院",为学员提供免费的培训课程,借助柯城大学生创业园和创客孵化园两家省级创业园为直播创业企业提供创业场所。

(五)权益维护,产业工人收入待遇水平实现新提升

薪酬待遇与权益是技术工人最关心、最直接、最现实的利益问题,建立保护产业工人合法权的长效机制,让广大产业工人在政治上有地位、经济上有待遇、社会上受尊重,是充分调动产业工人的积极性、主动性和创造性,促进产业工人体面劳动、保障主人翁地位的应有之义。近年来,各省份围绕产业工人薪酬待遇、权益保障等方面持续发力,推动产业工人队伍建设改革举措落实落细落到产业工人心中。

一是完善产业工人薪酬增收激励机制。江苏省制定并实施了《关于开展集体协商健全产业工人薪酬激励机制的指导意见》(苏协劳〔2020〕4 号),在全国率先开展集体协商健全产业工人薪酬激励机制,大力推广技术创新、能级工资等专项合同,突出"技高多得、多劳多得",推动工人技能水平与薪酬等级挂钩,实行协议工资、项目工资、股权制、年薪制等分配方式,受益职工超过 66 万人。浙江省根据《关于提高技术工人待遇的实施意见》(浙委办发〔2018〕86 号)文件,对参加职业培训的技术工人提供职业培训补贴和职业技能鉴定补贴,目前,宁波、舟山、衢州等市已建立技能津贴制度,对紧缺高技能人才按月给予 300～500 元不等的技能津贴。

二是提高产业工人的政治待遇与社会待遇。浙江省制定《关于组织开展2019 年浙江省"万人计划"高技能领军人才遴选支持工作的通知》(浙人社函〔2019〕124 号)、《"之江工匠"打造行动(2017—2020)(征求意见稿)》《关于实施新时代浙江工匠培育工程的意见》(浙委办发〔2020〕36 号)等政策文件,落实党委联系高技能领军人才制度,对杰出高技能人才给予荣誉,并实行重奖;

对紧缺急需、关键岗位的高技能人才，经当地人力社保部门认定后，在落户、子女教育、购房、医疗等方面予以支持。山东省出台《关于实施"齐鲁工匠"建设工程的意见》，面向全省各行业生产服务一线岗位工作的技术工人开展的"齐鲁工匠"建设工程，每年选出 40 名"齐鲁工匠"、10 名"齐鲁大工匠"，目前已带动各级选树工匠人才 8000 人以上。

三是通过协商维护产业工人合法权益。广东省在全国率先发出《同舟共济谋发展、共克时艰筑和谐——致全省企业家和职工们的倡议书》，进一步完善政府、工会、企业共同参与的三方议事协商协议机制，支持企业与职工协商解决劳动关系有关问题，近两年全省签订协商性集体协议 806 份，覆盖企业 3.2 万家，覆盖职工 114 万人。江西省出台《"和谐劳动·幸福江西"三年行动计划（2018—2020 年）》（赣人社字〔2018〕9 号），全面实施全民参保登记计划，保障职工依法享受社会保险待遇；保障职工法定节假日休息权利和日常工作休息权利，进一步构建和谐稳定的劳动关系。

（六）建功立业，产业工人公共服务能力保障展现新作为

产业工人是工人阶级中发挥支撑作用的主体力量，围绕中心服务大局是工人阶级发挥主力军作用的重要体现，各省份将产业工人队伍建设融入经济社会发展大局，其目的在于把握区域经济发展的方向，最大限度地发挥产业工人的主力军作用，使之更好地建功立业，推动地方经济发展目标实现。

一是提高城市公共服务水准。公共服务涉及交通、住房、就学、就医、娱乐、休闲等诸多方面，上海闵行区委区政府出台《关于推进新时期闵行区产业工人队伍建设改革的实施意见》，并制定《闵行区加强产业工人公共服务三年行动计划》，把"加强产业工人公共服务全覆盖"作为推进产业工人队伍建设改革的特色和亮点，着力为产业工人提供更有温度的城市公共服务。广东省开始实施积分制入户新政策，出台《广东省关于进一步推进户籍制度改革的实施意见》，旨在推进建立以居住证为载体、以积分制为办法的基本公共服务提供机制。二是坚持以产兴城聚人，全面搭建产业工人建功立业舞台。四川成都秉持"人城产"逻辑，通过了《成都市城市总体规划（2016—2030 年）（送审稿）》，坚定落实习近平总书记关于统筹生产生活生态空间布局的重大要求，坚持"一个产业功能区就是若干新型城市社区"理念，以轨道交通引领产业功能区"独立成市"，变职住分离的工业园区为功能复合的高品质生活社区，建成首批 40 个示范性产业社区，产业工人实现基本生活需求在产业社区解决，实现了"以产兴城、产城融合"。广东积极申报建设国家产教融合型试点城市,出台《广东省产教融合建设试点实施方案(征求意见稿)》(粤发改社会〔2020〕418号),争取中央资金1.569亿元投向广东省产教融合教育项目,883家企业被纳入广东省产教融合型企业建设培育库,为产业工人队伍建设构筑人才聚集高地。

在以习近平同志为核心的党中央坚强领导下,我国产业工人以高度的主人翁使命感和历史责任感,推动党和国家事业取得决定性成就、发生历史性变革,各项工作取得了显著成效。各省份产业工人思想政治引领明显加强,劳模精神、劳动精神、工匠精神有力弘扬,工人阶级主力军作用充分发挥;产业工人队伍建设改革扎实推进,产业工人地位作用更加彰显;维权服务力度不断加大,职工群众获得感、幸福感、安全感不断提升。

四、新时代我国产业工人技能提升的瓶颈与掣肘

党和政府始终坚持大力发展职业教育事业,将建设产业工人队伍作为经济发展的重要任务之一。在相关政策的持续推进下,高素质工人技能提升和队伍建设工作不断开展,并在诸多方面取得较好成绩。然而,在政策背后,仍存在诸多理论与实践问题,有待得到进一步厘清与深入。

(一)质量困境:专业技能素质有待进一步提升

我国产业工人队伍规模虽得到扩充,但在整体质量上仍需继续提高。根据世界银行、世界贸易组织等权威机构最新数据编制的《2019中国制造强国发展指数报告》,2018年中国基础产业增加值占全球比重6.40%,仅为美、德25%左右;标志性产业集中度仅40.57%;制造业劳动生产率为28974.93美元/人,仅为美国的19.3%、日本的30.2%和德国的27.8%,并且制造业工人名义工资明显低于全球制造强国。[①] 由此可见,中国工业基础仍较薄弱,产业集中度仍然较低。产业中呈现的质量困境与我国产业工人队伍中高技能人才短缺所导致的生产成本高、技术与工艺不过关等有着密切关联。同时,从国内工人队伍建设横向上看,整体呈现不同省份与地区的工人技能水平差距逐渐拉大,部分地区存在高技能工人匮乏、招人难留人难等问题,严重影响了产品提质和产业升级。究其原因,一方面是技能提升经费投入有限,另一方

---

① 单忠德.固优势、补短板,持续推进制造业优化升级——解读《2019中国制造强国发展指数报告》[J].中国工业和信息化,2020(Z1):16-20.

面则是行业企业的培养培训作用未能有效发挥出来，一部分企业发展受限，无力承担指导产业工人的应有责任，而另一部分发展较好的企业宁愿花重金招聘有经验的工人，也不愿花时间和精力参与到工人的培养环节中，企业参与职业教育的权责缺少制度约束。

（二）政策薄弱：内容需要扩展，监管有待加强

政策目标的有效实现不仅要求政策本身具有一定合理性，还需要监管作为重要手段保障政策的实施，然而目前相关政策在内容和落实方面还存在不足。一方面，政策内容有待进一步扩充。党的十八大以来，产业工人技能提升的相关政策文件主要运用了能力工具、权威工具和激励工具，而象征规劝工具和系统变革工具的使用较少。象征规劝工具和系统变革工具是通过价值倡导、理念认同、机制变化等策略引导，来使政策受众达成政策目标的，[1]在价值和理念的引领上，对我国产业工人队伍建设有积极作用，但当前有关部门这两种政策工具的使用，与我国"政治上保证、制度上落实、素质上提高、权益上维护"的总体发展思路不相匹配。另一方面，政策的监管有待进一步落实。党的十八大以来，相关政策文件共计 20 余个，这些政策的制定旨在提高产业工人素质，畅通发展通道，依法保障产业工人权益，但由于缺乏对政策执行的监管和评估，部分举措并未得到落实。如《改革方案》虽提到要"组织产业工人积极参与实施走出去战略和'一带一路'建设"，但目前产业工人技能国际交流活动并未真正落地；《关于推行终身职业技能培训制度的意见》指出，要广泛开展"大国工匠进校园"活动，加强职业素质培育，但由于缺乏监管，职业院校以"听工匠""看工匠"为活动的主要形式，未能将工匠精神、职业道德、法律意识、安全环保和健康卫生等要素真正融入产业工人培育的全过程，使政策实施效果不尽如人意。

（三）发展瓶颈：培养与晋升通道有待继续畅通

产业工人队伍建设同样遭遇培养通道与晋升途径两方面的发展瓶颈。一方面，当前部分职业院校的培养通道并不畅通，[2]例如：虽然一些地区设置

---

① 汤杰,石伟平.高等职业教育内涵建设的政策工具:回顾与展望——基于 1995—2019 年高职政策文本的分析[J].教育学术月刊,2020(1):45-52.

② 于志晶,刘海,岳金凤,等.中国制造 2025 与技术技能人才培养[J].职业技术教育,2015,36(21):10-24.

了"高职本科"学位点,旨在培养本科层次的产业工人和技能型人才,但符合职业教育特点的学位制度还未在全国范围内大面积铺开,高等教育领域仍缺乏本科层次的职业技术教育,职业教育领域的"立交桥"尚未完全搭建成形,难以保障产业工人对终身学习需求的实现。另一方面,职业与岗位晋升通道也并不顺畅。目前行业企业资源配置效率相对较低,底层产业工人较难跻身中高管理层,大多数企业又缺少相应的激励机制,不善于调动产业工人在生产中的积极性,加剧"招工难""留工难"问题。同时,人社部发布《关于减少职业资格许可和认定有关问题的通知》,对职业资格证书进行清理和重置,然而相当一部分新兴产业的技能培训教材与课程并未配套上线,阻碍了相关产业的产业工人技能认定和评价活动的开展。

(四)创新壁垒:新业态相关指导有待得到重视

国家技术发展水平与产业工人队伍的整体素质有互相影响、相互牵制的关系。以人工智能技术为例,作为现代化发展的新兴产业,它已成为衡量一个国家创新发展水平的标准。当前,人工智能技术的兴起使其对产业工人队伍中高技能人才的需求急剧增长,但我国人工智能产业面临着人才供给侧与需求侧严重失衡的问题。目前,全球范围内共有近 400 所高校开设人工智能相关专业或课程,然而仅有 57 所高校开设了人工智能专业,且有 26 所高校近几年才刚设相关专业。面对我国人工智能领域数以万计的人才缺口,现实中的小规模人才供给无法有效满足市场的巨大需求。[①] 可见,在新业态、新产业快速发展的今天,我国新兴技术产业领域的产业工人还无法追赶快节奏的技术潮流。一方面,我国在信息技术、大数据、物联网等新兴产业领域的领军人才相对匮乏,许多技术的发展仍在模仿其他国家,使产业工人队伍建设受限于国家技术的发展,给产业工人的培养带来了巨大挑战。另一方面,新兴技术产业与职业院校合作的形式相对单一,产业工人技能提升缺乏科学化、系统化的指导,协同化育人机制亟待完善。

(五)文化缺失:公共服务与设施有待加大投入

产业工人的待遇与福利虽得到提升,但在公共、文娱服务方面的建设仍略有缺失。产业工人群体的平均年龄正不断下移,工人队伍中的青年一代逐

---

① 张海生.我国高校人工智能人才培养:问题与策略[J].高校教育管理,2020(2):37-43,96.

渐增多,他们对个人职业生涯和事业生涯发展的诉求呈现多元化倾向,由此引发了两个方面的问题:一是随着我国城市化进程的不断迈进,产业工人的工作压力持续增加,导致产业工人在文化建设方面的要求不断提高,然而当前相应的公共服务与文娱建设又极度缺乏,这将降低工人在工作中获得的幸福感,不利于团队凝聚力的提升;二是产业工人队伍中"80后""90后"占比增加,他们更倾向于关注个人的精神文化建设,但与新中国成立初期工人的政治地位、社会地位普遍较高的情况不同,目前产业工人的社会资源支配权力不断弱化,许多岗位缺少相应的激励机制,更导致了工人对自身价值的弱化,出现产业工人对自身的社会认同感依然较低的状况,①这将不利于我国产业工人队伍中青壮年工人职业生涯的长足发展。

五、新工业革命下产业工人队伍建设的新挑战

如今,我国正进入推动经济高质量发展、建设现代化经济体系的关键时期,这需要科技创新作为强有力的支撑,国家发展对高素质劳动者特别是高素质产业工人的需求日益迫切。然而,我国职业教育在人才培养的质量上还未能完全达到产业发展的要求,校企合作仍存在问题,产业工人在数量与质量上的短缺成为产业转型升级的制约因素。必须坚持问题导向,加快推进职业教育改革,创新体制机制,大力推进产教融合,为社会提供源源不断的产业生力军。产业工人队伍建设改革的紧迫性日益凸显,主要体现在以下三个方面:业态发展岗位迭代对产业工人提出新要求、亟须提升产业工人社会地位、培养产业工人的价值感与获得感。

第一,适应"云大物智"背景下业态发展的新要求。中国正面临传统制造向智能制造的转型,随着"云计算""大数据""物联网""人工智能"等新技术的赋权,我国新业态得以进一步发展,产业群和岗位群不断升级改造,新时代的变革向我国产业工人队伍提出了更高更新的要求。国家正面向重大战略和区域重点建设产业,着力培育一批在新兴产业发展中发挥主力作用的产业生力军,这对提升我国产业发展的核心竞争力提出了新要求。

第二,发挥"大国尚技"在人才培养中的新作为。以时代发展所需产业工人的培养和产业工人时代价值的发挥来促使社会"尚技"价值取向的形成,是

---

① 吴玮,唐洁秋,陈诗达.新时代杭州产业工人队伍建设研究[J].中国劳动关系学院学报,2019(2):88-98.

职业教育人才观的另一发展目标的体现。通过大国工匠的培养与其时代价值的彰显,促使整个社会提升对产业工人的社会声望、社会待遇,积极引导社会青年端正价值取向、树立正确的职业生涯发展目标与社会企业的用人观,逐步形成"不唯学历凭能力"的积极向上的社会风气。同时,在由"制造业大国"向"制造业强国"转变的过程中,"大国尚技"氛围的营造有益于激发社会各界对产业工人队伍建设的活力,从而形成全社会正确认识职业教育、正确认知产业工人价值、参与发展职业教育的积极局面。

第三,满足产业工人追求"美好生活"的新需求。党的十九大报告指出,中国社会的主要矛盾已经转变为人民日益增长的美好生活需要和不平衡不充分的发展之间的矛盾。随着经济社会的不断发展,产业工人对美好生活的向往与追求主要体现在物质需求、社会需求以及心理需求三个方面。物质需求具体表现为产业工人对薪资待遇分配公平性的需要;社会需求包括产业工人对岗位安全、社会保障等方面的需要;心理需要则体现在产业工人对尊重的需求以及自我实现的需求。因此,进一步健全完善国家对优质服务和资源的公平供给制度,满足产业工人在物质需求、社会需求以及心理需求三方面的追求,将直接影响产业工人队伍的整体幸福感。

产业工人队伍建设的目标定位已经从起初面向岗位、服务就业到面向产业、服务经济再到如今融入产业、协同发展,人才培养定位从起初面向岗位、匹配学历到面向产业、匹配专业再到如今面向发展、匹配技能两个层面的变迁。基于这一研判,从2017年笔者的国家社科基金青年项目"新工业革命下我国产业工人技能匹配与提升策略研究"立项以来,笔者和团队的众多研究基本围绕这一主题顺势开展,其间也立项了诸如浙江省新兴(交叉)学科重大扶持项目"新时代浙江特色产业工人技能形成体系的构建策略与实施路径"、中共浙江省委政策研究室委托课题"关于构建以产业工人队伍为重点的职业技能培训体系研究"等一系列衍生课题。相关研究成果以及所形成的政策决策咨询也得到了浙江省委书记袁家军、时任浙江省省长郑栅洁、浙江省副省长成岳冲等多位省部级领导批示。本书是笔者近年来围绕产业工人技能匹配这一主题,在文献梳理、现状调研、国际比较的基础上,与几位志同道合的朋友以及指导研究生的论文基础上修改而成。在设计本书的整体结构时,笔者尝试从以下几个方面呈现自己对这一研究主题的看法。

第一,新工业革命背景下产业工人队伍建设与职业教育之间关系越发紧密。从历史的发展角度看,我国职业教育服务产业工人队伍建设经历了新中国成立初期以学徒制和厂中技能学校的快速起步，到改革开放再到高等教育扩张的挤压调整以及供给侧结构性改革下多元发展三个时期的发展。新工业革命背景下，加快转变经济发展方式是我国发展全局的战略选择，也是解决我国经济发展矛盾的过程。由此对劳动力市场所产生的影响便是机器成为"劳动者"而非"生产工具"，对于技术性岗位，特别是中等技术性岗位的劳动力需求大大减少。整体劳动力市场的结构开始向高级化调整。但同时新工业革命下也开辟了一批新的工作岗位，填补了部分人类劳动者无法胜任的岗位。由此也导致对于产业工人的培养已不再局限于职后培训，而是形成职前与职后一体的终身教育体系。因此，职业教育对于产业工人的培养要从重视岗位技能转向岗位协调能力，专业对口的概念将被淡化，通用能力将被更加重视，对人才素养培养质量以及人才培养结构都提出了新的要求。

第二，当前我国产业对人才的需要与职业教育供给之间适配度不高。调查发现，我国制造业中，不同规模、不同行业的企业转型升级程度不一，主要受到用工成本上涨以及资金供给主观因素、人口结构变化的客观因素、发达国家制造业回迁的外部因素共同影响。但整体上我国制造业对于人才需求提升学历要求、技能等级上升，对于智能制造和数据化维修单人才需求比例上升，重视劳动力的岗位协调能力与通用能力。近年来，我国通过从国家到省级层面紧密出台相关政策、大力落实普职比大体相当，提高职业院校专业设置、课程建设和教材开发与产业的匹配度等措施，为国家产业工人建设起到了一定成效。从职业教育与产业结构的匹配度现状来看，当前我国中职院校数量递减，高职院校数量增加，符合产业转型升级对高素质技术技能人才的需求趋势。专业布局基本与我国产业结构相符合，基本覆盖已有产业类型，且不同地区有意识地注重对接区域特色产业与当地非遗保护产业。人才培养质量能够得到大部分雇主企业的认可。职业教育对区域社会服务贡献度不断提高。但是，当前我国职业教育服务产业工人队伍建设仍在整体专业规划方面对新兴产业倾斜，部分地区专业分布与产业对接紧密度不高。人才培养规格方面对技术革命的满足度不高，缺乏对接高新技术岗位。人才培养质量方面生源质量有待进一步提升，双师型一体化培养有待完善，人才供给结构失衡突出，人才培养定位的科学性亟待增强。

第三，企业微观管理制度视角下产业工人技能形成受到多方因素的影响。从企业微观管理制度看，产业工人的技能形成受到人的管理要素，包括用工制度、薪酬及激励、企业培养、员工关系，以及事（物）的管理要素，包括生产组织方式、技术要素、企业文化的共同影响。不同的管理要素对产业工人技能形成的联系也有强弱和正负之分。随着产业发展和社会进步,企业中各个管理要素并不是一成不变的,且同一管理要素在企业发展的不同阶段对于产业工人的技能形成的影响也会不尽相同。此外,企业对待管理要素的态度会以一种间接的方式影响到产业工人的技能形成,而这种态度又是潜移默化的企业意识的传达。新工业革命背景下,对于产业工人的技能需求可以归纳为三类:一是成长技能,包括系统性思维、资源管理、数字化素养、自主学习能力;二是适应技能,包括跨文化交流、沟通、协作、灵活应变能力;三是应变技能,包括批判性思维、创造与个性、综合问题解决、心理调适能力。三种能力的重要程度受到劳动者性别、受教育程度、年龄以及工作特征的影响。其中工作重复性、工作多样性、工作专业性和工作自主性都与成长、适应和应变技能应用呈现正相关,越是需要适龄劳动力自己去规划、完成的工作,越重视三种技能的应用。

第四,发达国家职业教育服务产业转型升级的战略经验。一是技能补偿,重视被替代人口的转岗再就业。加大对低端劳动力的补偿教育,特别是应用型知识的培训,是当前发达国家和地区通过职业教育应对机器换人的重要内容。二是制度完善,构建纵横交通的职业教育体系。当前各国职业教育发展的主要战略是构建用于规范和比较各种资格的资格框架,包括普职融通的"立交桥"教育体系,以及从初等到高等各级职业教育之间衔接顺畅的"直通车"职业教育体系。三是层次高移,职业教育对象的主要年龄阶段不断推迟。越来越多的发达国家(包括发展中国家的发达地区),把职业教育的主要年龄阶段由原来的"中学阶段"推迟至"中学后"(post-secondary)。如日本将过去的初中后分流为主逐步改变为高中后分流。四是承袭传统,大力发展"现代学徒制"。许多国家为适应产业转型升级对生产组织方式的变革,通过整合传统学徒制和现代学校职业教育两者优势,发展了现代学徒制。五是疏通渠道,强调中、高职教育的有效衔接。在终身教育思想的指导下,许多发达国家都提出了实施无缝衔接的教育概念,实现中学到高中再到大学的无缝衔接。如澳大利亚主要通过开发与实施培训包在全国将中高职的课程进行了有效衔接。

第五,职业教育服务产业转型升级的理论构建。职业教育专业建设与产业发展的匹配逻辑可以从结构匹配、市场匹配、技能匹配三个层面出发。一是产业结构与专业布局相匹配。产业结构构成与演进决定着职业教育专业布局调整方向,同时职业教育专业布局水平也影响着产业结构形成与演进速度。二是就业市场与专业规模相匹配。就业市场需求是职业教育专业规模调整的重要依据。同时合理的职业教育专业规模是就业市场平稳运行的重要保障。三是产业技术与技能培养相匹配。产业技术是职业教育技能培养的出发点，同时技能培养是产业技术发挥其生产力的重要途径。在此逻辑基础上形成职业教育专业目录与产业目录、职业教育专业空间布局与产业空间布局、职业教育专业结构与产业结构、区域人才培养层次与劳动力需求层面。职业教育专业建设要素与劳动力技能需求要素相匹配的理论模型。基于职业教育专业群建设背景，从技能习得的情景、参与、教学、学生四个维度构建专业群人才培养的技能习得模式，将技能习得的过程划分为基于标准情景的任务熟练阶段、基于模拟情景的工作胜任阶段和基于真实情景的职业系统阶段。

我国提出到 2035 年基本实现社会主义现代化，到 21 世纪中叶把建成富强民主文明和谐美丽的社会主义现代化强国的宏伟目标。这是全党全国各族人民的共同任务，更是中国产业工人队伍的历史使命。新时代产业工人队伍建设不再是简单的肢体劳动训练，而是需要同时拥有技术判断能力与技能协同能力。长期以来，我们常从经济学、管理学、社会学等视角关注产业工人队伍人力资本积累、社会保障、劳资关系等方面的问题。作为一位扎根于职业教育领域的学者，笔者认为培养一支如此的"大国工匠"队伍，其培育周期或许并不亚于培育一位两院院士，当前对产业工人队伍建设的探索更要深入这一群体技能形成的过程，贯通其职业生涯的发展。职业教育要真正成为催化剂，在促进经济发展、技术进步、高素质劳动力供给方面提供重要支撑作用。也正因如此，本团队近年来从职业教育领域出发，在以下几个方面构思职业教育助力产业工人队伍建设的路径与策略。

第一，构建适应经济社会发展的现代职业教育体系，助推区域经济社会发展。一是优化紧随业态的职业院校人才培养，凸显职业教育类型特色。针对区域产业的发展方向，建立专业发展方向的动态调整。以现代学徒制作为抓手，根据新工业革命带来的新业态重新定位人才培养目标与方式，推进新工业革命时代新型教育资源的建设，加强职业院校教师信息化能力的培养。二是深化产教融合的国家教育办学制度，推动产教供需双向对接。面向新兴产业建立相关职业教育集团、混合所有制办学的职业院校，加强职业院校应用性研究的能力，提高服务企业生产创新能力。三是完善普职融通的国家教育生态环境，贯通人才成长多元通道。推动职业院校文化环境建设，进一步凝练职业院校办学特色，加快普通教育与职业教育之间学分互认与转化机制,加快职业教育自身内部成长通道,在尝试职业教育本科层次的基础上,进一步探索职业教育硕士、博士的培养。四是建设面向人人的现代职业教育体系,服务职业生涯全过程。将职业启蒙课程有效融入中小学文化课、劳动课等课程中,建设公共职业体验中心。以职业院校作为主要载体,面向在职员工提供技能提升培训,针对农民工、退伍军人等就业弱势群体进行"学历＋技能"的补偿培训。

第二,深化产教融合,提高产业升级所需要的技能型人才服务的适用性。一是专业结构优化调整,突出特色引领。高职院校专业建设要立足区域产业、行业,进行专业集群、改造升级等,区域政府要有意识地培养一批、扶持一批紧密对接区域重点、支柱产业的专业群,高职院校专业建设要以服务为导向,定期对区域产业、行业发展诉求进行调研,把握产业、行业的发展动态,及时调整优化人才培养方案等内容。二是人才规模紧贴行业,强调技术与技能。高职院校要通过跨学科进行专业建设,面向产业链培养高素质的技术技能人才,注重人才学历层次的提升,与本科院校同类型专业对接,发展本科层次职业教育人才,形成专业纵向链接。将中职—高职—本科的相关专业内容形成衔接,避免重复学习,在培养学生技术技能的同时,也要关注学生"软实力"的提升。三是培养质量自足市场,重视生源和师资。高职院校应把焦点从规模扩张向内涵建设、品牌塑造转变,不断提升自身吸引力,积极与本科院校进一步衔接,发展本科职业教育,从层次上吸引生源、优化生源;兼职教师的引进,兼顾数量与质量,师资团队的建设,专兼配对结合,形成一支双师结构教师队伍。

第三,提升职业教育层次,增强技能型人才服务的可发展与可持续性。一是加快地方本科院校转型应用技术型大学。以掌握一定技术学科的基本知识和基本技能和技术应用中不可缺少的非技术知识作为人才培养目标进行应用技术型大学人才培养目标转型,以考核学生综合素质为目标的学业成绩总评标准,注重对学生知识学习与应用的双重考核,促进教师队伍向双师素质队伍转型,普遍与行业、企业、协会及社会团体的横向联合与深度合作,建设技术研发中心、工程技术中心、研究所、重点实验室。二是完善我国发展本科层次职业教育的保障机制。对转型的地方本科院校给予更加优惠的政策保障,完善行业、企业参与应用技术型大学办学的保障机制,构建高职专科与本科一体化衔接机制,在培养目标、培养方式以及招生制度上形成一体化设计。

第四,大力发展现代学徒制,激发企业培养员工的主动性。一是重视校企合作关系,发挥企业主导作用。要通过政策强化、积极宣传提高企业主导校企合作的意识。企业要主动了解院校中的培训体系，基于自身内容培养体系主导人才培养，确定学徒阶段的用人标准，选取符合企业价值观、技术过硬的技术人才与学校教师形成配合联动的导师团队，根据市场变化及其自身发展需求，选择适合的技术与设备，并同时帮助合作院校实现技术要素的更新。二是借助实际生产环境，促进学徒技能提升。企业可以直接利用自身的生产环境来开展教学活动，建立适合于企业现代学徒制人才培养的教育方式，配合现代学徒制的实施，尝试恢复师徒制，更好地服务于从学徒向产业工人过渡的阶段。

第五，拓展职业教育职能，加大在职培训和技能补偿培训力度。一是精准帮扶技能贫困群体，多措并举提升劳动力技能水平。完善毕业生毕业见习实习制度，为社会上如退役军人、残疾人、低学历下岗失业人员等被边缘化的非正规就业群体提供教育与培训，加强农民工群体的就业帮助工作，拓宽农民工就业途径，坚持城乡统筹，完善农民工，特别是返乡农民工的创业支持。二是发挥职业教育促进就业的重要作用，全面提升劳动者职业技能和综合素质。职业院校应广泛吸纳非正规就业群体接受正规职业教育与培训，对有创业意愿的就业弱势群体，要组织开展创业意识教育、创业项目指导、企业经营管理等培训，提升其创业能力，积极承担失业人员职业技能培训或创业培训。三是加强新业态下数字技术应用，实现"互联网＋职业培训"的技能提升新模式。根据新就业形态制定平台企业劳动用工、工资支付等有关劳动基准以及劳动争议处理制度和劳动保障监察制度，推动完善与"灵活用工"相适应的社会保障制度，利用"互联网＋"、大数据、网络信息等技术，搭建线上线下相结合的就业服务平台，完善线上线下协同培训体系。

一切过往，皆为序章。关于产业工人的话题，新时代实现产业工人队伍建设改革成效最大化，需要解答的课题还有很多——如何适应职工队伍思想活跃，精神文化需求迫切、利益诉求多元的状况？怎样为产业工人提供普惠性、均等化、贯穿学习和职业生涯全过程的终身职业技能培训？优化技能型人才成长环境的路径有哪些？如何吸引更多劳动者及后备军加入产业工人队伍？本书既是对笔者本人带领队伍近年来成果的总结，也是对今后深入产业工人领域研究的敲门砖。本书仍有诸多不足之处，仅抛砖引玉。

2021 年国庆书于小和山

2022 年 9 月修改

目　录

第一章 技能市场:
新工业革命带来何种挑战?

历史上每一次工业革命都伴随着生产技术进步与劳动力技能发展之间的相互协同与匹配。当技术的车轮进入以"云""大""物""移""智"为特征的新工业革命,新兴产业不断涌现,传统产业生产组织方式大幅度变革,各行各业间的边界逐渐模糊。产业工人队伍建设的主旋律也将从"机器换人"转向"人机协同",从"学历匹配"到"技能匹配"。并且伴随着"零工市场""灵活就业"的出现,产业工人也从一个阶级概念转变为一个职业概念。"十四五"时期,我国将进入新的发展阶段,在新发展理念引领下构建新发展格局。立足新时期梳理并探讨我国产业工人队伍建设的现状问题与未来指向,并在新的时代语境中,绘制产业工人队伍的全新画像,基于个人发展与社会需求两个层面揭示产业工人技能匹配的内在规律,解析与寻求产业工人技能匹配和提升的可能路径显得尤为重要。

第一节 新工业革命的内涵与劳动力市场变革

近年来,新兴技术逐渐成熟催生了信息技术融合智能制造的新工业革命,新工业革命的影响范围逐渐从区域扩展至全球,影响力也从单一产业覆盖到全产业。全新的生产模式冲击着旧有的劳动力市场,有必要对新工业革命的特征与内涵加以剖析,从而进一步准确把握劳动力市场所发生的具体变革。

一、工业时代发展的进程与新工业革命概念的提出

最早关于新工业革命的概念,是德国 2013 年在汉诺威工业博览会提出的

"工业4.0"（Industry4.0）。自2013年以来,各国政府与学者逐渐达成共识,即新一轮科技革命和产业变革正在孕育兴起,并且对这场全新的工业变革给予了关注与重视。通过梳理各种关于新工业革命的不同表述,发现各国政府与学者对新工业革命的认识和理解各有不同,有的认为是第三次工业革命的延续,如美国经济学家杰里米·里夫金（Jeremy Rifkin）提出了"第三次工业革命"的概念,强调互联网技术与可再生能源的结合,将变革能源的生产、转换、存储和使用方式,使全球迎来第三次工业革命,并对人类社会生活产生重大影响[①];有的认为是第四次工业革命,如达沃斯论坛的创始人克劳斯·施瓦布（Klaus Schwab）提出了"第四次工业革命"的概念,强调新工业革命不限于智能互联的机器和系统,而是横跨物理、数字和生物几大领域的创新和互动,这是新工业革命与前几次工业革命的本质区别,其发展速度、广度、深度及系统性影响也超越了前几次工业革命[②]。另外,对新工业革命的核心内容的认识和理解也有不同,有的认为新工业革命的核心是新能源和智慧能源,如美国麻省理工学院的埃里克·布莱恩约弗森（Erik Brynjolfsson）教授等提出了"第二次机器革命"的概念,强调超越"自然物质＋生产大机器"发展方式的局限,以信息和智能的开发代替对大自然的攫取[③]。经济合作与发展组织（OECD）发布的报告《下一轮生产革命:对政府和商业的影响》(*The Next Production Revolution:Implications for Governments and Business*),则关注以新技术、新材料、新工艺为代表的新兴技术融合应用对生产方式带来的影响与变革[④]。有的认为新工业革命是以新一代信息技术为引领,以制造业数字化为主线。如德国的"工业4.0"概念强调,全球工业化将进入继机械化、电气化和信息技术之后的第四个阶段,核心理念是深度应用ICT（信息通信技术）,推动实体物理世界和虚拟网络世界的融合,"工业4.0"的变革不仅涉及

① 杰里米·里夫金.第三次工业革命:新经济模式如何改变世界[M].北京:中信出版社,2012:30-31.

② 克劳斯·施瓦布.第四次工业革命:转型的力量[M].北京:中信出版社,2016:12-13.

③ 埃里克·布莱恩约弗森.第二次机器革命数字化技术将如何改变我们的经济与社会[M].北京:中信出版社,2014:61

④ Alistair N. The Next Production Revolution:Implications for Government and Business[EB/OL].（2017-09-12）[2021-08-06]. https://www.oecd.org/naec/NAEC%20Nolan_September_12_2017.pdf.

产品的生产过程,还包含整个产品的生命周期,涉及开发、生产、使用到回收的每一个环节,实现互联的工业体系和高效的生产管理①。《二十国集团领导人杭州峰会公报》中的二十国集团创新增长蓝图提及,正在兴起的这场工业革命,以人、机器和资源间实现智能互联为特征,由新一代信息技术与先进制造技术融合发展并推动,正在日益模糊物理世界和数字世界、产业和服务之间的界限,为利用现代科技实现更加高效和环境友好型的经济增长提供无限机遇②。

尽管上述概念存在不同的认识,实际上暗含着三个共同点:一是认同"一主多翼",即以新一代信息技术为核心,新能源、新材料、生物技术等为代表的新兴技术簇群的突破发展和协同应用是新工业革命最核心的力量;二是认同"四化",即制造业数字化、网络化、智能化和服务化是新工业革命最鲜明的特征;三是认同"生产+生活",即新技术、新业态将对人类社会的生产方式和生活方式产生一系列广泛而深远的影响,这是新工业革命最现实的体现。

如何厘清混杂的概念,更系统地把握新工业革命的特征与内涵,我们认为有必要在工业革命的发展长河中梳理,在历史镜鉴中,方能剖析新工业革命"新"在何处。从世界经济史的发展来看,全世界一共经历了三次工业革命。第一次工业革命以水力和蒸汽机的出现为主要标志,从1760年至1860年,生产初步实现了机械化,机械生产代替了大量的手工劳动,经济社会萌生了以现代工业带动经济发展的模式。第二次工业革命以电力和电动机的出现为主要标志,从1861年至20世纪50年代,生产实现了电气化,采用电力驱动产品的大规模生产,采用专门的流水线设备,使零部件生产与产品装配成功分离,开创了流水线批量生产的新模式,生产体现出统一性、标准化、大批量、质量稳定等特征。第三次工业革命以电子和计算机的出现为主要标志,从20世纪50年代至今,电子与信息技术的应用仍在发展和演变的过程中,机器逐步代替大部分人类作业,生产制造过程不断实现自动化,生产方式也由

① Acatech. Deutschlands Zukunft als Produktions standortsichern-Umsetzung sempfehlungen für das Zukunfts-projektIndustrie 4. 0-Abschlussbericht des Arbeitskreises Industrie 4.0[EB/OL]. (2013-04-08)[2021-08-06]. https://www. acatech. de/publikation/umsetzungsempfehlungen-fuer-das-zukunftsprojekt-industrie-4-0-abschlussbericht-des-arbeitskreises-industrie-4-0/.

② 新华网. 二十国集团领导人杭州峰会公报[EB/OL]. (2016-09-06)[2021-08-06]. http://www. xinhuanet. com/world/2016-09/06/c_1119515149_5. htm.

上一个阶段的资本密集型转为技术密集型。将历次工业革命的各项特征一一梳理以后(见表1-1)，可以进一步总结不同时代背景下劳动者具体工作任务与劳动者的技能资质需求。

表 1-1　第一次工业革命至第三次工业革命的劳动力市场特征及人才需求

劳动力市场特征及人才需求	第一次工业革命	第二次工业革命	第三次工业革命
工具与技术	以水力与蒸汽机器代替手工工具	电力驱动的专用化生产设备与标准化生产技术	电子计算机和电子信息技术;设备从传统的专用性变为通用性
组织与结构	大量普通工人进行集约化生产	科层式组织结构	扁平化管理方式
工作环境	劳动密集型工厂	资本密集型工厂	技术密集型工厂
组织内合作方式	集体合作生产;个人单独完成工作	流水线作业;多条流水线合作生产	自动化生产;上下层级分工合作
组织间合作方式	供需链合作	业务外包;战略联盟	企业合作网络;学术研究机构加入合作
工作任务	劳动者使用机器进行独立的生产	劳动者固定从事流水线的一项或几项职能或操作	中游的流水线程序性操作任务比例被机器换人挤压,上游研发控制工作和下游销售服务工作重要性提高
技能与资质需求	批量生产需要大量的低技能工人,掌握有关工艺和制造业的基本原理与操作技能,部分行业的工匠失业	对低技能工人的需求降低,机器设备的精密程度变高,需要劳动者拥有一定的学历水平,具备标准化生产的操作技能	低技能工人的需求进一步降低,机器换人的比例提高,要求产业工人的学历和技能水平进一步提高

通过表1-1中梳理可以发现,工业时代的进步源于工具与技术的迭代更新,但是仅凭生产工具的进步无法彻底完成一场工业革命对社会的改造。因为从第二次工业革命开始,工业革命的本质发生了变化,劳动者在工业革命中扮演的角色从人力资源转变为人力资本,劳动者通过学习新的技能适应新的生产方式,成为新工具与新技术落地应用的关键环节,高素质的劳动者也是整个生产体系中最灵活的一部分。所以我们认为,在分析新工业革命内涵的过程中,应当怀有"以人为本"的意识,任何一项时代特征的改变都将影响

人,而人则发挥主观能动性,主导着时代的进步。

二、新工业革命的特征分析

历次工业革命的发展过程已经充分证明,任何一次工业革命都具有彻底性和颠覆性的影响力,伊始于外部工具与技术的换挡升级,逐步改变人类的生活环境与工作方式,机器换人比例不断提高,呈现出不断解放劳动力的趋势。与此同时,个体的发展上限也将得到进一步突破。基于上文历史分析的框架,下文将逐一梳理新工业革命的特征,通过三个层次对新工业革命引发的劳动力市场变革进行逐层分析。第一层次为生产工具与技术的变革,第二层次为新兴工具与技术的变革所导致的工作环境、组织与结构的改变,第三层次则从组织层面深入个人层面,分析新工业革命背景下劳动者的工作方式与工作任务发生的变化。通过上述三个层次的分析,最后总结新工业革命对劳动力市场提出的一系列新需求。

(一)生产工具与技术的变革

新工业革命的生产过程中,最具代表性的工具是自动化和智能化生产设备,如工业机器人、智能连接设备和辅助系统,以及虚拟现实设备等。自动化和智能化生产设备、工业机器人等新的生产工具持续发展,在生产过程中的应用比例不断增加,意味着需要劳动者进行手动执行的任务将大大减少。智能连接设备如平板电脑、可穿戴设备等,为劳动者提供生产过程的实时信息,劳动者可以通过分析设备传输的数据和信息,对生产过程进行远程监控和调整,能够在更短的时间内做出准确的操作和决定。虚拟现实设备则实现了数字世界与真实世界的融合,产品设计的个性化和用户体验在设备的辅助下得以凸显,设计、生产和销售全流程效率提高,整个产品生命周期逐渐缩短。相较于历史上的工业革命,新工业革命的工具在提高生产效率的同时,还注重围绕人来设计,体现出更强的人性化倾向。在新工业革命的代表性技术方面,信息物理系统(CPS)、云计算、物联网、大数据、产品生命周期管理系统以及分析和优化预测等均为未来的核心关键技术领域。根据赫尔曼(Hermann)等对德国"工业4.0"相关文章的综述和分析,"工业4.0"技术发展具有六个方面的本质特征:互操作性(interoperability)、虚拟化(virtualization)、权力下放(decentralization)、实时能力(realtime capability)、服务导向(service orientation)、模块化(modularity),高度的自动化、信息化和网络化是新工业革命技术不同于以往的特点[①]。

新工业革命中生产工具与技术变革对人类产生的最大影响，就在于数字化、网络化和智能化使机器不断迭代更新，机器成为"劳动者"而非"生产工具"。人类历史上的历次工业革命所引发的劳动力与就业的变化，都是以工人和机器之间生产组织方式的根本转变来定义的。通常我们视为既定的因素是：现有的技能和可用的劳动量，当期可用设备的质量和数量，现有的技术水平，竞争力的强弱程度，消费者的偏好和习惯，不同强度劳动的负效用以及监督和组织活动的负效用和社会结构[②]。从这个角度讲，如果说肇始于18世纪的第一次工业革命，要求劳动力掌握机器操作，开启了突破人类和动物肌肉极限的时代，实现了生产力的极大飞跃，那么，随着21世纪的数字技术更为智能化、集成化、网络化以及协作化的提升，新工业革命将突破前三次工业革命的"人类操作机器"既定概念，通过嵌入生产系统从而不断提高质量和效益的过程，人类将不再满足于肌肉力量的突破与超越，而是要进一步致力于大脑智慧的拓展与延伸，以创意和创新的力量，取代以往发展和增长的基本动能。换句话说，与以往工业革命中机器还是作为人的一种提高生产效率的工具存在不同，此次机器换人的本质区别在于机器本身成为劳动力。这种转变最终将挑战我们对此次"机器换人"最基本的假设：机器只是提高工人生产力的工具。但事实相反，此次"机器换人"，机器本身俨然已经直接成为"劳动者"，甚至进一步模糊了劳动力和资本之间的界限。

新兴的工具与技术将从以下三个方面影响未来的生产模式：首先，生产从大规模生产向个性化定制转型。通过在各个环节植入用户参与界面，生产体系能够针对不同客户所需要的产品进行不同的设计、采购、生产加工以及物流配送。在这一过程中，客户将广泛、实时地参与到生产和价值创造的全过程。其次，生产从"生产型制造"向"服务型制造"转型。"服务型制造"是未来工业转型的大方向，制造型企业将围绕产品全生命周期的各个环节不断融入大量的服务要素，以提高其市场价值，所出售的不再仅仅是产品，而是产品

---

① Hermann M，Pentek T，Otto B. Design Principles for Industrie 4. 0 Scenarios：A Literature Review[J]. Hawaii International Conference on System Sciences IEEE，2016：3928-3937.

② 约翰·梅纳德·凯恩斯. 就业、利息和货币通论[M]. 北京：九州出版社，2007：427.

与服务的组合。最后，生产从要素驱动向创新驱动转型。新一代工具与技术的集成应用，将带来制造业技术、产品、工艺和服务的全方位创新，在重视创新的未来市场中，以廉价劳动力和大规模资本投入等传统要素为驱动的发展模式将难以占有优势地位。

（二）工作环境、组织与结构的变革

当新工业革命中涌现的生产工具和技术催生出新的生产模式之后，劳动者面临的工作环境、工作组织和结构也需要做出适时的变化。组织和结构指技术工人工作的组织环境，即工作场所中不同层次级别的数量或团队的建立方式，再先进的生产工具和技术，也只有在工作组织和结构能为其提供适当环境的情况下，才能发挥其真正的效率。

工作环境中发生的最显著变革，就是数字化、网络化、智能化和服务化使工作从"人际交互"关系转变为"人机交互"关系。"人机交互"是指人与计算机之间使用某种对话语言，以一定的交互方式，为完成确定任务的人与计算机之间的信息交换过程，要求劳动者能够在复杂且高度自动化的工作环境中，对不可预测的突发情况进行快速响应处理，而且当生产过程中通用性设备广泛应用时，还要求劳动者能够基于生产要求判断选择场景工具，如此灵活的工作环境，无疑对劳动者的数字技能、工作经验和各方面素质提出了更高的要求。

工作组织与结构与以往时代相比，更大程度上出现了多种灵活的组织模式。新工业革命背景下组织模式的两极，一极为两级结构模型，另一极为群结构模型①（见表1-2）。公司和企业需要根据自身所处行业不同、发展阶段和规模大小，在两级结构与群结构之间选择合适的模式，从而出现各式各样的工作组织与结构。

在两级结构中，仍然存在操作层工人，但在智能化的背景下，这些工人工作内容只是负责监视生产程序和控制任务；决策层不再仅由管理人员负责，而是一批对生产流程了如指掌的技术专家和工程师在一起工作，这些专家不仅致力于解决生产过程中的疑难杂症，而且还承担一部分生产管理任务。如此一来，专业水平高的专家在组织中具有极大的升迁空间，极有可能成为企

---

① A.博特霍夫，B.A.哈特曼.工业4.0实践版：开启未来工业的新模式、新策略和新思维［M］.刘欣，译.北京：机械工业出版社，2015：36-39，51-54，116-121.

业的管理者。这种两级结构已在目前一些高科技公司中得以应用，一方面能有效解决新工业革命背景下新生产模式带来的矛盾，另一方面又维持了原先的结构化与标准化，在一定程度上避免了结构创新所带来的风险和不确定性。

表1-2 新工业革命背景下组织模式的两极

组织模式	具体结构
两级结构模型	上级：决策层（工程师和特殊技能人才负责解决技术难题和决策管理） 下级：操作层（熟练工负责监视生产和控制任务）
群结构模型	决策层与操作层合二为一，工程师、特殊技能人才、专业工人等灵活组成工作小组解决具体工作问题

在群结构中，决策层与操作层合二为一，员工在拥有高素质和高技术能力的基础上，展现出开放性与灵活性，运用自身工作经验去应对处理随时可能发生的未知故障和特殊情况。群结构的最大特点是通过一个松散活跃的网络，将同等程度的资深从业人员组织结合在一起，并没有给某个单独员工布置有针对性的任务，而是根据生产中出现的具体问题具体情况，组成一个工作小组进行合作处理。这种组织方式具有较高的灵活性，群结构的目的在于使员工合作能在非正式社会流程中展开，使每个员工的主观能动性得以发挥，从而表现出极强的实用性；团队协作的模式还能够使员工们沟通和共享彼此不断积累的专业知识，实现共同进步。

新工业革命的工作组织结构在第三次工业革命的基础上呈现出进一步扁平化的发展趋势，由于一线产业工人开始参与生产决策与设计的过程，工作组织从原先的决策部门与生产部门泾渭分明的上下游关系，逐渐转变为多部门横向平行设立的结构，各部门的自主权大大提高，部门之间进行高效率的合作交流的意义也格外凸显。

（三）工作方式与工作任务的变革

生产流程的智能化和组织结构的扁平化带来了新的工作制度、工作方式和工作任务。工作制度与方式将发生以下三个方面的变革：一是岗位包容性更强，适合大部分人参与工作，无论年龄、性别或是存在身体缺陷。因为负责生产区域的工人不必站在生产的第一线，而是在团队合作的基础上，从控制室收集信息监督和管理生产过程，个人生产率不再取决于年龄和体力。由于新的工具和技术使老年劳动者和残疾人也可以参与生产过程，甚至或因为他们所具有的丰富经验而担任重要职位，未来员工的结构将非常多样。二是工作制度灵活且更加人性化，工作时空不受局限。因为劳动者的年龄和性别结构多样化，将会出现个性化的工作制度，使劳动者能够寻找到工作与生活的平衡，劳动者在生产过程中也不会站在一个固定的生产点，技术的发展或推进远程办公的趋势，使工作不再受时间和地点的局限。三是人工智能将为劳动者提供快速决策的能力。尽管生产的复杂性不断提高，但劳动者可以通过人机交互界面来操作机器人和机器设备，而智能化的助手系统会为劳动者提供操作、编程和远程监督等方面的服务，以及提供相关的最新生产数据以供决策参考。

从第三次工业革命开始，机械设备便逐渐承担了大部分的程序性工作，甚至包括一部分脑力劳动，新工业革命将使这一趋势继续蔓延。劳动者主要负责非程序性工作，工作任务将会向着两个既定的方向转变：一是生产服务化，以明确分工为特征的传统制造工艺将被嵌入新的组织和运营结构之中，配以决策、协调、控制和支持等方面的服务功能；二是组织、协调各方面的交互，比如虚拟世界与真实世界的机器之间的交互、设备控制系统与生产管理系统之间的交互。与此同时，由于学习资源的共享和线上学习的普及，使得职后终身学习不再是理想化的状态，而是现实性的需求，不断接受在职培训进行自我更新，甚至有可能成为劳动者的工作任务之一。

另外，合作方式也发生了变化，未来的工厂和企业、组织内部和组织间的合作与沟通将大大增加。基于信息物理系统形成的万物互联智能网络，使人与人、人与机器、机器与机器，以及服务与服务之间能够互联，从而实现横向、纵向以及端到端的高度集成。所谓的"纵向集成"，是指在企业内部实现所有生产、运营环节信息的无缝连接。"横向集成"则是在企业之间通过价值链与信息网络进行资源整合，实现产品开发、生产制造、经营管理等在不同企业间的信息共享和业务协同。"端到端集成"就是围绕产品全生命周期的价值链上不同企业资源的整合，实现从产品设计、生产制造、物流配送、使用维护等在内的产品全生命周期的管理和服务。另外，除价值链上的合作，参与生产协作者的主体类型也会增加，例如企业与非传统供应商的高校、咨询机构和研究机构的产学研合作。

（四）新工业革命对劳动力市场的新需求

在新工业革命的背景下，工作环境、组织和结构、工作方式都随着工具技术的变革出现了相应的新特征，在完成工作任务的过程中，劳动者的团队合作性与主观能动性的体现，皆对劳动力市场产生了深远的影响，主要体现在就业形势、岗位需求、能力培养、职业资格等几个方面。

首先，新工业革命中智能机器的广泛应用，会代替和填补部分人类劳动力的就业岗位，并且创生一系列需要人类进行判断和操作的新工作岗位。关于部分劳动力岗位遭到机器代替，早在 2013 年，牛津大学马丁学院的研究人员就对美国超过 700 种就业类型进行了详细研究，最后得出的结论是将近一半的工作岗位将受到机器全自动化的影响①。世界经济论坛预测到 2025 年，由于生产自动化的影响，冗余岗位将从占劳动力总数的 15.4％下降到 9％（下降 6.4％），预计到 2025 年，8500 万个工作岗位可能会被取代②。机器人的购买和维护成本、人类劳动力的工资水平，以及产品附加价值的高低，是企业是否选择"机器换人"的依据。对劳动密集型企业而言，"机器换人"可使一线工人比重大幅下降、人员结构得到优化，如台州制造业企业推进"机器换人"后，有 72.8％的企业一线工人减少 10％以上；有 50.6％的企业生产成本下降 10％以上，有 9.7％的企业劳动生产率提高 30％以上③。同时，机器还会填补人类劳动力无法胜任的岗位，先进制造逐步对加工精度和硬度提出了更高的要求，以至于最熟练的技术工人都无法达到要求，而机械臂可以在程序的指挥下精准地完成工作任务。另外，一些特殊的行业或生产环节则出于人身安全或保密因素，需要由机器人填补人类不能胜任的岗位，如美国国防部高级研究计划局（DARPA）研制"行走仿生机器人（Walk-Man）"，它被称为"机器人英雄"，能够替代消防员、士兵和拆弹专家，这些机器的主要任务就是替代人类在危险环境中作业。然而，机器换人并不会造成大量的失业，新工业革命开辟的人类工作新岗位数量也极为可观。世界经济论坛认为到 2025 年新

---

① 南方人物周刊.机器人时代离我们有多远[EB/OL].(2018-01-03)[2021-08-04].
https://www.nfpeople.com/index.php/article/4929.

② World Economic Forum. The Future of Jobs Report 2020[R/OL]. (2020-10-20)
[2021-08-04]. https://www.weforum.org/reports/the-future-of-jobs-report-2020.

③ 吴敏慧."机器换人"对台州制造业的影响探究[J].统计科学与实践,2016(7):
16-18,37.

兴职业将从占劳动力总数 7.8% 增长到 13.5% (增长 5.7%),未来可能出现
9700 万个新职业,而且未来 5 年内就业机会增加的速度预计将超过就业机会
减少的速度①。由此可见,机器虽然淘汰了某些工作岗位,但也加速创造了新
的就业机会。就业机会主要从两个领域涌现:一方面,新的工业系统取消了
很多需要人力参与的生产环节,并不意味着会出现完全意义上的"无人工
厂",而是体力劳动工作量从人力转移到机器,劳动者的工作内容集中于研发
创新、过程控制和监督管理等脑力劳动领域。另一方面,新兴产业多以使用
工业机器人和自动化机器作为支撑,否则这些行业和岗位会由于成本、工艺
和技术等原因无法存在,所以机器产业本身,包括上下游设计研发、零部件生
产、销售和售后服务等环节将创造出新就业岗位,以及调试、维护和控制生产
机器的技术性岗位也会相对增加。

其次,新工业革命将改变各个行业的劳动力需求,从全产业角度出发,制
造业的用人需求受到"机器换人"的影响最大。在具体工作领域而言,程序性
工作中发生机器替代的几率更高。国际簿记师协会(IAB)在 2015 年开展了
关于计算不同职业的替代潜力的调查研究②,所谓替代潜力,是指某一职业未
来能被机器和计算机所取代的工作份额,进而得出哪些工作最受数字化的影
响。研究结果表明,生产制造业的工作受影响最大,替代潜力最强,然后是管
理与组织业、资讯科技及科学服务业,替代潜力最低的是社会及文化服务行
业。可见数字化、自动化和互联机器的使用,首先会在制造业的生产活动中
产生大规模的替代效应,而大数据和云计算的运用,也会在相当程度上减少
管理组织和咨询科技等行业中的简单重复工作。那么,究竟什么样的具体工
作最容易被机器取代?是否像人们通常认为的那样,仅仅低技能的劳动容易
被取代? 正像机器人研究专家汉斯・莫拉维克(Hans Moravec)所观察到的:
"如果让计算机展示成人水平的智力测验或者玩跳棋是一件相对容易的事
情,但当涉及知觉和机动性时,即使让计算机完成一岁幼儿的某些技能也是

---

① World Economic Forum. The Future of Jobs Report 2020[EB/OL]. (2020-10-20)
[2021-08-04]. https://www. weforum. org/reports/the-future-of-jobs-report-2020.

② Sino-German Company Working Group on Industrie 4. 0 and Intelligent Manufacturing
(AGU). Employee Qualification as Key Success Factor in Digitalised Factories——A Sino-
German Skill Development Guideline[EB/OL]. (2020-09-16)[2021-07-21]. https://www.
plattform-i40. de/PI40/Redaktion/EN/Downloads/Publikation/China/employee-qualification. html.

非常困难或者不可能的。①"这种情形所描绘的就是被人们熟知的莫拉维克悖论，即人工智能和机器人研究领域有别于传统假设的重要发现，其含义是高层次的推理几乎不需要计算，但低层次的感觉运动技能则需要大量的计算。美国著名出版家和作家阿尔伯特·哈伯德（Elbert Hunnard）曾撰文指出："一台机器可以做 50 个普通工人的工作，却没有任何机器可以做一个拥有特殊技能的人的工作。"②从近年的情况看，并不总是低技能的工作被自动化取代，往往被自动化的主要是机器做得比人工更好的工作。为了辨识这种区别，麻省理工学院的德隆·阿西莫格鲁（Acemoglu）和戴维·奥特尔（Ottl）的研究结果建议，要把工作分成一个二阶矩阵，即：认知类的工作（类似脑力类的工作）VS 体力类的工作，程序性工作 VS 非程序性工作（见表 1-3）③。他们发现，对程序性工作的需求已经大幅下降，不论这种工作的性质是认知的还是体力型的。这种状况导致了工作的两极分化：对中间收入的工作需求急速下降，而对非程序性的认知工作（比如财务分析）和非程序性的体力类的工作（如美发工作）需求相对旺盛。

表 1-3　机器换人引发的对不同性质工作的需求变化

工作性质划分	认知类工作	体力类工作
程序性工作	需求下降	需求下降
非程序性工作	需求旺盛	需求旺盛

　　在上述背景下，"人机交互"的应用越来越普遍，传统行业的界限被逐渐打破，产业链被重新分工构建，程序性工作中的"机器换人"大为盛行，而非程序性工作的需求不减反增，劳动者在工业生产中的角色将由服务者或操作者转变为规划者、协调者、评估者和决策者，执行更多的非程序性工作，是新工业革命对劳动力市场产生的表层影响，深层次的影响则主要体现在对劳动者个人的技能和资格的需求发生了根本性的转变。

　　国际上许多组织早已对未来技能和资格的需求作出了相关预测。德国工业 4.0 平台认为未来最重要的 10 个数字化技能领域为机械、电子、自动

---

① 汉斯·莫拉维克.机器人[M].上海：上海科学技术出版社，2001：148.
② 阿尔伯特·哈伯德.致加西亚的信[M].北京：中国财富出版社，2012：267.
③ 刘晓，石伟平."机器换人"背景下的职业教育发展策略[J].职教论坛，2016(10)：33-37.

化、IT、工业软件、系统工程和管理、跨学科能力、领导能力以及软技能①。世界经济论坛在2020年认为在未来5年内,对所有劳动者而言均适用的最重要的15项技能分别是②:(1)分析思维和创新;(2)主动学习和学习策略;(3)复杂问题解决;(4)批判性思维和分析;(5)创造力、原创性和主动性;(6)领导力和社会影响力;(7)技术使用、监控;(8)技术设计和编程;(9)韧性、抗压能力和灵活性;(10)推理、解决问题和思维;(11)情商;(12)故障处理与用户体验;(13)面向服务;(14)系统分析与评估;(15)说服和谈判。最重要的10个专业领域技能分别是:产品营销、数字营销、软件开发生命周期、企业管理、广告、人机交互、开发工具、数据存储技术、计算机网络、Web开发。德国工业4.0平台在2020年发布的报告中预测未来职业资格可能会向着两条道路发展,一是升级,工具与技术的革新将对各级各类工作都提出更高的要求,整个生产流程中的每个工人都必须配备数字化知识与技能,总体上每位劳动者都必须得到相应的培训,获得更高的职业资格;二是两极化,职业资格两极化意为职业资格向低级和高级两极转移,即简单的工作内容仍保留在工业生产中,而需要高级资格的工作也将更加重要,工作替代主要发生在需要中等职业资格的工作活动中,比如装配工作或者控制单一过程。

从一系列预测结果中,我们可以归纳出两点:一是未来工作的核心技能可以分为两个领域,一方面是专业领域,包括计算机、电子、机械、自动化等硬技能,另一方面是通用领域,如跨学科能力、领导能力和批判性思维等软技能,只有当劳动者准确把握工作岗位的核心技能变化,及时对个人专业领域和通用领域的技能进行调整和学习,才能胜任未来的工作。二是无论职业资格未来向哪条道路发展,对具备高级职业资格的劳动者的需求都会显著提升,高级职业资格在新工业革命时代将会越来越受到重视,而高级职业资格的教育培训又是长期性工作,所以针对产业工人的技能培训与提升,早已纳

---

① Sino-German Company Working Group on Industrie 4.0 and Intelligent Manufacturing (AGU). Employee Qualification as Key Success Factor in Digitalised Factories—A Sino-German Skill Development Guideline[EB/OL]. (2020-09-16)[2021-07-21]. https://www. plattform-i40. de/PI40/Redaktion/EN/Downloads/Publikation/China/employee-qualification. html.

② World Economic Forum. The Future of Jobs Report 2020[EB/OL]. (2020-10-20) [2021-08-04]. https://www. weforum. org/reports/the-future-of-jobs-report-2020.

入各发达国家的产业发展战略议题之中。

基于前文的归纳,我们从新工业革命的工具与技术、工作组织与结构、工作方式和任务出发,分析新时代对劳动者提出的技能与能力需求。其一,由于工具和技术的更新,工业机器人、智能化生产设备等工具都涉及大量的机械电子部件和系统应用,在未来的工作中会更加强调劳动者的数字技术应用能力和数据分析利用能力,因此数字媒体、虚拟建模、数据分析、数字化控制等相关的IT技能将成为新工业革命时代颇具竞争力的专业技能。其二,从组织结构与合作方式来看,强调组织内个体影响力和自我效能的发挥,产业工人不再固定于一线生产岗位,开始参与生产设计和优化环节,所以个体的价值创造能力和灵活应变能力将受到格外重视。其三,还强调了团队合作能力,决策层与执行层的距离不断缩短,界限不断模糊,新的合作方式和组织架构显然不再需要盲目听从决策层指挥的劳动力,而需要参与生产的所有个体通过充分的交流,达到团队合作的最佳效果。其四,工作任务的包容性、多样性、服务性和交互性,强调了劳动者在跨学科、跨领域复杂环境下的工作协调能力,对劳动力提出了更高的要求,在掌握核心技能之外,还需要具备语言沟通能力和快速反应能力等,才能够在动态的工作环境中应付裕如。其五,在知识和技术不断加快迭代速度的新工业革命阶段,工作中时刻存在着学习机会和技能更新的需要,劳动力的终身学习能力与知识管理能力也不可或缺,劳动者只有始终保持自身职业的持续发展,才不会被劳动力市场淘汰。

三、新工业革命的内涵剖析

有不少学者认为新工业革命仅是第三次工业革命的延续发展,但将上文中新工业革命出现的新特征与第三次工业革命特征逐一进行对比(见表1-4),我们可以发现,新工业革命在各个方面已经展现出截然不同的样貌,单以互联网和信息技术发明和进步为主的第三次工业革命已无法完全囊括新工业革命带来的种种变革,在第三次工业革命的信息化基础上,数字化、网络化、智能化和服务化成为新工业革命的最鲜明变化。毫无疑问,人类已经站在第三次工业革命的发展边际,而新工业革命注定会引领我们迈入新的阶段。

表 1-4　第三次工业革命与新工业革命的特征及人才需求

特征及人才需求	第三次工业革命	新工业革命
生产工具	从传统的专用性生产设备变为通用性生产设备	自动化和智能化生产设备进一步发展;工业机器人、智能连接设备和辅助系统、虚拟现实设备等进入生产体系
生产技术	以电子计算机和电子信息技术为代表	信息物理系统(CPS)、云计算、物联网、大数据、产品生命周期管理系统、分析和优化预测、射频识别技术等
组织与结构	扁平化管理方式	根据行业特征和企业特色出现多种灵活的组织模式
工作环境	技术密集型工厂	技术密集的程度进一步提高,人机交互代替人际交互成为主流
组织内合作方式	自动化生产,上下层级合作	通过组成工作小组合作处理生产中出现的具体问题
组织间合作方式	企业合作网络;学术研究机构加入合作	横向集成、纵向集成以及端到端的集成
工作任务	中游的流水线程序性操作任务比例被机器挤压,上游研发控制工作和下游销售服务工作重要性提高	在智能化的影响下,工作任务进一步趋向服务化,生产的上下游工作界限逐渐模糊
技能与资质需求	低技能工人的需求进一步降低,"机器换人"的比例提高,要求产业工人的学历和技能水平进一步提高	劳动者需要综合发展和可持续发展,具备各项硬技能和软技能,并且能终身学习,不断更新知识技能

通过对生产工具与技术、工作环境和组织结构、工作方式和工作任务的梳理,以及新工业革命时代技能资质需求的分析,本书认为新工业革命的内涵蕴含着十个方面变革,可以分为从两个角度出发的两条主线:一是经济内涵角度;二是人本内涵角度。

从经济内涵角度出发,新工业革命包含以下六方面的变革:一是驱动能源的变革。工业革命的动力能源从蒸汽、石化能源发展到电力,新工业革命则以数据、信息和知识为核心驱动,通过科技革命为新工业体系提供全新的动力体系。二是生产方式的变革。科技为核心的驱动能源引发了生产方式从集中大规模生产向小批量定制化生产转变的趋势,涉及生产要素的重新组织、价值链的全新规划以及生产设施的重构设计。三是组织结构的变革。在高度机械化和智能化的生产过程中，企业和工厂的组织结构从"金字塔结构"发展为更注重信息交互与合作沟通的"扁平化结构"。四是商业模式和经济范式的变革，从成本集约和全球分工的规模经济，转向基于互联网的协作经济和共享经济，在全球范围内合理地调配资源，并且在一定程度上能够控制风险。五是国际分工与合作的变革。全球各经济体依托旧有价值链的自身比较优势，将在未来几十年内被新工业革命的浪潮迅速洗牌，低端要素优势逐渐消减，技术绝对优势占据上风，将会改变资本密集型产业和技术密集型产业在全球范围的分布。六是国际投资与贸易的变革。西方发达国家近年来不断实施的"再工业化"战略，实际上就是重构本国的先进制造业体系，通过增加产业链的高附加值环节，改变原先上下游的分工合作格局，降低对外的依赖程度。所以，在新工业革命时代率先掌握新兴技术，并且有效投入生产的国家，极有可能重新获得全球贸易和投资的增长主导权。

从人本内涵角度出发，新工业革命蕴含以下四方面的变革：一是人类生存环境的变革。新工业革命过程中逐步实现资源能源的高效清洁和循环利用，为人类改善生存环境和突破资源约束创造了有利条件。二是生产生活方式的变革。工业机器人等新型智能制造装备在生产环节的大量应用，会进一步将人从繁重的体力劳动中解放出来，从事更能够发挥创新意识与主观能动性的活动，同时也增强了人类的逻辑意识和分析计算能力，进而不断解放和延伸人类的脑力，从生产方式的改变逐步拓展到生活方式的改变。三是人与人关系的变革。信息技术和虚拟现实技术使人类所处的环境从实体空间和数字空间二元分立的模式转变为物理和虚拟融合的虚实空间，未来每个拥有互联网和智能设备的个体，无论物理距离有多遥远，彼此都可以通过网络世界交流沟通，人与人的直接接触关系逐渐被人机关系间接联系所取代。四是价值观与行为模式的变革。新工业革命进一步解放人和发展人的同时，也带来了许多机器伦理的问题，人们更需要通过价值观与行为模式的进步与调整来适应并且引领新工业革命的发展，所以新时期的教育与培训必须在促进这一进步的过程中发挥重要作用。

新工业革命拥有不同于以往历次工业革命的全新内涵，其为世界带来的影响注定是无比深远的。首先，历史上每一场工业技术革命都会推动当前社会生产力进入一个空前发展的阶段，而新工业革命导致的生产力发展将是几何级的增长，未来十年的发展将是历史上百年都无法达到的成就，必然促使现代经济发生重大的结构性改变。其次,现代经济结构的改变无疑会引起劳动力市场的重大变革,机器智能水平的大幅度提升,对劳动者需要掌握的技能和素质提出了新的要求,人们工作方式和生活方式即将发生颠覆性的改变,而教育具有长期性和滞后性的特征,需要先行一步早做规划和打好基础。最后,新工业革命从改变经济结构角度出发,万物互联使得地球村的概念进一步缩小,对国际经济政治关系产生深远影响,务必要提前重视、预测并及时解决新的全球性问题和关乎全人类的机器伦理问题。

总而言之,正在兴起的这场新工业革命,以知识创新为核心动力,以生产过程中人、机器和资源间实现智能互联为特征,带来了组织结构和经济范式的颠覆式改变,模糊了物理世界和数字世界、生产业和服务业之间的界限,影响了国际的分工合作、贸易投资和政治经济格局。而身处这场工业革命的人类,则从生产生活的环境和方式发生改变开始,逐步对人人关系、人机关系加深思考,不断形成全新的世界观、价值观、发展观,指导着自身行为模式适应和引领新工业革命的发展进程。

第二节　新工业革命背景下的中国产业升级

我国已经进入实现工业化的攻关期,又恰逢新工业革命的到来,在这一特殊历史时期,我国经济要想从高速度发展转变为高质量发展,顺利完成产业转型进程,有必要清楚理解新工业革命的经济内涵与人本内涵,及时把握新工业革命带来的难逢机遇,迎接新工业革命带来的严峻挑战。需要注意的是,所谓"机器换人"绝不是将人置于生产之外,而是进一步保护人、发展人和解放人,把劳动者从低端岗位转移到核心领域。所以我国工业的转型升级不仅要适应产品市场和要素供给情况的变化,还要重视建设我国的产业工人队伍,满足新工业革命时代的高技能高素质人才需求。

一、我国新一轮产业转型升级的图景概述

改革开放以来,中国经济以开放的姿态积极融入全球化进程,取得了巨大的成就,但同时也伴随着不平衡、不协调和不可持续的发展问题。进入21世纪以后,随着经济全球化和国际分工的深入演进,以及新工业革命的助推,新技术、新产业、新模式的快速兴起,世界经济正处于新一轮的大变革

大调整中。面临欧美发达国家"再工业化"战略实施和新兴经济体工业化进程加快的双重挑战，处于全球产业链上的中国如何转变经济发展方式，实现由产业链低端向所谓"微笑曲线"的两端攀升，成为理论和实践共同关注的重大问题。

产业转型升级的过程也是解决经济发展矛盾的过程。长期以来，我国经济发展累积的结构性矛盾凸显，工业领域产能过剩，经济下行压力持续加大，呈现出新周期中的经济发展新常态。2014 年 11 月，习近平主席在亚太经合组织（APEC）工商领导人峰会上首次系统阐述了经济新常态，并指出新常态具有三个主要特点：一是速度从高速增长转为中高速增长；二是经济结构不断优化升级；三是动力从要素驱动、投资驱动转向创新驱动，明确了我国经济发展的阶段性特征[①]。经济新常态强调结构稳增长和可持续发展，而不仅仅是总量经济、GDP、人均 GDP 增长与经济规模最大化，要用增长促发展，用发展促增长，使 GDP 增长成为再生型增长方式、生产力发展模式的组成部分。

在经济新常态的背景下，从生产要素来看，未来经济增长将更多依靠人力资本质量提升和技术进步，而不是劳动力要素的规模增长和低廉成本。以往的"机器换人"仅仅是出于招工难、用工贵的无奈之举，然而近年来越来越多的东部沿海省份认识到"人口红利"让渡于"技术红利"是未来发展的必然趋势，主动开启"机器换人"工程，推动工业生产方式由"制造"向"智造"转变。从产业组织方式来看，产业结构由于技术的进步也必须升级优化，一方面，传统产业的企业通过兼并重组去除产能；另一方面，新兴产业、服务业、小微企业代表的新业态将呈现生产小型化、智能化和专业化的组织新特征，传统产业的改组与新兴产业的崛起，都大大提高了对更适合新产业结构的劳动者的需求。不难预想，新工业革命正对经济发展和社会生活产生颠覆性的变革，也对未来劳动者的技能与能力提出了更高的要求。

长期以来，加快转变经济发展方式始终是我国发展全局的战略抉择。2012 年，党的十八大报告明确指出经济发展更多依靠内需，特别是消费需求拉动，更多依靠现代服务业和战略性新兴产业带动，更多依靠科技进步、劳动者素质提高、管理创新驱动的发展方向。一方面，强调实施创新驱动发展战

---

① 新华网. 习近平首次系统阐述"新常态"[EB/OL]. (2014-11-09) [2021-08-04]. http://www.xinhuanet.com//world/2014-11/09/c_1113175964.htm.

略,坚持走中国特色自主创新道路,提高原始创新、集成创新和引进消化吸收再创新能力,促进创新资源高效配置和综合集成;另一方面,着重推进经济结构战略性调整,以改善需求结构、优化产业结构、促进区域协调发展,着力解决制约经济持续健康发展的重大结构性问题①。2017年,正处于转变发展方式、优化经济结构和转换增长动力的重要攻关时期,习近平总书记在党的十九大提出了建设现代化经济体系的目标,并制定了深化供给侧结构性改革和加快建设创新型国家的具体战略。如根据供给侧结构性改革需求,既加快发展先进制造业,推动互联网、大数据、人工智能和实体经济深度融合,培育经济新增长点,也支持钢铁、水泥等传统产业自我革新,推进产业迈向全球价值链中高端进程。②创新是引领发展的第一动力,国家创新发展更大程度上依赖于创新驱动战略的实施,党的十九大报告不仅强调应用基础研究,拓展实施国家重大科技项目,为科技强国、网络强国、数字中国、智慧社会提供有力支撑,还重在国家创新体系的建设,以深化科技体制改革为契机,建立以企业为主体、市场为导向、产学研深度融合的技术创新体系,加快推动科研成果向现实生产力的转化。

尽管近年来经济结构性矛盾凸显,而且新冠疫情变化和外部环境也存在诸多不确定性,但2021年我国经济恢复性回升特征依旧明显。作为"十四五"的规划开局之年,构建以国内大循环为主,国内国际双循环互相促进的新发展格局,将立足于扩大内需的战略基点,加快培育完整内需体系,应当深化供给侧结构性改革,需要重视创新驱动产业转型升级,通过高质量供给创造新需求。产业转型升级不仅是世界各国新一轮经济发展的共同趋势,更是我国融入国际分工、攀升全球价值链高端环节的必然选择。面临发达国家实施"再工业化"战略和国内经济新常态的走向,我国产业发展必须由依赖规模扩张向质量提升转变、加工制造向智能创造升级、比较优势向竞争优势转型,全面打造高端化、信息化、智能化、国际化的新型产业集群。目前,虽然各级政府高度重视产业转型升级,也研究制定了一系列配套政策和实施方案,但产业转型升级的本质是人力资源的升级优化。作为与经济社会发展

---

① 人民网.胡锦涛在中国共产党第十八次全国代表大会上的报告[EB/OL].(2012-11-18)[2021-08-04].http://cpc.people.com.cn/n/2012/1118/c64094-19612151.html.

② 人民网.习近平在中国共产党第十九次全国代表大会上的报告[EB/OL].(2017-10-28)[2021-08-04].http://cpc.people.com.cn/n1/2017/1028/c64094-296136 60.html.

最为密切相关的教育类型，职业教育理应担负培养适应信息化和智能化时代背景下高素质技术技能人才的重任，为我国产业转型升级提供夯实的人力资源支撑。

二、新工业革命背景下我国面临的挑战与机遇

如同历次工业革命一样，在以数字化、网络化、智能化技术为特征的新工业革命时代中，土地、劳动力、资本、技术等不同生产要素之间的相对重要性会发生明显变化，将从根本上改变现有的生产方式和产业组织形式，导致国家间的比较优势条件和竞争资源禀赋发生相对变化，进而重塑全球经济地理和国际产业分工格局。一切变化定会深刻影响我国产业结构调整演进的节奏和路径，主要对我国的产业转型升级构成以下几项挑战。

（一）挑战

第一，新工业革命使全球制造业竞争加剧，削弱我国的低成本比较优势，低端要素的竞争优势不再，全球产业分工格局将发生重大变化。我国经济的快速发展，很大程度上建立在廉价劳动力、土地和环境等低端要素优势上。进入新世纪以来，随着我国劳动力工资不断上涨的必然趋势和环境治理的现实需要，以劳动密集型产业为代表的资本开始逐渐向东南亚国家转移倾斜，凭借低端要素在全球市场中占有明显的竞争优势，不再是我国经济建设首选的发展战略。与此同时，西方发达国家将依托其相对领先的科研水平，强化新兴技术的工程化和产业化能力，通过发展现代数字化和智能化的装备制造业，抢占产业制高点，提高传统产业的生产效率。除了在工业制造领域，其高端服务业也可能在制造业的支撑之下得到进一步强化。另外，关注到生产体系内部，随着新工业革命的发展，产品的生命周期越来越短，生产逐渐向定制化、服务化发展，要以更低的成本、灵活生产少量但多样化的产品，满足不同顾客的不同需求，这意味着我国企业必须进行高速度和高质量的迭代更新才能保持优势。所以，在可预见的未来，工厂需要的低端劳动力将越来越少，具备创新能力的高技能高素质人才逐渐受到青睐。劳动成本优势将不再是产业国际竞争的基础，技术人才优势成为关键。为避免我国产业遭到发达国家的压制和其他发展中国家的赶超，产业转型升级迫在眉睫，技术人才培养作为转型升级的重要支柱之一更是刻不容缓。

第二，新工业革命中新能源与新技术的应用，使我国诸多重要产业面临严重冲击，产业集群与专业市场面临挑战，规模生产性大企业面临严峻考验。

随着清洁可再生能源的推广、纳米技术与绿色材料的涌现、智能制造技术的大量运用、高速快捷网络和交通通信网络的铺张,冶金工业、石油工业、传统纺织业以及不少传统产业或将面临严重冲击。新工业革命的核心特征是数字化、智能化、网络化、信息化与生产的结合,使传统产业的生产方式、组织方式与交易方式产生重大改变。比如以 3D 打印为基础的数字化生产,从理论上而言可以使每个人都建立家庭式工厂。新兴产业中的产品研发、设计和制造可以通过远程在线交流完成,并且分布式生产与销售将越来越多地取代集中式生产销售。目前我国大量的集中生产、集中销售与采购的模式将难以适应新的柔性定制生产与就近分布式销售的要求。而且,注重规模效益与大批量标准化生产的大企业也同样面临考验,尤其是我国相当一部分老牌工业大企业多年来只重视生产经营而忽视技术创新,只关注纵向一体化扩展而忽视建立与中小企业的紧密联系,更容易受到上述变化的冲击。新工业革命无疑将加剧大量不适应时代节奏的旧企业死去或转移,未来国家竞争力的基础在于占领核心技术的制高点。因而必须加快我国现有企业的转型升级,大力支持新企业、新产业的培育和成长,着重对技术攻关、人才培养等长期性项目进行有规划的投入。

第三,新工业革命催生新的技术经济范式,要求企业管理方式和社会制度基础进行相应的变革和适应,需要我国在制度创新与管理变革能力方面进一步提升。从前几次工业革命的结果可以总结出来,一场工业革命的重点并不仅仅在于技术变革,还在于生产组织方式、企业管理方式乃至社会制度基础的变革,工具和技术的更新决定了生产的模式和效率,而制度与管理决定了工具和技术在生产领域应用的广度和深度,也决定了先进的制造技术能够在多大程度上真正转化为国家的产业竞争力,是产业转型升级的根本保障。在新工业革命中,小批量定制和社会化生产、平台型和网络化的企业组织、产学研合作的开放式创新等极为普遍,生产者与消费者之间的距离无限缩短,需要对市场需求作出快速反应,灵活的创新型企业在经济建设中的作用逐渐突出,而这些变化需要在更灵活、人性化的管理方式和更富有竞争机制的市场环境中才能拥有发展机会。这无疑对我国目前的制度创新与管理变革能力构成现实挑战,不仅要在内部政策支持和外部资源协调方面加以整合和统筹,还要进一步完善风险管理机制和监督管理机制。

第四,新工业革命需要新型技术技能人才,职前教育和职后培训的目标、内容和方式应以发展本时代所需的核心能力为导向进行更新。新工业革命重构生产方式和经济格局的同时，对新型技术技能人才的需求量不断增加。其原因有三：一是简单操作工作正逐步被自动化机器所代替，还有相当部分非创意性的工作将会被人工智能所代替。二是科学技术的发展和社会的变革越来越走向综合，在更大程度上依赖多学科、多领域、大跨度、深层次的交叉渗透和跨界融合。三是技能更新和变化的速度加快，新工业革命所需要的数字化技能对培训师资、设备和环境都有一定的需求，留给劳动者的培训窗口期越来越短，培训机会也尚不足够。在上述背景下，解决简单问题的能力已经被智能化和数字化的工具和技术过滤，解决复杂问题的能力变得非常重要，未来的人才仅拥有专业知识还远远不够，一方面需要打破专业边界，具备广泛且深厚的理论基础知识，另一方面要具备终身学习能力，随时把握技术需求的窗口期进行自我更新。职前教育也将走出终结性的格局，开始为劳动者未来的生涯发展奠定基础，从侧重知识的传授、岗位技能的掌握，转变到注重构建劳动者广泛的知识基础，培养劳动者的自学能力，满足个体的个性化发展需求，塑造其可持续的学习能力。职后培训则要满足大部分在职劳动者自我提升技能水平的需求，在信息化和大数据的助力下，预测把握市场人才供求的关系，应当对不同水平的技能人才实施差异化和个性化培训，促使职后培训和社会需求相适应。所以构建一个支撑技术技能人才供给的职业教育体系，对我国而言是一个必须接受的挑战。

（二）机遇

我国经济发展进入新时代，也接入了新工业革命的轨道，迎来了许多新问题和新矛盾。这场全新的工业革命在构成巨大挑战的同时，无疑也带来了许多前所未有的机遇。我国要在百年未有之大变局中把握机遇，实现新时代的发展目标，不能继续简单地追求粗放式经济增长，而要更多注重经济质量的提升和经济效益的增长，重点在于把握机遇，多角度发力，协同推进产业转型升级。

第一，新工业革命的"四化"趋势为传统制造业注入新活力，驱动产业高速转型升级，助力国内大循环畅通，提高国际市场竞争力，形成稳定的新发展格局。"十四五"规划建议提出，要加快构建以国内大循环为主体、国内国际双循环相互促进的新发展格局。在构建新发展格局的原则中提出"切实转变发展方式，推动质量变革、效率变革、动力变革"，同时还要加快发展现代产业体系,推动经济体系优化升级,包括提升产业链供应链现代化水平,发展战略性新兴产业和现代服务业,以及推进数字产业化和产业数字化,推动数字经济和实体经济深度融合。① 目前阻碍国内大循环畅通最根本的矛盾是供给与需求的矛盾,解决国内供需矛盾的根本途径,就是通过技术创新和升级促进产业结构优化,提升商品和服务的质量。近年来,国家坚持制度创新和科技创新双轮驱动,加快新旧动能转换,改造提升传统产业,加快建设全球先进制造业基地,积极培育世界级先进制造业集群和优势制造业集群。新工业革命深化二、三产业融合发展,向工业和服务业的全面嵌入信息技术,以及生产制造技术的改进和创新的趋势,将为我国传统制造业带来提升产业链、供应链现代化水平,加快攻关制约产业链发展的关键突破口,不仅有助于解决国内循环和供需不匹配的深层矛盾,而且有利于增强我国在国际市场上的竞争力。

第二,新工业革命使人机交互开始广泛应用,网络市场作为新引擎引发数字经济的澎湃动力,新职业大量涌现,新业态层出不穷,就业岗位不断增多,为行业发展和政府管理突破瓶颈提供重要助力。近几年来,我国网络市场的份额迅速扩大,并有超越实体市场之势,交易与组织方式出现了分散式销售和快捷物流配送等鲜明特征。我国拥有适合网络市场发展的基础土壤,有利于交易方式、生产方式、企业组织方式的转型,也有利于为我国经济在新工业革命背景下实现新突破。随着数字经济升级脚步,制造业和服务业将沿着产业链加深融合,产品从设计、生产到销售各个环节的服务化将催生出许多新兴行业,新行业会带动岗位与职业日新月异地变化,让越来越多的新兴职业和就业岗位走进人们的视线。一方面,新职业的标准认定对新职业人才的培养与发展起到倒逼作用,促进从业者不断学习、自我丰富,发现个人与职业的连接点,在专业、技术、能力等方面不断提升,实现职业生涯与行业发展共同成长;另一方面,新职业的界定、发布、标准、考核、培训等均没有前例,也成为政府在技能教育培训、统筹运作能力、现有管理手段、劳动法律体系、就业管理服务、社会保障政策等方面进一步提升的助推力。

第三,新工业革命以柔性的产业组织结构为特征,为中小微企业迎来新的生机,带来了新的经济增长点,培育了全新的消费生态体系。新工业革命

---

① 新华社. 中华人民共和国国民经济和社会发展第十四个五年规划和 2035 年远景目标纲要[EB/OL]. (2021-03-13)[2021-08-04]. http://www.gov.cn/xinwen/2021-03/13/content_5592681.htm.

需要企业能及时顺应柔性定制生产、分布式生产与销售的要求，迅速调整产业组织和布局。中小微企业在这一方面颇具优势，因为这些企业的经营活动以市场为导向，经营机制灵活，容易抓住各种机遇，若有提供较大支持的政府、较为发达的行业中介组织、灵活的物流体系、较完善的市场机制与市场体系加以辅助，中小微企业势必能在这一波机遇中通过迎合技术产业化与新产业发展的趋势，调整发展战略、产品结构和市场结构，迎来蓬勃发展。同时，新工业革命的技术创新将培育新兴产业，催生新的经济增长点，加快发展现代服务业，也相应创造出新的就业岗位，从而创造出新的需求并提升消费层级。如制造业智能化、物流、"互联网＋"平台经济、共享经济等新产业、新业态、新模式的出现，培育了不同于以往的消费生态体系，为新兴企业的破土而出和茁壮成长提供了良好的土壤。

第四，以大数据、区块链、云计算等为代表的新兴信息技术，支撑各项政府云平台服务开展，促使政府数字治理体系与治理能力不断优化与创新，为产业转型升级和经济建设提供保障与服务。新工业革命推动了信息社会的深入发展，政府治理结构必须改革以适应飞速变化的社会。党的十九届四中全会在"优化政府职责体系"中，明确提出要"建立健全运用互联网、大数据、人工智能等技术手段进行行政管理的制度规则"①。新工业革命中互联网、大数据、人工智能等技术手段的逐渐成熟，无疑大大提升了政府的治理能力，为政府在决策、执行、整合、服务、应急管理等方面提供了技术支撑。政府治理数字化是推进国家治理体系和治理能力现代化的必然要求，除了能够协调推动数字经济健康发展，还是发展"智慧社会"的重要保障。因为建设"数字政府"与提升社会大众数字素养相辅相成、互为支撑，云平台服务的使用不仅要求提升政府工作人员的数字能力与素质，还需要社会大众具备必不可少的适应能力和运用能力，必将促进全社会数字素养的提升，从而积极推动社会进步与国家发展。

第五，新工业革命时代的虚拟现实技术丰富了线上学习形式，互联网实现了全球教育资源的共享，有助于终身教育体系构建，使技术技能人才培养迈入高质量发展阶段。大数据、社会化媒体与虚拟现实等技术在改进生产模

---

① 新华社.中共中央关于坚持和完善中国特色社会主义制度推进国家治理体系和治理能力现代化若干重大问题的决定[EB/OL].(2019-11-05)[2021-08-04].http://www.gov.cn/zhengce/2019-11/05/content_5449023.htm.

式的同时，也为教育培训提供了新的知识共享与创新平台。人们不仅可以在网络获取教育资源，交流分享学习经验，甚至可以在一些虚拟操作平台上模拟生产流程，此类现象将成为新工业革命时代教育的常态。学习方式从时间角度扩展出非正式学习与碎片化学习，从空间角度延伸出虚拟学习、云学习、分散式学习、工作中学习等形式，构成时时可学、处处可学、人人可学的图景。新工业革命对技术技能人才的需求呼声不断高涨，数字化提供的泛在学习环境不断扩张。在二者的双重推动下，人们开始意识到只有不断学习，才能保持个人发展与社会进步之间的平衡。社会也逐渐意识到，具备数字化素养和技能的人力资源是我国从"工业大国"迈向"工业强国"的重要保障。培养劳动者胜任未来工作岗位需求的能力与素质，需要进一步丰富学习培训形式，发挥在线教育优势，构建系统性、高质量和个性化的终身教育体系，为劳动者获得胜任岗位的能力和保持未来的职业生涯发展提供经济、制度、资源等各方面的保障。

三、全球新工业革命对我国产业工人队伍建设的推动

提高我国智能制造水平，培育经济增长新动能，在国际经济格局和未来科技发展中起到引领作用，已是新工业革命背景下的几项重要发展命题，其共同之处在于始终离不开人力资本支撑。人才引领创新，创新驱动发展，通过加强技能人才培养，建设一支高素质的产业工人队伍，将为我国产业转型升级夯实基础，提供保障，实现高质量良性循环发展。

首先，新产业、新技术、新业态和新模式成为吸纳产业工人就业的增长领域，对产业工人的专业技能和适应能力都提出了挑战，需要通过专业集群化建设，有针对性地提升产业工人的质量与数量。李克强总理在 2016 年《政府工作报告》中提出："当前我国发展正处于这样一个关键时期，必须培育壮大新动能，加快发展新经济，要推动新技术、新产业、新业态加快成长。"①新工业革命时代的"四新"经济使产业结构不断调整和升级，智能工业机器人逐渐取代低端劳动力，将淘汰或替换部分产业工人，部分产业工人的就业稳定性受到挑战。据人社部统计，截至 2020 年底，全国技能劳动者超过 2 亿人，其中高

---

① 新华社. 政府工作报告（全文）［EB/OL］.（2016-03-17）［2021-08-04］. http://www.gov.cn/guowuyuan/2016-03/17/content_5054901.htm.

技能人才约 5800 万名,高技能人才占技能人才的比例近 30％①。但是在人才的总量与结构,技能的培养与使用等方面,还远不能满足"四新"产业的需要。此外,新业态中也涌现许多新岗位,雇佣关系也更加灵活,以数字经济和互联网为基础的"众包模式"打破了传统用工方式,新的就业模式颠覆了传统的工作观念,如灵活雇佣便是其中较为突出的一种新模式。所谓"灵活"是指企业把工作任务细化并分解为详细的技能需求,在第三方平台上进行业务外包,按需配置人才,并且按单结算薪酬。未来对高素质产业工人的定义和培养,也因为就业模式的改变而与时俱进。目前培养模式和内容较为单一的学校单位,并不能满足"四新"领域产业工人的工作需求,甚至极有可能在技术进步中遭到淘汰。职业教育与技能培训需要面对新兴行业产业进行合理的专业布局和集群化建设,以培养宽基础、精能力、广适应的新时代技术技能人才。

其次,大数据、人工智能和互联网技术的发展日新月异,急需剖析数字技能形成原理和技能匹配体系,加快创新产业工人培养方式,提高技能培训供给的效果。随着大数据、工业互联网、人工智能等新技术融合应用加速,生产过程中的"人机组合"将更为普遍。对于需要数字化技能培训的劳动者而言,确实面临着不小的挑战。世界经济论坛于 2020 年 10 月发布的《未来的工作报告》(*The Future of Jobs Report* 2020)中提到,目前在职劳动者所掌握的核心技能,将有 44％在未来五年内发生更替和变化。到 2025 年时,全球预计有50％的劳动者需要接受再培训才能适应新的岗位需求。接受调查的中国企业中,有 21.7％的劳动者需要 1 年以上的技能再培训,有 19.9％的劳动者需要 6—12 个月的技能再培训②。一系列数据说明,相比于"人工智能",更缺的或许是"智能工人"。一方面,由于技能更新和变化的速度加快,劳动力市场的响应速度也要随之加快,留给劳动者的培训窗口期越来越短;另一方面,相较于以往的工业革命而言,新工业革命的生产模式所需的技能,对劳动者的理论知识基础和理解反应能力提出了更高的要求,对于基础薄弱的劳动者而言,培训难度与培训时长都将大大增加。在创新人才培养方式和提高技能培训成效之前,有必要对新工业革命时期的核心技能需求进行深度剖析,明了

---

① 邱玥."技能中国行动"实施方案发布"十四五"时期新增技能人才超四千万人[N].光明日报.2021-07-06(10).

② World Economic Forum. The Future of Jobs Report 2020[EB/OL]. (2020-10-20)[2021-08-04]. https://www.weforum.org/reports/the-future-of-jobs-report-2020.

产业工人技能培训中的内在技能形成机理和外在技能制度政策，总结新时代的数字化技能形成模式，为形成有效的技能匹配体系、完善现代学徒制的制度建设和促进产业工人终身职业发展提供重要力量。

最后，终身职业教育体系是突破产业工人队伍建设瓶颈的强大助推力，我国也应推动学校人才培养和企业人才管理合作，促进职业教育与在职培训协同发力，丰富产业工人的供给渠道，推动人才供给侧结构改革。在全球产业发展和转型升级竞争背景下，西方发达国家均将职业教育与成人教育发展战略列为重要议题。美国"制造业回归"战略下的职业教育发展战略、德国的"职业教育4.0"计划，西班牙的成人基本技能培训项目，以及欧洲的职业教育与培训学分转换体系实践区，都为我国产业工人队伍和技能匹配体系建设拓宽视野和提供借鉴。根据国际机器人联盟（IFR）发布的数据显示，2015年全球30%的工业机器人都被用来武装中国工厂的生产线，中国已经成为全球最大的工业机器人消费国①。然而与此同时，我国有多达2.2亿名的劳动者可能因为自动化技术而影响职业，平均到每位劳动者约有87天的工时会被自动化取代，有3.31亿名农民工或将面临22%～40%的工作内容被自动化取代的风险②。我国自动化水平发展速度之快，低技能劳动者规模之庞大，注定我国在数十年内是发展在职培训需求最迫切的国家之一。同学校提供的职前教育一样，用人单位对员工的再教育和职业培训亦是增加高技能员工供给的重要途径。未来应当重视职前教育与职后培训的衔接工作，重视劳动者能力素质与岗位要求的匹配程度，着力提高校企合作的深度、广度和效度，让政府、企业、学校、行业以及社会培训单位协力合作，使劳动者获得更多实际生产环境的训练机会。同时通过制度设计和政策支持，为劳动者技能形成与发展提供保障。全方位推动人才供给侧结构改革，以产业工人队伍建设为重要动力，推动国家于百年未有之大变局中，把握时机，迎接风险，应对挑战，使我国在世界格局变化、科学技术革命乃

① 中国商务新闻网.智能制造：机器人发展的重要推手［EB/OL］.（2020-01-19）［2021-08-02］. https://baijiahao. baidu. com/s？id＝1656122713854306164&wfr＝spider&for＝pc.

② McKinsey Global Institute. Reskilling China Transforming the world's largest workforce into lifelong learners［EB/OL］.（2021-01-12）［2021-08-04］. https://www. mckinsey. com/featured-insights/china/reskilling-china-transforming-the-worlds-largest-workforce-into-lifelong-learners♯.

至于人类发展前景等方面立于主动地位。

第三节　我国产业工人技能匹配与技能形成体系

全球新工业革命背景下,在新产业、新技术、新业态和新模式不断发展过程中,人才引领发展,需要依靠技能人才推动我国新兴产业高质量发展,需要通过建设一批高素质的产业工人队伍来缓解技术日新月异的发展致使劳动力市场需求结构的不均衡。新时代对人才需求开始从学历匹配、专业匹配转换到技能匹配上,即职业教育培养人才的技能以及沟通、协作等核心技能储备需要符合当前产业劳动力技能的需求。一方面,体现在对于个人发展需求的匹配;另一方面,则是社会供给与产业发展的匹配。个人需求的匹配要关注到个人的技能储备与成长的技能需求,即关注技能形成的内部机理与外部机理。社会供给与产业发展的匹配要关注到技能的社会供给与产业需求,即关注学校职业教育与职业技能培训。

一、新工业革命下产业工人的内涵

关于产业工人的内涵,现有研究主要有以下两个视角:一是劳资关系视角下的产业工人。劳资视角下的产业工人主要发生在工业革命以来的机械化大生产中,在这一时期,产业工人的内涵基本等同于工人阶级、无产阶级。在马克思主义经典作家那里,无产阶级和工人阶级是在同一个意义上使用的,是相对于资产阶级的一个概念①,认为产业工人是指没有生产资料,靠出卖劳动力来获取生活资料的雇佣劳动者,其主要标志是不占有生产资料并且靠出卖劳动力维持生存②。在资本主义早期,多数产业工人都处在生产劳动的第一线,从事繁重的体力劳动,因此,在马克思、恩格斯关于产业工人的内涵主要是以从事体力劳动为主。然而,社会生产过程发生的新变化和劳动过程本身的协作性质的发展,扩大了产业工人的概念。马克思提出了"总体工人"的概念,把生产过程中的所有劳动者(体力的和脑力的)一起纳入了产业

---

① 黄旭东.马克思主义经典作家的工人阶级理论与当代中国工人阶级的新变化[J].江汉论坛,2009(1):66-70.

② 中共中央马列著作编译局.马克思恩格斯全集(第1卷)[M].北京:人民出版社,1982:100-101.

工人的范畴①。二是经济社会身份视角下的产业工人。中华人民共和国成立后,工人阶级成为国家的主人,共同享有生产资料。这个时候,对于产业工人的界定不能简单通过劳资关系进行判定,产业工人既是生产资料的占有者,也是生产资料的使用者。产业工人享受与其他群体平等的经济社会身份。在此视角下,对于产业工人的界定更多是从产业分布、劳动特征等范畴来考虑。如陆学艺在《当代中国社会流动》一书中指出,工人是指凭借体力和操作性技能,在用人单位直接操作机械和工具从事物质产品的生产,以及从事有形产品或商品的交易、交换和提供劳务服务的所有工薪人员,在职业分类中,包括商业营销人员、服务人员、生产和运输设备操作人员及有关人员等②。他特别指出,他所指的"工人"不同于"工人阶级"的概念,主要是从职业的角度给工人阶级下的定义,是一个职业概念和社会学的概念。综上所述,产业工人在传统意义上象征的是政治阶级的一种身份,是一种等同于工人阶级、无产阶级的劳动力群体,他们以工资收入为主要的生活来源,是支撑和推动社会化大生产的劳动者。

随着产业转型升级加速和新兴市场不断开拓,行业企业逐渐投入自动化、机器人化与人工智能化技术,生产工厂中不断引进新技术、新产品、新工艺、新材料,企业的生产组织方式发生了巨大改变。机器人的应用、无人工厂的出现无疑会使许多领域的传统岗位消失,低技能工作将完全智能装备化,尤其是那些从事"可编码的"重复性劳动。企业对低技能产业工人的需求下降的同时,增加了对高技能劳动者的需求。同时,电子技术、信息技术和生物技术的快速发展,逐渐打破了原有的一些产业和行业间的壁垒,产业边界趋向动态性、模糊性和渗透性,产业和行业正在不断加速调整和重新划分以适应新的形势。在技术进步与产业渗透融合背景下,产业工人的身份标签正在逐渐淡化。他既可以是不占有生产资料的员工,也可以是占有生产资料的创新实践者。他不再以体力和操作性技能作为劳动的外在表征,也不再仅局限于传统的产业行业领域中。也正因如此,对于产业工人的界定不能再简单地通过外在表征进行判断,更需要围绕个体本身,从技能掌握水平、生涯发展路径等方面重新勾勒产业工人的群体画像。

---

① 中共中央马列著作编译局.马克思恩格斯全集(第 44 卷)[M].北京:人民出版社,2001:121-123.

② 陆学艺.当代中国社会流动[M].北京:社会科学文献出版社,2004:53.

综上，我们认为产业工人是指跟随产业变化从事产业生产与服务一线工作、具有一定专业知识基础、掌握一定生产和服务技能的、以工资收入为主要来源的劳动者。其主要表现出以下两方面的特征：一方面是界定范畴的泛化。在产业分布上，岗位的渗透使得产业工人分布在各个产业之中。在工作形态上，随着"零工市场""灵活就业"的出现，产业工人的工作性质变得更加具有灵活性、可调节性，产业工人不再局限于固定的工作时间与固定的工资。产业工人的薪酬不再是简单地按工作时长、工作强度来结算，很大程度上更注重产业工人的技能水平为企业生产创造了多少人力资本价值。另一方面是身份标签的淡化。当前，制造业正在从生产型向生产服务型转变，产业工人需要具备一定的生产、管理、沟通等服务技能。与此同时，随着时代的变迁和经济社会的快速发展，知识更新、技术革新的加快使得职业岗位的变化周期缩短，技能更迭速度快，产业工人不仅需要掌握一定的服务技能，还需要拥有适应终身发展的技能，这种技能不仅是为了满足工作，更是为了满足自我发展，形成全生命周期的新技能，从而满足职业岗位的需求以及个人的全面发展，提升人力资本水平和人的全面发展能力。在本书的研究中，我们将产业工人从范畴上划定为在岗产业工人和预备产业工人，其中预备产业工人主要指向职业院校学生；从产业分布上，主要聚焦于从事制造产业的工人群体。

二、技能匹配视角下产业工人队伍建设的挑战

新工业革命背景下，自动化、智能化技术不断进步，促进了生产设备的快速发展，社会对于产业工人的技术储备需求有了前所未有的提升。人才技能的储备与最新产业发展的需求相匹配是我国产业工人队伍建设的关键。目前，我国人才结构与经济结构、产业结构尚未有效对应，我国产业工人仍存在技能短缺与技能不匹配等问题，产业工人技能供给与技能需求之间的非均衡现象依旧存在。

（一）工人职业技能的总体水平不高，技术供需的迭代速度不匹配

当前，职业教育不断加大产业工人培养培训的投入，但我国产业工人队伍建设仍滞后于产业发展的需要，产业工人技能整体水平不高是我国工人队伍建设遇到的突出问题。目前，我国高端技能人才短缺且整体技能水平不高，高技能人才总量只有 5000 多万人，仅占技能人才总量的 28%。根据浙江的调研情况可知，2020 年浙江省技师、高级技师总量仅占浙江省从业人员的

1.7%,占技能人才的6.6%①。另外,随着信息技术和智能化技术的引入,产业结构对于人才的技能水平提出了更高的要求。产业工人不再是只需掌握一种技能就可以依靠此技能生存生活一辈子,各种新技术、新发明层出不穷,改变了许多产业行业所需要的技能,产业工人在完成初始的教育与培训后,若未对新的工作流程、技能和技术知识进行更新学习,会使得产业工人所掌握的技术技能跟不上,从而使得劳动者的技能在劳动力市场上的价值变得越来越低。

(二)人才供需两端匹配度有待提升,人才培养质量仍需不断提高

在我国,不同规模、不同行业的企业进行转型升级,企业对人才的需求、学历的要求、技能的等级要求不断提升的同时,也重视劳动力的岗位协调能力与通用能力。从职业教育与产业结构的匹配度现状来看,我国中高职院校数量虽符合产业转型升级对高素质技术技能人才的需求趋势,然而,当前我国产业对人才的需求与职业教育供给之间适配度不高,主要体现在职业教育人才培养质量不高。一方面,职业教育人才培养对技术革命的满足度不高,培养的人才难以对接高新技术岗位。另一方面,我国职业教育在服务产业工人队伍建设上仍在整体专业规划方面缺乏对新兴产业倾斜,部分地区专业分布与产业对接紧密度不高。职业教育通过高质量的人才培养,使得教育职业培养的人才具备高技能水平与就业竞争力,能够满足企业的高层次、高质量需求。

(三)企业技能培训积极性有待提高,企业主动培养员工的意识薄弱

一直以来,企业都缺乏相应的激励机制,行业企业主动参与职业教育的积极性不高,尽管一些大型企业已逐渐开展技能培训,但多数企业重用工、轻培训,主要有"四怕":怕增加成本、怕影响生产、怕提高待遇、怕职工跳槽。对职工重使用、轻培训,甚至只使用不培训,宁可高薪挖人,不愿主动培养,导致出现招工难、留工难等问题。与此同时,企业主动培养员工意识薄弱。调研发现,尽管一些大型企业已逐渐形成了技能人才培养的理念,但是部分企业

---

① 晋浩天.职教本科的优势在哪里?——专访教育部职业技术教育中心研究所副所长曾天山[N].光明日报,2021-08-17(14).

仍把"补贴"放在"培训"之上，将"获得多少补贴"作为开展培训的最终目标，并未认识到培养技能人才对当地产业发展及企业未来的重要意义，以至于变成"为了补贴而培训"，导致培训效果欠佳。大部分企业对一线员工的培训以以师带徒、班组长内训为主，对于中高层管理者，则与第三方培训机构合作，外派培训，投入的时间和财力均不多。

三、新工业革命背景下产业工人技能匹配和提升的可能路径

当前我国产业工人队伍依旧存在工人的职业技能总体水平不高、职业教育人才供给与产业结构需求匹配度有待提高、企业培训意识与力度尚不够等问题。因此，推进新时代产业工人队伍建设，打造一批能够承接新技术、新产业、新业态的技能人才队伍，促进产业工人技能匹配与技能提升迫在眉睫。应从新工业革命背景下新的匹配命题出发，探索与分析产业工人技能匹配的新视角，从而提出新工业革命背景下产业工人技能匹配和提升的对策。

（一）新的匹配命题：从"经济发展"到"共同富裕"

改革开放以来，得益于庞大的人力资源优势，我国经济得到快速发展并融入全球产业链的大循环中。然而这种优势随着我国人口素质不断提升、全球产业链不断升级，开始逐渐变得疲乏。将人力资源优势转换为人力资本优势成为我国社会经济高质量发展的必然选择。"十三五"期间，在《新时期产业工人队伍建设改革方案》等多项政策的支持下，我国产业工人队伍建设成效显著，新增高技能人才超过 1000 万，形成了包括职业院校、技工院校、各类职业培训学校、产教融合型企业、技能大师工作室等多元的产业工人培育格局。2020 年我国共组织补贴性培训 2700.5 万人次和以工代训 2209 万人。[①]同时我国也开始在世界技能大赛的舞台上大放异彩，"十三五"期间我国在世界技能大赛中共获金牌 24 枚，银牌 16 枚，铜牌 5 枚，优胜奖 27 项。[②] 在 2019年第 45 届世界技能大赛中，我国更是以优异成绩荣登金牌榜、奖牌榜、团体总分第一。但是我们仍需要认识到工人技术技能与产业需求不匹配依旧是掣肘当前我国产业工人队伍建设的关键问题。根据《2020 中国制造强国发展指

---

① 数据来源：人力资源和社会保障部，《2020 年度人力资源和社会保障事业发展统计公报》，2021 年 7 月，第 7 页。

② 数据由笔者根据世界技能大赛官网（https://worldskills.org/）公开数据整理得到。

数报告》,我国制造业全员劳动生产率为30948.41美元/人,仅为美国的五分之一,日本的三分之一,德国的三分之一。

在当前新竞争格局中,优化结构、提升质量效益仍旧是我国产业工人队伍建设的短板和弱项。长期以来,我们通常将产业工人的技能匹配定位于推进经济转型升级、促进就业稳定民生层面。一方面是"做大蛋糕",即通过提升产业工人技术技能水平推动经济高质量增长;另一方面是"分好蛋糕",即通过引入知识、技能、技术等价值要素,改善产业工人收入在初次分配中的比重。

当前,产业工人技能匹配需要逐渐从定位于服务产业经济发展转变为服务发展共同富裕。以技能偏向性技术进步为重要特征的新工业革命,借助人工智能、大数据、云计算等技术,大大加快了存在于实践经验中的技能的系统提炼、标准化以及传播速度。技能本身的内涵逐渐丰富,传统的技能,特别是学徒制仍未崩溃之前,更多地是作为一种个人财富,作为社会财富分配中的重要人力资本。当前,技能不再单单作为一种个人财富,同时也是作为一种社会公共物品,是全面推动社会经济发展的重要驱动力,体现着面向社会所有人提供技能习得服务的水平和能力。2021年,《中华人民共和国国民经济和社会发展第十四个五年规划和2035年远景目标纲要》中明确提出实现"人民生活更加美好,人的全面发展、全体人民共同富裕取得更为明显的实质性进展"的远景目标。对于将产业工人技能匹配定位于服务发展共同富裕,在指向"做大蛋糕"和"分好蛋糕"外,从技能作为公共物品的逻辑,在从人力资源向人力资本转变的过程中,除了让产业工人切实感受到共同富裕带来的物质生活水平的提升,更是实现产业工人体面就业、体面工作的必由途径。其中主要包括两个层面的内涵:一是实现产业工人的终身发展,就如马克思认为人类社会发展的方向是实现"人以一种全面的方式,也就是说,作为一个完整的人,占有自己的全面的本质",即人的各方面能力不再受到压力和限制,并且能最大限度得以发挥和拓展;二是对工人文化的再次发展,一方面是提升个人对所从事工作的文化历史认同,另一方面是提升社会对技术技能工作嵌入社会系统运行系统中的功能价值认同。

基于此,我们对于产业工人技能匹配的逻辑可以从两个层面来理解:第一层面是对于个人需求的匹配。这种匹配不局限于将技能提升作为满足生产力、提高收入的手段,而是一种作为人的自由发展,全方面满足自身成长需求的匹配;第二层面则是社会供给与产业发展的匹配,即技能作为由教育、培训等形式面向全社会供给的公共物品,其供给与整体社会经济发展需要间的匹配(见图 1-1)。

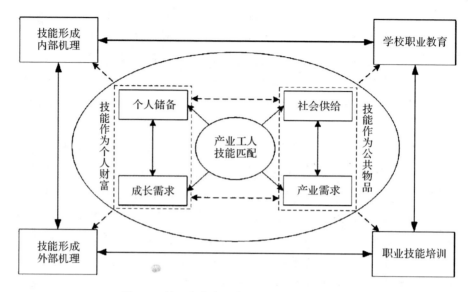

图 1-1　新工业革命下产业工人技能匹配框架

(二)新工业革命背景下产业工人技能匹配的分析框架

1.技能形成的内部机理

技能形成的内部机理是指技能形成过程中各个内部要素在一定环境条件下相互联系、相互作用,最终掌握技能的过程,侧重于回答掌握技能过程中的共性元素、环节等。技能形成的内部机理的分析主要聚焦于学习者自身以及与传授者、自然环境、制度环境间的交互。从历史视角把握技能形成模式的演变逻辑,深度剖析技能是如何习得与养成,将各技能形成模式与社会经济发展背景紧密结合,更有助于把握新工业革命背景下产业工人的技能形成内部机理。对技能形成的内部机理进行分析的目的是将技能匹配从结果控制转变为过程控制。一方面,技能匹配是一个结果目标,达成结果目标的重要方式便是通过对过程的不断调试,使其实际运行结果不断逼近理论目标,明确技能形成的内部机理,能够有效针对匹配目标规划出合理的匹配路径,最大程度提高技能习得的效率。另一方面,新工业革命背景下,技能通过作为一种公共物品,需要满足个性化学习路径设计的同时,也提供普遍的技能习得路径。厘清技能习得的内部机理能够更好地将抽象的实践经验进行科学的标准化、系统化,并进行广泛的传播。也正因如此,在谈论技能匹配的过程中,由于各个主体间的差异以及各类技能传播的不同,优先厘清技能形成中的共性要素显得格外重要。

2. 技能形成的外部机理

技能形成的外部机理是外部要素有目的地干预技能形成过程,使技能形成的结果满足特定主体、组织、场景的要求。产业工人技能形成的外部机理主要从经济的视角出发,通过对各类要素的控制,使得产业工人技能能够满足企业产品生产的要求。产业工人都是在企业制度的管理之下开展日常的生产工作,要促进产业工人的技能形成,必须重视企业这个直接的外部管理要素。这一外部要素可以分为以下两类:一类是关于人的管理要素,比如用工制度、薪酬制度、激励制度、企业培训、员工关系等;另一类是关于事(物)的管理要素,比如企业的生产组织方式、企业生产设备的技术要素、企业内部文化环境等。厘清产业工人技能形成的外部机理,一方面有助于提升产业工人主动适应企业生产的内生动力,形成技术进步与技能提升良好的互补局面;另一方面有助于定向培养企业生产过程中需要的技能人才。不同企业对于产业工人技能的需求不尽相同,使得对于各类外部要素的组合、运用也会各不相同。这就需要明确各类外部要素对于产业工人技能形成的作用机理,基于企业对产业工人的技能需求,形成具有目的性的外部控制,实现产业工人技能储备与企业需求间的匹配。

3. 学校职业教育

回答产业工人技能匹配的问题,在厘清技能形成的理论路径的同时,要明确具体实践载体。学校职业教育作为技能传授重要的载体,承担着完成产业工人在正式进入岗位前的预备教育工作。新工业革命背景下,技能习得的周期逐渐社交增长,单纯依靠在工作岗位上的不断学习会使得产业工人群体队伍的整体年龄上升,难以在最具活力的时期得到最大限度的成长。产业工人的技能匹配范畴已不能局限于已经在岗位上的产业工人,也需要关注到正在职业院校中学习的预备产业工人。在技能匹配下讨论学校职业教育可以分为以下两个方面:一方面是职业院校专业建设。专业是为培养人才而设立的教学、科研基本单位,是联系院校与经济社会发展的桥梁和纽带。厘清专业建设与产业发展间的匹配要素和匹配路径能减少人才技能储备与岗位技能需求间的差距,大幅度缩短人才从院校走向岗位的过渡时间。另一方面是职业技能竞赛。各专业在人才培养中除注重学生技能习得与产业需求匹配外,更需要重视学生的人格养成。由此,各专业在人才培养中因学生差异不能在教学中完全对接企业需求。在多层次多元化的学习需求下,职业技能竞赛恰好提供了一种能够高度对接企业需求的平台。通过企业标准与竞赛标准结合,在院校人才培养中起到标杆作用与对接前沿技能作用。因此,从学校职业教育视角出发如何兼顾人才培养与对接产业,推动岗课赛证融通,是产业工人技能匹配的议题之一。

4.职业技能培训

职业技能培训是各类培训主体按照一定社会职业规范与要求,以面向受训者提供必要的技术技能为重点,使其能够从事某一职业或者某一具体岗位,并且适应其发展的活动。职业技能培训与学校职业教育共同构成了产业工人的全生命周期技能教育体系。人工智能技术的发展使得演算、判断速度与精度大幅度提升,同时也大大缩短了技术更新的周期。产业工人的技能匹配不再是一个静止状态,而是一个动态的发展状态。对于在岗产业工人而言,必须不断适应新技术带来的生产组织方式变化才能不被淹没在时代发展的浪潮中。对此,一部分是依靠产业工人本身对技术变化的自适应能力,而更大一部分则是靠职业技能培训,将系统化、标准化的技术知识高效地传播给产业工人。职业技能培训相比于学校职业教育,在贴近产业发展趋势以及企业生产需求上更具有先天优势,同时也使得职业技能培训在产业工人技能匹配层面会面向更多元化、个性化的需求。这就需要分析产业工人个体特征、工作特征与技能应用之间的关系,明确职业技能培训的对象、内容、方式、认证等未来发展指向。

(三)新工业革命背景下产业工人技能匹配的对策研究

职业教育体系应严格地区分为相互融通发展的学校职业教育和职业技能培训两个体系。提升职业教育适应性是推动新工业革命背景下产业工人技能匹配的重要路径。党的十九大以来,我国职业教育经历了从自身审视,提出从规模扩张向内涵发展转变,到从教育体系审视,确立类型教育定位,再到从经济社会审视,提出技能型社会建设三个发展阶段。面向新时代发展职业教育,助推产业工人队伍建设,关键是要紧抓以下几个方面的问题:第一,新时期我国职业教育发展的定位问题,当前我国职业教育处于怎么样的发展环境中,在这样的发展环境中职业教育又被赋予了怎么样的目标追求。第二,职业教育发展的路径规划问题,即新时期职业教育应该沿着怎么样的发展途径或者发展模式。第三，职业教育发展的载体问题，新时期职业教育发展的动力在哪里，我们又该如何去撬动。一是发展定位方面，应将职业教育发展纳入整个经济社会建设全局统筹中。职业教育要实现五个"入"，即长入经济、汇入生活、融入文化、渗入人心、进入议程。要以体系、模式、人才、服务等推动职业教育现代化系统发展，实现国家尊重技能、社会崇尚技能、人人享受技能，将职业教育作为提升民生福祉、促进共同富裕的内生变量。二是在发展路径规划方面，要坚持发展一盘棋思想，在经济社会发展中明确职业教育发展定位，绘好职业教育发展蓝图。多年的改革实践证明，办好职业教育自身是远远不够的，构建职业教育发展的图景需要从内到外、从点到线形成多维立体的设计。一方面，从教育体系内部明确职业教育作为类型教育的定位，另一方面，从外部经济社会发展厘清职业教育与产业发展的融合路径。同时，讨论技能作为职业教育与产业发展之间融合媒介的路径。三是在发展动力方面，未来职业教育要坚定不移推动职业教育现代化，沿着职业教育类型发展道路，坚持学校职业教育与职业技能培训并举，提升人才培养技能匹配与技能人才队伍规模。

第四节 本章小结

探索建立符合新时代产业工人队伍建设要求的体制机制，加快培养高素质高技能的产业工人，推动产业工人由"工"变"匠"，是打造我国经济"新引擎"的重要议题。解答这一时代命题，首先需要明确产业发展的历史演进特征，把握好当前产业发展指向，明确新时代产业工人内涵，厘清产业工人技能匹配和提升的可能路径。

通过对工业革命发展历程和劳动力市场变革的分析发现：一是历次工业时代的进步源于工具与技术的迭代更新，劳动者在工业革命中扮演的角色逐渐从人力资源转变为人力资本，成为新工具与新技术落地应用的关键。二是本次新工业革命，以知识创新为核心动力，以生产过程中人、机器和资源间实现智能互联为特征，带来了组织结构和经济范式的颠覆式改变，模糊了物理世界和数字世界、生产业和服务业之间的界限，影响了国际分工合作、贸易投资和政治经济格局。三是新工业革命的不断深化对我国产业工人队伍建设提出巨大挑战：一方面，对产业工人的专业技能和适应能力提出了挑战；另一方面,终身职业教育体系是突破产业工人队伍建设瓶颈的强大助推力。

  鉴于此,本章提出新工业革命背景下对于产业工人的界定需要围绕个体本身,从技能掌握水平、生涯发展路径等方面重新勾勒产业工人的群体画像,并认为产业工人技能匹配需要逐渐从定位于服务产业经济发展转变为服务发展共同富裕。产业工人技能匹配的逻辑可以从两个层面来理解:一方面是对于个人需求的匹配,另一方面则是社会供给与产业发展的匹配。

第二章　产业工人技能形成的模式、内在机理与习得路径

技能作为劳动者内化的知识、经验和能力,是人力资本的核心要素,其形成过程的背后不仅仅是个体层面能力的提升和收入的增长,更与国家层面复杂的社会制度相互嵌套与架构。换言之,技能形成关涉两个方面,一是内在技能形成机理,二是外在技能制度政策。因而,我们在研究产业工人技能匹配和技能形成体系时,首先要关注其技能的内在形成机理,这是研究的前置点。就我国而言,技能始终是现代社会形成过程中关注的重要话题,尤其是当下正处于关键的社会转型期,经济正从高速发展向高质量发展过渡,技能问题也随之变得更为突出和重要,主要表现在以下三个方面。一是技术技能人才总量短缺。随着我国经济结构调整、产业转型升级的持续推进,技术技能人才供给与经济社会发展需求之间的矛盾日益凸显。据人社部统计,全国就业人员 7.7 亿,其中技术工人 1.65 亿,占比 20%,高技能人才 4700 多万,占比 6%[①]。且 2005 年至今,高级工、技师、高级技师等的求人倍率均超过 1。以制造业为例,教育部、人社部、工信部共同发表的《制造业人才发展规划指南》指出,制造业 10 个重点领域 2020 年人才短缺超过 1900 万人,2025 年将近 3000 万人。二是技术技能人才结构失衡。企业职工队伍普遍存在初级技工多,高级技工少,传统技工多,现代技工少,单一技能型技工多,复合技能型技工少,短训速成的技工多,系统培养的技工少的现象。[②] 纵观世界工业发展史,所有工业强国都是技术技能人才大国,如日本高级技工占比 40%,德国高

---

① 罗娟. 提供成长平台是留住技术工人的关键[EB/OL]. (2018-04-24)[2018-11-12]. http://theory.people.com.cn/n1/2018/0424/c40531-29947169.html.

② 于志晶,刘海,岳金凤,等. 中国制造 2025 与技术技能人才培养[J]. 职业技术教育,2015(21):10-24.

级技工占比达到了 50%，而我国这一比例仅为 5% 左右，全国高级技工短缺近 1000 万人。没有高质量的技术技能人才，就无法支撑高质量的经济发展。三是技术技能人才流动性大。企业普遍缺乏稳定的劳动关系，一方面招工困难，另一方面又很难稳定招来的工人。政府也已经高度认识到技能问题的严重性和重要性，连续出台了《新时期产业工人队伍建设改革方案》《关于提高技术工人待遇的意见》《技能人才队伍建设实施方案（2018—2020年）》《职业技能提升行动方案》《关于进一步加强高技能人才与专业技术人才职业发展贯通的实施意见》等系列政策文件，首次就产业工人队伍建设专门进行谋划和部署。可见，技能问题已成为影响经济发展和社会稳定的重要因素，如何从技能形成的角度回答和解决技能问题具有十分重要的现实意义。

第一节　技能形成模式的历史变迁与演化逻辑

笔者通过梳理对当前技能形成的研究文献，发现我国对技能形成体系的关注较晚，相关研究还比较零散，其主要集中在两个方面：一是技能形成的内在社会建构。技能形成是社会系列深层次制度安排和利益均衡博弈的结果，这类研究多从政治经济学、制度经济学、历史制度主义等视角分析技能形成的政治、经济、社会和文化因素。如封凯栋、李君然梳理了技能政治学的三组关键命题，构建了以国家介入为中心的分析"劳动—管理"关系的逻辑框架[①]。王春旭、朱俊从新制度经济学视角探讨了技能形成的复杂性是如何影响校企合作的组织形式和治理结构[②]。王星通过对现代中国早期职业培训中的学徒制及其工业化转型的分析，认为建立新学徒制不但是职业教育制度改革的重要探索，更是助力制造业创新国家战略的基本制度安排[③]。二是关注技能形成体系的国际比较。《关于新时期产业工人队伍建设改革方案》首次提出构

[①]　封凯栋，李君然.技能的政治经济学：三组关键命题[J].北大政治学评论，2018(4):159-200.

[②]　王春旭，朱俊.技术复杂性与治理结构：技能形成中的校企合作[J].教育学术月刊，2018(6):48-55.

[③]　王星.现代中国早期职业培训中的学徒制及其工业化转型[J].北京大学教育评论，2016(3):84-104.

建产业工人技能形成体系,这意味着国家层面对构建技能形成体系的高度重视,搭建适合我国国情的技能形成体系迫在眉睫。如刘晓、陈志新从历史制度主义视角对英国、法国、德国三种欧洲典型职业教育与培训体系发展演变和历史逻辑进行追本溯源[①]。吴俊强、朱俊对比分析了德国、日本、美国和英国四个国家的技能形成体系,认为可靠的成本分担机制是稳定技能形成体系的关键因素[②]。这些围绕技能形成的讨论,既有国际比较与借鉴,也有结合职业教育校企合作的关系分析,为后续研究积累了丰硕的成果,但无法回避以下两方面的局限性,一方面缺乏历史视角的纵向梳理。不同历史时期面临不同的技能问题,自然形成不同的技能形成模式,那么技能形成模式是如何变迁的,内在遵循的逻辑是什么? 这要求我们在学理分析上应当有历史性的观察视角。另一方面缺乏比较视角的横向分析。一直以来,技能问题都是政治学、经济学和社会学关注的重要议题。但技能问题同时也是一个教育学问题,技能形成的过程也是一个教育过程,涉及目标、内容、方法等教育要素。这意味着技能形成不仅需要教育学的审视,同时也要跳出教育,跳出以往局限于单一学校教育的观念,转而从一个更广泛的比较视角来分析技能形成问题。因而,本书立足当前技能人才发展现状,尝试从教育视角探析技能形成模式的历史变迁和演化逻辑。

一、技能形成模式的变迁轨迹

纵观技能形成模式发展的历史脉络,其变迁的轨迹与生产方式、生产技术和组织形态变革的脉络相互交织,大致经历了"传统学徒制—学校职业教育—现代学徒制"的演变过程。

(一)传统学徒制

学徒制是职业教育的最早形态,源于人类文明初始父母教自己的孩子以模仿等方式学习基本生活技能的劳动教育[③],主要涵盖家族式传承和行帮师徒传承两种形式。在个体手工业生产时期,传统学徒制一直是技能形成的主

---

① 刘晓,陈志新.英、法、德三国职业教育与培训体系的发展演变与历史逻辑——一个历史制度主义视角的分析[J].外国教育研究,2018,45(5):104-116.

② 吴俊强,朱俊.结构、治理与效率:跨国视角下技能形成的制度比较[J].中国职业技术教育,2017(12):69-75.

③ John L. Scoot. Overview of career and technical education(4th ed)[M]// Orland Park:American Technical Publisher,Inc. p. 121,2008.

要模式,其兴盛至少有两个原因。第一,适应社会生产方式的需要。在生产力水平较低和社会分工不那么明显的社会,传统学徒制作为一种技能人才培养的模式,正好可以内嵌入生产的各个流程,跟随师傅习得一门完整的手艺,而师傅通过个体劳动力数量的投入实现增产目的,奠定了传统学徒制发展的社会基础。据史料显示,清末民初,几乎所有的民间手工行业和商业均实行学徒制。第二,得益于行会的规范管理。一是学徒的入门考察。对学徒来说,学艺必从师,不经一师,不长一艺。但对师傅来说,艺不轻传。师傅选徒弟有一定的严格标准和目的性,主要通过保举的形式,考察学徒的天资、人品、勤奋等因素。二是学徒请进后的培养。不同的行业学徒期的时限不等,一般 3~6 年。在这期间,学徒通过与师傅的朝夕相处,从工作的细枝末节开始参与、逐渐拓展为生产的全过程。三是学徒的出师考核。出师意味着行会赋予学徒入行从业的资格,是学徒向社会公众表明身份的过程。但学徒的出师考核是比较严格的,因为这是关乎各个行业发展的公共事业,必须加强监管,以确保学徒的培养质量。

(二)学校职业教育

学校职业教育的产生是社会分工的客观结果。18 世纪、19 世纪下半叶发生的工业革命给传统学徒制带来了致命性的打击。一方面,机械化大生产取代了传统手工工场,这种流水线式分工合作的机械化大生产催生了巨大的劳动力需求,加剧了传统学徒制与规模化人才培养的矛盾;另一方面,生产技术的变革改变了生产的基础,即机械、物理等科学知识开始取代经验和方法成为技术发展的先导,并对从业者的知识结构和技术素养提出了更高需求。于是,以职业分类和劳动分工为依据的学校形态的职业教育应运而生,并在人力资本理论的助推下逐渐发展成为技能人才培养的主体。以美国为例,1964—1968 年,职业类学生总数几乎翻了一番,由 450 万增至 800 万。各类职业教育机构迅速发展,其中职业技术学校就由 1965 年的 405 所增至 1975 年 2452 所[①]。在我国,最早学校形态的职业教育可以追溯到 1866 年左宗棠创办的福州船政学堂,历经晚清的实业学堂、民国的实业学校和新中国成立后的行业办学,真正确立以学校为主体并独立于市场的

---

① 贺国庆,朱文富,等.外国职业教育通史(下卷)[M].北京:人民教育出版社,2014:110.

职业教育体系则以 1996 年《职业教育法》的颁布为标志。在国家的大力推动下,我国已经建立了世界上最大规模的职业教育体系,学校职业教育已成为我国人力资本投资的重要对象和技能形成的培养主体,累计输出了数以亿计的高素质劳动者和技术技能型人才,满足了经济社会发展对技术技能人才的智力需求。

(三)现代学徒制

新工业革命技术的迅猛迭代带来生产的全面革新,也引发了技术技能人才培养模式的转变。一方面,学校职业教育无法摆脱与工作世界脱离的弊病,知识、情境、能力的割裂,再加上工作性质、工作内容、工作岗位的深刻变化,迫切需要加快教学改革进程;另一方面,学徒制因技能传承优势得以重新回归,尽管在个体手工业在向现代产业转型中,学徒制渐渐隐匿于现代化进程,但在没落了一个时期后,学徒制成为工业强国的重大教育支撑。特别是二战后德国的异军崛起,世界上许多国家开始重新思考学徒制的价值,并将学徒制纳入国家法制管理的范畴。我国也不例外,2014 年 8 月,教育部印发了《关于开展现代学徒制试点工作的意见》,明确了现代学徒制是提高服务经济社会发展能力的战略要求,是构建现代职业教育与培训体系的重要举措,是深化产教融合、校企合作,推进工学结合、知行合一的有效途径,并开启了省(市)、企业、院校不同层面的试点工作,着力构建现代学徒制培养体系。从技能形成角度分析,学徒制之所以回归,本质在于个体的技能形成是技能知识习得和技能经验累积共同作用的结果,前者主要发生在学校,后者主要发生在工作场所,而现代学徒制提供了二者相互关联、融合、转换的互动场域。实践也不断证明,技能积累是技术创新的本源,需要几代师徒的共同努力,几乎所有重大技术进步和突破创新无不遵循这样的发展逻辑。

二、技能形成模式的演化逻辑

围绕技能形成的影响要素和功能实现,本研究主要基于教育视角,从教育、制度和功能三个维度建构了技能形成模式的分析框架,如表 2-1 所示。通过横向的比较,进一步了解不同阶段不同技能形成模式的不同特征及演化逻辑。

表 2-1　三种典型技能形成模式的要素比较

		传统学徒制	学校职业教育	现代学徒制
教育要素	教育目标	重在解决如何做的问题	重在解决为什么这样做的问题	兼顾解决为什么这样做及如何做的问题
	教育主体	师傅	教师、学生	企业（师傅）、学校（教师）、学生（徒）
	教育内容	以缄默知识为主（零碎、直接的实践经验）	以显性知识为主（系统、间接的理论知识）	理论和实践结合、缄默知识和显性知识并重
	教育环境	手工作坊	学校	学校和工作场所
	教育方法	偏向实践性教学	偏向理论性教学	理实一体化教学
	教育途径	生产实践中反复模仿练习	课堂学习和社会实践	工学交替
制度要素	培养规模	少量	批量	按需培养
	考核标准	技能的熟练度、技艺的高超性	学业考核、资格认定	过程化、规范化
	利益相关者	师傅、学徒	教师、学生	政府、行业企业、学校、师傅、教师、家长、学生（徒）等
	身份特征	单一学徒身份	单一学生身份	学生、学徒双重身份
	师生关系	建立在私人关系上的契约	建立在教学关系上的契约	建立在合作协议关系上的契约
功能要素	经济功能	技能谋生	扩大生产、技术变革创新	扩大生产、技术变革创新
	教育功能	技能传承	技术技能人才培养	人力资源开发
	社会功能	家庭关系延伸、个体社会化	个体社会化、加速社会流动	个体社会化、拓展发展路径

（一）教育要素趋向融合

首先，教育目标的融合。传统学徒制是社会自主自发形成的一种以谋生为主的技能传承模式，旨在解决"如何做"的问题。传统社会整体生产力水平较低，技能操作中对文化要求不高，虽然师傅所传授的知识本身缺少学术性和系统性的论证，但这些知识都是师傅多年从业经验的积淀，具有很强的实用性,足以解决"如何做"这个实在而具体的问题。学校职业教育偏向于"为什么这样做"的深层次问题探讨,注重显性知识的效率传输,但这是一种经过抽象概括的系统、间接的学科化知识,使得学生在转换成面向工作岗位的直接经验性知识上难度较大,以至于在培养"如何做"方面存在一定欠缺,培养质量广受诟病。现代学徒制则在理念上融合了"为什么这样做"及"如何做"两个方面内容,注重技术技能人才综合职业能力的培养,使之既懂原理性层面的知识,又能够解决实际操作问题,更契合当前后工业化阶段对技术技能人才知识结构的要求。

其次,教育主体的融合。教育主体即教育实践活动的组织者、实施者和参与者。在传统学徒制中,师傅的主体性地位尤为明显。以行帮师徒传承为例,这种契约关系的不对等更为明显,具有某种人身依附关系和较强市场雇佣色彩,使得师傅处于比较权威的主动地位,而徒弟则处于比较卑微的被动地位,存在大量沦为廉价劳动力的现象。正如民间谚语:"三年徒弟,三年奴隶。"①而且师傅和雇主身份的同一性使得师傅在传承技能时会有所保留,因为师傅训练徒弟的主要目的不是为了培养能够超越自己的人,而是使徒弟能够更好地帮助完成工作,因此它并不是一种真正的教育制度②。当然并不排除亲如父子师徒关系的存在。到了职业学校教育阶段,学校职业教育师生之间建立了基于教学的平等关系,两者的主体性地位以法律的形式得以明确和保障。教师和学生摒弃了以往的人生依附和劳动雇佣关系而成为平等的教学主体,并在技能形成过程中注重教学相长和因材施教,更关注人成长的教育价值。现代学徒制将传统学徒制的师傅和学校职业教育的教师同时纳入教学体系,并重构了师生平等的新型师徒关系。这是一种基于稳固师徒关系系统的技术实践能力学习方式,师徒关系存续时间长短、关系亲密程度直接影响学徒技术实践能力及学习成效③。

再者,教育内容的融合。教育内容是教育最为基础和核心的素材,直接决定教育效益。在传统学徒制中,师傅所传递的内容以零碎、直接和具体实

---

① 彭泽益.中国工商业行会史(上册)[M].北京:中华书局,1995:527.

② 徐国庆.高职教育发展现代学徒制的策略:基于现代性的分析[J].江苏高教,2017(1):79-84.

③ 徐国庆.我国职业教育现代学徒制构建中的关键问题[J].华东师范大学学报(教育科学版),2017,35(1):30-38.

践的生产经验为主，但这是一种高度依赖经验的个体知识，碎片化和零散性特征较明显，再加上传统学徒制教学的发生具有较大的随意性和松散性，使得知识只能停留在一般的总结性认识层面，无法上升为系统化的知识体系。与传统学徒制相反，学校职业教育是一种有目的、有计划、有组织的培养人的社会实践活动，在教学内容上以显性知识为主，主要表现为一些系统、间接、抽象的理论知识，重在培养学生的学科知识和理论素养，却无法摆脱技能形成理论和实践相脱节的弊病。而现代学徒制则是对传统学徒制和学校职业教育两种技能形成模式扬长避短基础上的兼容并包，其培养更加专业化和系统化，既偏向直接实践经验的习得，又注重系统理论知识的传授，有效实现了教学内容由经验化向结构化的重大转变。

最后，教育手段的融合。教育手段是指教育者将教育内容作用于受教育者所借助的各种形式与条件的总和，涵盖教育方法、教育环境和教育途径等。传统学徒制以手工作坊为载体，教学方式具有鲜明的生产性特征，我们很难区分学徒的学习过程和生产过程。一般而言，"做中学"是传统学徒制核心的教学方式，师傅几乎是朝夕相处地全天候参与，通常从事具有复杂劳动性质的主导工作并兼传技能，而徒弟一般从事简单劳动形式的辅助工作兼技能练习，徒弟在模仿中逐渐熟练，在熟练中逐渐开悟。但传统学徒制把模仿和训练作为主要的教学方法，始于实践、终于实践，这虽然有利于学徒积累丰富的实践经验，但其教学过程缺乏以理论为基础的有目的的设计而效率不高。学校职业教育则以学校为主要教学场所，辅之以社会实习实践。它主要以理论性的知识传授为导向，重在考察大量抽象概念、原则的识记。但技能不是一种静态的知识储备与叠加，而是能够解决实际生产中出现的问题的具体情境能力，它的形成是知识习得和经验积累的融合和转化。此外，由于教学环境、教学手段、教学安排等条件限制，学校职业教育实践操作体系的设计远未满足技能养成的需要。无疑，这种偏向大量标准化知识灌输的学科化教学方式无形中瓦解了传统学徒制技能形成模式的实践体系，那么，学生在远离工作情境的学校情境中自然难以建构知识、技能和职业的内在联系。而现代学徒制，从定义上来看，它是学校本位教育和工作本位教育紧密结合的一种新型技术技能人才培养制度，能够以教育性的结构化内容组织学习内容，使得以理论知识为代表的显性知识和以实践为代表的缄默知识得以形成良好的技术知识结构，促进"应知"和"应会"知识的贯通。从技能的形成过程来看，它架起了学校和工作场所联系沟通的桥梁，是一种基于真实情境的即席实践，遵循合法的边缘性参与规律,呈现出教学场所情境化、教学过程生产化和教学组织工学交替的特点。

(二)制度要素日益规范

首先,培养规模逐渐适度。为契合纺织、酿酒、制茶等个体经济的发展,传统学徒制是一种自需自供、供需主体合一的技能供给模式,在制度上规定了师傅带徒弟的数量,通常采用"一对一"或"一对多"教学组织形态,呈现出小规模培养、较高成本、低效受众的特征。学校职业教育是一种企需校供、供需主体分离的技能供给模式,它采用班级授课制,在普及教育范围、扩大教学规模、提高教学效率、降低教学成本方面具有明显的比较优势,能够很好地满足社会生产对劳动力需求的急剧膨胀,成为企业外部技能人才的主要来源。现代学徒制则是一种企需联共、供需主体融合的技能供给模式,它凸显了按需培养和个性培养的要求,兼顾考虑规模效益和市场需求,推动了由师傅带徒弟的作坊模式向职业院校和企业联合正规化、规模化、系统化培养的根本转变。

其次,培养标准逐渐规范。在家族式传承中,传统学徒制没有形成明确的时间、标准、考核等规定,还不能称其为真正的"制度",故一些学者将其称为一种"私人习惯"①。但在行帮师徒制传承中,其在培养标准方面已经形成了较为完善的考核体系,如学徒期满出师需要向行会申请,得到审批才具备结业的合法证明,其判断的依据主要是技能的熟练度和技艺的高超性,如传统手工艺行业通常要完成一件独具匠心的代表作作为考核要求。学校职业教育阶段,学业考核、资格认定取代了传统的技能评定,这样的考核方式最大的特点就是方便快捷,但很难真实地反映技术技能人才的实际技能水平。现代学徒制的考评标准则更为权威和规范,培养前期有一套完整系统的人才培养方案,培养中期贯穿学徒训练项目、质量标准和能力标准等明确的专业要求,培养后期按照行业标准和规范或者采用国家职业资格证书的形式进行技能认证。

最后,师生(徒)关系逐渐现代化。契约的完成是权利义务的清算②。分析可知,传统学徒制是在私人关系上的契约,为降低管理风险,这一时期"师"

---

① [日]细谷俊夫.技术教育概论[M].肇永和,等,译.北京:清华大学出版社,1984:14-15.

② 费孝通.乡土中国[M].上海:上海人民出版社,2013:70.

与"徒"的关系是建立在与生俱来的血缘、亲缘或可信承诺关系基础上形成的，一般招收本地或本帮子弟。学校职业教育所建立的教学关系具有明显的公共性质，使得原有"师"与"徒"的关系在一定程度上变成了法定的"师"与"生"关系。但这种关系并未涉及强制性的履约义务，更多的是教师或学生个人的自我遵循和自我规范。现代学徒制通过签订合作协议的形式确立师傅、教师、学生（徒）之间的关系。合作协议的签订意味着师生（徒）关系的合法化和公开化，任何一方的违约行为造成合作关系的破裂，均须承担相应的责任。在开放、平等、个性化教育理念引领下，合作协议框架下的现代学徒制师徒关系更具民主性、共生性和现代化的特征，他们既是知识的传递者，同时也是知识的应用者和创造者。

（三）功能要素不断升级

不同发展阶段不同技能形成模式在经济、教育、社会等方面功能略有偏向。传统学徒制在经济方面主要是以技能谋生，满足生存所求，成为很多社会弱势群体的生存选择。在教育方面主要是技能传承，隋唐时期，我国出现了既受官府和客商制约，又有力量同官府和客商抗衡的以维护自身利益为目的的组织——"行会"①。这为传统学徒制由私人性质向公共性质过渡提供了组织保障，也促进了技能形成的制度化。行会中形成了完整的学徒制文本规约，规定了学徒的入学条件、学习时限、劳动薪酬、出师标准等，为系统化技能人才培养提供规范保障，奠定了工匠精神的发展基石。在社会方面承担了家庭关系的世代延伸和个体的社会化职责，具有代际传承的稳定性特征。在以血缘为主的社会里，社会变动的速率较低，为身份、地位和职业的血缘继替提供了较为稳定的社会结构，也只有在这样的社会里，农之子恒为农，工之子恒为工，商之子恒为商才能成为常态。

学校职业教育中经济功能和教育功能的关系更为紧密。经济方面，出于扩大生产和技术变革创新的需要，传统学徒制无法满足近代工业发展对从业者知识结构和技能素养的需求。投射到教育实践中，便是学校职业教育的教育功能日渐凸显，尤为注重技术技能人才的培养。因为这一阶段学校职业教育被认为是获取学科知识和标准技能的最佳途径，大量的科学知识开始进入

---

① 米精.中国职业教育史研究[M].上海：上海教育出版社，2009：117.

制度化的职业学校,成为学生职业学习的重要知识来源①。社会方面,则通过教育促进了个体的社会化,在大规模标准化的生产组织下,纵向上泰勒制确立了企业组织的科层制管理模式,横向上福特制以分工和专业化为基础划分工作过程,这大大降低了生产过程的不确定性,增强了从业者的可替代性,加速了社会的分层和流动。

现代学徒制是对传统学徒制和学校职业教育功能的系统整合升级。它直接的经济功能已经不那么明显,但教育功能彰显,更多地成为国家人力资源开发战略的一部分②。站在国家创新驱动战略实施的高度,我国在最短的时间内实现了从劳动密集型经济迅速跨越资本密集型阶段进入技术密集型经济,但技术技能人才短缺和断层严重,现代学徒制便成为人力资源开发的重要抓手,担负着技能培养和技术改进的社会重任。但我们不能仅局限于为产业转型升级提供技术精湛的技术技能人才的考虑,还需要畅通现代学徒制发展路径,为学生接受更高层次的教育提供可能和路径,让现代学徒制真正成为让国家、企业、学校学生等相关利益主体受益的技能人才培养制度。

三、技能形成模式的发展思考

结合技能形成模式的纵横分析,发现现代学徒制是适应产业发展趋势且具有无可代替的优势的最新技能形成模式,正成为国家公共人力资源开发战略的重要组成和技术技能人才培养的重要制度载体。因此,基于国家技能形成体系构建的需要,有必要对现代学徒制的发展作进一步思考。

(一)如何适应新的产业形态和生产方式变革

技能形成模式演变与社会生产力变革互为因果。从传统学徒制到学校职业教育再到现代学徒制的技能形成模式,其演变轨迹与生产技术经历了手工业生产、机械化生产而进入自动化、智能化生产,产业结构经历了劳动密集型、资本密集型而进入技术密集型和知识密集型,经济结构经历了要素驱动、投资驱动而进入了创新驱动,其高度相关,同步演化。具体而言,生产尚未分工和社会结构相对稳定是传统学徒制发展的社会条件;规模和效率成为市场

---

①　李政.职业教育现代学徒制的价值审视——基于技术技能人才知识结构变迁的分析[J].华东师范大学学报(教育科学版),2017,35(1):54-62,120.

②　关晶.西方学徒制的历史演变及思考[J].华东师范大学学报(教育科学版),2010,28(1):81-90.

经济竞相追逐的目标是学校职业教育快速发展的重要助力；对复杂性技能和复合型人才的需求是现代学徒制回归的内在动因。尽管从历史维度看，三种技能形成模式有演化的先后顺序，但我们不能单纯地以时间逻辑划分阶段，事实上三者是平行共生共存的状态。现代学徒制并非对传统学徒制和学校职业教育的替代，而是技能形成模式不断丰富的发展过程。因为单一技能形成模式的承载能力是有限的，不同的产业形态、生产方式和标准化程度决定了技能形成模式的多样化选择。

当下，新一轮科技革命和产业变革蓬勃兴起，现代学徒制正成为技能形成的重要力量，我们必须深入思考其发展之策。一是注重多岗多专技能的提升。智能化生产重构了生产过程，改变了传统用工方式，提高了生产效率，在数量上挤压了低技能、重复性的劳动力，但我国高端制造业产业形态的选择使得智能化生产并未降低对技能的依赖性，反而将以前人和机器的对立关系转向合作关系，内在隐含从业者技术技能的升级需求，技能本身也会随着自动化技术的不断演进而延伸。伴随着传统岗位的消亡、合并和升级带来的工作范围拓展和职业能力升级，现代学徒制要紧密对接高端制造业等现代产业需求，改变以往单一岗位技能重复训练模式，引导学徒对整个生产线甚至生产车间进行监控，提升学徒生产过程情境中复杂多变技术问题的解决能力，以适应个性化生产和精细化生产的发展趋势。二是强化综合素质能力的培养。产业形态和生产方式的变革除了要求学徒具备扎实的技术理论和娴熟的技能操作，更重要的是协同创新、团队合作、可迁移能力等综合素质。现代学徒制应树立面向未来的人才培养理念，考虑如何满足产业形态技术创新、产品工艺改进、职业变迁等瞬息万变的市场多样化需求，加大创新思维、合作思维、创新能力、可持续发展能力等综合素质能力的培养。三是加强工匠精神的培育。工匠精神本质上是一种隐形的职业素养，是热爱劳动、崇尚技能、开拓创新的表现，是无法被机器代替的核心竞争力。当前，我国正处于从工业大国向工业强国迈进的关键时期，现代学徒制作为工匠精神有效培养途径，应将培育和弘扬爱岗敬业、精益求精、坚守品质、卓越创新的工匠精神贯穿人才培养始终，帮助其建立职业认同、职业规范和职业精神，提高劳动过程的价值。

（二）如何完善现代学徒制的制度建设

技能形成模式演变是一个不断制度化的过程。传统学徒制不是一种正规的教育制度，它没有国家力量的强制，主要依靠行会开展活动，属于一种劳动雇佣制度，具有较浓的市场色彩，并完成了从非正规培训向正规培训的过渡，形成了较完善的制度规范和组织机制，如建立了"学徒工—帮工—师傅"稳定的身份等级体系。学校职业教育是真正意义上技能人才培养正规教育的始点，具有较明显的政府主导色彩和制度性特征。实践层面，现代学徒制正如火如荼地开展，但尚未形成对现代学徒制制度性的统一认识，它究竟是一种人才培养模式，还是一种职业教育制度。

本书认同现代学徒制是传统学徒制和学校职业教育结合的合作教育制度的观点，只不过当前尚未完成制度的建构而停留在模式阶段，但试点的推进就是我们不断探索现代学徒制制度化的过程，且现代学徒制已经初步完成相关制度建设，如：形成了较规范的培养要求和考核标准。从德国、英国、澳大利亚等发达国家的经验来看，现代学徒制也是一个借助国家权力而不断制度化的过程。因而，尝试从制度视角来探讨现代学徒制发展的深层次问题，健全现代学徒制国家制度框架尤为必要。一是为参与主体提供利益协调的规范。制度强调的是社会层面的规范形式，曾经的企业内学徒制是我国技能形成的重要制度，直至现在，大量技能人才培养很大程度上依然依赖企业有体系、成规模、规范化的技能培训。但从技能培养主体来看，传统学徒制的自需自供已转向学校职业教育的企需校供，学校职业教育的企需校供又转向现代学徒制的企需联供，这决定了建立多方参与、责任分担、协同推进的技能合作制度尤为必要，如联合行业企业参与国家专业教学标准开发和认证，建立行业、企业或第三方机构技能资格认证制度，加强第三方机构职业能力测评等，从制度上将企业纳入现代学徒制发展范畴，真正落实企业参与主体地位和权责利。二是为参与学生提供更多发展保障。要想提升现代学徒制吸引力，依托现代学徒制建立一支稳定的、高素质的产业工人队伍，必须站在学生多元、个性、长远发展的立场进行制度的整体设计，如：推进资历框架建设，导入职业生涯规划，主动对接开放多元、职前职后一体化设计的现代职业教育与培训体系，探索实现学历证书和职业技能等级证书互通衔接；建立学徒培养培训标准化考核制度，认定企业开展现代学徒制资质，规范培训时长、工作时间、薪酬待遇、出师条件等，并对企业培训环节进行严格的监管，防止学徒沦为企业廉价劳动力；建立正向激励的技能使用制度，完善技能工资等级制度，实施技术创新成果入股、岗位分红等激励方式，形成以技能为导向的多元收入分配制度。此外，还应认识到，国家制度的形成并不是自然而然的结果，它是市场和政府力量长期博弈的产物。因为单纯依靠市场行为很容易因"外部挖人性"而陷入集体行动困境，难以自动生成技能培训制度，国家介入是建立可信赖基础和实现相对均衡的根本保障，这一点早已被欧美发达国家的技能形成体系发展历程所验证。

（三）如何重构现代学徒制师徒关系

技能是一种高度个体化的缄默知识，依附个人主体存在。要实现技能在个体之间的传递和转换，唯有通过持续不断地与长期实践它的人相接触才能获得[①]。尽管传统学徒制师徒关系具有不平等的特征，但"一日为师、终身为父"的情感纽带真切地彰显了技能传承的价值和优势。而现代学徒制中，师徒的角色和关系都发生了根本性的变化。如何重构社会化、现代化、公共化的稳固师徒关系是现代学徒制技能传承的核心要素。理想状态下，师徒关系是一种基于个体共享、信念明确和追求共同利益的实践共同体。它可以由学生（徒）、师傅、教师三者构成，也可以由学生（徒）与学生（徒）两者构成。在学生（徒）、师傅、教师三人构成的活动范畴里，师傅的等级性与教师的平等性、师傅的严苛性与教师的亲密性统一于实践工作环节，使得这种实践共同体在结构和关系上更平等稳固，技能传承的效果也更直接有效。而在由学生（徒）与学生（徒）构成的实践共同体内，虽学生（徒）之间可能存在一种比较松散的联结，但事实证明，同伴之间知识流通不仅是可能的，而且知识传播非常迅速和有效。

但实践中，在自由劳动力市场环境下，企业师傅作为现代学徒制的利益相关者，我们不得不思考：企业师傅是否具备带徒弟的能力水平？愿意带徒弟倾囊传授技能的意愿多大？身份认同度如何？如何保障企业师傅的劳动权益，缓和企业雇员和学徒师傅的角色冲突？一是完善企业师傅劳动安全保护制度，建立企业师傅资格制度，重视企业师傅的选拔考核和职业能力培养，同时将企业师傅选拔考核、福利待遇等进行一体化设计，降低企业师傅劳动替代忧虑，缓解市场经济条件下师徒之间的职业竞争关系，将原来受到市场机制支配的交易关系转变为实现技能累积传承的教育关系[②]。二是建立企业

---

① Brownhill R J. Education and the nature of knowledge[M]. London：Croom Helm，1983：53.

② 汤霓，王亚南，石伟平. 我国现代学徒制实施的或然症结与路径选择[J]. 教育科学，2015，31（5）：85-90.

师傅带徒弟激励机制，一方面，技能是企业师傅日积月累摸索和实践所拥有的知识成果；另一方面，企业师傅本身担任着繁重的生产任务，因而，师徒之间的技能传承是有条件的，只有最大程度保障技能共享的利益，才能增强企业师傅传授技能的意愿，如在经济补偿方面，提高带徒津贴补贴标准，并根据带徒成效给予额外物质奖励，增强学徒和师傅之间的利益粘连和技能共享；精神奖励方面，通过评选年度优秀企业师傅活动给予一定的荣誉和肯定，并作为职位晋升、评优评先的重要参考。三是允许企业师傅、学徒双向自由选择。融洽的师徒关系是技能传承的前提和基础。在传统学徒制中，无论是"一对一"还是"一对多"模式的师徒关系，师傅在选择徒弟的时候都具有较大的自主权。那么，当下师徒关系的构建也必须在平等的基础上，充分考虑企业师傅和学徒的思想观念、个体差异和情感偏好，赋予双方一定的自由选择权，如此才能建立信任、尊重、关爱等深厚的情感联系，奠定技能形成和传承的关系基础，凸显现代学徒制的教育属性。

第二节　职业技能的意涵、习得及其养成
——基于隐性知识学习的语境

职业技能的授受作为职业教育的本质属性[①]，在我国的演进与发展经历了漫长的尝试、改革与调试的过程。早在 1985 年 10 月，白树华在《人民教育》上以"重视职业技能训练"为题发文，论述了职业技能的概念和培养方法，开启了职业技能研究的先河。2005 年，国务院《关于大力发展职业教育的决定》对职业教育的定位做了进一步的明确："以服务社会主义现代化建设为宗旨，培养数以亿计的高素质劳动者和数以千万计的高技能专门人才。"[②]这一规定，十分清楚地表明了国家对职业教育的办学要求，即重在培养职业学校学生的素质和技能，尤其培养学生的职业技能，是职业教育的根本所在。因此，

---

① 刘晓.职业教育的本质属性：历史、事实与价值[D].天津：天津工程师范学院硕士学位论文，2007.

② 国务院.国务院关于大力发展职业教育的决定(国发〔2005〕35 号)[EB/OL].(2008-03-28)[2020-05-04].http://www.gov.cn/zhengce/content/2008/03/28/content_5549.htm

深入研究职业技能的内涵、形成及培养，对我国职业教育发展和技能型人才培养具有理论和实践的双重意义。

一、职业技能的意涵

回顾以往对职业技能培养的诸多研究，我们发现人们往往忽略了一个重要的前提性问题，那就是对"技能""职业技能"等相关概念的内涵的认识。正因为如此，才出现了许多研究因对这些概念的理解不一致而无法交流，甚至彼此混淆、误解的现象①。因此，在对现代职业技能习得与养成进行研究之前，有必要对这些"前提性问题"进行认真的研究和思考。

何为"技能"？学界对此是见仁见智。归纳起来，大致有如下三种：一是"水平说"，即"运用知识和经过练习达到会操作的水平"②。二是"系统说"，这种观点将"技能"认为是"个体运用已有的知识经验，通过练习而形成的智力动作方式和肢体动作方式的复杂系统"③。三是"方式说"，认为"技能"是"通过练习获得的，运用知识来完成的活动方式"④。通过对上述定义的分析，我们可以看到，尽管目前对"技能"的定义尚未统一，但基本都是从以下几个方面来理解的：首先，技能表现为一种活动方式，这种方式可以是外显的、展开的、动作的操作技能，也可以是内隐的、简约的、心智的认知技能；其次，技能的获得均是要在已有的知识和经验的基础上经过反复练习而形成的；再次，技能活动是在一定的目的指引下的一系列的动作组合，是一个有目的的动作系统。所以，我们在此将"技能"作为一种体系，即在一定的目标指导下，根据所拥有的知识和经验通过反复练习而获得的规则性的动作体系，是由外显的肢体操作的动作体系和内隐的认知活动的体系构成的整体，二者相互独立、相互促进、相互转化。

何为"职业技能"？不少学者从不同的角度和学科背景提出了自己的认识。心理学研究者从技能形成的内在机制出发，认为"职业技能"是在"职业活动中，运用专业知识和经验，通过练习或实践而形成的操作系统或行为模

---

① 吴晓义."情境—达标"式职业能力开发模式研究[D].长春：东北师范大学博士学位论文,2006.

② 车文博.心理咨询大百科全书[M].杭州：浙江科学技术出版社.2001:121.

③ 朱智贤.心理学大辞典[M].北京：北京师范大学出版社,1989:135.

④ 黄希庭.心理学导论[M].北京：人民教育出版社,1991:571.

式"。① 它是个体在心理和身体上固定下来的活动方式,本质上是一系列规则与程序,它总是比较具体的,并与特定的活动相联系,具有如下三个特点:一是练习性,即经由反复练习而获得的动作系列;二是动作性,即由一系列的动作及其执行方式构成,是会不会做和做得如何的动作掌握,而非知与不知的知识掌握;三是目的性和法则性,即有一定目的且遵循一定法则的动作体系,而非随意的、任意的动作组合。随着现代社会的发展和科学技术的不断进步,我们对"职业技能"的内涵的认识也应当从过去简单的动作技能的片面认识,转到操作技能和认知技能组合的整体认识上来。鉴于此,从实践知识和经验的角度出发,我们认为"职业技能"是指与完成某项职业活动有关的肢体的和认知的动作体系、实践知识和经验的总和,是技能在职业活动领域的应用和体现。

　　何为"职业技能的层级"? 试图详细罗列职业技能的组成内容是十分复杂的,也是具有时空局限性的。鉴于此,我们根据职业技能的分层性特点,探寻各层技能与职业角色的内在关系,并尝试构建职业技能的层级体系。首先是基本技能层,即对于某一行业所有的一线工作都通用的知识和技能。通过掌握基本技能层,个体将会获得在该行业所有职业工作都必需的宽泛的基础技能。其次是专业技能层,即覆盖相关职业和职业群的一线工作的代表性的知识和技能。通过掌握专业技能层,个体将会获得能够在相关职业和职业群一线工作的主要知识与技能。最后是特定技能层,即针对某一职业的特定岗位所必需的独特的知识和技能,通过掌握特定技能层,个体将会获得只适用于特定岗位的独特知识与技能,如图 2-1 所示。

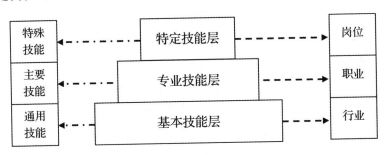

图 2-1　职业技能层级体系

① 吴江.职业技能开发导论[M].北京:中国劳动出版社.1998:22.

由此可见，基本技能层和专业技能层着眼于行业和职业中通用的知识和技能，并不涉及特定岗位的独特知识和技能，而特定技能层是基本技能层和专业技能层的补充和升华，这三者共同构成了职业技能的层级体系。

二、职业技能的习得

职业技能的习得实际上是一个隐性知识获得的过程。隐性知识（又名缄默知识），是英国著名的物理化学家和思想家波兰尼（Polanyi）于 1958 年在《人的研究》一书中首次提出的。他认为，隐性知识则用来指那些无法言传或表达不清楚的一类知识。[①] 从实践来看，技能的形成有时也是无法言传或表达不清的，它是一个从知识到动作、由不熟练到熟练、由不准确到准确、由静态向动态转化的过程。职业技能的习得是一个从业者由初学者到专家的成长过程，具有阶段性。它包括四个与隐性知识学习联系异常紧密的阶段，即感知阶段、模仿阶段、练习阶段、内化阶段，如图 2-2 所示。

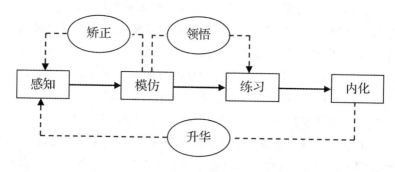

图 2-2　职业技能形成的四个阶段

（一）由隐性知识转化为隐性知识的感知阶段

感知阶段是技能知识或经验的获得和掌握阶段，是技能形成的知识准备阶段，主要获得的是技能的目的和法则。这个阶段的技能的培养是通过观察，掌握职业技术知识的过程，是一个把教师的隐性知识转变为学生隐性知识的过程，是一个潜移默化的过程。这种知识转化模式有三个特点：知识的零散性，即隐性知识是零散存在于不同个体的头脑之中，即使在同一个体的头脑中，也是零散存在的，并没有形成系统化和整体性；传播的非语言性，即从隐性知识到隐性知识的转化，是不能通过语言交流来实现的，必须借助一

[①]　郭秀艳.内隐学习[M].上海：华东师范大学出版社.2003：325.

些特定的途径和手段；习得的默会性，即学习者必须具有一定的悟性，只有不断进行揣摩，才能获得他人的隐性知识。

（二）由隐性知识转化为显性知识的模仿阶段

模仿阶段是对所获得的技能知识的动作操作阶段，是把静态的知识转化为动态的动作操作过程。这个阶段技能的培养是将依附于个体而存在的经验、直觉和想象，用语言深刻地概括和清晰地表达出来，将感性知识提升为理性知识，从而使高度个性化的知识向群体实行整体的传播成为可能。这种转化模式的特点是：知识的可表达性，即要转化的那部分隐性知识是可以通过一定的途径和手段表达出来的；传播的多样性，即这种转化模式可以是知识由个体传授给个体，也可以是个体传授给群体，还可以是群体传授给群体；习得的创造性，即实现这种转化必须经过一定的抽象和思辨，才能实现由经验到理论的飞跃，这也是一个创造的过程。

（三）由显性知识转化为显性知识的练习阶段

练习阶段则是在模仿的基础上对技能动作的重复操作，把当前的技能动作和已有相关动作结构相融合的领悟过程，是一个对模仿阶段所形成的技能动作的再认识，在模仿和练习的过程中对动作本身的思考和体会的过程。在这个阶段，职业学校教师会将职业教育的各种显性专业知识，包括规章制度、操作规程、专业标准、专业道德传递给学生。其特点是：知识的系统性，即这种转化模式中的知识是循序渐进的，是系统化和具有整体性的，学生通过学习可以掌握一整套的理论和方法；传播的便捷性，即这种转化模式可以通过个体对群体进行传授，还可以通过现代化的通讯和交流方式来实现，比如远程教育、网络博客等；习得的公共性，即这种转化模式中的知识是面向大众公开的，通过公共的传播途径进行传播的，任何人都可以以文字、符号、图画等直观的形式来获得。

（四）由显性知识转化为隐性知识的内化阶段

内化阶段就是个体完全协调技能动作各部分间的关系，能够在无意识状态下进行技能动作操作，而且在运用过程中能根据活动任务的变化来调整自己的技能动作，达到运用自如的过程。新手和专家的区别大多是在这个层面上。这种模式主要是由显性知识分享到内化的过程，其使显性知识内化为个体的隐性知识，从而使其技能更加熟练，进而达到炉火纯青的地步，是一个技能形成的过程。其特点有：知识的熟练性，即只有对显性知识非常熟练，对其有十分深刻的理解,才可能实现这种模式的转化;传播的隐蔽性,即这种转化的程度和多少是因人而异的,其传播过程往往是隐蔽的,个体在掌握技能以后,不知不觉间已经将显性知识熟记于心了;习得的重建性,即学习者必须把学到的显性知识重新归纳、整理,构建成个人的知识和技能体系,才能掌握技能。这也是知识内化的过程。

三、职业技能习得的特点

(一)个体性

技能不是一种轻而易举可以获取的显性知识,而是以个体直接经验形式表现出来的一种高度个人化的缄默知识,其个体性主要表现为以下方面:首先,技能具有明显的私人色彩。它是一种嵌入的、黏着的、内存的蕴藏于实践经验的知识,明显缺乏"公共性"特征,并依赖于个体的经验、直觉和洞察力,深深根植于行为本身,很难用逻辑分析的思维加以研究。这种高度个体化、难以形式化或沟通、难以与他人共享的知识,通常以个人经验、印象、感悟、团队的默契、技术诀窍、风俗等形式存在,而难以用文字、语言和图像等形式表达清楚。① 其次,技能无法与认知主体分离。技能依托于认知主体而存在,认知主体决定了技能的方方面面。假如认知主体不存在了,那么依附于其的技能也将不复存在,即使它已经脱离认知主体而成为纯粹公共性和客观性的知识,但已不是缄默知识本身。最后,技能的习得依赖于个体的参与。个体技能的形成依赖于个体实践经验的积累,而且个体具有显著的差异性,每个人都只能在各自的直接经验中去感悟、体验、总结和升华。

(二)情境性

波兰尼比喻说:"未能通过语言表达的知识就像是一小块光亮的领域,周围环绕着无限的黑暗。"②事实上,我们也必须清醒地认识到个体之间技术的转移不是轻而易举的技能过渡,而是基于真实情境突破无限知识黑暗的艰难求索过程。众所周知,技术转移最快捷的方式是由业已熟悉这项技术的工作人员亲自把它带到新环境中,手把手地教会新手。单纯交付机器和工作手册

---

① 赵仕英,洪晓楠. 显性知识与隐性知识的辩证关系[J]. 自然辩证法研究,2001(10):20-23.

② Polanyi M. We can know more than we can tell [J]. The Tacit Dimension,1966:17.

而不同时伴以人员交流的技术转移，几乎总是面临着失败。[①] 可知，技能的习得是个体感官和行为共同时空构建的过程，它的获得总是与特殊问题或任务情境联系在一起，是对某种特殊问题或任务情境的一种直觉综合或把握。[②] 如果离开了技术技能生成的原始情境，那么转移必然面临失败的结果。因而，技能通常都是跟着师傅在参与具体生产情境中习得的。这也是为什么我们一直强调职业教育专业与产业、职业岗位对接，专业课程内容与职业标准对接，教学过程与生产过程对接的根本原因。

（三）实践性

技能习得源自经验的积累和认知的提升，是一个由不懂到懂、不会到会、不熟练到熟练的逐渐发展和长期积累的实践过程。在现实生活中，我们尤其需要区分"知道怎么做"和"会做"两个概念。前者是指个体熟悉技能的操作规程，熟悉操作的流程、工具、条件等各事项。后者则是基于理解和掌握的基础，并能通过一定的外显行为表现出来，同时，又能够通过实践加深对基本知识的理解。因而，"知道怎么做"并不代表"会做"，但"会做"一定意味着"知道怎么做"，从"知道怎么做"到"会做"中间需要大量的实践性操作练习。以"大国工匠"毛腊生为例，他是中国航天科工集团第十研究院贵州航天风华公司的铸造工人，在40多年的工作中，他扎根一线工作，反复钻研，苦修技艺，只做了一件事——读懂砂子，铸好导弹。就是凭着这股干劲、拼劲和韧劲，他完成了从初中生到"大国工匠"的华丽转身，也撷取了常人难以企及的成果和荣誉，"航天技能大奖""全国劳动模范""中华技能大奖""中国铸造大工匠"等荣誉纷至沓来。可见，大国工匠之所以成为大国工匠，其辉煌成绩背后无不是脚踏实地地千锤百炼，熟能生巧，百炼成钢。

四、职业技能养成的路径

由上可知，职业技能习得过程是隐性知识和显性知识的相互转化，传递和创造是一个动态的、递进的过程，通常是"隐性－隐性－显性－显性－隐性"的螺旋上升过程，见图2-3。当前职业学校对学生职业技能的培养，必须充分重视职业技能的形成过程，探寻一条符合职业技能养成规律的培养路径。

[①]　王大洲. 论技术知识的难言性[J]. 科学技术与辩证法，2001(1)：42-45.

[②]　石中英. 缄默知识与教学改革[J]. 北京师范大学学报，2001(3)：101－108.

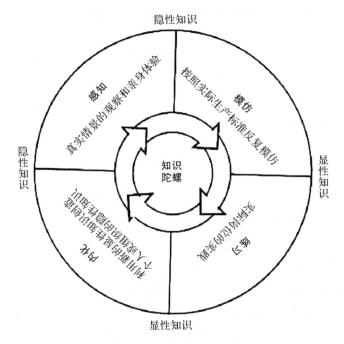

图 2-3   知识的转化与技能的形成

一是感知过程的情景化。所谓感知过程的情景化，即在学生技能习得的感知阶段注重与实际工作情景相结合，主要是让学生对将要从事的职业、工作岗位和技能要求有个整体的感知和认同，明确将要从事的工作需要具备的知识与技能，明确专业学习的目的及内容，以初步形成对专业的感性认识，并产生对职业技能学习的兴趣。因此，这一阶段的具体做法不是照搬书本上的那些与实际情景相去甚远的理论，而是采用现代师徒模式，通过在企业中真实的工作环境体验和交流。企业中专业技师在指导过程中，将自身积累的经验，难以用文字、语言和数字公式等来精确表达的个人价值观、行为等在潜移默化中完成技能的授受；而学生在企业专业技师的指导下，通过观察、模仿等方式，在自己的实际工作中不知不觉地领悟到技师的工作技巧，甚至领悟到了一些连技师都不是非常清楚的技巧，在解决问题的过程中获得经验，从而大大提高了对职业技能的感悟。

二是模仿过程的标准化。所谓标准化，是指生产企业提高产品质量的一系列质量管理标准规定，即对产品的质量、规格及其检验方法作出统一的技术规定，并予以实施。[①] 它是社会大生产发展的客观要求，也是组织生产专业化的一个重要条件。因此，模仿过程的标准化，即在这个不断尝试错误的阶段，按照实际生产工作中的标准化来要求，包括产品或零件、部件的类型、性能、尺寸、所用材料、工艺装备、技术文件的符号与代号等生产的标准来进行错误尝试，正如烹饪中的煎鱼技能训练，材料必须是真活鱼一样。有研究表明，适当地减少反馈频率和延缓反馈时间更有利于运动技能的学习，反馈的频率、提供反馈的时机与任务的性质有关。[②] 在模仿阶段，无论是错误动作还是正确动作出现的时候，教育者要能按照实际生产、加工中的标准，根据任务的性质来安排指导和反馈，给个体一个领悟和思考的时间，使得个体在技能获得的过程中能真正体会到自己练习过程中的动作或活动方式的变化，这样会更有助于技能形成和掌握。

三是练习过程的岗位化。众所周知，职业教育的基本培养目标就是让学生具有熟练的专业职业技能，形成较强的应岗能力和一定的跨岗、跨职业能力，学生毕业后能够根据需要具备转岗、转职业的能力，这就是说，技能形成必须有大量的练习。因而，练习过程的岗位化，即学校根据专业培养目标要求，有计划、有目的、有步骤地安排学生直接到企业生产、服务第一线参加实践活动，在实际岗位中身临其境地参与实际生产。目前条件的局限，造成了学生职业技能培养练习阶段实训场地和设备不能够满足技能训练的矛盾，严重影响了学生职业技能的养成。因此，今后我们应当改变传统的以学校课堂为中心的人才培养模式，在此环节增加学生到企业顶岗实习的机会。在顶岗实习期间，学生具有在校学生和企业员工的双重合法身份，学习内容更具体、更准确、更具有针对性，学习环境更具有真实性，学生可以在专业岗位"真刀真枪"地实习，强化技能训练。

四是内化过程的个性化。内化过程的个性化，即个体在自己具有独特性的技能实践中，逐渐形成具有自己特色的、稳定的技能个性特征。由于不同个体在技能形成过程中所具有的技能经验和知识结构不同，个体的思维方式、气质类型、能力、态度、动机也存有差异，使得技能的内化具有一定的个体差异性，亦即内化过程具有个性化特征。这好比同样的老师采用同样的教学

---

① 彭克宏.社会科学大词典[M].北京：中国国际广播出版社.1989：678.

② 金亚虹,章建成,任杰,等.追加反馈对运动技能学习影响的国外研究进展[J].心理科学,2001(2)：230-231.

方法,而不同的学生所获得技能知识的水平和技能掌握的程度不同。因而,在技能形成的内化阶段,我们要以学生已有的知识结构为基础,通过想象和实践练习,使学生已有的知识结构和当前的技能知识发生联系。同时,要充分考虑学生技能学习的动机、能力水平以及气质类型等个性方面的差异,能够广泛调动学生的技能学习的积极性、转变学生的学习态度和认知模式。

第三节 技能习得机理探究
——基于大国工匠成长轨迹分析

前面我们已经从学理层面探究了技能形成的模式、技能习得及其养成,因而,本节内容则聚焦大国工匠的技能学习过程,以央视纪录片《大国工匠》和相关报道为资料来源,透视徐立平、卢仁峰、张冬伟、李峰等多位大国工匠的成长轨迹,探究其技能学习规律和特点,以期为更多技术技能人才培养提供经验参考。

一、学习历程概览

《大国工匠》系列分为大勇不惧、大术无极、大巧破难、大艺法古、大工传世、大技贵精、大道无疆和大任担当八个类别,涉及航空、铁路、电网、医学、工艺和天文等多个领域,记述了彭祥华、徐立平、王进、卢仁峰、张冬伟、周平红、张兴华、毛胜利等24位新时代能工巧匠的成长故事(见表2-2)。他们的工作貌似平淡无奇,但是这些工作中都积淀着经年累月淬炼而成的珍贵技艺,承担着身家性命和社会民生的重大责任,饱含着常人不易承受的坚忍辛劳。在平凡的岗位上,他们默默奉献、孜孜以求,诠释了职业技能和职业精神的完美融合。

表2-2 部分大国工匠技能习得的成长轨迹

姓名	工作单位	学习内容	学习过程	学习结果	荣誉
彭祥华	中铁二局二公司	隧道爆破	为了尽快掌握爆破技术,他起早贪黑,从零学起,勤学多思、刻苦钻研	在软若豆腐般的岩层间精准爆破,误差控制远小于规定的最小误差,被同事公认为"爆破王"	中华全国铁路总工会火车头奖章、中国中铁十大专家型工人

续表

姓名	工作单位	学习内容	学习过程	学习结果	荣誉
徐立平	中国航天科技集团公司第四研究院7416厂	发动机药面整形	为了达到精度要求，他每天对着固体发动机不停地练习	成为工厂生产骨干和航天药面微整形工作领域的拔尖人才，仅凭手上触摸一次就能准确测度出需要切削部分的尺寸，精度误差不超过0.2毫米	时代楷模
卢仁峰	内蒙古第一机械集团有限公司大成装备制造公司	装甲钢板焊接	长年累月坚守一线，刻苦钻研	一动焊枪，他就知道钢材的可焊性如何，仅凭一块钢板掉在地上的声音，就能辨别出碳含量有多少，应采用怎样的工艺	全国十大最美职工、中华技能大奖、国家级技能大师
张冬伟	沪东中华造船（集团）有限公司	LNG（液化天然气）船的围护系统二氧化碳焊接和氩弧焊焊接	进厂10余年，他刻苦钻研造船建造技术，注意经验的积累总结，不断摸索完善各类焊接工艺	焊缝"氢弹"内胆无漏点	全国技术能手
毛胜利	中国宣纸股份有限公司	晒纸	起早贪黑、加班加点，从不喊一声苦，不叫一声累，数10年如一日地坚持，他把晒纸这门手艺做到了极致	手法干脆利落，稳准快实，连贯流畅，湿润柔软的大纸张在焙面上平平整整，没有一个气泡，不出一条褶皱，不留一道刷痕，更没有一点撕裂	晒纸传授人
顾秋亮	中国船舶重工集团公司	钳工	在最开始工作的不到两年时间里，他用断了几十把锉刀，双手布满老茧。由于长期使用锉刀、扳头等工具，顾师傅的一双手已磨得很光滑，指纹也磨不太清晰了	眼看、手摸，就能判断发丝五十分之一的误差	全国五一劳动奖章获得者
李刚	中铁装备集团盾构公司	盾构机电气系统组装	每天在车间，他至少要接上万根电线头	闭上眼也能连接好小盒子里密如蛛网的线路，使得中国异型盾构装备生产实现全面自主化	中华全国总工会火车头奖章、中国中铁十大专家型工人、河南省五一劳动奖章

续表

姓名	工作单位	学习内容	学习过程	学习结果	荣誉
裴永斌	哈尔滨电机厂有限责任公司	弹性油箱加工技术	白天守在机床前向外国技工学习，晚上回到住所继续查找资料挑灯夜战	靠着手指触摸钢铁，就能判断尺寸是否到位、光洁度是否达标，被同行称为"金手指"	全国劳动模范、黑龙江省劳动模范
方文墨	中航工业沈阳飞机工业(集团)有限公司	加工高精度零件	每天连续四五个小时的训练	手工锉削精度相当于头发丝的二十五分之一	全国五一劳动奖章、中国青年五四奖章、全国技术能手
高凤林	中国航天科技集团有限公司	火箭发动机焊接	为了练好基本功，他吃饭时习惯拿筷子比画着焊接送丝的动作，喝水时习惯端着盛满水的缸子练稳定性，休息时举着铁块练耐力，更曾冒着高温观察铁水的流动规律	火箭发动机焊接的中国第一人	国家科学技术进步二等奖、全国劳动模范、全国五一劳动奖章、全国道德模范、最美职工
马荣	中国人民银行中钞印制技术研究院	人民币原版雕刻	一直坚守在钞票原版雕刻的一线，埋头苦练了十多年	金融行业人民币原版雕刻专业的领军人	全国金融五一劳动奖章、中国质量工匠、第十五届全国职工职业道德建设标兵个人、享受国务院特殊津贴

二、学习阶段分析

本研究在上一节中基于隐性知识学习的语境，将技能习得的过程分为感知阶段、模仿阶段、练习阶段和内化阶段阶段。这一部分，将结合费茨和波斯纳提出的动作技能学习三阶段模型，来窥探学习者的技能习得过程。其实无论是"三阶段"说还是"四阶段"说，它们在本质上是一致的，遵循技能的内在生成机制，其不同在于"三阶段"说将"四阶段"说里的模仿阶段和练习阶段合为联系形成阶段。事实上，模仿阶段和练习阶段确实很难分开，刚开始练习的过程就是模仿的过程，不断的练习也是对模仿成果的进一步固化。而且"三阶段"说被认为是动作技能学习的经典模型，因而，本研究也将大国工匠的技能习得过程划分为认知、联系形成和自动化三个阶段，如图2-4所示。

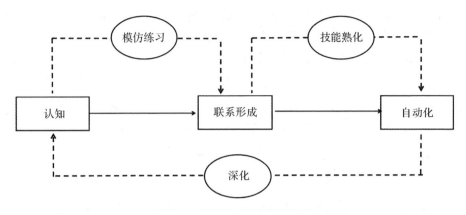

图 2-4　大国工匠技能习得过程

（一）认知阶段

认知阶段是技能知识或经验获得和掌握阶段，是技能形成的知识储备阶段，主要获得的是技能的目的和法则。这一阶段，学习者的技能学习呈现四个特点：一是学习内容上被动接收知识。初始阶段的学习者主要侧重工具、材料的掌握和基本工艺流程、工艺规范的知晓，只有不断接收、模仿他人的经验，才能在脑海中形成关于技能的表象感知，为更好地练习奠定认知基础。二是学习类型上依赖累积性学习。累积性学习是指个体经验的获得是一个不断量变的过程，主要源于对他人和自己以往经验的接受、吸收和转化，通常发生在技能学习的前期。三是参与方式上体现边缘性参与特征。大国工匠其实也是从学徒一步一步成长起来的，他们职业生涯的起步也是从工作过程的末端枝节融入。李刚在采访中说道："那时我主要的工作就是给外国专家拎工具箱。"但他在拎工具箱的过程中近距离观察外国专家组装、调试盾构机，积累了一定的实践经验。四是技能水平上偏低。学习阶段和技能水平成正比，初始阶段学习者通过模仿练习可以掌握简单的动作技能，但是动作的支配较为机械，也缺乏一定的规范性和正确性，难免会出现凌乱、失措的行为。

（二）联系形成阶段

联系形成阶段是个别、单一、局部动作向连续、整体、系统动作转换的过程。其最大的特点就是技能练习的重复性。从纪录片讲述的 24 位大国工匠来看，任何一项技能都是一门易学难精的手艺，离不开日复一日、年复一年地勤学苦练。徐立平练秃了 30 多把刀，他的手只要一摸就知道如何雕刻出符合要求的药面,而且整形精度不超过 0.2 毫米,堪称完美。顾秋亮为了练"平面锉平",在最开始工作的不到两年时间里,用断了几十把锉刀,双手布满老茧。由于长期使用锉刀、扳头等工具,顾师傅的一双手已磨得很光滑,指纹也磨得不太清晰了,上班时都无法进行指纹打卡。裴永斌也认为:"其实感觉是最灵敏的,我摸完之后跟用千分尺测量的基本差不多,因为长年累月地就这么积累。"可见,大国工匠们的精湛技艺都源自长期的重复性练习,正是重复性练习成就了大国工匠高超的技艺、敏锐的手感和卓越的成就。

(三)自动化阶段

自动化阶段是经过联系形成阶段大量反复练习之后的技能熟化内化阶段,学习者能够运用自如地掌握整套动作,且技能高度联结,灵活性、稳定性和准确性特征凸显。徒弟和师傅的区别大多体现在这个层面。这一阶段,学习者的技能学习主要有以下特点:一是学习内容上主动建构知识。自动化阶段,个体与学习间的关系发生了实质性的改变,被动的知识接受者开始向知识的积极建构者转变,学习关注的重点也不再是知识的接受和传递,而转向问题的思考与解决,注重工艺技巧、工艺流程和工艺形式的创新。而看书自然成为大国工匠们学习的重要方式,如卢仁峰特别爱看书,工作室的书桌、卧室床头都有专业书籍,其中《金属学》《焊接工艺》等常用的工具书已经翻得起了毛边,里边各种颜色的笔涂得密密麻麻。二是学习类型上倾向拓展性学习。拓展性学习实质是一种在工作实践中的创造性学习。这一点在大国工匠们身上展现尤为明显,"创造""创新""独创""突破""超越""革新"等成为其拓展性学习的显著"标签"。[①] 如方文墨在参加工作不到 13 年的时间里,改进工艺方法 60 多项,自制新型工具 100 多件。徐立平针对不同型号的发动机以及不同种类的火药,专门研发了相对应的刻刀工具,其中有数种申请了国家专利。马荣将传统雕刻的精髓融入现代雕刻工艺之中,首创了雕刻凹版版纹隐含拦墨线的方法。三是参与方式上发展为充分参与。充分参与意味着学习者掌握了关键工序和复杂技术,拥有融入生产核心的高超技能,成为部门、单位或者国家相关技术的重要支撑。当然,除了技能上的优势,充分参与者对身份认同、共同实践、价值意义等也有着更深刻的理解和感悟,也深感肩上

---

① 何爱霞,乐传永.从"边缘性参与者"到"充分参与者"的工匠工作场所学习研究[J].现代远程教育研究,2018(6):55-63.

的责任和重担。

三、学习策略透视

学习策略是个体为满足职业成长需要而选择、整合、应用学习技巧的复杂操作过程。在大国工匠们的学习过程中,学习策略主要有基于师傅学习、基于经验学习和基于实践共同体学习三类。

(一)基于传统师徒关系的"学艺"

对于技能学习,师徒制是最为有效的方式,裴永斌、方文墨、马荣、高凤林、张冬伟、徐立平、李刚等都是跟着师傅从学徒做起,然后成长为像师傅一样,再开始自己的技艺传承之路。一般师傅传承的内容可以分为两类,一是技能本身,这类知识都是师傅在长期职业生涯中总结提炼而成的独到经验。隧道爆破、装甲钢板焊接、高精度零件制造、宣纸制造等每一项炉火纯青的技术技能背后都藏着师傅的绝技绝学。在师傅的悉心教导下,他们的技术技能有了突飞猛进的发展。张冬伟感慨:"非常幸运,一进厂,我就遇到一位好师傅。"二是精雕细琢、专注热爱的工匠精神的学习。彭祥华回忆说带他的师父以前说过的一席话至今让他记忆犹新,"人只有学而知之,不是生而知之。干一行工作,只有学一辈子才能学得会"。他们之所以成为大国工匠,也源自内心对所从事职业的热爱、执着、专注和孜孜不倦的求索。只有内心真正热爱本行当,才能深入钻研其中,也才能经受漫长时间的考验,成就技能的精湛绝妙。如今,他们都已经成为顶尖人才,能够独当一面。但一枝独秀不是春,百花齐放春满园,他们也像当初师傅教他们一样尝试手把手精心带教,以培养更多的优秀的高素质技术技能人才。如高凤林在技术传承上毫无保留地把自己积累的丰富经验传授给新一代的年轻人,先后培育出 5 名全国技术技能能手和 1 名中央企业技术能手。毛胜利一有空闲时间就会把自己的宣纸"头刷"技艺一点点传授给徒弟们。卢仁峰也严格要求徒弟每一天完成 5 块钢板、30 根焊条的"定位点焊"。他认为:"工匠要有一颗责任心,有一种敬业精神。"他常常对徒弟们说:"把军品做成精品,是每一名军工人的职责所在。"

(二)基于经验的累积学习

技艺分寸的考虑和把握全凭经验。那么,经验学习是如何进行的? 经验的获得不是自然而然的,往往伴随着艰辛的试误和受挫过程,通常积累的经验和时间成正比,时间越长,经验价值越高,技艺也越娴熟。尽管张冬伟是一位"80 后"焊工,但他的技术水平不比老师傅差,长年累月的练习使得他手形成机械记忆,焊接达到了零漏点。卢仁峰为练就单手焊接技艺,要求自己每天下班后焊完 50 根焊条再回家,花了整整 5 年的时间,再次成为焊接的技术领军人。如今,他不需要专业的仪器,仅凭一块钢板掉在地上的声音,就能辨别出碳含量有多少,应采用怎样的工艺。方文墨加工的精度达到了千分之三毫米,相当于头发丝的二十五分之一,这是数控机床都很难达到的精度,被命名为——"文墨精度"。裴永斌凭借多年加工经验,靠手摸就能"自测"油箱壁厚和表面粗糙度,并因此有了"金手指"的称号。这些事例都表明,技能的提升是基于经验循环学习的成果。这些通过实践获得的经验也可以转化为间接的外显知识,从而进一步提升经验累积学习的价值和意义。如张冬伟先后参与编写了《14 万立方米 LNG 船殷瓦管十字连接件焊接工艺研究》《LNG 船殷瓦手工焊自动焊焊接工艺》《端部列板操作指导书及修补工艺》《MO2 自动焊与 MO3 凸缘螺柱自动焊产生的主要缺陷和修补方案》等作业指导书,填补了当前国内没有现成作业标准的空白。马荣编著的《手工钢凹版雕刻技法教材》,系统总结整理了传统手工雕刻的多种技法,挽救了濒临消失的传统雕刻技艺。

（三）基于实践共同体的合作学习

莱芙和温格提出了实践共同体的概念,他们认为实践共同体包括了一系列个体共享的、相互明确的实践和信念以及长期追求共同利益的理解（莱夫、温格,2004）。尽管技能学习具有很强的个体性,但技能的习得大都在实践共同体的交互作用下实现的。这主要源于实践共同体学习的优势:一是共同愿景支撑。在师徒关系构建的实践共同体内,受师傅感染,学徒们的终极目标就是成为像师傅一样的师傅,这是他们对实践共同体价值感和归属感向心性的认同,也是他们共同学习的动力来源。二是共同参与活动。技能不会自然而然地从师傅转移到徒弟身上,技能的转移是以具体情境为条件的。学徒在跟着师傅学习的过程中,进行技术和情感的交流与反思。三是分工协作统一。高度分工的社会对合作提出了更高要求,很多工作的完成离不开同事的协作,且通过与经验丰富的学习伙伴协作解决,更有利于技能内化和提升。

四、学习深度开发

大国工匠的成长轨迹、学习阶段和学习策略的分析为学习者技能学习提供了遵循依据。为进一步促进学习者的技能学习,还需加强理论学习、激发学习动机和深化交互学习。

(一)完善学习内容体系,提升理论素养

从大国工匠的队伍来看,他们很多都毕业于技工学校,如高凤林毕业于第七机械工业部第一研究院211厂技工学校,王进毕业于临沂电力技工学校,徐立平毕业于陕西航天技工学校,顾秋亮毕业于包头职业技术学院,甚至有些仅有初中文化水平。由于先前知识积累不充足,他们意识到要想真正学好学精一门手艺,仅有熟练的技能远远不够,必须有扎实的理论知识做支撑。初中毕业的卢仁峰认真学习了《机械制图》《电工基础》等书籍,半路出家的彭祥华也如饥似渴地学习爆破知识。这些大国工匠的成长历程告诉我们,高素质技术技能人才是在理论知识和实践知识的融合中摸爬滚打成长起来的。如果理论知识准备不足,或者已有的学习内容无法满足学习者的学习需要,都将严重影响学习者的学习成效和发展后劲。新时代背景下,我们更多需要的是复合型、创新型的高素质技术技能人才,这些大国工匠不仅仅是技术高超,更令人钦佩的是他们身上散发着"创新""革新"的技术研发的光芒。因而,在技术技能人才培养过程中,我们要完善学习内容体系,不仅注重从行业企业邀请大师、工匠等参与学校技术技能人才培养,与学生建立新型师徒关系,更要注重学生专业理论知识的积淀和职业素养的培养,使其具备系统深入的专业理论知识和扎实熟练的实践操作知识,夯实技术技能人才成长、创新和发展的基础。

(二)激发内在学习动机,克服畏难情绪

技能习得是一个漫长的螺旋式的循序渐进的提升过程,且技术变革从未停歇,技能的学习也绝不能一劳永逸,要随着技术的变革而变化。因而,个体在学习中难免会遇到各式各样的挑战,维持学习动机,帮助学习者克服学习障碍显得尤为重要。裴永斌凭借多年加工经验,靠手摸就能"自测"油箱壁厚和表面粗糙度,已经站在手工操作的技术巅峰,但在面临数字机床编程时,他坦言自己"也犯过难、也想过放弃"。马荣在面临数字化技术冲击时,是抗争新事物还是顺应新技术,她也曾痛苦、犹豫和摇摆。如果顺应新技术,她就要从头再来,从初级数字化专业软件学起,逐个掌握那些看不懂的英文菜单。好在最终,裴永斌经过艰苦攻关后,成功用数控机床生产出第一台弹性油箱产品件,马荣也成为手工雕刻专业中为数不多的能够熟练掌握传统雕刻技法又能运用现代数字化雕刻技术进行高水平创作的雕刻人才。学习技能之路是异常辛苦的,精湛纯熟的手法绝非偶然,背后饱含无数次的挫败,这是对学

习者自信、意志和情绪的考验，只有那些真正对技术技能感兴趣，以日拱一卒、功不唐捐之姿乐此不疲地钻研技艺之精的，才能最终成为技术技能的骨干力量。因而，在技术技能人才的培养中，应充分激发学习者的学习动机，维持学习兴趣，树立学习自信，以使命感和责任感驱动其不断攀登和挑战技术技能的巅峰。

（三）搭建学习交流载体，深化交互学习

技能学习是交互学习的结果，学习交互不仅仅局限于师徒或徒弟之间，还涵盖与外界的交互，对于我国一些高精尖技术的突破，加强与国际的交流学习显得更为必要和重要。裴永斌的成长就与去德国进修学习经历密不可分。德国之行让他看到了中德技术的差距，让他成为厂里为数不多接触过数控机床的工人，也促使他把更多的精力放在技术研发上。为了破解盾构机制造技术，李刚和工友们近距离观察外国专家组装、调试，在外国专家离开后，他又照着图纸，进行拆机、装机、修理和再组装。其实光靠自己研究琢磨，也能在一定程度上提高技能水平，但是与外界的交流合作，能够拓宽眼界，增进认知，为技能提升提供及时、有效的帮助和指导。因而，学校在推进现代学徒制技能传承模式时，应加强与外界的交流联系，积极邀请行业企业大师、工匠等来校成立各类大师工作室，打造学习实践共同体，充分发挥师傅的传帮带作用，为学习者提供合作交流的学习机会和学习平台。

第四节　本章小结

技能问题已成为影响经济发展和社会稳定的重要因素，如何从技能形成的角度回答和解决技能问题具有十分重要的现实意义。既需要从学理层面探究技能形成的模式、技能习得及其养成，也需要实践层面的鲜活论证。因而，本章基于历史视角，分析了技能形成模式的变迁轨迹，并基于技能形成的影响要素和功能实现，从教育、制度和功能三个维度建构了技能形成模式的分析框架，呈现了传统学徒制、学校职业教育和现代学徒制不同阶段不同技能形成模式的不同特征，揭示了教育要素趋向融合、制度要素日益规范和功能要素不断升级的演化趋势；基于隐性知识学习的语境，深入研究了职业技能的内涵，构建了包含基本技能层、专业技能层、特定技能层的职业技能层级体系,将职业技能的习得过程划分为感知阶段、模仿阶段、练习阶段、内化阶段,同时遵循知识转化与技能形成逻辑,提出了职业学校学生职业技能的养成路径,即感知过程的情景化、模仿过程的标准化、练习过程的岗位化和内化过程的个性化;基于大国工匠成长轨迹分析,研究聚焦徐立平、卢仁峰、张冬伟、李峰等多位大国工匠的技能学习过程,透视了大国工匠们基于师傅学习、基于经验学习和基于实践共同体学习的不同学习策略,并从提高理论学习、激发学习动机和深化交互学习三个方面提出了学习深度开发的对策建议,一是完善学习内容体系,提升理论素养;二是激发内在学习动机,克服畏难情绪;三是搭建学习交流载体,深化交互学习。

第三章 企业管理制度变迁与 产业工人技能形成
——基于 H 省 Z 企业 20 名产业工人的口述史研究

产业工人群体广泛存在于我国社会基层,其群体庞大,工种繁杂,跨越各个行业,技能类型多样,难以以统一的标准和要求来进行界定。但是产业工人又具有一定的相似性,他们都工作在企业之中,在企业的管理之下开展着日常的技术技能工作,在常年的工作之中,不断精进自身的技能。要促进产业工人的技术成长,推动产业工人的技能形成,不论以什么样的方式,都绕不开企业这个直接的管理者,因此从企业的角度来审视产业工人的技能形成,是不可或缺的角度之一。本章选取个案 H 省 Z 企业,以历史制度主义划分 Z 企业发展阶段,将其分为从建厂成立到改革开放、从改革开放到国企改制以及国企改制之后三个阶段;以劳动过程理论搭建企业微观管理要素框架,管理要素包括关于人的管理要素和关于事(物)的管理要素,共两大类七小点。采取口述史的研究方法对在不同时期进入 Z 企业工作的 20 名产业工人进行访谈,了解在不同历史阶段企业管理要素呈现的不同特点,总结这些管理要素对产业工人技能形成的影响,并通过这些结论,从企业管理制度的角度,为促进产业工人技能形成提出建议、制定策略。

第一节 产业工人技能形成的理论基础

以 Z 企业为个案,分析该企业在整个历史发展过程中微观管理要素对技能形成的影响,需要考察相当长一段时间内企业的情况,这涉及复杂的历史背景和企业变迁。要在繁杂的信息中进行梳理和分析,需要借助历史制度主义对企业发展阶段进行划分,将之分为从 1952 年建厂成立到改革开放、从改革开放到国企改制以及国企改制之后三个历史阶段;借助劳动过程理论对企业微观的管理要素进行分类和整理,从对人的管理方面可划分为用工制度、薪酬及激励、企业培训和员工关系,从对事(物)的管理方面可划分为生产组织方式、技术要素和企业文化。从企业外部环境和企业内部制度两方面,梳理出口述史的分析框架,以此来进行口述史研究。

一、个案呈现:H 省 Z 企业

选择 H 省 Z 企业作为个案样本,是因为 Z 企业的发展道路具有典型性,它可以代表大多数从建国初一路走来的原国有企业,从最初的创业到找到自身发展方向,再到从国有企业中脱离,这中间的兴盛和落寞是无数相似企业发展的缩影。

随着新中国的成立,经济建设成为摆在国家发展道路上的首要问题。东北地区由于得天独厚的地理优势及丰富的矿产资源,在"一五"计划时,被国家作为重点建设地区进行重工业的开发。资源和政策的一致向好,Z 企业原所属铁路集团便在这种背景下于 1952 年 4 月成立,担负起东北森林的铁路建设,使林区铁路节节延伸。Z 企业最初建厂于黑龙江省齐齐哈尔市,主要为铁路系统提供车辆维修,兼备零配件的加工制造等任务,属于集团内部的小型维修厂。到 1966 年底,原所属铁路集团在东北地区的铁路修建任务已基本完成,集团开始转向华北、华中、西南等地区。随着整个集团的搬迁,1977 年底,Z 企业也开始成立搬迁筹建组,随铁路线建设计划搬往华北地区 H 省,次年 5 月,除留齐齐哈尔厂的部分工人及干部 208 人外,厂整体搬迁完成。

搬迁之后,由于集团的指令计划,Z 企业逐渐成为整个集团华北地区的汽车工程机械维修厂,所有集团内部车辆的维修保养都要在 Z 企业进行,在该阶段培养出了一批车辆驾驶和汽车维修相关工种的工人队伍。到 20 世纪 80 年代中期,由于改革开放的推进,我国由计划经济向市场经济转变,集团不再对各下属厂进行业务计划安排,车辆维修便不足以支撑 Z 企业的发展,虽然依旧依附于集团,但 Z 企业需要自谋进行经营。Z 企业便开始探索适合自身的业务,开发过钢门窗、小型机动翻斗车、振动碾、组合钢模板等产品,到 90 年代后,集团除对领导干部、大中专及本科学历就业人员依旧进行管理外,不再对 Z 企业的产品生产经营进行管理和干预,Z 企业运行基本市场化。在业务上开始从事起重机械设备的加工,之后可以对起重机械设备进行整体的研发制造,并成为国内屈指可数的知名单位。

2000年,随着原所属铁路集团国企改制完毕,Z企业成为原集团的分公司,主营业务不变,所有干部和工人的终身雇佣制结束,Z企业开始进行合同制用工。2004年取得国家质量监督检验检疫总局(现为国家市场监督管理总局)颁发的特种设备制造许可证(A级)、特种设备安装改造维修许可证(A级)等资质,产品单导梁架桥机获得科技部、商务部等五部委颁发的国家重点新产品证书。2006年,原所属铁路集团进一步改制,实施主辅分离,Z企业由于非集团核心业务,因此进行了改制分流,此时Z企业完全脱离原集团母体,成为一个独立的民营企业。工厂成为集体股份制的企业,没有了上级的监管,主要领导的发展思维偏离企业生产,同时由于企业平台受限,设计及技术人员大量流失,在2010年前后,Z企业发展停止甚至下滑,逐渐下滑为同行业二、三阶梯企业。

二、历史制度主义

历史制度主义是用来研究制度变迁的一种政治社会学的理论流派,其属于新制度主义的范式之一。历史制度主义的重点在于"历史",历史是克服人类理性局限性的一个主要途径;同时历史制度主义又是"制度的",它注重以制度为核心来考察历史,以国家、政治制度为中心来分析历史,从而了解历史对现在的影响。本书对于Z企业的发展历程进行阶段划分,涉及政治、经济、文化等多方面历史因素,为保证研究的客观和严谨,借助历史制度主义的方法对企业发展历程所处的社会环境和政治制度进行分析,以此划分阶段,因此对历史制度主义的发展和理论的有关特点进行初步整理。

(一)历史制度主义的形成及特点

1.历史制度主义的形成

对历史制度主义的研究大致可以分为起步、理论成型和深入发展三个阶段。历史制度主义属于新制度主义的范式,因此它的出现也蕴含在新制度主义的发展中。20世纪40年代中期至80年代初期,是新制度主义的产生阶段,也是历史制度因素被探讨和逐步重视的阶段。最早的相关研究可追溯到1944年波兰尼(Polanyi)的《大转型:我们时代的政治与经济起源》,该著作被誉为开新制度主义先河之作,他从制度的视角来分析由工业革命所造成经济和社会的巨大转变,并认为社会四种制度的崩溃,导致了整个社会的崩溃,造成了两次世界大战等全球性问题。① 之后一些学者或是围绕社会政治变迁问题开展研究,或是使用比较历史研究法来把握政治规律。虽然在这一时期各个学者都没有明确地总结出历史制度主义概念,但却在研究中关注到了历史制度主义的要素,阐释了政治制度在社会变迁中发挥的作用,开创了一条结合制度的立场与比较历史分析方法的后行为主义时期政治制度研究的新道路,属于历史制度主义的萌芽和起步阶段。

从 20 世纪 80 年代初到 90 年代末,是历史制度主义理论成型的阶段,这个阶段学者开始对前人的研究进行总结和归纳,并将其划定为一个新的制度研究的范式,进行理论规范,使得历史制度主义在这一时期开始慢慢与新制度主义的其他理论区别开来,成为独立的新理论模式。政治学家马奇(March)和奥尔森(Olsen)在 1984 年发表的《新制度主义:政治生活中的组织因素》,首次提出了"新制度主义"的概念,标志着新制度主义的诞生。两位学者对过去的政治学方法论进行了归纳,强调了政治制度与社会之间的关系,同时也突出了制度因素在复杂的社会环境中建立社会秩序的重要作用。20世纪 80 年代的研究在总结和提炼的基础上,主要还是从历史和制度的角度对公共政策进行研究,还没有成为独立的研究范式。进入 90 年代后,历史制度主义的理论框架开始扩展,理论的独立性开始提高,逐渐确立了自己的方法论原则和核心要素。② 1992 年,西伦(Thelen)和斯坦莫(Steinmo)在《比较政治学中的历史制度主义》一书中通过对前人研究的总结和归纳,首次提出了"历史制度主义"的概念,确立了历史制度主义的研究任务,明确了研究层次,提供了研究范例。③ 这本著作将制度作为研究的基点,探寻中层制度与人的行动关系之间的内在联系,它的出版也使得历史制度主义成为政治研究中频繁出现的内容。到 1996 年,霍尔(Hall)和泰勒(Taylor)发表的《政治科学与三个新制度主义》进一步总结了新制度主义的三个流派,突出了历史制度主义的理论地位,相对于理性选择制度主义和社会学制度主义,历史制度主义具有四个特点:倾向于在相对广泛的意义上界定制度与个人之间的关系;强

---

① 卡尔·波兰尼. 大转型:我们时代的政治与经济起源[M]. 杭州:浙江人民出版社,2007:3.

② 刘圣中. 历史制度主义[M]. 上海:上海人民出版社,2010:95.

③ Thelen K, Steinmo S. Historical Institutionalism in Comparative Politics [M]. Cambridge:Cambridge University Press,1992:9.

调在制度运作和产生过程中权力的非对称性；在分析制度的建立和发展过程时强调路径依赖和意外后果；尤其关注制度之外的其他因素是如何与制度共同产生出某种政治后果的。① 之后人们从方法论的角度划分新制度主义时一般以霍尔的划分标准为依据。

从 20 世纪 90 年代末至今，是历史制度主义深入发展阶段。2000 年，皮尔逊（Pierson）发表的《增长回报、路径依赖与制度变迁》，讨论路径依赖理论在政治学中运用的价值，奠定了历史制度主义关于路径依赖理论的权威性的基础性架构。2002 年，皮尔逊和斯科克波尔发表的《当代政治科学中的历史制度主义》一文，进一步明确了历史制度主义的三个重要特征：一是历史制度主义谈论重大的、实质的问题；二是要重视时间问题，细分序列和追溯不断变化的转型和过程以及瞬时性问题；三是在研究过程中也要分析宏观背景和关于制度和过程的混合性效果，而不是仅仅考察一个特定时间的一种制度。② 追溯历史，研究时间序列、瞬时性问题和路径依赖现象，成为后来多数历史制度主义研究者的重点。2004 年，皮尔逊发表了著作《时间中的政治》，提出时间和历史的重要性，在这本书中关注的路径依赖、时间序列、制度发展等问题，丰富了历史制度主义的理论框架。③ 这一时期还有莫霍尼（Mahoney）和鲁斯切梅（Rueschemeyer）的《社会科学中的比较历史分析》论文集，集中了各个历史制度主义学者的研究，可以看作是对之前研究的理论总结。在这本论文集中，研究方法包括了历史过程分析、过程追踪、时间序列、路径依赖等等。④ 这一阶段的历史制度主义开始有了自己的理论体系和较为共识的研究方法，相对前一阶段来说更加成熟和独立。

2.历史制度主义的制度理论与时间理论

经过半个多世纪的发展，历史制度主义逐渐成为独立的研究范式，形成并且确立了自身的研究内容和研究方法。历史制度主义要研究的核心问题

---

① Hall P. Rosemary Taylor. Ploitical Science and the Three New Institutionalisms[J]. Political Studies,1996(4):936-957.

② Pierson P,Skocpol T. Historical Institutionalism in Contemporary Political Science [J]. Political science:The state of the discipline,2002:693-721.

③ Pierson P. Politics in Time: History, Institutions, and Social Analysis [M]. Princeton:Princeton University Press,2004:16.

④ Mahoney J, Rueschemeyer D. Comparative Historical Analysis in the Social Sciences[M]. Cambridge:Cambridge University Press,2003:11.

是:什么要素推动了制度变迁? 制度变迁和制度本身对于可观可感的社会现象具有什么样的作用? 因此在历史制度主义的研究中,对制度和时间的把握格外重要。

首先,制度变迁是历史制度主义研究的首要问题,因此通常情况下把制度变迁作为因变量,将经济、政治、文化等客观要素作为自变量,来分析制度在什么样的情况下会发生改变。制度变迁可以分为制度生成和制度转变,即一个新制度从无到有地出现及制度从原有状态发生变化两个类型。研究制度变迁主要包括制度产生发展和改变三个方面:制度形成、路径依赖、制度变迁。历史制度主义在考虑制度形成时主要涉及三个变量,即旧制度、环境和行动者。任何一种制度都是对部分人有利、对部分人不利的,因此任何一种旧制度都可能存在潜在的冲突,如果矛盾累积、冲突激化,会导致不同位置和处境的人冲破现存制度来改变已有处境,同时大的社会环境的改变也为制度的产生提供了可能,因此当三个因素进行组合时,就有可能带来新的制度。从现实来看,当制度形成后一般会延续较长的时间,并且随着时间的推移,想要改变这种制度的成本和难度会加大,这种对于原有制度的自我强化就是路径依赖。路径依赖是强调历史进程中,某些重要的制度、重大事件、社会力量等因素对当前制度产生的方向、内容和模式方面的同质性的依赖性影响,这个重要的因素被称为关键节点,而这个关键节点使得制度依旧选择原有状态发展,从而得到自我强化,使得制度选择原有的稳定,形成内部优势状态并再次发展。政治制度上的路径依赖表现得尤为明显,使得政治制度能够表现出长久的稳定性,也使得学者们可以将某个时段内的政治制度看成是能够影响和决定政治行为的自变量。制度变迁还可以被视为一种"断裂平衡"状态,即在被重大的变化打破之前,制度呈现一种长期相对平衡稳定的状态,而在制度的断裂时期,就有可能产生重大的制度变迁。[①] 历史制度主义将制度变迁分为制度功能变化、制度的演进和制度的断裂。制度功能的变化发生在制度路径依赖时期,但此时制度自身并没有发生变迁,那么外界的经济社会环境的变化有可能使得制度的功能发生变化,制度的影响变小或者向着反方向发展都是有可能的。制度的演进是对制度自身的一种微调,在制度最先制定时,由于时代背景和政治家们的认知等限制,可能存在一些没有完全解决或

---

①　Alley B. New Institutionalist Explanations for Institutional Change:A Note of Caution[J]. Ploitics,2001(21):137-145.

者被忽视的问题，而随着时代的发展，这些没有预估到的后果出现，造成了制度的断裂，使得制度发生了某些微小的变化。制度的断裂最大的因素就是社会经济环境的剧烈变化，造成了极大的新冲突，使得原有的制度无法适用于这种冲突，从而导致了制度的断裂。制度的断裂包括一些重大的战争、经济危机等，使得政治家们不得不就冲突而改变现存制度，形成新的政治制度。

其次，制度的发展是要经历较长时间的，历史制度主义将历史纳入制度分析，不可避免地要从时间的角度对制度进行分析。时间可以分为两个维度来看：一是纵向上长时间的连续波段，它具有延续性；二是横向上某一时间节点，它具有断裂性。[①] 研究历史首先要看时间在纵向上的延续。政治制度是随着时间的前进而产生发展的，制度本身就是历史前进过程中的一种遗迹，要研究制度必须透过历史长河，分析较长时间内社会的变化，这种变化可能剧烈也可能微弱，但是只有这样才能确切了解历史与制度之间的相互关系。而在研究历史的过程中，要明确先发生事件对制度的影响比后发生的事件而言具有优先性，先前的经验或先前制度的效果使得制度的改变成本变高，制度更加倾向于原有的状态而不改变；在对重大事件进行分析时，要保证有"世界时间"的概念，不要将视线仅仅放置于小范围的制度变化，而应将视野扩展到整个世界的发展；要明确在历史发展过程中存在一定的偶然性，这些偶然性可能会使得历史向着不同的方向发展，也使得制度随之产生变化。[②] 在横向上，制度不可能一直发展下去，必然会面对断裂和由此造成的变迁，而由于这种断裂和变迁，制度开始向着不同的方向发展，使得历史也开始改变，因此历史可以在此基础上进行分期。历史制度主义强调，分析制度的作用，应该从历史分期的角度来观察制度在某一特定时期内的具体作用，并且在分析制度前，首先要进行历史分期，才能够知道不同历史时期制度发挥的不同作用。历史之所以能够分期，是因为制度在发展过程中发生断裂，出现了关键节点，关键阶段也是新的历史发展道路上重要的转折点。在关键节点时期，各种因素的组合情况影响着新制度的形成特征，制度下一步的发展道路往往由关键

---

① 刘圣中.历史制度主义[M].上海：上海人民出版社，2010：149.

② 何俊志.结构、历史与行为：历史制度主义对政治科学的重构[M].上海：复旦大学出版社，2004：258-271.

节点的制度雏形所决定。[①]

3.Z 企业历史阶段的划分

通过上述对于历史制度主义的了解可以知道,想要对制度进行分析,首先需要对制度存在的历史进行划分,找到不同历史分期中的关键节点,通过不同的历史分期,结合政治、经济、文化等时代背景才能更好地了解制度设置和运行的特点。因此本研究梳理 Z 企业的发展历程,并对其进行历史阶段的划分,从而帮助后期对制度的分析。

1952 年,新中国刚刚成立不久,农业、手工业和工商业大多还保留着旧社会的形态,无法跟上国家制度的转变,国家需要完成从新民主主义向社会主义的过渡。因此同年 9 月,国家开始对农业、手工业和资本主义工商业的社会主义改造,逐步实现社会主义工业化。Z 企业就是在这样一个急需工业发展的时代背景下成立的。Z 企业成立于 1952 年 4 月,属于东北铁路系统的附属维修厂,相当于为集团进行后勤保障的一个单位。1977 年,由于东北铁路线基本修建完成,Z 企业跟随铁路集团整体进行搬迁至华北地区,自此在 H 省安家落户。从 1952 年成立到 1977 年完成搬迁,铁路集团的总体目标没有变,依旧是深入铁路系统不发达的地区修建铁路,所以尽管 Z 企业进行了一次大的地理位置上的调整、人员的变动,但是并没有影响到企业和集团的从属关系,也没有涉及企业的管理结构和主要工作,之前的制度并没有断裂,因此1977 年的搬迁并不构成一个关键节点。

1978 年,党的十一届三中全会开启了我国改革开放的历史新时期,使得我国成功从高度集中的计划经济体制向充满活力的社会主义市场经济体制转变。坚持市场取向,帮助国有企业改革,进一步扩大了企业的自主权,企业开始可以在市场中进行竞争,从而促进了许多民营企业的快速成长和国有企业的转型。[②] Z 企业原本属于集团的附属单位,在改革开放后,原所属集团对其管理较之前更加松散,Z 企业自身管理的自由程度更大。因此在这时,Z 企业在主营业务方面开始发生转变,不再局限于修理厂的定位,开始自谋产品进行经营。尤其是在 20 世纪 90 年代,原所属集团仅仅对 Z 企业的高层管理

①　何俊志.结构、历史与行为:历史制度主义对政治科学的重构[M].上海:复旦大学出版社,2004:285-297.

②　中国社会科学院工业经济研究所.2008 中国工业发展报告:中国工业改革开放三十年[M].北京:经济管理出版社,2008:2.

者进行任命，二者之间实际的管理关系更加弱。由此可见，改革开放的实行，市场的开放和国有企业的改革，对于 Z 企业的逐渐独立和发展具有重要作用。之前严格的公有制经济制度出现断裂，国家经济制度出现改变，新的经济制度就此形成并不断完善，也开启了 Z 企业新的发展历程。

全国的国有企业自 1978 年开始进行改革，2000 年，Z 企业原所属集团完成了改制，Z 企业从原有的附属单位成为原集团的分公司，主营业务不变，所有干部和工人的终身雇佣制结束；2006 年，原所属铁路集团进一步改制，实行主辅分离，Z 企业由于非集团核心业务，因此进行了改制分流，此时 Z 企业完全脱离原集团母体，成为一个独立的民营企业。因为改制，Z 企业从一个国有企业变为一家民营企业，性质发生变化；同时在企业管理上，也不再受到上级的影响和指挥，不再具有国家或政府意志，真正地实现了独立。企业性质的转变整体上改变了企业的竞争和发展机制，企业内部的管理制度也相应产生调整。国企改制是 Z 企业企业性质发生根本变化的一个关键节点，这个节点使得主辅完全分离，可以划分企业的发展历程，在国企改制之后至今，Z 企业始终以机械加工行业的民营企业身份参与市场竞争，延续着自身的发展。

综上，Z 企业自建厂以来共经历了两次重要的关键节点，一次是改革开放，一次是国企改制，这两次制度的变迁也是 Z 企业与原有集团之间逐渐分离的过程。Z 企业的发展可以由此分为三个阶段：从建厂到改革开放、从改革开放到国企改制完成以及国企改制之后。之后的研究将会按照这三个历史阶段，对企业内部的管理制度进行分析和研究。

三、劳动过程理论

劳动过程是劳动者有目的地运用劳动资料，改变劳动对象，创造使用价值的过程。[①] 对于劳动过程的研究源于马克思在《资本论》中对绝对剩余价值的生产的探讨，布雷弗曼（Braverman）在 1974 年出版的《劳动与垄断资本》一书中，将劳动过程作为一个正式的研究领域确定下来。20 世纪 80 年代对劳动过程的研究重新兴起，以布洛维（Burawoy）、利特勒（Littler）等为代表的学者在原有基础上对劳动过程进行了深入的研究，从劳动本身以及工人主观因素等不同角度，对劳动过程的内涵、劳动过程的构成要素等问题开展分析，使

---

① 苑茜，周冰，沈士仓，等，主编.现代劳动关系词典[M].北京：中国劳动社会保障出版社，2000：225.

得劳动过程理论成为研究组织劳动和劳资关系的重要理论之一。

（一）劳动过程的内涵及构成要素

1. 劳动过程的内涵

马克思是最早对资本主义的劳动过程展开研究的学者，但他并没有将劳动过程作为单独的研究对象，而是在解释绝对剩余价值的生产时，对在资本控制下进行的劳动过程展开了一定程度的分析。在《资本论》中，马克思从劳动的逻辑起点出发，认为劳动最初是人和自然之间的过程，人通过思维的规划，利用自身的自然力，对自然进行一定的利用和改造，以达到自身需求的满足，这是劳动产生的最为原始的原因。① 而当社会发展至资本主义阶段时，人类的劳动已不再是最初的本能形态，劳动者成为劳动力，劳动成为商品，被放置在市场上出卖，资本家通过购买劳动力的劳动和生产原料，拥有了劳动手段和劳动对象，进行新的使用价值的生产，此时的劳动过程便被马克思称之为生产过程。在这个过程中存在两个特点：一是劳动隶属于资本，工人在劳动中不具有自身的意志和思维，一切服从于资本家；二是通过劳动生产出来的产品的所有权不再是劳动者，而是资本家。② 这样的特点，表明资本主义制度下的劳动是带有强制性的，工人和资本家之间存在着压迫和被压迫的关系。而资本家进行生产，目的在于生产出比他预付的价值更大的价值，即剩余价值。因此在生产环节，资本家必然会希望在有限的时间内能生产出更多的产品，那么其会通过在社会必要劳动时间之外延长劳动者工作时间的方式，来增加使用价值的生产，这些增加的使用价值就是剩余价值。但在整个生产过程中，资本家给劳动者的酬劳并没有因为时间的延长而增加，资本家无偿地占有了工人创造的超过劳动力价值的价值，资本家由此对工人形成了剥削。根据马克思的观点，劳动过程本身是人借助劳动资料改变劳动对象，从而产生使用价值的过程，但在资本主义阶段，生产过程是劳动过程与价值增殖过程的统一，是资本家剥削工人、创造剩余价值的过程。③

随着科学技术的发展、工人阶级消费水平的提高，马克思对于劳动过程的解释逐渐受到学界的质疑。布雷弗曼（Braverman）在马克思的基础上，根据自身多年产业工人的经验，通过一手的实地调研材料，整理出版《劳动与垄

---

① 马克思.资本论(第一卷)[M].北京：人民出版社，1975：207-208.

② 马克思.资本论(第一卷)[M].北京：人民出版社，1975：213.

③ 王晓晖.劳动过程的内涵及研究方法[J].山东社会科学，2016(10)：176-181.

断资本》,该书以 21 世纪劳动的退化为主题,研究在垄断资本主义阶段,劳动的演变以及资本家对劳动过程的控制,揭示了劳动者的"去技能化"。布雷弗曼并不认同"马克思的相关理论不再适用"这一观点,他认为学者们之所以会产生这样的质疑,是由于经过一个世纪的发展,科学技术进步、生产效率提高、工作形式改变等,导致资本主义的生产过程变得更加复杂,资本家对工人的剥削和对价值的占有形式变得更为隐晦,从而影响了人们对劳动过程的判断。布雷弗曼从分析劳动和管理入手,发现相较于原有简单的管理制度,泰勒的"科学管理"逐渐深入生产过程中,它以科学的方式制定最精确的工作方式,却也成为资产阶级剥削的最巧妙的手段。而机械化自动化的大范围应用,又使得工人的工作不断被分解和简化,很多工作内容不再需要过多的技术和训练便可上手操作,劳动者在技术进步的过程中被"去技能化"了。① 此外,在办公室工作的"白领"人数显著上升,而当时社会普遍认为白领人群属于社会的中产阶级,布雷弗曼通过研究表明,在办公室工作的"白领"和在实际生产场所工作中的"蓝领"只是工作场地发生了变化,两类人群依旧同属于工人阶级。② 因此尽管时代的进步大幅度改变了实际生产工作的形式,但是劳动过程中资本家对工人的剥削没有发生本质上的改变,剩余价值规律没有改变,依旧符合马克思对劳动过程的解释,甚至资本家对劳动的控制权更加集中了。表面上看布雷弗曼只是验证了马克思的劳动过程理论依旧适用,但其在劳动纪律、劳动过程的管理等方面为劳动过程提供了许多新的研究视角。

由于布雷弗曼对劳动过程的研究存在过于突出技能影响、忽视工人主观性等问题,后续研究在这些方面展开了批判。布洛维(Burawoy)作为其中代表学者,观察到个体主观因素在劳动中发挥的作用,强调主观因素对劳动过程的影响。在《制造同意:垄断资本主义劳动过程的变迁》中,布洛维从"工人为什么要这么努力工作"这个疑问开始,运用民族志的参与观察法,力图通过对工作现场的呈现来阐明一个关于资本主义劳动过程的理论框架。布洛维发现,垄断资本主义阶段的劳动过程中,存在三种制造同意的机制:"赶工游戏"、建立内部劳动市场以及建立内部国家。利用"赶工游戏",工人

① Branerman H. Laborand Monopoly Capital: The Degradation of Work in the Twentieth Century[M]. New York: Monthly Review Press,1974:53.

② Branerman H. Laborand Monopoly Capital: The Degradation of Work in the Twentieth Century[M]. New York: Monthly Review Press,1974:413-441.

可多劳多得，将管理者和工人之间的矛盾转化为工人与工人之间的竞争；建立内部劳动市场，实现组织内部人员在各部门之间的横纵向流动；建立内部国家，员工有工会等可以集体申诉和与管理者讨价还价的制度。① 建立内部劳动市场和建立内部国家，制造了工人对资本家意志的"同意"，而这三种机制都具有共同的目标，即缓解或转移资本家与普通工人间的矛盾，工人的自治成为掩盖剩余价值的工具，帮助资本家获取更多利润。布洛维主张要把"工人带回分析的中心"，因此他对于劳动过程内涵的解释增加了工人的主观意志，认为劳动的过程由关系和实践两部分组成，一方面是工人与管理者以及工人与工人之间的关系，工人与其他人的关系能够影响劳动；另一方面是通过生产工具将生产原料进行加工的实践过程，这与马克思和布雷弗曼的判断相同。② 除布洛维外，还有托马斯（Thomas）等学者从性别、公民身份等不同角度审视劳动过程，使得劳动过程的内涵逐渐丰满和立体。

2.劳动过程的构成要素

从内涵上对劳动过程进行解释会过于抽象难懂，而各个学者局限于所处时代社会发展程度，对劳动过程的研究侧重点又各有不同，难以将其理论真正运用于现实问题的研究中，因此学者们也开始尝试将劳动过程进行分解，提炼总结其构成要素，将劳动过程拆分为易识别可控制的不同部分，以此对劳动过程进行分析。

马克思作为最先对劳动过程展开研究的学者，在对劳动过程的解释中也提出了他认为的劳动过程的基本要素，该基本要素包括人类的目的活动（劳动）、劳动对象以及劳动手段三个方面。劳动者活动手脚作用于外界和大自然就是劳动，作为劳动者手足的延伸就是劳动资料，而这种作用的对象就是劳动对象，在劳动活动中，人的活动借助劳动资料使劳动对象发生预定的变化。马克思对劳动过程要素的解释是根植于最原始的人类活动，是人对自然、对土地的使用和改变，而随着社会技术的发展，劳动活动成为一种生产活动，按照三要素结合，所产生出了巨大的成果重新归纳，劳动便成为"生产性

---

① Michael B. The Politics of Production: Factory Regimes under Capitalism and Socialism[M]. Thetford: The Thetford Press Ltd, 1985: 205-237.

② 李鸿，王冰玉.布洛维劳动过程理论批判和启示[J].东北师大学报（哲学社会科学版），2015（4）：88-93.

劳动"，劳动对象和劳动手段都被归为"生产资料"，它们将会生产出产品。[①]因此之前马克思对于劳动过程基本要素的表述则被整合成两个部分，即生产性劳动和生产资料。马克思对劳动过程的构成要素的介绍是为了引出整个生产过程进而讨论价值的生产，并没有将重点放在对要素的分析上。而利特勒（Littler）、库蒙斯（Coombs）、苟弗（Gough）、弗雷德曼（Friedman）等学者则开始提炼劳动过程理论的"核心理论框架"。

利特勒（Littler）在《劳动过程辩论》一书中将劳动过程的要素分为三个层次：技术分工、控制系统、雇佣关系。技术分工涉及企业不同技术工作间的分配和协作，它们之间存在复杂的联系和相互的影响，需要明确分工任务，保持工作流程稳定进行。控制系统是对企业整体的管理控制，既包括宏观上对企业整体生产工作的指导和把控，也包括微观上对企业员工工作的监督、员工流动的管理、员工的奖惩等方面。雇佣关系不仅包括雇主与工人之间、工人与工人之间的关系，内外部劳动力市场之间的关系，还包括提供工人合乎法律的地位的问题。利特勒认为这三个层次在一定条件下是可以独自发生改变的。[②]

库蒙斯（Coombs）在构建劳动过程模型时提出了劳动过程的四个要素：技术效率、技术分工、个人效率以及协作功能。[③] 技术和设备的革新影响着生产的整体效率的提高；技术分工的优化可以减少不必要的损耗以保持稳定；劳动者个人的效率能够与机器设备的效率同步则可以最大程度提高生产效率；各个部门的通力协作是总体保障。除此之外，库蒙斯还将层级管理也引入了其劳动过程模型中。可以看出，库蒙斯的四个要素分别从技术和人事两个方面来构建，着力于实现人与技术的有效配合，减少劳动过程中的损耗。

苟弗（Gough）考察 1976 年至 1982 年间伦敦制造业的重组，从解释资本主义制度下工人阶级分裂和集体性质的视角，重振了劳动过程这一概念。苟弗将劳动过程的要素分为五个部分：技术性质、人力性质、劳动控制、雇佣关系以及工人间关系。技术性质体现在生产的形式、原材料转化成为产品的形式等；人力性质是在生产过程中所投入的人力资本；劳动控制包括管理

---

① 宫川彰.解读《资本论》（第一卷）[M].北京：中央编译出版社.2011：36-37.

② Craig R L. The Labour Process Debate：A Theoretical Review 1974—1988[C]// Knights D，Willmott H. Laboun Process Theory. London：Macmillan，1990：46-94.

③ 王晓晖.劳动过程的内涵及研究方法[J].山东社会科学，2016（10）：176-181.

者对工作任务的分配、劳动过程的监督以及制定工人纪律等；苟弗将工人间的关系从雇佣关系中独立出来，强调了工人主体性及工人间情感交流的重要性。①

弗雷德曼（Friedman）着重研究劳动过程的管理，这是劳动过程理论发展的重要成果之一，也是劳动过程理论的重要组成部分。从管理的角度，弗雷德曼在《管理策略、活动、技巧和技术》一书中构建了"直接控制－责任自治"框架，他认为直接控制和责任自治是管理劳动过程的两个极端，企业的劳动管理存在于二者之间，因此通过考察企业的劳动管理过程，可以判断出适合企业管理的策略。弗雷德曼将企业的活动分为四个方面：任务组织、控制结构、横向关系以及"劳动－市场"关系。② 任务存在不同的类型，要运用不同的工具和方法；控制整体的工作进度、各部门之间的联系以及工人的奖惩；横向存在部门和部门之间以及工人和工人之间的交流；将劳动力从市场中纳入组织内部需要进行一系列的招聘、培训、定岗等多环节。③

（二）企业微观层面技能形成的制度要素

通过对以上学者们研究的总结可以发现，虽然各个学者对劳动过程的研究视角不同，所处社会背景不同，但综合他们对于劳动过程要素的划分，依旧存在一定的规律。一是各个学者都将技术要素和人的要素视为劳动过程的两个最为关键的部分，并将两部分划分开，突出这两部分对于劳动过程的重要影响；二是随着对劳动过程理论认识的深入，工人的主观性在要素划分中逐渐被体现出来并且愈发重要。因此结合学者之间相同的观点，可将劳动过程的要素归为人的因素和技术因素两个方面，在人的管理因素方面，学者们大多考虑到企业和员工的雇佣关系、员工在工作过程中的管理、员工的薪酬激励、将劳动力从市场上转化至企业内部等一系列管理行为，综合这些考察点以及当前我国社会企业内部的实际管理内容，将关于人的管理要素分为用工制度、薪酬及激励、企业培训以及员工关系。在事（物）的管理因素方面，学

---

① Jamie G. Work, Locality and the Rhythms of Capital: The Labour Process Reconsidered, Continuum[M]. Brighton: Harvester Press, 2003: 101-150.

② 孙兆阳. 劳动控制与抵抗：西方劳动过程理论评述与启示[J]. 中国人力资源开发, 2013(15): 102-109.

③ Andrewl F. Managerial Strategies, Activities, Techniques and Technology: Towards a Complex Theory of the Labour Process[M]. London: The Macmillan Press, 1990: 186-189.

者关注生产任务与形式、技术分工与要素、个人工作任务、场所文化等，将这些考察点与当前的社会发展和企业生产相结合，可以将关于事（物）的因素分为生产组织方式、技术要素、企业文化。

1. 企业关于人的管理要素

（1）用工制度

用工制度是指国家在对社会劳动力进行招收、使用方面所实行的规章制度，包括固定工制度、合同工制度、临时工制度等。目前，我国实行的是以固定工、合同工为主，同时辅之以一定数量的临时工、亦工亦农、季节工、协议工等形式的用工制度。[①] 在计划经济体制下，我国企业在用工方面实行了"统包统配"的固定工制度，形成了员工与企业之间终身固定的劳动关系。[②] 改革开放之后，国有企业开始进行改革，私营等其他性质的企业开始迅速发展，原有的固定工制度不再适应社会经济的发展需求，劳动合同制度逐渐试点展开，并在 1995 年以《中华人民共和国劳动法》的形式被正式确立，代替固定工制度成为社会企业的主要用人方式。当前在我国企业实际用工过程中，主要以合同工和临时工为主，在临时工制度中，又以劳务派遣的形式最为突出。劳务派遣是指由劳务派遣机构与派遣劳工订立劳动合同，把劳动者派向其他用工单位，再由其用工单位向派遣机构支付一笔服务费用的一种用工形式。[③] 由于劳务派遣减少了企业的管理风险和负担，能够自主灵活地用工，因此当前我国各个行业各种类型企业已存在劳务派遣工，劳务派遣成为现代劳务市场中典型的用工方式。从企业内部来看，企业针对用工制定各项规章制度，这些规章制度主要由人力资源部门制定并进行管理，主要包括招聘、录用、定岗、调动、离职等几部分，保证人岗匹配，能够配合企业事务，与企业工作的协调，既发挥员工个人能力又促进企业整体运行，用人符合企业整体发展趋势。

（2）薪酬及激励

薪酬是指员工为组织提供劳务而获得的各种形式的酬劳，是组织对员工的贡献包括员工的态度、行为和业绩等所做出的各种回报。从狭义上来说，

① 苑茜，周冰，沈士仓，等，主编. 现代劳动关系词典[M]. 北京：中国劳动社会保障出版社，2000：33.

② 涂伟，王若晶. 历史制度主义视角下的劳动合同制度变迁[J]. 中国人力资源开发，2018,35(11)：70-80.

③ 白永亮. 劳务派遣的实质判定——雇佣与使用相分离的视角[J]. 社会科学研究，2017(6)：54-60.

薪酬可专指货币和可以转化为货币的报酬;从广义上来说,薪酬包括工资、奖金、休假等外部回报,也包括参与决策、承担更大的责任等各种内部回报。企业员工的薪酬按照结构进行划分包括四个部分,即固定薪酬、浮动薪酬、短期奖励薪酬和长期奖励薪酬,按照薪酬的形式进行分类可分为经济薪酬和非经济薪酬,经济薪酬又可以分为直接经济薪酬和间接经济薪酬。员工获得的薪酬是企业运行的最大成本之一,它对员工工作的满意度和幸福感均有较大的影响,因此如何协调薪酬和员工工作之间的关系变得格外重要。① 激励就是组织通过设计适当的外部奖酬形式和工作环境,以一定的行为规范和惩罚性措施,借助信息沟通,来激发、引导、保持和规范组织成员的行为,以有效地实现组织及其个人目标的过程。激励一般可分为内部激励和外部激励,内部激励更多的是对员工心理状态的改变,包括精神激励、培训激励、职业发展激励等,增强员工对企业的归属感,满足员工个人在工作中的期望等心理需求;②外部激励是从物质等方面使得员工获得直接的明显的经济收益,包括物质激励、目标激励、参与激励等,外部激励可以提升员工的价值创造感知。③ 内部激励普遍具有正向意义,而外部激励并不一定会获得员工的正向反馈,激励的结果往往并不如企业所愿。因此内部激励和外部激励在企业的实际管理中相互补充,合理利用内部激励和外部激励,才能达到对员工激励的最佳效果。

(3)企业培训

企业培训是指企业针对内部员工开展的,正式的、有组织的或有指导的,获得与工作要求相关的知识和技能的过程。④ 企业培训是企业人力资源开发的重要手段,也是企业保持市场竞争力的重要方法之一。企业培训具有较强的针对性,针对工作中出现的具体问题寻求具体解决路径,针对不同的课程采取不同的训练技法,针对具体的条件采用多种培训方式,针对具

① Williams M L, Mcdaniel M A, Nguyen N T. A meta-analysis of the antecedents and consequences of pay level satisfaction[J]. J Appl Psychol,2006,91(2):392-413.

② 刘冰.对我国民营企业内部激励机制发展现状的思考[J].农业经济,2009(4):92-93.

③ 王娟.互联网企业知识型员工激励策略研究[J].技术经济与管理研究,2018(3):78－82.

④ 姜大源.职业教育要义[M].北京:北京师范大学出版社,2017:150.

体个人能力和发展计划制定不同的训练计划。[①] 企业培训的形式多样，按照培训内容可以将企业培训分为通用培训和专项培训。通用培训是指提高员工在所有企业工作时都需要掌握的能力的培训，例如打字、开车、使用计算器等通用技能。专项培训是指能提高员工在给予培训的企业工作时的能力，一旦员工离开这个企业，该培训内容就是无效的培训。通用培训一般在员工入职前和刚入职后开展，使得员工可以基本熟悉岗位的工作内容，并能够基本上岗；专项培训会在员工职业生涯的各个阶段开展，提升员工的工作能力，使其更加符合企业发展的人力资源需求。[②] 企业培训作为企业内部的一种职业教育，不仅注重企业短期内所需的知识和技能的传授，也追求企业长期的发展需求。加强短期培训之间的系统性，持续有效地开展，能够在企业内部形成立体循环的学习系统，既培养企业员工的工作实用能力，提高员工的职业素养，又能够强化企业自身的文化认同，在整体上提升企业的核心竞争力。

（4）员工关系

员工关系是一种合作关系，是存在于雇主与员工、主管与员工以及员工与员工之间的一种基于雇佣或同事行为的关系，在这种关系中既包含着以劳动合同为基准的法律关系，也包含着员工个人的主观情感，带有强烈的主观性。从布洛维的观点中可得知员工的个人主观意识对于劳动存在着一定的影响，和谐的员工关系能够促进员工间的交流，减少工作过程中不必要的摩擦和争执，提高整体工作效率；和谐的员工关系还能够增进员工间的情感联系，创造出一种良好的工作氛围，因此打造积极的员工关系对于企业管理来说十分重要。企业对员工关系的管理主要包括员工劳动关系管理、员工工作关系诊断与情绪调节、员工信息咨询与沟通、员工行为规范管理、员工参与企业非正式活动管理、员工关系冲突与化解等几个部分。[③] 企业依法与员工签订劳动合同，保障员工的合法权益不受侵害，使得员工能合法又无顾虑地为企业服务；员工间相处时间长、交流频繁，若存在不良的员工关系或情绪极易形成一种大范围的情绪传染，企业应及时诊断不良关系和情绪，并进行干预

---

① 顾育斌.政府公共部门与企业培训体系的比较研究[J].财经问题研究,2016(S2):135-139.

② 乔治·J.鲍哈斯.劳动经济学[M].北京:中国人民大学出版社,2018:224-225.

③ 董熙.差异化视角下单位员工关系管理艺术[J].领导科学,2017(25):27-29.

和调节;企业构建良好的信息沟通渠道,增加企业信息的传播,消除员工对信息的不确定性;以内部制度的形式规范员工的行为,明确在企业内可鼓励或禁止出现的行为,以此约束员工,也形成固定的奖惩制度;非正式活动更能够培养员工之间的感情,企业组织一定的非正式活动并对员工的参与进行管理,提升员工对组织的归属感;在员工间出现冲突和矛盾时,企业要及时出面,对冲突进行化解,缓和员工间的关系。

2.企业关于事(物)的管理要素

(1)生产组织方式

生产组织方式是企业对生产主体内部各种生产资料与生产工具、劳动力的配比及使用方式,其实质是微观资源配置,目的是使生产效率最大化,从而实现利润最大化。① 从 18 世纪以来,每一次工业革命或产业变革,技术的进步诚然是推动变化的关键,但没有与之相适应的生产组织方式的变革,技术也无法发挥出其应有的作用。从第一次工业革命开始,生产组织方式经历了工厂制、福特制、精益生产、灵捷制造等一系列的变革。② 第一次工业革命使得机器代替了工人的简单劳动,脱离了家庭作坊的形式,机器大量生产产品,降低了成本,大量工厂应运而生。第二次工业革命被称为"制造业的电气革命",工厂开始进行大规模的标准化生产,企业管理逐渐科学化职业化,使得泰勒制和福特制两种典型的生产组织方式依次形成。20 世纪 60 年代,福特制从美国逐渐发展到欧洲及日本,日本本身并不具有社会技术变革的能力,但其在吸收原有美国先进技术的基础上,对技术进行改造创新,从而形成精益生产的模式。基于日本的精益生产,美国将技术、劳动力和管理等与生产相关的因素整合,再创新形成灵捷制造模式,这种生产组织方式更为柔性化,能够快速应对变化莫测的市场环境。进入 21 世纪,互联网发展迅猛,虚拟化、智能化时代到来,大范围的个性化定制生产将逐渐占领市场,企业内部的结构将面临新的调整,产能将呈现分散化趋势,新的生产组织方式将兴起。③ 生产组织方式的变革,直接

---

① 汪亚青,许小青.生产组织方式主动演进:理论、趋势与策略[J].西部论坛,2016,26(6):22-30.

② 唐振龙.生产组织方式变革、制造业成长与竞争优势:从工厂制到温特制[J].世界经济与政治论坛,2006(3):60-65.

③ 黄阳华.工业革命中生产组织方式变革的历史考察与展望——基于康德拉季耶夫长波的分析[J].中国人民大学学报,2016,30(3):66-77.

影响到技术经济范式转变的效率以及劳动生产率的提升，是影响社会发展、产业变革的重要因素。

（2）技术要素

技术要素是指构成技术的基本组成部分。技术要素主要包括四个部分：能源、材料、工艺和信息。能源是可以直接或经转换提供人类所需的光、热、动力等任一形式能量的载能体资源，能源是技术能够产生的根本，是动力和源泉，没有能源的提供就无法产生任何形式的技术。材料是对于人们来说有用的、可以用来制造物品、器件、机器等的物质，材料是技术的对象，技术要对材料做出改变，使其成为产品，赋予其使用价值和交换价值，从而能够进入市场，因此材料是技术的物质基础。工艺是劳动者利用各类生产工具对各种原材料、半成品进行加工或处理，最终使之成为成品的方法与过程，它是人们在劳动中积累起来并经总结的操作技术经验，也是生产工人和有关工程技术人员应遵守的技术规程，工艺是一种手段和方法，是生产的技术条件。信息是人类社会传播的一切内容，信息可以消除随机性和不确定性，增强传受双方的联系，信息是技术的控制手段，加强相关信息的收集和判断，能够确定技术发展的方向。这四部分相互影响、相互联系、相互制约、相互促进，共同组成了技术的内部结构。在实际的生产过程中，要通过已有的工作技艺，对现有的原材料进行加工改造，同时要给予生产活动提供能源以维持运行，给生产提供信息，以实现预期的生产目标。每一项技术要素的变革，都将推动技术向着更加纵深的方向发展，而技术的进步又会反过来推动技术要素的再次更新，技术与技术要素的进步是一个螺旋循环上升的发展过程。

（3）企业文化

企业文化是企业在特定条件下，所形成的具有企业特色的物质形态和精神价值。企业文化的呈现形式包括企业精神、价值观念、团体规范、行为准则等，它可以分成四个层次，由外及里分为符号、英雄、仪式、价值观，从外显的公司符号包装，到企业文化人格化的选择，再到文化仪式的构建，最后是企业价值观的统一，是一个从显性到隐性、从可操作到逐渐积累形成的过程；企业文化的内在本质并不停留于价值观，而是企业员工所共同拥有的更深层次的基本假设和信念，这些假设和信念是企业员工在共同经历企业发展的过程中，面对生存问题不断处理和解决而学习形成的，并且这些假设和信念会随着实践不断更新和发展,在企业无意识的状态下发挥作用。① 企业文化是企业的灵魂,是将企业所有人事物凝聚,并推动企业向前发展的不竭源泉。企业文化是一种企业竞争力,首先,企业文化增加了企业的凝聚力,使得企业能够调动所有的员工,汇集所有的生产因素向着一个方向共同努力,克服企业发展过程中的困难;其次,企业文化提升了企业的整体形象,成为区别于其他同类型企业的标志,具有竞争对手难以模仿的独特性,便于企业在偌大的市场中脱颖而出;最后,企业文化可以成为一种消费品,当前消费者的消费需求已经不仅仅是产品本身,更加强调在消费过程中的一种体验和感受,而优质的产品和服务是孕育自企业深厚的企业文化。对企业文化的管理是一个由内及外的过程,需要长期的培养和塑造,而当企业文化成功树立起来,便会对企业的发展产生长足的良好的影响。

综上,通过历史制度主义和劳动过程理论搭建分析个案企业产业工人技能形成的理论基础。通过历史制度主义的制度理论和时间理论,分析 Z 企业的发展历程,受到国家经济环境、政策要求等方面因素的影响,将改革开放和国企改制作为两次关键节点,把 Z 企业的发展历程分为从建厂到改革开放、从改革开放到国企改制完成以及国企改制之后三个阶段。通过劳动过程理论,梳理影响劳动过程的管理要素,并根据人和事(物)两方面进行分类,将关于人的管理要素分为用工制度、薪酬及激励、企业培训以及员工关系,将关于事(物)的管理要素分为生产组织方式、技术要素、企业文化。在这三个历史阶段中分别分析不同的管理要素对技能形成的影响。

第二节　不同历史阶段企业管理制度的特点

根据前文理论基础构建的研究框架,Z 企业的发展历程可分为从 1952 年建厂到改革开放前、从改革开放到国企改制,以及国企改制至今三个阶段。通过口述史的研究方法,笔者分别访谈 Z 企业三个历史时期中共 20 名员工(访谈编号 KS01—KS20),受访者的年龄分布在 29—84 岁间,其中 16 名男性,4 名女性,他们进入 Z 企业工作的时间在 1963—2011 年间。在工作岗位

---

① 赵曙明,裴宇晶.企业文化研究脉络梳理与趋势展望[J].外国经济与管理,2011,33(10):1-8,16.

方面,参加工作以来从事过工人工作的有 16 人,部分员工后期岗位变动。截止到访谈结束,20 人中自 Z 企业退休的有 3 人,自 Z 企业离职并在其他企业工作的有 7 人,目前身处 Z 企业管理或技术岗位的有 3 人,其余 7 人为普通工人。通过对这些员工的访谈,了解到在不同历史阶段企业内部关于人的管理要素和关于事(物)的管理要素呈现出的不同特点(见表 3-1),同时初步了解管理要素与产业工人技能形成之间的关系。

表 3-1　不同历史阶段企业管理要素特点

管理要素		建厂成立至改革开放阶段	改革开放至国企改制阶段	国企改制后阶段
关于人的管理要素	用工制度	招工	接班顶替+社会招聘	朋友介绍
	薪酬及激励	八级工资制度	基本工资+奖金补贴	按日核算
	企业培训	依靠工厂师徒制	培训种类多内容全	师徒制衰落培训停滞
	员工关系	工人自觉维护关系	专门领导管理关系	工人关系淡薄
关于事(物)的管理要素	生产组织方式	计划生产替代上游生产	市场竞争班组承包制出现	向半自动化缓慢发展
	技术要素	强调手工技艺	机械设备引入工人一专多能	材料工艺更新换代
	企业文化	崇尚高技能高道德	工会作用凸显	企业风气变化

一、建厂成立至改革开放阶段:单位制度影响,管理要素缺乏

从新中国成立到改革开放这 30 多年的时间,我国在计划经济体制下开始探索社会主义建设道路。由于刚刚从战争中恢复过来,国民经济近乎完全崩溃,各地各行业百废待兴,工业基础薄弱,一切都是"舶来品",没有属于我们中国自己的工业企业。在这种背景下,以东北、西南为代表的很多地区新建、扩建以及迁建了一大批工业企业。新兴的企业纵然存在很多不足,而快速发展的愿景敦促企业要在短时间内拿出生产结果,因此管理要素的不健全仿佛并没有影响到企业发展。

而在这一时期,相比于落后破败的整体社会环境,人们的精神世界却更加富足。虽然人们的生活物资匮乏、生活水平总体较低,但是人们见证了共产党带领着国家和人民从战争中走出来,摆脱了外国侵略并且向着好的方向发展,人民看到了生活和发展的希望。在公有制经济体制下,依靠集体努力开展生产,由此也形成了具有时代特色的单位制度,单位制度的形成促进了

工人的集体主义精神,由此形成了普遍的价值观念。这种价值观包括做人要有高思想觉悟、要争优抢先、能够吃苦耐劳、集体团结等等。这种普遍的价值观,比管理要素更能影响产业工人的技能形成。

(一)关于人的管理要素

1.招工是成为工人的主要方式

成立一个新的工厂不是一纸文件那么简单的事,工厂的建设需要劳动力,工厂的运行需要管理人员、技术人员和工人,高层的管理者毕竟是少数,可以通过集团上级任命和派遣来组成,而参与一线施工工作的工人却需要很多,除了抽调别的铁路局及铁路线的工人外,在工程所在地直接新招工人是最快速的方式,这种方式在当时被称为招工。

由于当时铁路工程的机械化程度还很低,很多工作并没有或者只有简单机械设备,铁路道路的铺设依旧需要最原始的人力来进行,因此当时 Z 企业所招的工人很大程度上不能算是技术工人,"苦力"这个表述对于他们更为贴切。黄林老人是经历过这个阶段的万千工人中的一员,他在口述中谈道:"我是在 1963 年的时候,东北铁路局招工进的,那个时候招工不要求什么文化程度的。当时让我们去可有意思了,一开始和我们说你们去吧,那都是机械化的,不用怎么出力的,结果过去一看就是人去推推土车,我就在工地上一开始就推车堆土,从那时候开始跟着工程队修大桥。"(KS03)张吉元老人也是通过招工成为工人的,"当时下乡招工看表现,表现好的大队推荐了就录取了。我们当时先是三个月的试用期,三个月之后转正,转正了就是正式的铁路工人了。但那时候干体力活啊,累啊,好多人觉得苦的,受不了了就回去了"。(KS02)可以看出,招工在 Z 企业成立之初是较为普遍的招聘工人的方式,而这种方式对工人自身学历、技术能力等都没有严格的要求,急需的是人力和工人数量,只要能来干活,都可以成为工人,但是在选择工人时也不是照单全收,也会看重相关领导的推荐,即关注于工人的人品和潜能。可见缺少人力是当时修建铁路时面临的一个很严峻的问题,而这些经历过最辛苦体力劳动的工人,在之后也成为企业内重要的技术工人力量。

2.薪酬实行"八级工资制度"

20 世纪五六十年代,全国人民的生活水平差距小,但总体偏低,相应地当时全国人民的工资水平也很低。当时的薪酬实行"八级工资制度",即按照生产劳动的复杂程度和技术的熟练程度将工资分为八个等级，工人通过级别的提升来提高工资。除了这一份固定的工资外，没有奖金、补贴、提成等其他收入来源。

在这一时期进入 Z 企业参加工作的工人，可能处于不同的铁路线不同的工程队，但是其工资受整个行业的统一调控。许多工人对于自己参加工作前几年的工资数都记忆清晰，其中黄林、张吉元、高成华、郭明忠等人在参加工作的第一年里，作为一名普通工人，每月领到的工资均为 33.66 元，之后第一次上调工资数也都是 40.04 元。按级别上调工资，工作完成得好、工作量做得多的人才可以获得级别的上调，而由工作失误等问题造成企业损失的工人，Z 企业还会相应进行降级处理。[①] 但是工资也不是一直在提高，高成华随着工程队走遍了我国很多地方，在谈到工资时调侃道："原本厂子在东北的时候我已经能拿到 43.1 元了，到这边之后就变 42 元了，地区不一样级差不一样嘛，我们那个时候就老说'碌碌七八年，光长胡子不长钱'。"（KS06）由于当时不同地区工程队之间并不能做到信息的互通，各企业间的工资制度并不统一，不同工资管理方式导致工人的工资相较原来甚至还有所下降，但是工人们并没有因为工资变少产生过多的抱怨，也没有向上级反映要提高工资，只是一句"碌碌七八年，光长胡子不长钱"的调侃，郭明忠也说过"大家钱都一样的，都是好好干活的"。（KS01）工人们并没有因为工资的多少而影响正常工作，没有耽搁整个工程的进程。

3.师徒制是技能培训的关键

企业培训的概念在改革开放前还没有进入我国企业的管理视野，虽然没有这样的概念，但企业依旧在有意识地对技术工人进行培养，促进技能的提高，这种培养主要表现为企业内部的师徒制。由于技工学校的数量不足，企业学徒制成为技工培养的主力军，当时我国 90% 的新技工是通过企业学徒制培养的。[②]

前面讲到过，当时很多工人进厂时都是没有技能的，一开始可以靠体力劳动参与工作，但要真正留下来，在工地和车间里工作，就必须学会至少一项相关的技能，因此所有工人在进厂后都会安排一个师傅带着干活，这是进

---

① Z 企业厂史。

② 周晶.历史进程中的中国特色学徒制改革:动因、经验与方向[J].职业技术教育，2017,38(7):25-31.

厂之后必须经历的学徒过程。在这个时代参加工作的受访工人都会不约而同地讲到学徒的生活。"我是1970年开始学徒的,学徒学了三年,三年之后出徒,当时厂子里会发几本书自学,主要是跟着师傅做。"(KS03)卢平回忆当时学徒的过程:"进厂都要认师傅,不是你想跟谁就跟谁,是统一分配的,都得有师傅带。按理说应该带三年出徒的,我基本一年就可以自己干活了。其实你学徒工碰不到好师傅也很无奈,不教你靠自己学是很慢的。还有在于自己学,跟每个人都要学点东西,吸收每个人的优点。"(KS05)张吉元曾经做过汽车司机,后来转行为汽车修理工,在成为汽车司机之前也经历过学徒学习阶段:"学徒理论学习半年,之后就开始跟师傅,汽车队的培训有原地培训、场地培训、上路跑,比现在驾校那些培训都厉害,学了有一年多,然后车队来轿车了就叫我开轿车了。"(KS02)从这些对师徒制的表述中可以发现:学徒的时间一般为三年;学徒制的开展是面向所有工作岗位的新工人的,不论是什么工种,哪怕是汽车司机都要认师傅,跟着师傅学习;学徒形式为理论学习加实践操作,但以跟着师傅的实际操作学习为主,理论学习为辅;当时学徒制学习的内容比较扎实。总的来说,师傅对于新工人的技能学习是十分重要的,新工人如果能够有好师傅带会更快速的成长。

4.员工自觉维护同事间关系

车间的员工关系在当时是以一定管理制度进行管理的,但是员工之间并不是一种简单的同事关系,而更倾向于一种熟人之间的关系,工人之间以及工人与工班长之间的关系更像是朋友和哥们,在正常的管理之外,工人对这样的关系会自觉进行维护。

要了解员工关系,首先要知道生产车间的管理层级,层级制度是对员工关系进行管理的基础。"每个车间都有车间主任和副主任,每个车间以工班组为单位,车间主任管理工班长,工班长管理每个工班的工人。"(KS01)而在问及工人之间的关系时,受访者的反馈都是正面积极的。"融洽""很好"等词是最为常见的。"领导经常会和工人谈心,那个时候叫谈心,及时掌握工人的思想状况、生活状况,帮助工人解决困难。在这个过程中增进感情,领导通过交流可以知道工人在想什么,会发现每个工人向上发展和进步的潜质,有方向地进行技能的培养,提供社会进修的机会。领导想和工人处好关系就要和工人交朋友,和工人就跟家人一样,要求工人从思想上进步,工人自身也要求进步,为企业的兴旺发达,工人也努力工作。"(KS01)"那个时候大家都跟兄弟一样，除了工作中没有特别重的领导和工人之分，那时候工人都听话，领导安排啥干啥，按领导说的做，没有给领导提建议的时候。都在一个食堂吃饭，大家心都特别齐。咱也照顾别人，比如买了肉吧也分给别人吃，不小气，也不挑，也不惹矛盾，大家合作得很好，都是想着这个集体的，没有想着自己私人利益的……那时候搞义务劳动人家不喊我心里还不舒服，还得问人家为啥不叫我，不给钱还争着干呢。"(KS03)城市单位制度使得当时的员工形成了一种紧密的集体关系，除了工作关系外，工人各自的生活、家庭都被牵扯进这个集体之中，相互交织并且密不可分，集体的黏合程度非常高，使得这个集体就更像是一个"家"，"家人"与"家人"的关系自然会比较和谐融洽，矛盾的出现几率则会少，而出现矛盾后自行化解也会更加顺畅。

（二）关于事（物）的管理要素

1. 工厂依靠计划管理，代替上游产业进行生产

计划经济时期，每个企业生产什么产品、生产多少产品都是由国家统一制订计划生产的，生产需要产业链上游的零部件供给，而由于当时缺少上游企业提供原料，企业只能在原有生产任务的基础上先自行开发生产上游产品，再完成生产任务。

《关于国民经济计划编制暂行办法》及《关于编制国民经济年度计划暂行办法》相继在 1952—1953 年颁布，再加上第一个五年计划开始实施，新中国成立之后的计划经济体制基本成型。[①] 自上而下的计划编制中，中央对计划的数额有最终的决定权，这就使得 Z 企业在生产时要完全按照上级意图。"那个年代应该叫国家'计划统筹'，国家让生产啥就生产啥。统筹安排统筹分配，国家下分任务给各个厂子，厂子下达任务给生产科，生产科下达到车间，再下达到班组，再分解给每个工人，就这么一层一层地分解任务。"(KS01)国家对产品及数量进行计划安排，统一分配，但是在工业还欠发达的当时，对某一产品的生产要求却容易忽视现实中产业链上游零部件及原材料缺少的问题。"厂里产品不属于批量生产，都是非标（非标准专业设备）的，所以好多东西都没有，买不到，得我们自己做，铸件、锻件、热处理都是自己做，所有的机加件也是自己加工，好多标准件，一些螺栓、螺母、销轴

---

① 中国产业体系的制度结构研究课题组.建国初期的计划经济效率——基于制度变迁理论与 DEA 检验的经济史研究[J].当代经济科学,2015,37(5):116-123,128.

都需要自己加工。一个工厂就是一个产业链,所以当时单位五脏俱全,什么工种都有,工人能力也强,什么都会。"(KS12)"办法总比困难多"这句话深刻地印证了这一时期 Z 企业的实际生产,原料和零部件的缺少并没有拖累整个企业生产的脚步,反而使得 Z 企业代替产业链中上级供货商进行生产,自行制造缺少的零部件,将零部件用在应该生产的设备上,完成国家分配的任务。而正是这种没有办法的办法,反而使得 Z 企业开发出了很多额外的技术能力,而经历过该时期的工人也在短时间内迅速掌握了多个工种的技术能力。

2.强调手工技艺的重要性

在国家确定机械行业各企业生产方向后,直属企业都开展了以工艺为中心的技术改造,根据生产方向和产品方案,采用比较先进的技术和生产组织,更新改造与充实必要的设备。[①] 但是在实际工作中依然离不开手工技艺,工人的手工能力是生产过程中重要的技术要素。

手工技艺在生产中的重要性,最直接地体现在钢材下料的过程中。要将一张张钢板变成可以组装产品的零部件,需要经过划线、切割、打磨等多道程序,做过十年划线工作的卢平解释道:"你别觉得划线简单,你得会看图纸、从图纸上知道人家设计(师)是什么意思,然后划线的时候要知道怎么划省料,那人家一张板划完下料就只剩点边角料,你这边剩下好多,那不就浪费了,这东西说好说,做不一定都能做到,也算是技巧吧。"(KS05)切削加工、机械装配和修理作业是钳工的日常工作,一些不适宜采用机械方法或不能解决的加工,都可由钳工来完成,这是十分考验工人手上功夫的工种,黄林退休前是做内燃钳工,也做过一段时间的刮瓦工作。[②] "那时候刮瓦,小瓦是一天半,大瓦两天半,时间长短全看个人的刮瓦水平了。刚开始是 84 合金,就是一种锡合金,膨胀系数小,留的空隙也小,对刮瓦的精度要求就高,就要很仔细才行。那时候机器先做出来,我们再刮,机器做得糙,我们就得要大面积找问题刮。之后变成铝合金了,材质变化了,膨胀系数变大了,人家把空隙都给留出来了,手续简化,省力了,大面积稍微找一找,哪里有问题刮一刮就行了。"

---

① 中国通用机械工业协会.中国通用机械工业发展史[M].北京:机械工业出版社,2018:3.

② 刮瓦:刮削曲面,通常是内孔面,目的和平面刮削一样,改善接触条件,生成储油小凹点,改善润滑。

（KS03）机械设备在当时还不能完成相对精确细致的切割打磨工作，应用机械设备只是加工过程的第一步，还需要后续人工进行精细的校对和打磨，产品品质的好坏在一定程度上取决于工人的手工技艺。在这样的生产环境下，对工人的技术能力要求也就随之提高，不仅仅要具备通用的技术，在工作中还要有足够的细心和耐心，能够发现问题并解决问题，才能保证产品的成功、工作的成功。

3. 企业氛围崇尚高技能高道德

在物质还不丰富的年代，能够具象体现企业文化的内部活动还很少，企业所特有的文化品质更多地是抽象的，凝结在企业员工的整体价值观中。这种企业价值观是单位组织内凝聚的文化属性，是在主流意识形态和价值观念上建立起来的一种特殊的形态。①

前面提到过，工人的工资在这一时期是定额的，并且没有奖金等附加的薪酬激励手段，因此薪酬并不是激励工人工作、提高工作热情的主要方法。但是工人们对待工作的态度大多是积极的，一方面，由于当时 Z 企业作为国有企业，是国家主流价值观和意识形态传播的阵地②，企业的价值观就是国家价值观的体现，因此国家意识和社会风气对企业文化的影响非常深入。"当时谁技术水平高大家就佩服谁，崇尚高技能、高思想道德的人，也就是德才兼备的人，企业倡导的安全意识、质量意识，关心员工，从质量角度上追求质量第一，在市场和单位中形成一种有理想有抱负的价值。"（KS01）另一方面，由于当时随厂建设家属住宅区、医院、学校等配套设施，员工的工作和生活都集中在一个小范围内，员工在生产和生活中形成了相似的单位认同感，集体意识强烈，对于企业有一种依赖感和信任感，"突出集体意识集体荣誉，不提倡个人英雄，不能是你想干啥干啥，得看企业让你干啥，倡导知难而上，越难越要攻克难关，提倡企业兴旺员工有责，还有就是干部和工人打成一片，干部和工人没有什么差别"。（KS01）这种带有时代特色的同呼吸共命运的集体意识，并不是企业有意为之，而是当时大多数单位组织所共同具有的特点，是国家制度对企业氛围的无意识影响，是那个热火朝天建设社会主义的时代赋予人们的集体品格。

---

① 李汉林，渠敬东，夏传玲，等.组织和制度变迁的社会过程——一种拟议的综合分析[J].中国社会科学，2005(1)：94-108,207.

② 王星.技能形成的社会建构[M].北京：社会科学文献出版社，2014：184.

二、改革开放至国企改制阶段：集体意识延续，管理要素凸显

在改革开放之前，国家通过 20 多年的时间得到了快速的发展，建立起了一个独立的、门类齐全的工业体系，但是人民依然贫苦，技术水平依然落后，同时，计划经济虽然对 20 世纪 50 年代初的经济复苏和初步发展作出了巨大贡献，但其弊端随着时间的推移日益明显。为了解决经济发展缓慢的问题，提高人民的生活水平，党中央在 1978 年 12 月党的十一届三中全会提出了改革开放的政策。1979 年，中央工作会议对整个国民经济提出了实行"调整、改革、整顿、提高"的方针，面对调整的形势，机械行业也提出了"六个转变""四个服务"和"三上一提高"（上质量、上品种、上水平、提高经济效益）的战略任务。[①]

改革开放带来了生机与活力，也带来了竞争和发展。机械行业企业开始走出国家的庇护网，走向市场的怀抱，引进技术消化吸收，全面提升产品的设计、制造水平，提高生产效率。这一时期的企业，继承了原有单位制度中对于集体主义的认同，员工之间的情感维系依旧紧密，而企业在对外交流合作的过程中，通过吸收借鉴也在弥补自身管理要素上的不足，逐渐形成了较为完善的管理体系，这种良好的生产环境和蓬勃的市场氛围，带给产业工人的也是技能的快速提高和进步。

（一）关于人的管理要素

1. 接班顶替解决职工子女就业问题

接班顶替制度是在 20 世纪五六十年代逐渐形成确立的，此时接班顶替并不是一种正式的制度，而是作为一种补偿性、照顾性的福利政策提出的，最开始只针对因工死亡、致残或年老体衰的职工的子女，其可以顶替父辈的工作岗位，政策涉及面窄、限制多，社会影响不大。[②] 到了 20 世纪 80 年代初，随着上山下乡制度的废除，社会上出现了大量待业青年，为了解决子女就业，接班顶替逐渐演化为一种正式的劳动制度，一度成为城市社会劳动力接续的最主要形式。[③]

①　中国通用机械工业协会.中国通用机械工业发展史[M].北京：机械工业出版社，2018：163.

②　田毅鹏.单位制度变迁与集体认同的重构[J].江海学刊，2007(1)：118-124.

③　蔡伏虹.身份继替与劳工制度转型——基于子女接班顶替的制度文本解读[J].福建论坛（人文社会科学版），2015(9)：167-173.

改革开放初期,适龄工作的青年通过接班顶替的方式进入 Z 企业参加工作也是非常普遍的,在口述过程中,谢兴国、王秋生、林一帆等都是通过这种方式获得第一份工作。"我当时是接班的,接父亲的班,父亲退休就安排我去上班了。"(KS07)接班顶替对于当时即将退休的职工来说是帮助子女就业的方式,而对于这些职工的子女来说也是一种进入体制内部、获得稳定工作、保证良好生活的机会,因此接父辈的班走上工作岗位对于职工子女来说是一条被安排好却又较为平坦的道路。"我是属于接班上班的,传统的那种父母退休了,孩子可以接父母班的。当时我刚上高中读了一年,父亲就退休了,家里必须得出一个孩子接班,当时家里我哥高三,我是高一,让他退学去上班他不退,然后我当时小嘛,啥都不懂的,让我退学我就退了,然后我就去上班了。"(KS04)接班顶替作为一种用工制度,通过父子间身份的继承保证了企业工人数量的稳定,而企业工人及家属,由于身处于国营单位,其政治素养及文化素质都相对较高,直接任用工人子女,也是保证了企业整体文化氛围的稳定和延续。1986 年之后,国家正式废除了接班顶替的制度,但在国企,尤其是属于垄断行业的铁路行业中,接班顶替的制度依旧沿用,与统一招工考试择优录取的方式一同形成了"内部招工"和"外部招聘"并存的"双轨制"结构。[①]

2.薪酬结构以基本工资为主,奖金补贴为辅

经历了 20 多年的时间,机械行业相较于最初形成之时已获得了较大的发展,企业相较于建立之时也更富裕,企业有了一定的能力来改善工人的薪酬结构,适时调整工人的工资。工人也不再单纯依靠固定工资生活,除了按级按量发放的基本工资外,企业还开始给予工人一定的补贴和奖金,并根据工人实际的工作情况进行发放。

这一时期参加工作的口述者对于自己当时工资情况的记忆不再清晰,并不是因为其对工资不像原来的工人那样重视,而是因为他们的工资结构相较原来的固定工资更加复杂,工人们更多关心的是拿到手能有多少钱,对于这些钱里哪些是基本工资,哪些是补贴或者奖金并不十分清楚。"刚上班基本工资是 50 元一个月,后来就成了基本工资加奖金了,也有各种补贴,过年过节啥的有时候有副食补贴,如果去工地上干活就给你发流动津贴,流动

---

① 蔡伏虹.身份继替与劳工制度转型——基于子女接班顶替的制度文本解读[J].福建论坛(人文社会科学版),2015(9):167-173.

津贴给得还不少的。"(KS08)"我刚上班的时候一个月才28元,那时候没有奖金,不过有流动津贴了,在外头施工队的有补助,那个时候一天补助六毛七,除此之外还有个高空作业费,有些工作你要上高的,比较危险,这个补得多一些。"(KS10)而不能忽视的一个变化是,在这个阶段,八级工资制度在逐渐淡化并最终退出历史舞台。"我从学徒工之后就开始按八级工的标准逐渐涨工资,但还没涨到八级就没有这个制度了,后期级别其实已经混了,工资也模糊了。"(KS04)可以看出奖金和补贴的方法也不是单一的形式,会根据节庆时节、个人工作的实际情况等进行调整和改变,满足工人在不同时期的生活及工作需求,对于一些存在危险的工作也会给予工人更多的补助,可以说这些奖金和补贴在一定程度上是对工人工作技术的认可和激励。

3.企业培训种类多、内容全

不同于上一个阶段企业培训的几乎完全缺失,这一阶段企业开始有意识地组织和开展与技能相关的培训活动,从安全培训到基础技能培训再到轻工技术比武,培训项目多,培训内容全,工人在日常工作的同时也在不断进行技术及知识的再学习和提高。

在机械行业企业,工人是十分重要的群体,工人的技术进步代表着整个企业的技术进步,Z企业重视对工人的技术培训,对待刚刚入职的新工人,通常都要进行安全方面和技术方面的培训。"每隔一两年,厂子里就会组织学习,比如轻工技能培训、安全培训。首先,一个安全培训是所有工人都有的,你招来一批人先是入厂的安全培训,然后才是技能培训,分车间之类的。那新工人一来不熟悉这个环境,你得先告诉他怎么做安全,怎么做不安全,不然就容易出事故。技能培训就主要是讲一些技术上的东西,因为新工人在技校学的知识和厂子里的东西不太一样,要根据厂子里的实际情况和他们所学的东西结合一下才能实际操作。"(KS10)对待已经有一定工作经验的工人来说,也会经常性举行提高技术的培训以及技术比武。"我去培训过电焊工,在厂里培训了一段时间,请的是山海关技校的老师来给我们培训,山海关技校是局里在那办的学校,整体水平就比普通的技校高,人家老师的水平也挺高的。"(KS09)"那时候有平时的学习也有技术比武,平时就车间会上课啊学学技术手册啊什么的,都是抽出来周三周五的时间专门组织让你学一学,教学的一般是技术人员,还有一些老师傅,学完了还有考试,考试时要考理论和实践。每年也都有轻工大比武,各个工种都有比武,赢了之后有奖金,我还记得当时我赢了个钳工的全厂第二,给了800

元的奖金,还把师傅叫上去,表扬一下。"(KS04)对于技术的培训从入厂到平时生产再到每年一度的技术比武,工人的整个职业生涯中都透着企业对于工人技术能力的关心,通过这样的方式促进工人技能与行业水平及产品需求保持一致。

4.各级领导管理员工关系,员工和睦相处

虽然国家经济向着市场经济转变,但处于国家垄断行业的国有企业的竞争力仍十分强劲,外部经济的变化并没有太大程度影响企业内部的组织形式,单位制度依旧在延续,企业员工间的集体主义精神依旧强烈。企业安排书记、车间主任等作为协调人员负责员工关系,而员工间并不会出现大的矛盾和冲突,相处和睦是常态。

Z企业作为国有企业,对待党团工作相较于其他企业都会更为认真和严格,而书记负责主持党委的日常工作,要把握企业整体的党建情况,其中就要负责加强思想政治建设,负责组织的指挥协调,关注员工的思想情况,处理好企业员工间的关系。"我们当时员工关系都挺要好的,不光是我们在职的,我们也经常和一些退休的工人在一起打打牌聊聊天,个人利益没有那么明显,就算有点什么矛盾啊,书记、车间主任还有工班长都会来调节,书记除了调节,还会给做思想工作,那时候强调从思想上你要认识到问题在哪,所以我觉得书记其实是发挥作用的。"(KS14)林一帆在讲到员工关系时,讲述了在工人和企业内其他部门产生矛盾时,车间主任在其中发挥作用的事例。"我们车间主任对底下工人特别好,我们平时如果加班,食堂是要给我们送饭的,按标准应该是一天10元或者15元钱的标准的饭,有时候食堂有点糊弄了,可能鸡肉炖土豆,鸡肉少了,这时候主任就不干了,让食堂重新做,伙食跟不上我的工人就不干了。平时上班的时候,主任那屋里头买的烧鸡、啤酒、火腿肠啥的,那就是给工人加班的福利,主任就说工人加班这个福利要跟得上才行。"(KS10)虽然处理问题的方式显得有些粗暴和简单,但是车间主任为工人出头,保证工人加班时原本应有的伙食条件,一方面保障了工人的工作质量,另一方面也拉近了主任与工人之间的关系,解决了工人与食堂之间的矛盾。工人自觉遵守企业规章,遇事互相探讨商量,领导一心为工人着想,形成一种管理上良性的循环,以及和睦的员工关系。

（二）关于事（物）的管理要素

1. 生产效益依靠市场竞争，班组承包制出现

由于国家实施了改革开放政策，生产上不再进行计划分配，这对于一直处于国家庇护下的国营企业来说，是将其推出了舒适圈，企业要依靠自身的实力在市场中说话。为了提高生产效率，1985年，政府在大多数国有企业中开始实行承包经营责任制，[①]Z企业车间内的班组承包制也开始出现。

虽然依旧属于整个集团，但集团不再负责对Z企业的生产进行控制，Z企业进入市场，接触到很多新的生产任务。"有一次是给美国企业干活，图纸是意大利图纸，刚开始看图纸懵了20分钟，脑瓜就空白了，啥也不知道。第一天干完活还有点懵，第二天画完线一下就看懂就明白了，把板一放，所有图纸都看懂了。那次活干完之后觉得自己水平不是提高了一点半点，是真的提高特别多。"（KS09）为了在市场中立足，Z企业就既要保证产品质量，又要提高产品生产速度。对比当时社会上新兴的民营企业来说，Z企业产品质量能够得到保障，但是产品的生产周期长，效率低，因此提高效率成为首要任务。"过去是计划经济，后来车间里就开始实行承包制，以一个班组为单位承包，每个车间五个班组，设计下达图纸，班组进行加工组装，按照吨位计费，干得快干得多就挣得多，这样权利下移，保障了生产的速度。"（KS04）班组承包制的出现是为了提高生产效率，出发点是好的，但是一味地追求速度就容易造成对质量的忽视。"我觉得这个承包其实会造成很大的质量隐患，厂里因为这些也出过几次大事故，那个时候正好是我大学同学的单位来订设备，我记得特别清楚，咱厂的设备交付过去之后出事故死了好几个人，查结果都是人为的不按规范焊接造成的。"（KS12）这样严重的事故源于一些细小的问题，而这些问题本不应该在生产阶段出现，也没有在质量检查过程中被发现，向生产要速度要在保证产品质量的情况下，而班组承包制却恰恰忽略了这些，等着问题出现再解决问题，问题不出现就不管，这也为之后企业的发展埋下了隐患。

2. 设备以机械作业为主，工人一专变多能

各种类型的机械生产加工设备在这一时期开始陆续进入企业，车间内需要工人手工操作的工作内容逐渐被机械取代，机械生产程度在这一阶段得到

---

① 李锦峰.国企改制过程中的国家与工人阶级:结构变迁及其文献述评[J].社会，2013,33(3):204-241.

提高。而随着班组承包制的实施,对工人的工作能力要求不再局限于一项工种,企业希望工人具备多元的工作能力。

随着企业的发展,企业已经探索出一条适合自身发展的路径,开始将目光聚焦到配合集团主体业务的桥梁起重设备的生产上。有了主营业务,其余一些零碎的生产任务则开始退出,专业化的设备开始引进,企业从以手工操作为主的加工方式正式转变为依靠机械生产作业。"一开始肯定手工比较多,你像我们一开始干钣金活,还是原始的手工敲,后来就有了压阀,可以折弯,再后来有了机床,就可以加工很多东西了。"(KS10)这些机械设备的引进,大大提高了生产效率,减轻了工人的工作强度。随着设备的更新换代,一批其他附属工作岗位上的工人逐渐缩减人数,而这些缩减下来的人,企业将他们也安排进车间重新学习技术并进行生产。"像我最开始干的水暖工,这个属于附属产业,后来这个工作就没有了,设备还是有所改进的,锅炉房都属于半自动化的了,所以后来我就来车间下料了。"(KS09)除了设备在更新,对于工人技术的要求也有所变化。"原来技术是单项的,电焊工就是电焊工,气焊工就是气焊工,划线的就是划线的,谁都不挨谁。后来是所有的工种都在一块了,分工不再像原来那么细了,所有的你都得会。这个还是承包造成的,你专门找一个工种的工人多费钱,你一个工人能干了都干了多好。就分个钳工和电焊工、机加、车工,别的没有什么分的了,工种慢慢淡化了。"(KS09)由于班组承包制的形成,要在节省成本的前提下向工人要效率,那么最好就是一个工人可以干几个工种的活,这样的转变让工人在技术上也开始呈现从一专到多能的变化,而这种变化却也在一定程度上造成多能却都不精的弊端出现。

3.工会作用凸显,企业文娱活动组织频繁

工会作为全体员工的代表,为员工发声,替员工谋福祉是其工作的主要主题。除此之外,工会还承担着提供业余娱乐关怀,改善员工精神状态等职责。[1] 当企业的整体发展向好,盈利稳定时,工会才有足够的经济支持来开展文娱活动,这一时期工会频繁组织并开展文艺、体育等活动,为活跃企业气氛,营造良好的企业文化做出了贡献。

产业工人的工作相对强度高、工作环境差,还存在一定程度的危险性,Z

---

① 胡恩华,韩明燕,胡彩红,等.工会文娱休闲活动对员工福祉影响的实证研究[J].预测,2019,38(2):24-30.

企业对待工人不仅仅是雇佣关系,也是家人的关系,因此,除工作外,还会考虑到为工人提供文娱活动,丰富工人的休闲时间。在工会工作了 20 多年的彭媛老人对此再熟悉不过:"那个时候我们主要是组织体育比赛,基本每年一次,什么乒乓球啊、篮球啊、排球啊都有,还有运动会,主要这些体育活动比较好组织,咱们有学校有场地,拿两个球过来就可以比。文艺表演也有,不过不多,我记得几年能办个一次吧,主要是文艺表演比较麻烦,得排节目啊啥的,所以办得少。平时偶尔在院里放个电影,职工家属都来看。后来生活再好一点还组织过旅游,虽然出去得不远,但大家当时都可开心了。"(KS20)张学军对于当时这些活动的记忆还很深刻:"2000 年之前还经常有篮球赛运动会,每年我都参加,我们还组成队伍去处里局里打比赛呢,不夸张地说我打得还算不错呢。"(KS09)工人参加这些比赛和活动,也并不在乎名次,拿到名次大多也只是发放一些毛巾脸盆等日用品作为奖品,但这些活动是生活的调味剂,具有团结员工以及员工家属的作用,有助于改善员工工作状态,提升员工工作积极性,促进企业健康、稳步发展。①

三、国企改制后阶段:企业发展放缓,管理要素更新

国有企业改制开始于 1978 年,国有企业将原有庞大体系上的各支系进行剥离,不断地从一些非生产领域退出,并交由相关领域的社会部门来处理,将自身活动的范围逐步限定在生产领域。② 在这一政策之下,Z 企业所属集团开始了对集团内部的改制,2000 年,Z 企业由原集团的机械厂改制为有限公司,成为集团下属的分公司,集团对于 Z 企业的产品生产经营不再进行管理,只对主要领导干部的任命及大中专毕业生的招聘等人事事务进行管理。2006 年,集团对 Z 企业进行主辅分离,彻底将 Z 企业从集团中剥离出来。Z 企业改制为有限责任公司,不再属于集团所有,集团也不再对 Z 企业的任何事务进行管理,所有员工的原劳动合同解除,与新公司签订新的合同的员工持有公司股份,Z 企业内部职工家属基地等非经营性资产也在改制分流时同步剥离。③

随着 Z 企业逐步从集团中脱离,正式成为一家民营企业,其原来国有企业的优势逐渐消失。厂长成为企业法人、公司董事长之后,不再受到上级的

---

① 胡恩华,韩明燕,胡彩红,等.工会文娱休闲活动对员工福祉影响的实证研究[J].预测,2019,38(2):24-30.

② 路风.单位:一种特殊的社会组织形式[J].中国社会科学,1989(1):71-88.

③ Z 企业改制分流实施方案。

监督和管理，Z企业内部开始出现任人唯亲的现象。企业内部设计、技术、工人等各级人员开始流失，工人对于产品生产的态度出现转变，产品水平开始下滑，并逐渐落后于新兴的同类型民营企业。管理要素随着社会的发展在更新，但技术滞后于社会生产的情况已经无法得到改善。

（一）关于人的管理要素

1. 朋友介绍是成为工人的主要方式

朋友介绍是已经工作的工人，在企业缺少工人的情况下，将自己的同乡或朋友介绍到自己上班的企业的一种方式。这是一种基于人情关系的用工方式，多出现于一些个体经营或小微企业，但在Z企业内部，这种方式比面向社会的招聘能招到更多的工人。

这类通过朋友介绍而进入企业的工人，大多学历水平低，进企业之前可能具有一定的技术能力，也可能并没有任何技能。杨柳、徐涛、张宏波等人都是通过这种方式进入企业的。"我是小学毕业，之后学习不好，也没上初中，零零碎碎干了点活，后来我一个朋友带我来的厂子。"（KS16）"初中毕业之后在外边干活，那时候学会的电焊，然后朋友介绍我过来，我就来了，来了就直接开始干活了。"（KS18）在口述过程中可以发现，这些工人并没有经过正规招聘流程，企业也没有对他们的学历、技术水平等方面进行考察就直接由车间雇佣开始工作。而企业并不是不想招聘正规职高技校出来的学生，而是招不来这些人。作为工班长的钟丹民道出原因："每年都有招那些中专生技校生，但是招不来，或者招来了人家待不了多久就走，给的钱太低啊，只有这些附近村里县里的愿意来干。"（KS08）当这类工人在Z企业通过了一定时间的临时试用后，Z企业会与这些工人签订劳动合同。"刚来的时候是临时工，干了三年之后才签了合同，现在厂里基本都是合同工，临时工不多。"（KS16）孙爱红作为质检科科长，在Z企业工作了20多年，她也侧面印证了工人的表述："现在企业里的临时工一般都转正了，都是合同工了，不签合同的话有时候没活放假了，工人跑出去接私活就不回来了。五险一金什么的也都给他们交的，具体交多少我就不知道了，但我觉得肯定都是最低额度的。主要就是为了维稳。"（KS15）工人的整体素质在国企改制之后有所下滑，用工处于一种无标准无要求的状态，在这种状况下，对于工人的人事管理要求不得不有所提高，用制度来对工人进行一定的约束。

2.薪酬按日核算不定时发放

工人的工资结构在这一时期再次发生变化,没有基本工资,也取消了原有的奖金和补贴制度,所有薪酬按工人工作的天数进行结算,多劳多得、不劳不得,并且由于企业效益不稳定,薪酬不能做到定期发放。

薪酬的结算不再是固定工资加奖金或补贴的形式,而是以天为标准,每天的工资数是固定的,企业会将每个月的工作时长进行统计,以每满八小时算为一天,再来计算一个月的总工资数。"刚开始上班的时候每天是35元,一个月能拿1000多元,后来又慢慢往上涨点,不过涨也就是每天涨5元、10元这样的,现在我一天100元左右吧。估计有分红的能好点。"(KS18)Z企业在主辅分离时给继续留下来的员工一定份额的股份,员工可通过持股每个月获得一定的分红,但是这部分分红其实也微乎其微。"我是有分红,可是有什么用,分红那一点点钱什么都不够干的,和没有没什么区别。"(KS11)每个月的工作时间通过日常考勤来记录,"每天上下班的时候要刷脸打卡,一天四次,按这个打卡时间算你的干活时间,加班的话就晚点打卡下班,平时的加班还有周六周日上班都不会给你加班费的,纯粹就是算时间的,活多就干久点,活少就休息,效益好就能多挣点钱,效益不好就少给点"。(KS19)做一天工作拿一天的钱,按日核算工资且没有加班费、没有奖金补贴的方式,就是要让工人更多地为企业干活,更多地出产品。但这种做法也容易造成分配上的不公平,"干得快的人干完一个活了,工班长就再给他安排别的活;那干得慢的给他安排的活可能一天都干不完,那就有人偷懒啊,嘴甜和给领导拍马屁少干点干慢点,不也是和干得多的一样拿钱"。(KS08)另外,工人的工资没有每月的固定发放时间,什么时候能够拿到工资全看Z企业里什么时候有钱。"你看我们前两个月的工资还没给呢,也不知道什么时候才能发,上一次也是一次性发了三个月的工资。"(KS17)有能力有追求的人大多不会在这样的工资待遇下长期工作,因而无法吸引具有一定技术能力的工人或职业学校的毕业生。

3.工厂师徒制衰落,企业培训停滞

随着职业教育的快速发展,工人在进入企业之前已经获得了一定程度的技术技能,同时因为机器主导生产,师徒的技能传承功能被廉价劳动力的供需所冲淡,工厂师徒制呈现衰落的状态。[①] 而为了对成本进行再次压缩,企业

---

① 李政,苗岩伟.我国职业教育现代学徒制的发展策略——基于工厂师徒制百年变革的经验与启示[J].职教论坛,2016(31):10-16.

开始停止对工人的集体技术培训。

国企改制之后，针对新工人，Z企业不再有明确的认师傅的过程，师徒之间的关系不再是被企业规定的正式关系，甚至工人的技术学习要依靠自学完成。[①]"我刚上班的时候有师傅带，但是师傅不固定，今天跟这个师傅学学这个，明天跟着别人学学那个。"（KS16）"我是技校出来的嘛，学校出来基本就是成手了，进厂也就是认个师傅，带着熟悉熟悉环境，不需要师傅教啥，基本都会。后来转行焊工转钳工，就没有师傅带了，技术上的就全靠自己。"（KS08）而张宏波和徐涛在谈及师徒制时表示，自己进入企业之后，根本没有认师傅的过程，也没有师傅带领学习，完全是自己通过自己的尝试和操作，最终掌握工作内容的。师傅在Z企业内更多地成为一个象征或是符号，而不是传授技能和知识的教师的形象，师徒制对于推动新员工技能形成的作用十分有限。在技术培训方面，"现在都没有培训了，拿不出那个时间给你培训。我考技师的时候，就是告诉我要去考技师，就叫到厂的会议室给你开个会，走走形式，让你交资料，然后焊个件交上去就完事了。考完也见不到证，就告诉你证下来了，就被厂里扣下了，怕你拿着证就跑去给别人干私活去，尤其是级别高了之后，怕有人拿证去挂靠赚钱"。（KS08）"没有培训……如果碰到新设备啥的不会的，就只能自己慢慢磨。"（KS19）企业技能培训活动基本停止不办，对工人的关注度大幅度下降，不再注重对工人的技能培养和提升，靠现有技能和工人自学完成生产任务。

4. 员工关系较为淡薄，缺乏管理

工人的雇佣不再依靠企业子弟，而是以廉价劳动力为主，这导致原有工人及其家庭之间的亲密关系不再，单位制度时期形成的集体主义精神已基本消失殆尽，工人对于个体自我的关注更多，员工间的关系较为淡薄，企业也缺乏相应的对员工关系的管理行为。

工人在进入Z企业后，没有正式的师傅带领，没有对企业历史及文化的学习和感悟，没有产生自身作为企业一分子的认同感和自豪感，对于这一时期进入企业的工人来说，干活就是工作的全部，工人之间互不影响，工人间的关系也就较为淡薄。"干活都是自己干自己的，不会管别人，有时候别人的事情影响到我了就吵两句嘴也就完事了。"（KS17）"只有干活的人才会因为活上

---

① 孔庆新. 从三个领域的师徒关系研究探析"师徒制"[J]. 中国人力资源开发，2016（14）：20-27.

的问题吵嘴,不干活的人连嘴都不吵。"(KS18)一些在 Z 企业工作二三十年的工人目睹了员工关系变得越来越淡的过程:"以前大家关系都特别好,凡事商量着来,现在就没有这样的了,都是各干各的,谁也不教谁。变成承包制之后,可以说是各留一手,各也不教谁,各看热闹,人情淡薄。"(KS09)人情淡薄,一方面是由于社会整体风气的转变,贫富差距拉大,人们对于自我感受更加关注,工作的目的就是挣钱。"现在人都有各种心眼,给多少钱干多少活。"(KS03)"以前说哥们走出去玩去说走就走,现在朋友可以交,但不能提钱,说出去玩问花不花钱,花钱就不去,现在社会太现实了。"(KS08)另一方面,企业也不再对员工关系进行管理,"以前有书记来给工人做思想工作,书记的作用确实还是有的,现在这些工作都没了,越来越淡化这些了"。(KS06)"过去分配是公平的,厂子里是鼓励优秀员工的,现在这个不存在了,都是任人唯亲,会拍马屁就有钱,干活的反而没钱。分工不均,大家关系肯定也不好。"(KS09)工人关系的淡薄充分表明原有国企单位的集体主义精神基本已不复存在,由国企改制而脱离母体的企业迅速向着普通民营企业转型,且发展过程中受到来自社会和公司高层管理作风的双重影响,导致对于底层员工的人文关怀和关注度降低。

(二)关于事(物)的管理要素

1.生产由机械化向半自动化缓慢发展

随着生产设备的更新换代,部分自动化设备被引进和使用,但大量使用多年的设备依旧在利用,企业生产由原本的机械加工向着半自动化加工的方向缓慢发展。生产方式变化,相应地对工人的要求也随之变化,相较原来,对工人的体力要求降低,而文化素质要求上升。

Z 企业引进数控设备,增加大型的车床,提高了生产过程中的自动化程度。"现在下料都不需要人工了,都是数控的,把要的尺寸都输到电脑里就可以了,比以前人工下料方便很多。大型铣床加了不少,龙门铣龙门刨都加了很多,大型的车床增加了。磨床不怎么用了。"(KS10)虽然自动化设备开始更新,但整体生产设备的更新速度相较于市场和行业来说还是较为缓慢,甚至一些设备几十年都依旧在使用。"虽然咱们现在用数控的,但是我去看过别的企业,人家有在用激光下料,好多东西直接就可以放进去下,误差就在 20 毫米以内,还有水切割等等,而且这样做加工费也不是太贵。"(KS07)"大部分设备都没什么变化,一个设备用好几年,我那天看车间有个车床还是齐齐哈尔厂的标志，你说那都用多少年了。"(KS19)从机械化到半自动化，虽然进程缓慢，但是对于提高生产效率依旧有一定的帮助。"现在因为工序缩短了，时间少了，工人在一项任务上付出的体力和精力就少了，原先可能有些工序需要等，现在就不需要等了，劳动效率提高了，生产率提高了。"(KS11)同时设备的变化使得企业对于工人的要求也有所改变，"对机床性能的使用上需要下功夫，设备越先进，会造成人越来越单一、越来越傻；个人学的东西多了，以前学的东西很单一很窄，电焊机就学电焊，现在有各种焊接类型，以前都没有接触到，现在都多了，设备多了，工人要学的东西也更多、范围更广。"(KS04)生产方式虽然在向着半自动化发展，但这种发展是缓慢的，是落后于整个行业的，是由大环境被动地裹挟着前行，因此从整体上来看企业是在退步和落后的。

2.材料及工艺更新换代，质量隐患出现

材料是技术要素中重要的一部分，材料的更新换代是技术发展的基础，随着新型材料的出现和应用，企业会根据新材料的特点改变生产过程中的加工方式，以此改变了生产工艺，但企业在材料的选择上存在一定程度的质量隐患，影响技术发展和生产安全。

钢材是生产桥梁起重设备的企业离不开的原材料，钢的主要元素除铁、碳外，还有硅、锰、硫、磷等，各个元素的成分含量配比不同，会影响钢材的硬度、脆度等指标，新型材料的出现就是通过调节含量，提高了钢材的使用性能。"过去普遍用的是 A3 钢材，后来普遍是用的 Q235，现在很多也有用 16 锰，也就是 Q355，过去钢材的含量、可塑性不如现在的高，16 锰能够提高性能 20％。"(KS01)钢的变化同时影响到焊接技术，新型材料的硬度大，但材质更脆，相比于原有的钢材，其对于焊接的要求也发生了一定的变化。"材料不一样了，现在用 Q345 比较多，Q460 很少，从给美国做项目的时候才开始用 Q460，Q460 碳的含量更高，对焊接的要求更高，焊接焊条也全都变了，厂子里从手把焊换成了二保焊。"(KS08)虽然材料在更新，工艺在进步，但是工人也反映 Z 企业在购买原料过程中存在一定的质量隐患，影响加工后产品的总体质量，也危及到工人的人身安全。"主要是看进的材料怎么样，会碰到一张板下料的时候发现有夹层的情况，这种事情已经碰到多少回了。进的料好多都是非标(准)的，前两天螺丝都进非标(准)的，一个工人就在平台上干活，因为四个螺丝断了，工人摔下来腿断了。"(KS08)因为上游产业在钢材的制造上有了新的成果，凝结成新的产品，因此材料的更新换代是整个行业的必然的趋势,工艺的改变是整个行业共同的进步,Z企业也在其中跟随着行业的脚步发展,但是在材料选择上偷工减料,这一方面不利于产品质量的保障,产品质量是一个企业的信誉,在质量上出现问题,企业的信誉也将同步打折扣;另一方面不利于自身员工的安全,机械行业的加工存在一定的危险,要保证不出现安全事故,首先应保证设备和材料没有质量隐患,否则难以进行安全生产。

3.企业风气发生变化,整体发展出现落后

企业风气是企业及其员工在生产经营活动中逐步形成的一种带有普遍性的、重复出现且相对稳定的行为心理状态,企业风气是企业文化的直观表现。风清气正的企业风气能够增强企业发展能力;而不思进取、以权谋私等企业风气会从内部瓦解企业,阻碍企业发展。

Z企业在完成国企改制之后,由国有企业变为民营企业,原厂长变为企业的法人和董事长,对于企业有实际的控制权,而这种权力对于个人的诱惑是极大的,一旦被滥用,任人唯亲和不公平的现象就会出现,上行下效,企业内部的公平将会被打破。一些从Z企业离职的员工在口述的过程中或多或少地提到了这个问题,Z企业不再是为了产品和企业在发展,更像是为了个人的利益在发展,企业从原本集体主义感强烈的状态转变为只向钱看、不公平现象处处存在的状态。"现在企业没有竞争力了,我们在多好的一个行业啊,我们以前产品在整个行业里去招标都是最高档次的,现在我们都变成二三流的了。主要还是领导的问题,一个领导对企业的发展太重要了,领导对产品不重视啊。"(KS07)"这两年厂子里就只要求量,有活就要求量,像我这么大岁数的人,就发现责任心一点点磨没了,你想好好干,领导都不让,拔尖的就受累,不会干的人领导想不起来,钱也不少领。"(KS08)"和我基本同一时期离开厂子的就有两三个,都是以前的大学生和中专生。离开一方面是追求自我最高价值,我车间、设计科、经营科都干过了,企业没有再多的平台了;另一方面就是领导任人唯亲、思想僵化、保守,领导不是为了企业发展,而是为了实现个人利益、局部利益的最大化,制约了广大职工的生产积极性,保护了局部人的利益,大家伙不高兴啊。"(KS12)主要领导的作为影响了企业整体的风气,努力工作不再是一种值得倡导和鼓励的事情,职工间的集体主义精神不再,工人对于工作的责任心、对于企业的荣誉感越来越少,一切向钱看、向权看的风气在整个企业蔓延,间接影响了企业的生产,导致企业整体发展落后。

综上,通过对Z企业20名员工的口述史访谈,梳理了各个管理要素在三个不同的历史时期所呈现的不同特点,在关于人的管理要素方面:用工制度从招工到接班顶替和社会招聘并行再到朋友介绍;薪酬及激励方式由八级工资制度到基本工资配合奖金补贴再到按日核算;企业培训从依靠工厂师徒制到丰富的培训项目再到双双衰落;员工关系从自觉维护到领导管理再发展到员工情感的淡薄。在关于事(物)的管理要素方面:生产组织方式从计划生产到班组承包制再到向半自动化缓慢发展;技术要素从强调手工技艺到引入机械设备再到材料更新换代;企业文化从崇尚高技能和道德到工会发挥作用再到社会风气发生改变。这些管理要素随着社会发展和企业制度的变化而发生变化,是企业在特定时代和背景下的特定选择。

第三节 企业微观管理制度对技能形成的影响

通过对20名产业工人的口述史访谈,梳理出Z企业不同历史阶段中企业微观的管理要素的特点,可以看出在不同的历史阶段,由于社会背景和企业发展程度的不同,这些管理要素也在随着时代和企业同步发生变化。而当这些因素通过日常的企业管理作用于产业工人时,其对产业工人的技能形成会产生不同的影响,一些管理要素的改变可能对技能形成产生影响,这种影响或正向或负向;一些管理要素不论如何变化,对技能形成的影响始终很小。因此需要总结不同历史阶段中对技能形成具有重要影响的管理制度,并分析其影响技能形成的原因。

一、建厂成立至改革开放阶段:管理要素促进工人技能同步成长

从口述内容中可以看出,Z企业成立时是在新中国刚刚成立的时期,国家整体贫困,国营企业产业工人的整体工作环境比较艰苦,工作内容也很辛苦,物质资源有限,生活并不富足。工人们从入职时的低技能甚至是无技能到后来可以在车间中进行生产,技术的成长和成熟都是在企业内部完成的。企业的管理要素中,工厂师徒制、产品需求以及企业整体的氛围对于产业工人的技能成长存在着一定的影响,这些因素促进着新中国最早一批工人的技能成长。

（一）师徒传承促进技能快速成长

师徒制在我国手工业中有着极为悠久的历史,在职业教育还未完全形成时,师徒制是技艺传授的主要方式,在新中国成立之后,依托单位制度的工厂师徒制与职业教育一起成为我国产业工人技能形成的主要方式。[1]在这一时期的 Z 企业中,工厂师徒制相当于产业工人工作技能的启蒙阶段。由原有工人作为师傅,带领基本零基础的新工人进行技能学习,每个新工人都要经历学徒阶段,出师后才能单独进行工作。对于当时这些几乎没有技能的新工人来说,跟着师傅学习成为他们获得技能和成长最为主要的途径。师傅要教授能够进行实际生产的技能,这是每个工人工作的基础。作为师傅的工人自身的文化水平并不一定很高,对于机械原理等方面的理论知识也仅仅一知半解,大多依靠常年的工作过程积累了丰富的工作经验,能够熟练操作,足够当时的工作之用,因此师徒制的主要学习形式是观摩和手把手地教,即"观摩－操作"的过程。在真实的生产环境中边生产边教学,新工人可以较为迅速地熟悉工作内容,在师傅教学过后可以直接上手进行操作,快速适应并完成自己的工作任务。除此之外,师傅要传授的另一个重点是安全注意事项、工作经验等,即对于缄默知识的传授。作为机械行业,安全永远是生产的第一条件,生产设备的使用都有严格的安全规定,了解这些规定并且合乎规范地进行生产操作,才能保证工人自身的安全以及产品的质量。而师傅的工作经验是在长期的实践中总结出来的,一些工作技巧和技术窍门都融于其中,能够了解并掌握这些工作经验对于新工人来说是十分宝贵的,它能够帮助新工人在工作中少走弯路,更快地掌握技术,适应岗位工作。这些安全注意事项和工作经验,对于新员工来说,并不一定是某种实际的工种技能,更多地属于职业素养。安全生产的意识属于工人的身体素养,技术经验属于工人的技术素养,这二者都是产业工人核心素养的重要指标,是作为产业工人不可或缺的职业品质。[2]通过师徒制的传承,新工人在技能和素养上同步得到提高,师徒制是产业工人技能形成的一条快速通道。

---

[1]　蒋丹兴,杜连森.产业工人技能形成体系的历史分析与建设对策[J].教育理论与实践,2018,38(30):23-25.

[2]　李军红.产业转移背景下产业工人素养评价[J].统计与决策,2018,34(8):56-58.

（二）产品需求要求特定技能水平

在这个阶段，产业工人通过学徒制初步掌握了一定的工作能力后，需要保证技能的稳定性，保证工人的技能稳定来自当时产品的特定需求。技能的学习是从无到有的，但学会了并不代表能够用好、不会出错，这之中要经历一个从学会到掌握再到娴熟的过程，因此保持技能水平的稳定也是产业工人技能形成过程中非常重要的一个部分。技能水平的保持，首先来自特定产品对于技术的要求，而这种产品的特定性与当时时代背景有关。这一时期整个机械行业才初步形成，机械加工设备较为简单，机械化程度较低，产品的加工很大程度上还要依赖工人的手工技艺。特定的产品需求，如对精度、废品率等的要求是当时的很多机械设备难以达到的，因此当生产任务分配下达时，不同工作岗位的工人被分配不同的工作内容，产品的特定需求也随之不同程度落在了工人身上，工人们为了完成生产任务，就要在个人技术上保持稳定，达到熟练甚至精通的程度，以更好地完成工作。除此之外，这一时期处于计划经济阶段，整个社会的步调较慢，企业按计划分配进行定额生产，产品种类少，产品数量固定，因此生产周期较长，行业整体受国家控制并不具有太强的竞争性。在这种行业环境下，工人本身的工作岗位或工作内容在较长一段时间内不会发生过大的变动，这就使得工人会长时间进行某一项重复的工作劳动，这种重复劳动对于工人的技能来说是一种练习，经过成百上千次的操作，针对其工作的特定要求就可以高效率地完成。特定的产品需求以及特定时代的生产节奏，都在促进着工人自身的技能趋向稳定，当工人技能的稳定性得到提高，企业整体的生产速度也会保持相对稳定，企业及工人再接受新的技术更新时，就有足够稳定的技术基础来快速适应和接受新变化，从而跟上技术的脚步，一定程度上缩短了技能形成过程的时间进度。

（三）企业整体氛围促进思想提高

企业营造出的勤劳奋进、爱岗敬业、团结集体、道德高尚的整体氛围，不仅形成了强烈的集体精神，也在一定程度上提高了工人的思想意识及技术意识。国有企业在计划经济时期形成的集体氛围，并不是某一企业的特殊行为，而是我国当时实行的单位制度的必然结果。单位制度的形成是基于当时我国物质基础薄弱、工业技术落后的国情，继承了传统文化中的家、国以及集体主义等思想，致力于将我国打造成为以工业化为核心的现代化国家，而单位制度其中的规则就包括上文提到并被口述者验证的政府计划和命令式的企业组织管理制度、低水平且平均化的工资制度等，而在企业文化氛围这部分，注重精神导向的文化宣传制度。[1][2] 单位并不仅仅指一个企业，它还代表了企业全体员工及其家属，企业所有附属的学校、医院、家属院等，使得每个小家庭和企业这个大家庭紧密联系起来；同时它还代表了一种精神，一种高度的集体主义荣誉感和对崇高的思想道德修养的追求，对于卓越技术的崇尚同样寓于优秀的工作品质及高尚的道德之中。企业通过对工人及其家属的关心和照顾、对工人技术的培养、对优秀工人的表彰、对国家思想的定期学习等一项项小的活动，形成积极正向的企业氛围，并且用人际情感来维系工人关系，用先进思想来指挥工人工作。作为企业的一分子，工人受到这种环境氛围的感召，纷纷形成了单位意识，共享这种精神，价值观较为统一，因此在面对工作时自然会将努力工作、认真提高技能等作为自己工作的本分，认为投机取巧、懈怠工作是一种羞耻的事情。思想是指导工人工作的一面旗帜，一旦在思想上形成了对技术的严格要求、对工作的认真态度，就是形成了一种意志，这样的意志普遍体现在这一时期的工人身上，有这样思想的工人不需要企业过多的干预和激励，就可以自觉学习，促进自身技能的形成。

二、改革开放至国企改制阶段：管理要素推动工人技术快速成长

改革开放促进了企业的生命活力，新的企业管理概念等也不断进入中国企业的视野，企业经历了一段时间的发展后也逐步找到适合自己的发展道路并走上正轨。这个阶段进入企业成为工人的人普遍接受过一定程度的职业教育，具备较为良好的技术基础，进入企业之后能够快速适应工作环境和要求，而企业内部对产业工人技术的培养和提高主要来自企业内部的技能培训、新的生产任务以及生产方式的改变这三个方面。

（一）技能培训拓展工人技术层次

师徒制作为传统产业工人技能形成的一个重要途径，在这一时期并没有发挥出明显的作用，而技能学习与培训的开展，却能够及时解决工人日常工

---

① 刘天宝，柴彦威.中国城市单位制度解体的表征、逻辑与过程[J].学习与探索，2017(11):45-51.

② 刘天宝，柴彦威.中国城市单位制研究进展[J].地域研究与开发，2013,32(5):13-21.

作中出现的技能问题，提高工人的技术能力，拓展工人的职业广度和深度。工人们学徒的出徒时间变得更快，原本需要三年的学习，大多数人仅仅半年便可以自行工作，主要是因为大部分新工人在进入企业跟随师傅之前就已经具备了相关的技术能力，不再需要师傅提供过多的指导。该阶段通过招聘进入企业的新工人原本就在中专、技校等职业学校中进行了学习，有了一定的专业能力，不需要师傅从零开始教，熟悉环境和操作过程后便可上岗；也有一部分人是接班顶替，父辈原本就是企业的工人，在未进企业之前就已经对专业工作和环境十分熟悉，自己的父母就是第一任师傅。因此真正工作后，师傅在这些工人的心目中并不是他们技能形成的关键性人物，只是一个带领和过渡的角色。而此时企业的技能培训对于他们自身发展的作用更为凸显。基础的技术能力已经具备，通过日常的学习和定期的培训就能够发现问题、解决问题。日常的学习在于工班内部的经验交流和总结，由有经验的老工人或者技术员带领，工人将工作过程中出现的问题拿出来共同讨论，在交流中传授经验，在探讨之中商量出最优的解决方案，是一种集体智慧的体现，帮助工人在技能提高上少走弯路。定期的培训是技术技能集中的灌输，最新的技术发展、最新的生产设备、最有效的生产方式等信息都会通过培训传递给工人，保障工人的技术能够与行业发展同步。工人通过这些学习和培训，不断更新技术知识，并将其运用在自身的工作中，技能在这种循环过程中不断提高。

（二）新生产任务带来技能新提高

进入市场经济后，企业的产品开始面向市场与同类企业竞争，在这个过程中会接受新业务的挑战、新产品的生产、新任务的完成，都在一定程度上推动了产业工人的技术成长。新的业务能够让工人开阔技术眼界。与市场合作，跳出原有的产品圈子，带来新的产品和新的生产方式，从识别图纸要求到加工完成生产任务，这对于原本只做几项产品的工人来说，是技术视野上的开阔，工人借此机会可以知道同行业先进国家或企业正在做的产品、他们的要求和对品质的不同把握，也是计划经济无法带来的良性影响。新的生产业务能直接促进工人的技术成长。外文图纸、不同的要求，这些都挑战着工人的技术能力，可能原本工人不需要图纸也能做得出来产品，现在就要仔细琢磨图纸才能搞懂设计者想要表达的意图。技术要求不同，工人要依据新的规则，改变自身工作的惯性，接受新的挑战并且良好地完成它，这个过程就是对工人运用技能熟练度的一次考核,每完成一次新的生产任务,工人就经历了一次技术的再复习和提高。新的业务能够提高工人的自信心和荣誉感。能够接受国外或者先进企业的生产任务,对于工人自身来说也是一种技能上的认可,只有信任工人的技术能力,才能放心将从未做过的工作交予他们,而工人也认真完成任务时,会由衷地感受到一种自信和荣誉,对自己的技术能力更多了一份肯定,这是属于企业也是属于自身的光荣,这也促进了工人在日后的工作中,用更饱满的热情和优质的技术来完成任务。

(三)生产方式变化影响技能精进

班组承包制的实施,在一定程度上提高了生产速度,在一段时间内确实提高了企业整体的工作效率,但是这种生产方式对工人个体的技能精进造成了影响。班组承包制的实施使得工人要从单一工种向多项技能方向发展。原有车间工人一个人只负责一个工种,不过多过问别的工种的事情,工人戏称为“油瓶倒了都不会扶的”。虽然从事的工作单一,但在固定岗位上常年工作,对于该工种的技术可以达到炉火纯青的地步。而各班组将任务承包之后,要在短时间完成更多任务,固定的工人数量和独立的生产工种就成为限制速度的首要因素,因此工人普遍开始学习其他工种的工作,如钳工也要会焊接,焊工最好也能参与划线等,每个工人都要去做一些自己不熟悉的、别的工种的工作。虽然在这个过程中,工人更加熟悉了整体产品的生产流程,对于其他工种的工作也能够简单操作,但是弊端也逐渐显现:为了抢活抢时间,工人没有时间和精力对自身本职工作进行探索,本身的技术能力停滞不前甚至产生下滑,而其他工作在紧张的工作时间内也只能勉强完成,因此总体上的产品质量就会随之下滑。另外,班组承包制压缩了生产时间,车间对技术的要求放松,工人在主观上会忽视对自身技能的要求。生产任务重、生产时间短,为了赶进度工人经常加班,这导致工人的疲劳程度上升,疲劳又会造成失误率上升。工人忙着多干活多挣钱,对待工作任务是只要完成了就好,对于一些小的不影响到产品整体的问题就不再进行细究,如果生产过程中出现了质量问题,除了质检人员看一下外,几乎就没有人去过问,工人就更加不会关心质量好坏。这样的连锁反应使得工人不愿意去训练自身的技能,够用能用就行,训练和提高就意味着需要时间,而工人和班组都更愿意将这些时间放在生产上,导致工人的技能无法更加精进。

三、国企改制后阶段：管理导致工人技术滞后于生产

国企改制之后 Z 企业成为一家独立的民营企业，不再受原集团的控制，开始自主在行业中发展和竞争。企业为了尽可能地压缩生产成本、提高生产效率，对技术的要求仅仅为满足当前生产够用即可，由此开始忽视对工人的技术培养。因此在这个阶段，企业的管理要素相较上个阶段反而有所退化，管理要素给产业工人带来的大多是负面的影响，企业已经无法对工人的技能成长有所帮助，在其中用人标准过低、薪酬难以发挥激励作用以及企业风气差等问题尤为明显，都严重危害着工人的技能形成。

（一）用人标准过低，工人技能基础薄弱

企业经历了几十年的发展，但在工人的用人制度上出现了倒退，任何人都可以成为工人，导致工人群体的技能基础薄弱，且后续无企业内部的师徒制或培训提供系统培养，使得工人的技能停留在仅仅应对当前工作上，无法提高技术水平。企业在最初建立时，由于缺少工人、国民整体的学历素质都低，聘用无技能或低技能的人成为工人的情况是较为普遍的现象，但是这些工人进入企业后会接受较长时间的师徒制的技能学习，这是工人快速掌握工作情况、提升技术能力以及发展自我学习能力的重要阶段，也是工人在企业内部技能形成的重要部分。而当社会发展至今，职业教育发展已经可以为企业提供有技术基础的工人了，而企业却为了降低人工成本，在工人的用人制度上出现倒退，无法招聘到中职学校的毕业生，只能退而求其次降低用人标准，因此工人的素质及技能水平相较上一阶段均有大幅度的下滑，技术基础知识寥寥，技术能力薄弱，不利于个人技术的后续发展。与此同时，企业也并没有为这些工人提供足够的技能发展的渠道和平台，进入企业后没有固定长期的师傅带领学习，没有企业的培训补充最新的技术知识，工人的技术发展只能依靠自身的学习和努力，这些工人的文化、素质水平能够支撑其学习到多少技能也是一个问题。而行业的独特性使得行业整体的技术较为固定，技术变化较为缓慢，在这样的行业背景和企业发展情况下，工人的技术将会长期停留在所处工作的水平而难以精进，一旦有新的工作或产品要求，就会出现工人在应对新工作时吃力的情况发生。总之，用人标准的降低、工厂师徒制的衰落以及企业培训的停滞，使得从工人进入企业到上岗工作之间，均缺少企业对工人技能的关注，企业不再将工人的技能成长作为其重要的责任和使命，产业工人的技能形成缓慢。

（二）薪酬难以激励工人自主提高技能

工人的工资结构在国企改制之后发生了彻底地改变，工人加班不断却按时间结算工资，薪酬与工作内容或强度并不成正比，难以起到激励工人自主提高技能的作用。在前两个阶段的工人及当前晋升为管理层的工人口述的过程中，他们大多认为，对于现如今的工人来说，企业要提高其技术水平，最有效的方式就是提高工资水平，而对于目前 Z 企业的工人来说，他们并不能判断薪酬的提高是否可以促使其主动进行技能的学习、提高技术能力，因为他们根本没有被薪酬激励过，无法对其做出判断。在市场经济环境下，薪酬的多少成为普通工人工作中关注的重点，很大程度上决定着工人在企业的去留，因此薪酬在工作中发挥着重要的作用。而实际上，当薪酬与工作本身相关度低，且只能维持工人的基本生活时，薪酬便难以起到其应该发挥的激励作用。一方面，薪酬的多少与工人工作的数量、质量、强度等都无关系，仅仅与时间挂钩，那么工人即使提高了技能也无法提高自己的薪酬，提高了技能的结果反而是加快了工作效率而减少了工作时间，使得工作量增加；另一方面，企业用最基本的"五险一金"来作为稳定工人的手段，当前的薪酬水平仅仅够维持工人的一般开支，而工人安于现状、适应当前的生活，因此维持当前的技能水平，保持合适的工作效率，跟随企业整体的工资水平对于工人来说就是当前最好的选择。这样的薪酬结构和水平无法促进工人技术成长，只能保证现有的企业生产，没有成熟的工人团队，企业和工人都处于被动发展的境况。

（三）企业风气消极影响工人技能成长

企业风气虽然是个难以具象体现的事物，但其发挥着重要的作用，对于企业的影响是整体性的，企业风气一旦被破坏，短时间内就难以恢复，持续性消极的氛围将会影响工人工作思想、工作态度等，间接影响工人的技能成长，不利于工人的技能形成。企业风气是一种潜移默化形成的组织内部文化，是经过长时间逐步稳定下来的，在企业风气的形成过程中，企业领导在其中发挥着重要引领作用。而当企业领导本身产生了错误的引领，便会导致企业风气也向着错误或者较差的方向转变，进而使整体员工的工作思想发生改变。当前此类企业工人本身文化素质不高，在工作思想上容易被企业不良风气影响，从而产生企业产品不重要，搞好人际关系才重要的消极的工作思想。思想方向不正确，也会导致消极的工作态度，如产生任人唯亲、不劳而获、消极怠工等各种问题。这些负面思想和态度全都指向工作，而工作是直接可以提高工人技术能力的过程，因此这种消极的态度也就指向了技术生产，技术的学习和提高也被消极对待。企业风气这一客观的管理要素通过企业的正式组织及非正式组织等在企业内部传播，被工人在主观上接受和认同，并内化为企业内部"正确"的行为和态度而执行，工人主观上就会产生对技术进步的否定，自我放弃了对技术的学习，一旦工人放弃对自我进步的追求，个人的技能形成过程也会随之停滞。这种风气存在的时间越长，想要纠正和改变的难度越大，对于工人技能的影响就越大。

四、企业微观管理制度对产业工人技能形成的影响路径

（一）管理要素存在动态变化

企业的发展走过了三个历史阶段，共 60 多年，管理要素也在随着时代和企业发展不断更新和变化。从计划经济时期的统筹生产到市场经济时期班组承包制的出现，从注重工人手工技艺到机器代替部分生产任务，从关注师徒传承培养到企业技能培训的丰富，可以看到各个管理要素在不同历史阶段呈现出不同的特点，不同形式和特点的管理要素之所以会出现并为企业所用，主要与两个方面有关：一是整体时代的进步，二是企业自身的选择。一方面，国家在发展，科技在不断突破，新的管理理念在引进和本土化，机械行业从无到有、从弱到强，国家铁路系统走在世界前端，每一个企业都在被时代裹挟着向前走，选择跟上时代的发展才能不被时代抛弃。整体技术的进步造就了机械化自动化甚至是智能化的生产方式，行业的规范性和标准化提高了设备及原材料的质量和通用性，职业教育的快速成长培养了大批具有优质技术基础的准产业工人。这些要素的改变是由时代进步和国家发展所带来的，它们帮助企业提高了技术水平和生产效率，减少了人力资本培养的成本，使得企业能够在 60 多年的发展中依旧在行业中处于较为稳定的地位。另一方面，企业自身也在不断尝试和选择，来判断最适合自身发展的管理要素的搭配。在招聘条件的确定、薪酬结构的制定、企业氛围的塑造等方面，企业更多是在自主选择，并不完全与时代发展相一致，这些要素的改变是企业在进行最优化的配比，以期通过这些要素的变化，来改变企业的管理方式、调整企业的工作重心、缩减不必要的生产成本。管理要素的改变没有好坏之分，只有适合和不适合，随着时间的前进，管理要素还会呈现出更多新的特点和变化。

(二)管理要素对技能形成的影响不同

口述史的研究对每个阶段每个管理要素的内容和特点进行了归纳和梳理,可以看出并不是所有的管理要素都会对产业工人的技能形成产生影响,能够产生影响的管理要素,与技能形成的联系也有强弱和正负之分,并且同一要素在不同时期对技能形成也会有不同的影响。在企业成立初期,受经济不发达、技术落后等因素的影响,产业工人的技能形成高度依赖于工厂师徒制的传承,拜师学技是唯一获取技术的方式,而生产任务单一、思想觉悟高等因素起到了维持技术能力稳定和提高技术意识的作用,但其他管理要素,如用工制度、薪酬及激励等,并没有明显地影响技能形成的作用。改革开放之后,在工人进入企业前已接受过职业教育的情况下,企业内部的培训成为技能提升的主要途径,新任务对技术的挑战促进短时间内的技术学习和提升,但新的班组承包制的出现也给产业工人的技能形成造成了一定的负面影响,此时员工之间的关系、企业文化等要素并没有对技能形成产生大的影响。国企改制之后,由于企业自身管理者的原因,管理要素对于产业工人技能形成的影响开始转向负面。过低的用人标准和薪酬导致难以聘请到有良好技术基础的工人,企业不良风气严重影响技术人才的成长,班组承包制的消极影响在这个阶段也更加严重,各个管理因素都不再重视技术对企业生产带来的效益,对于工人自身的技能形成也更为忽视。由此可见,随着管理要素的变化,其对于技能形成的影响也在不断变化,可以由无影响变成有影响,或者从正向影响转变为负向影响,甚至严重削减产业工人对技术追求的积极性。因此,企业在对工人进行管理时,要慎重设置管理要素,考虑到管理要素对产业工人的技能形成是否具有积极正向的影响,并且科学管理,才能够在潜移默化中促进技能的提升。

(三)企业态度影响技能形成

由于企业自身的选择会影响管理要素的改变,而管理要素本身又会影响到产业工人的技能形成,因此企业对待管理要素的态度就会以一种间接的方式影响到产业工人的技能形成,而这种态度非常重要,它是一种潜移默化的企业意识的传达。当企业从管理高层到基层员工对待技术都持有一种"工作够用就好"的态度时,这种态度会在潜移默化中反映在企业对管理要素的选择上,体现在管理人员日常对待技术和普通工人的方式上,每个管理要素无不体现出对人力资本的压缩、对工人技术的不屑,如按日核算工资、减少甚至取消企业技能培训等。这些管理要素在制定时可能并不带有抑制工人技能发展的主观意图,但是这些管理要素在实施的时候通过不同的形式共同表达出企业对技术的忽视,工人接收到这种信号,知道即使自身开展技术钻研,努力提高技术能力,在企业内部也无法实现薪酬的提高或者职位的晋升。当工人学习技能提升个人生产效率无法获得相应的回报时,便会选择保持现有状态,不主动进行技术提高。更存在一些工人可能会选择其他不正当的手段和方式来获得晋升,这样更加污染了企业风气,削弱管理要素的管理能力,加重企业内部对技能的忽视,从而造成恶性循环。当企业内部大部分的工人都产生这样的工作态度时,不仅影响工人个人的技能形成,企业整体的技术发展也将停滞,并且随着整体行业和技术的发展而缓慢落后,如果企业不再改变自己对管理要素的态度,不将产业工人的技能形成放在企业重要的关注事项上来,最终会导致企业被行业所抛弃,被市场所淘汰。

第四节　企业制度变迁促进产业工人技能形成的策略

产业工人的技能从无到有,再到熟练精通,需要系统的技术学习和训练,一般会经历从学校学习到企业工作的过程。企业通过自身的管理制度,来影响和把控产业工人的技能形成,需要从还是职业院校学生的群体入手,一步步帮助其完成"学生—新工人—产业工人"的身份蜕变。因此在面向院校学生时,企业应重视校企合作关系,发挥企业主导作用;在面向新工人时,要借助实际生产环境,促进新工人技能提升;在面向产业工人时,要更新维护管理要素,用制度保障技能形成。

一、重视校企合作关系,发挥企业主导作用

优秀的产业工人应具备扎实的专业基础和过硬的技术能力,这既离不开企业的生产实践,也离不开职业院校的教育培养。在如今大部分工人来自职业院校的前提下,企业应积极发挥工人在技能形成中的主观能动性,主动强化校企合作机制、主动开展人才培养、主动帮助合作院校更新设备材料,帮助学生从毕业到上岗工作的过程能够实现所学技术的转化和运用。

（一）企业主导校企合作,以企带校开展培养

企业要具备主导校企合作的意识。现实中很多企业由于受规模、行业等

限制,对职业教育培养的人才较为冷漠,这需要从意识上进行转变。一方面,这种需要政府通过政策来进行意识强化。政府需要针对校企合作在实施过程中暴露出来的问题,如财政补贴机制不健全、企业投入风险未知、学徒权益保障不足等,进行政策的及时跟进和完善,通过政策减少企业在开展校企合作过程中的不确定性和风险。另一方面,企业要看到引领和主导校企合作对自身发展产生的积极作用,才会主动参与其中。因此在政府层面,要下到基层为企业解读政策,让企业清楚参与的投入产出比,才能选择是否参与;在职业院校层面,要积极提供支持,尤其是人才培养方面,让企业不害怕成为主导者;在企业自身层面,要了解自身工人群体的现状、存在的问题,有了问题企业才会主动选择是否培养新生力量。当企业对校企合作有了认识基础和实际需求后,才能强化其合作需求,进而突出自身的主导者地位。

　　企业要从与职业院校开展合作到向主导合作转变。以往的校企合作在人才培养的制定上基本以学校的培养标准为主,企业在实习实训等内容上缺乏灵活性,这样的合作方式容易忽视技能形成的内在规律,不利于技术学习的教学安排。而如果企业进行主导,将更多的技术学习放在企业内部,可以减少技能形成过程中不必要的断层断档情况出现,因此企业的引领作用十分重要。一方面,企业要提高自身技术培训能力。校企合作的培养涉及企业和职业院校两个方面,包括如何安排培训内容、课程设置、师资管理等问题。企业可以安排人员去职业院校进行学习,了解学校的相关安排,并将之与企业实际情况比较,进行调整和修改,提高自身培训设计能力。另一方面,职业院校要懂得放权,给予合作企业信任,不要过多干预企业开展的培养,适当予以帮助和协调,做好学生问题的调节,将更多的自主权交给企业。

　　企业要确定用人标准,敢用人、用对人。过低或过高的用人标准,都难以匹配到合适的产业工人,因此企业在校企合作选择学生前,先要明确自身的用人标准。企业在接收学生时,可以设定一定的标准,如理论知识是否扎实、基础技能是否熟练、个人特点是否符合企业核心价值观等,都可以作为选择的门槛,以此来保证未来产业工人的质量。学生通过用人标准审定后,企业要敢于用人,并且要将工作安排给合适的人。以往的校企合作,由于学生身份的特殊性,企业或是将其视为廉价劳动力而安排低端重复工作,或是害怕学生在工作中出问题而不将其放在真正的生产工作中,这样企业的培养依旧没有效果。既然已经开展了人才培养,企业就要将学生安排在适合的工作岗位,真正将其放到实际工作环境中去历练。对于在某些技能方面更有特长的人，企业可以自主为其定岗，不拘泥于学校培养要求。真正将学生视为员工，敢用人、用对人，学生才能学到更多技能，获得更快发展。

（二）企业导师主导培养，联合学校教师教学

要在企业内培养优秀师资成为导师。首先要选拔符合企业价值观、技术过硬的技术人才组建高质量的导师队伍。一个有能力成为导师的人，首先自身应该已经是一个技术纯熟的工人，积累了丰富的技术经验，因此选拔优秀师资首先要考察技术是否过硬。可以通过技术工人自荐和组织推荐两种方式，并根据技术能力进行基础的技术考核，来确定工人是否符合技术要求。要参与人才培养必然要了解教育规律，成为一名能够教学的导师，在技术能力过关后还要对工人集中进行教学培训。组织工人学习教学规律和教学方法，学习如何将人才培养计划转变为实际的技术教学，知道如何将已经内化的技术通过语言和动作进行分解并良好传授。在工人具备良好的技术能力和一定的教学知识后，最为重要的是在参与人才培养的过程中，要强化工人作为培养主导者的身份认同。企业可以适度给导师放权，仅安排教学目标，不规定具体的教学方式，让导师按照自己习惯的方式来进行教学，以更利于教学的顺利展开。

要做好校企两方师资的配合与联动，真正形成导师团队。教师和工人有不同的能力侧重，师资团队需要双方的配合以共同开展人才培养。企业方面应在导师团队中占主导位置，进行人才培养的规划和主要的技术教学，职业院校方面处于配合和协调的位置，适时进行理论知识的教学。同时双方导师团队要增加互动交流，帮助企业导师了解教育教学方法，帮助学校教师更新产业技术，导师团队内部弥补不同领域的不足之处，了解不同教育情境下的教学和技能学习方式，从而在课堂与车间的环境中自如转换，更好地开展教学活动。此外，导师团队需要定期对培养过程中发现和存在的问题进行共同商讨和集中解决，集思广益，更好地确保校企合作的实施能够引导和带领学生的技术从入门到熟练并达到能够进行实际生产的程度。

企业要做好企业、工人、学生三方关系间的平衡，建立三方之间的可信承诺。企业主导的校企合作，多数会伴随着师徒制进行，对于学生和企业工人来说，这就是一个学徒和师傅的关系。师徒制在本质上来说是一种技术的共享行为，在市场经济的背景下，师徒之间关系平等，存在竞争，会使得师徒制变得脆弱而易瓦解，给企业带来人力和技术的流失，因此企业要建立三方之

间的可信承诺。对待学徒,企业应建立稳定的工人职业发展渠道,让学徒看到自己未来进入企业后可预期的发展之路,了解自己在企业内部的晋升空间,让工人能够在工作中有所收获和提高,不至于一直处于最基层的工作位置,以减少工人的流动性;做过导师的技术工人,可以优先享有企业补贴、晋升机会等权利,并且将其向着管理或研发人员的方向培养,打破工人的天花板,延长个人的职业生涯,由此保证工人群体的良性增长和发展。

（三）同步更新技术要素,实现技能平稳过渡

企业自身要根据市场变化和企业需求,选择高质量、有保障的材料及设备。优质的产品首先取决于原材料的质量,劣质的原材料无法保证在正常的生产流程下顺利生产、顶岗实习等过程,学生本身的技术能力就相对较弱,如果在这个过程中使用劣质的材料,难以根据材料进行正常的技术操作,废品率会大大提升,甚至影响到人身安全。企业要保证所有零部件使用具有通用性的国标产品,这是企业安全生产的最低要求。另外,根据企业需求在合理范围内选择新型材料和设备,改善工艺水平,带动工人技能的提高。新型材料和设备的出现代表着行业工艺的整体进步,最先进的生产方式和技术工艺等都凝结在最新的材料及设备中,使用新材料、引进先进的设备,表示企业能够掌握最新的工艺,操作和使用设备的过程也是个人学习先进技术并转化为自身能力的过程,通过这种硬件设备的更新换代,带动技术成长。

企业要帮助合作院校实现技术要素的更新。职业院校与实际生产之间存在一定的距离,并不能够及时了解行业发展情况,职业院校学习的内容会在一定程度上滞后于行业发展。企业由于身处行业之中,了解和掌握最新的技术,企业在与职业院校实施校企合作的过程中,要帮助职业院校弥补其与行业之间的技术差距,帮助职业院校实现技术要素的更新。企业可以帮助职业院校更新实训设备,使其与企业自身使用的设备保持一致,从而方便学生在校实训和在企业实习过程中技能学习的一致性,保证学生能够学习到较为先进的技术和工艺。企业还可以通过与职业院校的合作,以适当优惠的方式为其提供日常实训所需的原材料,既可以解决学校原材料缺少购买源的问题,又可以方便企业在学校的实训教学工作。

企业要多参与行业活动,积极收集最新最热的技术信息并在校企合作的培养中进行传播,保证学生能够接受新技术新知识。企业要保持发展,保证培养的先进性,就不能闭门造车。企业需要多与行业和其他同领域企业进行

交流，才可以了解行业现状，第一时间接收最新的技术信息。可以通过参与行业学术会议、展会等，集中了解当前技术发展程度，从别的企业的发展来看自身的差距，从而发现自身的技术问题，找到需要提高和进步的空间。当企业了解并接收这些信息之后，需要通过人才培养，将新技术新产品的信息及时传递给学生。另外，企业还可以选拔优秀的学生成为准员工，为他们提供更好的进修和学习机会，定期安排参与技能证书的考试，增加外出培训和学习的机会，增进准员工与其他企业工人间的交流和合作，促进其从企业外获取技能信息，得到技能锻炼，提高技术水平。

二、借助实际生产环境，促进新工人技能提升

企业是进行技术学习和实训的主要场所，相较于学校单一而略显脱离实际的教学环境，企业内部真实的生产环境更能帮助新工人快速进入工作状态，了解生产过程中岗位所需技术能力。借助实际的生产过程设计教学活动，恢复企业内部的师徒传承，培养新工人的技术意识和企业归属感，从教学到技术补充到思想意识的提高，促进准工人技能水平的提升。

（一）利用实际生产过程，设计开展岗前培训

根据生产需求设计新工人的岗前培训活动。新工人入职后需要有一段时间的适应期，来与实际工作及同事进行磨合，企业可以在这个阶段，利用实际的生产环境，开展一系列相关的培训和教学活动，帮助新工人将所学知识技能转化为实际生产力。首先，岗前培训应包括向新工人介绍企业的总体情况、员工手册、财务制度、上岗培训等，帮助新工人尽快熟悉企业环境，了解与自身工作相关的制度要求，对岗位职责、业务流程、部门业务周边关系等有初步的认识。其次，岗前培训要促进新工人与新环境的情感联系。企业要促进新工人与企业、同事、自己的工作建立感情连接，营造温馨和谐的生产环境，提升新老工人之间的互帮互助。最后，针对技术技能，企业要开展岗前的技术对接，这是工人工作中最为重要的内容，通过一些基础技术课程，研判工人的技术能力，并有针对性地对欠缺的部分进行辅导和提高。

根据生产过程设计培训模块。跟随企业生产流程开展的培训活动，必然要打破原有学校教育中的学科体系的框架，空间更多地集中于实操车间，内容上更多地向生产倾斜。根据生产过程进行培训模块的设计，以生产任务为导向，将生产环节设计成模块化链式的培训内容。首先，要考察实际生产流程，判断哪些环节便于划分出来作为独立的部分开展培训，这些环节要运用

到关键性的生产技术;其次,要了解划分出的不同生产环节所需的理论知识和技术能力,按照生产任务的技术运用顺序编排培训内容的顺序;最后,形成模块化链式的培训课程,完整的生产流程或某一岗位的技术技能以多个模块的课程形式串联呈现,学习的过程遵循生产的过程,当所有模块学习完毕,新工人也能熟练开展工作。

联合职业院校共同开发工作手册。由于培养场所发生改变,原有的学习方式也要随之改变,在实际的工作环境内学习技能,企业可联合职业院校共同开发工作手册。首先,工作手册离不开一些基础的理论知识,这可以由合作院校进行编写,打好理论知识的基础,用最为通俗的方式撰写,方便新工人的学习和理解。其次,工作手册内容要与实际工作内容对应,帮助新工人在工作过程中随时参考和查漏补缺。最后,企业要及时更新工作手册内容,新技术新工艺的引进,会使得工作过程发生变化,工人也需要跟随这种变化不断改变自身的技能,及时更新工作手册,内容接轨行业技术最新发展,可以对一些关键性的工作环节进行提示,对工人学习和掌握新技术起到促进作用。

(二)恢复企业师徒传承,加强日常技术培训

企业需要重拾内部的师徒传承。职业院校的学生毕业后进入企业,并不代表着可以独当一面,其在思想上、技术上仍然不够成熟,需要一个过渡的时期,企业应为其安排领路人,带领其适应企业环境和工作内容。此时学生的身份转变为新工人,可安排经验丰富的工人作为师傅,来配合过渡阶段角色的转变。从师傅的角度来看,带新工人既是一次技术教育的过程,也是自身查漏补缺的过程。向新工人介绍企业情况、技术技能、管理制度等内容,自身对这些知识和文化也进行了一次复习和再内化。从新工人的角度来看,他们能够接受完整的技能学习体系,从学校培养到企业工作之间不会出现明显的割裂,技术的学习真正成为一个循序渐进、有规律可循的完整过程,缩短了适应工作任务和工作环境的时间。从企业的角度来看,恢复企业内部师徒制可以尽快将学生转变为产业工人,减少不必要的成本消耗,也能培养出更符合企业生产方式的产业工人。

要配合生产工作跟进日常的技能培训。新工人进入企业后,各方面还在适应阶段,自身技术与企业要求之间可能存在差距,在真实工作环境下,也依旧需要进行新技能的学习和训练,因此企业要配合生产工作跟进日常的技能培训。一方面,企业内部可以灵活制定培训类型和方式。开展内部的人员互

助培训,新工人在工作中总会出现一些共通性问题,针对这些问题,可以定期开展集体学习探讨,共同解决问题,也可以安排一些技术经验丰富、能力更强的工人来为新工人开展汇报和培训,将自身的工作经验进行传授,以集体培训的方式开展学习。另一方面,如果存在企业内部无法自行解决的问题,可以开展企业外的培训,如去其他地区或国家的企业学习先进经验、参与社会组织的技术方面的等级考试、重返职业院校进行理论知识的补充和丰富等,[①]以达到技能补足和成长的目的。

企业内部师徒制和技术培训也要应用于从其他招聘渠道进入企业的新工人。恢复企业内部师徒制和加强技术培训,不仅可以应用于由职业院校进入企业的新工人,同时也可以帮助其他工人,是一举多得的事情。通过其他招聘渠道进入企业的新工人,技术基础参差不齐,需要经过进入企业后的统一培训才能熟悉企业生产,弥补自身技能,因此企业内部师徒制的恢复和技术培训的加强,同样需要应用于这些除新型学徒外的新工人。对于技术较为薄弱的新工人,企业可以在入职后安排专门的师傅进行师徒制培养,制定一定的培养周期,在师徒制培养过程中主要集中于对新工人特定技能的培养和训练,帮助其学习企业工作所必需的技术能力,使其能够尽快正式上岗。对于技术能力较强的新工人,企业可以在入职后安排一定的培训,培训内容应该包括工人技术能力的查漏补缺、生产安全知识、企业文化等等,帮助新工人快速适应企业环境,融入企业工人的大群体。

(三)遵循实际管理制度,培养工人技术意识

营造技术为先的企业文化。企业文化作为一种组织内部的"软"文化,对员工行为起着调节、约束和规范的作用。[②] 塑造崇尚技术、追求技术的积极的企业文化,能够在潜移默化中影响工人的行为和思想,促使工人向着主动学习技术、提升自身技术水平的方向发展。企业领导者要以身作则,在思想上确立以技术发展、产品卓越、企业发展等价值观作为个人的事业追求;在行动上尊重技术,尊重企业内技术成熟的工人,为工人提供更广阔的个人发展的舞台。此外,要确定企业的技术价值取向,在日常的管理中突出技术人员的重要性,提升技术人员在企业内部的地位,改善产业工人处于企业最底层的

---

① 宁高平,王丽娟.新时期技能人才培养培训机制研究[J].宏观经济管理,2019(8):59-67,74.

② 王超逸,李庆善.企业文化学原理[M].北京:高等教育出版社,2009:37.

现状,大胆提拔优秀技术人才进入管理层工作,延伸工人群体的职业上升空间。让所有工人都能够感受到企业尊重技术、促进技术提升的愿景,营造出良好的企业氛围,使工人在接受培养的过程中感受到来自企业的尊重,提升对企业的认同。

强化新工人的制度意识。现代企业依靠规章制度来进行管理,新工人进入企业后,角色还不能够立刻转换,缺乏制度意识,因此企业应强化管理制度的重要性,提升工人的制度意识。首先,要向新工人充分介绍和解释管理制度的内容与要求。许多新工人制度意识薄弱,并不是因为不重视制度,而是他们并不了解制度的重要性。许多制度有其制定的重要背景,企业向新工人进行制度介绍时,不能只是照本宣科,要让新工人深入了解制度的背景和实际要求,熟悉制度、敬畏制度。其次,要严格按照规章制度进行日常管理,通过日常的管理行为,让新工人知道一旦违反制度会受到相应惩罚,让制度成为一道红线,时刻警示着新工人,保证工人工作的正常开展。最后,通过制度激励新工人工作。制度不仅具有规范作用,还可以发挥激励的效果。企业制度应包含明确的奖励机制,对工作达到一定标准的新工人进行奖励,不仅让他们更加了解管理制度,也可以提升他们的工作自信感和荣誉感。

企业要增强对新工人的关心和爱护。大部分新工人来自职业院校,对于未曾接触社会的学生来说,进入企业开始学习和工作难免会有一些不适应,难免会遇到一些困难,企业要关注他们的身心健康,增强对新工人的关心爱护。首先,安排企业导师或其他管理人员定期对新工人的学习工作和生活进行了解,通过谈话、走访等形式,了解他们在企业内部学习的过程中存在哪些问题,还有哪些需求,可以反馈给企业,在工作过程中及时改进和调整,解决问题,满足合理需求。其次,积极组织新老工人之间的活动,促进二者之间的关系改善。由于双方在年龄、技术等之上的差距,新老工人之间可能会存在隔阂,这样不仅不利于工人群体的融洽,也不利于实际工作的开展。因此在工作闲暇之余,可以组织工人群体的文体活动、技能提高活动等,增进工人间的沟通交流,加快新工人融入企业大集体,提升新工人的企业归属感。

三、更新维护管理要素,制度保障技能形成

企业是培养产业工人的主要场所,企业通过更新维护相关的管理要素,调整生产组织方式,避免承包制的负面影响,合理设置实习学生、师傅以及普通产业工人的薪酬,明确各级管理制度,形成和谐的员工关系,通过管理制度

来保障产业工人的技能形成。

（一）调整生产组织方式，避免承包制负面影响

企业要加强对车间工作的监督。承包制的实施会使得管理者只重视结果而忽视了对工作过程的关注，而当工人处于这种环境时，自然无法获得真正的技术学习，还很有可能形成不良的工作习惯。为防止承包制的负面影响，企业要加强对工作过程的监督。一方面，企业不能因承包而完全放任对生产过程的管理，要设置专门的监督部门，对工人的工作进行日常监督，确认工序的完整，防止偷工减料的情况出现，及时对工人技术上的问题进行纠正和思想教育，同时也起到敦促和告诫学徒的作用；另一方面，真正使得工人忽视生产过程的原因是生产时间的缩短，因此企业监督的过程也是一个生产过程的考察过程，确认各项生产任务的必要时间，适当调整部分过短的工期，在可变范围内放缓生产脚步，为工人提供足够的生产时间，以此来保证工人的技术稳定性。

企业要严格把控产品质量，做好产品从加工到出厂再到售后的全过程质量检查。严把质量关，是规范工人技术操作的最好的方式。因为工人的技术能力可以直接地体现在产品质量上，严格把控产品质量，既是对企业品质的严格追求，也是反向敦促工人保持技术稳定，持续推进工人技能形成的重要方式。因此在加工过程中，技术人员要检查半成品的完成程度，检查在加工制作的过程中是否存在纰漏，如出现问题要尽快反映给班组及车间，暂停相关的生产进程，要求工人重新加工和修改直至产品达到预定要求；在产品生产完成后，质检人员要认真对成品进行检查，主要是调试和试验，确保产品可以正常使用方可投入市场。在成品阶段如果发现质量问题，要责任到人，确定是否工人的技术问题，如果与工人技术相关，要对工人进行处罚和教育，重新对工人的技术能力进行评定，并配合工人的技术能力适时调岗。

企业要发挥承包制的积极作用。在避免承包制给企业生产带来的消极影响的同时，也要看到实施承包制给企业带来的积极作用，选择合适的方式发挥这种积极作用。承包制其实带给工人工作上一定程度的自由，工人可以按照自己的工作习惯和进度来承接并完成工作任务。因此在日常工作中，由于工人分在不同的班组中，面向不同的生产任务，就会遇到各种的可能性，可以接触到不同性格的工人以及每个工人不同的工作方式，这是一个锻炼新工人适应能力的过程。承包制也保证了新工人在工作过程中相对拥有更多的

个人自由,可以在完成自身任务的前提下,学习其他技能,由此能够在此过程中获得更多的技能和工作经验。

(二)合理设置薪酬结构,发挥薪酬激励作用

要发挥薪酬对产业工人技能形成的激励作用,首先是管理层要在观念方面消除对薪酬作用的错误认识。企业的管理层通常会对工人的薪酬管理存在一些误区,认为工人得到多少来自他付出了多少,想要得到多的报酬需要付出更多的努力。[①]但这样的观念在现如今越来越难以适用,当前产业工人对自我的认知更多,更加重视自身感受,一旦企业的薪酬不能满足工人的需求,工人的流动性就会增加。因此企业的管理层要从"得到取决于付出"的观念转变为"付出依赖于得到",树立人才资源是企业第一资源的观念,正视并重视工人的工作,认识到高的生产率是高工资的结果,工人对于工作的投入越多,认真对待技术、钻研磨炼技术的可能性就越大。管理层转变薪酬观念可以加快工人进行自身技术积累和技能形成的速度。

针对参与校企合作的学生、师傅以及其他普通工人,要提供不同的薪酬。学生在企业参与实习,为企业的生产付出了劳动,企业不能将之视为免费劳动力,需要给学生提供一定的劳动报酬,将这种报酬转化为学生继续学习的动力。参与校企合作的师傅,已不仅仅是单纯的产业工人,他们还是教师,具有双重身份和双重能力,因此可以适当提高师傅的薪资水平,增加日常教学补贴,将师傅塑造成产业工人中的优秀代表,给普通的产业工人树立榜样,激励他们积极提升自身技术,成为优秀的师傅。对于企业其他的普通工人,企业在基础工资的基础上,要建立薪酬激励和惩罚机制,如设置奖金、补贴、技术奖项等,同时要注重对工人"精神薪酬"的关注,如一些荣誉和关怀,在工人技术有所进步后,要及时表扬和宣传,使得工人以此为荣,充实工人的精神世界,提高工人对技术成长的意识。

对于企业来说最为重要并且亟待解决的依旧是提高产业工人的薪酬水平。只有提高产业工人的待遇,才可以逐渐扭转当前普通大众对工人的歧视,也才能够使更多的学生愿意参与校企合作的培养,愿意成为一名产业工人。提高薪酬水平,企业要主动建立薪酬的正常增长机制,从学生实习到新工人入职再到工作多年的老员工,都要稳步提高工人的基本工资,增设多种

---

① 许震.民营企业薪酬管理误区研究[J].中国人力资源开发,2002(7):23-24.

奖金及补贴方式,这能够激励工人的积极性,提升工人对企业的归属感,降低工人的跳槽率,这样工人能以更积极认真的心态对待技术技能,良好的心态对于工人技术的发展也具有良性的影响。

（三）明确各级管理职能,促进员工关系和谐

企业要尤其关注学生在企业内实习过程中的关系管理。技能的学习一定要经历在工作场所的实习实训,而学生在实习过程中还不属于企业的正式员工,缺乏完善的关系管理的制度,因此企业应特别关注学生的关系管理。安排专门人员对学生与学生之间、学生与师傅之间以及学生与企业之间的关系进行监督和管理,避免出现欺凌、压榨等问题。一旦出现问题,管理人员要迅速介入,及时制止问题向更严重的方向发展,同时缓和矛盾,协调相互之间的关系。定期对学生与师傅开展谈话,了解学生和师傅在学徒实习期间是否存在工作或生活困难,是否需要企业帮助解决,针对学生和师傅反映的困难,也要及时给予帮助。

企业要明确各个层级的管理运行制度,确保员工工作及关系的公平性和透明化,消除员工的不公平感和对企业的负面情绪。企业要经常性反省自身的管理运行制度是否存在问题,对不作为、有问题的管理人员和工人进行调查和惩罚,情况严重的开除出管理队伍甚至是企业,重新任命各级管理人员,从工人中提拔既有过硬技术又有管理能力的人进入管理团队,协助管理层和工人沟通;定期对企业的内部工作尤其是工人的工作进行公示,工人对于有问题的部分可以向上级反映和沟通,形成企业内部由上至下和由下至上的沟通通道;制定个人及团队奖惩制度,对个人技术成长迅速、对企业技术上有重大突破的工人和团队进行奖励,对渎职懈怠的工人进行惩罚,调动企业工人的整体积极性,形成良性合作和竞争的关系。

在管理制度上要特别制定与员工关怀相关的规定,确定员工的责任和义务,保证管理人员能够照顾、关心到每一位工人的工作和技术发展。现代企业在追求速度和效益的同时会忽视对员工情感的关照,因此企业要在重塑管理运行制度的基础上,重新设置管理人员专任或兼任企业员工关系管理的总负责人,职责上相当于原国有企业的"车间书记",协调和关注工人关系和情绪,及时发现工人与企业间存在的矛盾和问题,及时进行调节;依据管理制度形成从高层管理者到基层工人层层渗透的员工关系管理机制,每个工人都要有相应的负责人来确保对工人关系的关注和协调,不忽视每一个工人的发

展,不放过每一个可能出现的隐患;定期开展工人的团建活动,让新老工人感受集体的温度,促进两代工人之间的交流和互动。

第五节 本章小结

本章基于历史制度主义与劳动过程理论,通过对 Z 企业的个案研究,分析了企业微观管理制度对产业工人技能形成的影响,可以发现,企业微观的管理制度在不同的历史阶段对于产业工人的技能形成具有不同的影响。从建厂成立至改革开放的阶段,工厂内的师徒传承、特定的产品需求以及企业良好的氛围,是促进当时工人技能提升的重要因素;在改革开放至国企改制阶段,丰富的技能培训项目、具有挑战性的生产任务以及生产方式的改变使得产业工人的技能快速成长;而到了国企改制后的阶段,过低的用人标准、难以发挥激励作用的薪酬制度以及不良的企业风气,都对产业工人的技能造成了消极作用。总体来看,管理要素自身是随着社会和企业的变化而变化的,它们对于技能形成的影响不同,而企业的态度能够把控这些影响,使之向着促进技能形成方向发展。基于此,企业需要通过管理制度来促进产业工人的技能形成,企业需重视校企合作关系,发挥企业的主导作用;借助实际的生产环境,提升新工人的技术水平;日常更新维护管理要素,用制度保障技能形成。

第四章 职业院校的人才供给如何适应产业转型?

——"四新"背景下的新兴专业集群化建设

新工业革命的不断深入,带来了多种业态模式的变迁以及生产组织方式的变化。新工业革命作为一次范式变革,正以前所未有的演变速度、规模、范围从根本上改变着生产、消费和整个社会。以人工智能、物联网、大数据为代表的新技术持续进步,驱动着新产品、新工艺、新应用的迭代出现,以同质化、规模化的成本建构异质化、定制化的产业,从结构到生产方式再到商业模式共处于一个升级转换的过程,同时也要求生产管理复合化、组织方式模块化的变革。新工业革命的时代诉求反馈至劳动力市场,带来用人需求的升级,产业工人的技术技能积累需要系统化革新。基于此,从产业工人供给侧一端来看,职业院校作为技术技能人才培养的主要载体必须顺应新业态变化,积极应对产业链、产业群发展的用人趋势,以复合化人才培养适配复杂性工业生态。为弥合需求侧变革,职业院校应以专业群的人才培养组织模块对接产业转型升级,而职业院校的专业群绝不是不同专业之间的机械组合,而是基于产业链条上相互关联的职业岗位群而建构的实现跨界、协调、互通而又一贯的人才培养新载体,实现从单一专业到复合专业的跨越。这意味着专业群建设是对传统专业建设范式的一种革命,有着自己特殊的建设要素,突破复合型走向双复合型人才培养。

第一节 "四新"影响下专业建设走向
集群化的历史必然性

"专业群"的概念可以追溯到经济学中的"产业群"。产业群(产业集群的简称)是社会发展过程中的经济现象,形成于市场竞争,根植于产业文化环境,依靠地方政府支持,主导区域经济发展,即是指在某一地域集聚生产某种产品,提供某种服务的一个群体,具备地域和产业特征的组织形式。产业群具有三大优势,即规模效益优势、集聚发展优势和集团竞争优势,且集群内部各个组织的资源共享和优势互补是产业群构建的主要向心力和吸引力,促进其成为当今产业经济发展特别是新兴产业发展的基本架构形式。专业是职业院校根据技术分工和岗位群需求而设立的培养相应人才的学业类别,职业教育专业的突出特征是职业属性,每个专业都尽可能地覆盖对应工作职业,有明确的培养目标、课程设置、教学计划等。而专业群,从面上含义看,就是由一个实力强的专业作为核心建设专业,结合若干个相近、相关专业作为支撑,且有共同培养目标、共享教育资源、共用人力资本、共建校企合作的专业上的集合。具体来讲,专业群内的专业往往是围绕某一行业设置形成的一类专业[①],也可以是面对一个大型企业进行校企合作共同培养。从内部逻辑看,专业群是根据专业与职业的知识结构、技能交叉结构来组建的,群内各专业形成一个不分你我的集合,各专业服务的对象基本是一个产业中的相近岗位群对象,同一个专业群中的各专业在教学理念、知识基础、技能结构等方面具有关联性和交叉性;专业群中各分专业的基础课程相近或交叉,大部分专业师资可以共用,实训资源(实训室、实训设备等)可以面向群内各专业共享。近年来,随着产业群的兴起、"四新"经济的发展,客观上要求调整专业设置,重新规划人才培养的结构和层次,建设与产业群配套的专业群,以满足产业群发展、变化所需要的人才。

---

① 周巧英.探析职业学校现代化专业群建设[J].哈尔滨职业技术学院学报,2017(1):5-7.

一、理论层面：产业集群下的专业集群

"集群"这一经济现象在西方出现得比较早，研究得也比较早。最早对集群现象进行研究的是亚当·斯密（Adam Smith），1776 年他在《国富论》一书中对分工与市场范围关系的论述被看作是对集群形成原因的最早解释，他从分工的视角来定义集群，即集群是由一群具有分工性质的中小企业为了完成某种产品的生产而联合形成的群体。这一论述对后续产业集群的研究影响极大。发展至 20 世纪 70 年代就有国外学者将"集群"引入经济学，首先用"产业集群"对集群现象进行分析的是美国学者迈克尔·波特（Michael Porter），1990 年其在《国家竞争优势》一书中提出产业集群的概念，并用产业集群的方法分析一个国家或地区的竞争优势，从此，产业集群的概念得到学术界的普遍认同。1998 年，波特对产业集群进一步释义，即产业集群是指处于同一个特定产业领域的、相互联系的公司和相关组织在地理上集中的现象，是在特定区域中，具有竞争与合作关系，且在地理上集中，相互关联性比较强的企业、专业化供应商、服务供应商、金融机构、相关产业的厂商及其他相关机构等组成的群体，且不同产业集群的纵深程度和复杂程度也不尽相同。从产业集群的定义来看，集群成员不仅包括企业、供应商、金融机构及相关厂商，还包括由于产业延伸而涉及的销售渠道、顾客、辅助产品制造商、基础设施供应商、政府、专业化培训、信息、研究开发、标准制定的机构以及行业协会和其他相关的民间团体等组织①。因此，产业集群超越了一般的产业范围，形成了在某一特定区域内的多个产业相互融合、众多类型机构相互联结的共生体，或者说是一种柔性生产综合体，构成这一区域产业特色的竞争优势。

（一）产业集群的理论本源与延伸

专业集群理论最早可以追溯到英国经济学家阿尔弗雷德·马歇尔的"产业区理论"，产业区的发展是通过各种产业聚集在一定区域，形成稳定互助的产业链，从而发挥集群效应。从产业集群的相关理论来看，19 世纪末，新古典经济学代表人物马歇尔从外部经济的概念来研究产业集群现象，他把集群产生的外部利益归结成三点，一是企业聚集形成了知识溢出和创新环境，"集群中行业秘密不再是秘密，而似乎公开散发在空气中"（Marshall，1920）；二是企业聚集有利于共享的非贸易投入品和服务业的发展，生产最终产品的企业聚

---

① 贾文艺，唐德善.产业集群理论概述［J］.技术经济与管理研究，2009(6)：125-128.

集一起为辅助企业的产生和高价机械的使用提供了条件；三是企业集聚促生了具有专业技能的劳动力市场的形成，节约了雇主和劳动力之间的相互搜寻成本。产业集群发展到 20 世纪，波特从竞争要素角度分析产业集群，并提出"钻石模型"，他认为，产业集群的形成和发展不仅仅依靠企业的力量，还需要靠政府、社会及恰当的时机。产业集群的特征，可以归纳为四点，一是集中性，产业集群是同一类型或具有同一特质事物的集合体，有利于产生规模集聚效应，基于空间视角，集群具有地理位置上的相近性；基于产品视角，产品领域相对集中。二是专业性，产业集群内单个企业的生产与服务一般集中于有限的产品，整个集群的生产与服务具有趋同性，且生产过程专业化程度比较高，促进群内个体之间互融共生，以形成品牌竞争优势。三是网络性，产业集群是一个联系紧密的利益共同体，包括企业、金融机构、行业协会、培训机构、政府部门、服务组织等不同机构与部门，以生产为联系纽带，促进各主体之间的交流互动、合作学习、协同共进，实现了主体之间的优势互补和资源共享。四是创新性，产业集群比较容易形成足够了解和信任的合作竞争氛围，为创新提供了和谐的环境，并能促进创新之后的相互之间模仿、消化与传播，形成衍生效应，为集群的可持续发展注入了强大动力。① 集群理论不仅在经济领域中备受青睐，在高等教育和职业教育中也得到了高度重视，近年来高校的学科、专业、课程建设都程度不一地运用了集群理论，如基于集群理论而兴起的引领高校创新能力提升的 2011 协同创新中心，源于集群理论的美国跨校跨州的高校"学术共同体"，借鉴集群理论的"双高"建设计划中的高水平专业群建设等。

（二）专业集群的理论适应性

波特在《群聚区与新竞争经济学》一书中曾提出，群聚能够提高生产率，能够持续不断提升企业创新能力，且在有群聚的地区经常很容易得到所需要的资本、技术、投入和员工，把这些组合起来就可以组成一个新的企业。② 这一群聚"升级出新"的理论运用到职业教育领域亦成立，能够促进新专业发展的竞争力。专业集群建设是推进职业教育改革创新发展的重大举措，在集群理论的基础上体现出几个基本属性。一是教育性，产业发展带来复合型技能

① 徐燕.产业集群理论对地方高校专业建设的启示——以某师范大学为例[J].2018 (11):158-160.

② 迈克·波特.群聚区与新竞争经济学[M].成都：四川人民出版社，2000:24-26.

人才需求,单个专业培养无法满足培养要求,这是专业群产生的根本原因。职业院校专业群的主要功能就是人才培养,虽然专业群还承担着应用技术创新、社会培训服务等其他功能,但人才培养始终是专业群的主要任务与核心功能。如此来讲,如果没有带来人才培养理念和培养模式的根本性变革,就不是真正意义上的专业群建设。二是职业性,职业教育是就业导向的教育,是从职业出发的教育,职业是职业教育的逻辑起点。职业关系同样是专业群专业组合的依据,专业群不是人为组合而成的,它来自客观的职业岗位群对人才培养目标规格的需求。是否面向相同的职业岗位群,决定了专业之间是否具备组群的客观条件;职业群界定了组群专业的外延,也明确了专业群的根本任务,即服务学习者在此职业群内的职业生涯发展。三是协同性,专业群将不同的专业按照职业联系组合在一起,群内各专业之间是协同关系,不是从属关系,各专业具有相对独立性。专业群不是取代了专业,而是提供了新的专业建设路径,让原本离散的个体专业发挥协同育人作用。专业群内的专业在基础、条件、规模、质量方面可能存在差异,优势专业对其他专业有辐射带动作用,但每个专业都有特定的培养方向,既资源共享、相互融合,又各有定位、系统完整地实施人才培养。四是开放性,资源利用的专业分割,限制了专业的服务能力,专业建设难以得到产业界的有效支持与参与。相比单个专业建设,专业群体量增大,适应市场更为灵活,充分发挥跨专业的优势,满足企业在职业培训、技术研发等方面的综合性需求。职业教育专业群建设与普通教育学科建设的根本区别就是其具有很强的开放性,行业企业力量会深度参与专业群建设。五是系统性,专业群是一个开放的系统,不仅要向系统外输送高素质人才、满足用人需求,同时也要及时从系统外汲取能量信息,使群内各专业结构关系、培养模式、课程体系、实践条件、师资队伍等要素不断完善。六是创新性,随着传统产业转型和新兴产业快速发展,新兴职业岗位需求大量产生,信息化社会也对众多职业提出更高要求,促使职业院校专业群必须随之不断调整和创新,提升服务产业能力,提高人才培养质量。

二、专业层面:新兴专业建设发展诉求

随着产业形态的演进,就业市场的变化日新月异,新行业、新业态带动新岗位、新职业需求的变化。作为就业市场的重要一端,职业院校的专业设置和调整如何适应经济社会发展,成为一个既具现实性又有前瞻性的话题。职业教育新兴专业的出现使得"专产对接"中教育链与产业链的对接找到了支

点,新兴专业随产业发展而生、应市场需求而建,从其本源特征来看,具有市场催生方面的应用性、本源属性方面的跨界交叉性以及持续发展方面的不确定性。其中,"应用性"要求与市场对接,而市场中的职业状态呈现复合化特征,岗位状况已由单一岗位发展到集群岗位;"交叉性"或者说"跨界性"表现出新专业已经是一个跨领域、跨专业的复合体,对其进行单一建设,已经满足不了新专业的内在发展需要;"不确定性"显示出新专业建设发展的潜在风险,可能会越建越好,也可能会短期消亡,以群集化来建设新专业在一定程度上能降低这种风险水平。综合来看,进行专业群建设是新专业自身的内在诉求。

（一）市场催生方面的应用性

所谓"应用性",指向的是实践层面。在科技社会化与社会科技化的互动中,随着科技的普及化以及高新技术情境化的加深,"应用"已经成为"四新"时代精神的重要特质之一[①]。应用性是职业院校新专业的基本属性,也是本质属性,这一定位性的特质主要体现在人才培养、产学合作和社会服务等方面,分解在专业、课程、教学、人才培养模式、实习实训、培训服务等各个环节。在人才培养方面,人才培养目标是以"应用"为主导,承接"以人为本"的教育理念,是实用主义价值观在现代化专业建设中的具体体现,职业院校新专业的培养体系不会局限于传统意义上的学科和学术领域,表现为多领域、多边知识体系的融合与发展,其培养的落脚点是为个体的未来职业生涯做准备,人才培养始终坚持以满足社会需求、对接现实岗位为目的,每个知识点接洽相应的实践活动,强调职业岗位技能以解决实际中的具体问题,培养更高水平的社会岗位适应能力。在产学合作方面,以产学研用相结合,注重专利研发与技术攻关,推动校地合作、校企合作、校际合作,促进新专业建设过程中实际问题的解决。在社会服务方面,新专业建设以服务地方产业发展为主,如服务地方支柱产业、主导产业和新兴产业,与行业企业人才培养和技术创新需求对接,形成学校和区域经济社会联动发展的新格局[②]。对于以行业企业为主要代表的经济资本而言,他们对职业教育的首要要求就是满足自身对高质量应用型人才和应用性技术的需求,促进自身在激烈的市场竞争中更好

---

①　王建华.高等教育的应用性[J].教育研究,2013(4):51-57.

②　杨晓东,张新华,甄国红.职业技术师范大学"应用性、师范性、学术性"内涵及其关系研究——以吉林工程技术师范学院为例[J].职业技术教育,2017(31):48-51.

地生存、发展和壮大,而应用性知识的管理即职业教育的专业建设有助于行业企业更好地实现这一价值追求,职业院校专业建设利用自身优势,已经日益成为应用性知识的最主要生产者和输出地,并源源不断地为行业企业提供急需的应用型人才和应用性技术①。

近年来,特别是随着新技术、新产业、新模式、新业态的风起云涌,我国经济社会快速发展,科技创新突飞猛进,不管是产业形态还是职业教育自身都实现了历史性的跨越式发展,经济社会发展的巨大变化除了产业结构升级,还体现在新职业的不断出现,这都对职业教育专业建设提出了新的要求。2019 年 4 月,人社部、市场监管总局、统计局正式向社会联合发布了新职业信息,包括人工智能工程技术人员、物联网工程技术人员、大数据工程技术人员、云计算工程技术人员、数字化管理师、建筑信息模型技术员、电子竞技运营师、电子竞技员、无人机驾驶员、农业经理人、物联网安装调试员、工业机器人系统操作员、工业机器人系统运维员等 13 个新职业信息,这是自 2015 年版国家职业分类大典颁布以来发布的首批新职业,这些新职业主要集中在高新技术领域,具有高技术性与复合创新性,客观上要求相应专业的建设进行集群化。首先,产业结构升级催生的高端专业技术复合型新职业需要高端技术复合型新人才。当前,我国经济已由高速增长阶段转向高质量发展阶段,这对劳动者的科学文化素质和能力水平提出新的要求,随着近几年我国人工智能、物联网、大数据和云计算的广泛应用,与此相关的高新技术产业成为我国新的经济增长点,且呈集群化发展趋向,对从业人员需求大增,并形成稳定的从业人群,因而人工智能工程技术人员、物联网工程技术人员、大数据工程技术人员、云计算工程技术人员 4 个新职业应运而生,这些新职业隶属于高新技术产业,需要以高学历的复合化的专业技术知识能力为支撑,单一的物联网、大数据等相应的专业资源难以培养出复合型人才,需要集群化建设以丰富人才培养所需的职业教育资源。此外,技术迭代更新引发的传统职业变迁需要集群化建设专业以提升专业发展生命力。随着新兴技术的采用,传统的第一、第二产业越来越智能化,工业机器人替代生产流水线上简单劳动力的做法在很多地区得到推广,与机器人相关的生产、服务和培训企业蓬勃发展,随着工业机器人的大量使用,对工业机器人系统操作员和系统运维员的需求剧

---

① 聂永成.应用性知识的博弈与妥协:高职教育专业设置管理的本质及其实现[J].
教育与职业,2017(19):18-24.

增，使其成为现代工业生产一线的新兴职业；随着无人机技术的成熟，利用无人机完成一些人类难以完成的高难险和有毒有害工作成为可能，通过无人机可以进行植保、测绘、摄影、高压线缆和农林巡视，因而无人机在物流等领域也拥有广阔的应用空间，这使得无人机驾驶员也成为名副其实的新职业。不管是机器人还是无人机，这类职业的从业者的培养基本是在职业院校的机电类专业，诸如此类新设专业基础薄、经验弱，单独建设很难掌握市场要点，而与母体专业的集群建设能够起到师资、课程、教学、实训等方面的助力作用。最后，信息化广泛应用衍生出的新职业需要"加法"组合型的专业建设做支撑。信息化如同催化剂，在"互联网＋"的作用下，使得传统职业的活动内容发生变革，从而衍生出新职业，如数字化管理师、建筑信息模型技术员；随着物联网在办公、住宅等领域的广泛应用，信息化与现代制造业深度结合，导致了物联网安装调试从业人员的需求量激增；近年来，在国际赛事的推动下，与计算机组合起来的竞技项目发展迅速，电子竞技已成为巨大的新兴产业，电子竞技员和电子竞技运营师的职业化势在必行；在农业领域，农民专业合作社等农业经济合作组织发展迅猛，在"互联网＋农业"的刺激下，从事农业生产组织、设备作业、技术支持、产品加工与销售等管理服务人员的需求旺盛，农业经理人便随之而生。可见，这类新职业本身就具有组合性，配套专业的单一化建设难以满足这类职业的工作要求，因此，新兴职业所对应的新兴专业的集群化建设是用人市场驱动下的必然产物。

（二）本源属性方面的跨界交叉性

所谓"跨界交叉性"（也可以简称为"跨界性"），是对主体本身的一种超越。职业教育中的"跨界交叉"是指突破职业教育中单一主体或内容的界限与范围，超越不同主体或内容之间的分割线，以实现不同主体或内容之间的跨越与整合①。从职业教育研究层面来讲，"跨界"指的是研究者跨越与职业教育问题相关的各个"定界"，探求它们对职业教育的作用规律，为职业教育的问题解决和实践发展提供全面、有效的信息。从专业教育层面来看，职业教育及其专业本身的属性就具有跨界性。职业教育相较于普通教育而言，多了"职业"的属性，社会上的职业千姿百态，与其相对应的职业教育专业也就相对广泛了很多，在性质上，职业教育跨越了职业性、教育性与专业性的疆

---

① 崔永华，张旭翔.论职业教育的"跨界"属性[J].教育发展研究，2010(17)：43-46.

域，跨界性已成为职业教育的本质属性。且从《职业教育法》中寻找佐证，其中明确提出"为了实施科教兴国，发展职业教育，提高劳动者素质，促进社会主义现代化建设，根据教育法和劳动法，制定本法"，可见，这番论述从法律依据上佐证了职业性与教育性的融合，职业与教育本就有着显著性区别，职业教育跨越了二者之界，实现了"二性"跨界结合。从职业院校专业教育的内容来看，普通教育更多的是侧重知识传授，职业教育不仅传递知识，还教授技能。而知识和技能在我国传统中就有明显分界，知识是人类生产和生活经验的总结，是我们适应社会和工作的基础，一段时间不用就会忘记；技能是指通过一定的练习而获得的能够完成某一任务的动作方式或心智活动方式，一旦掌握就很难忘记。在教育家布鲁姆的目标分类系统中，知识与能力也分属不同的维度，有着明显的界限特征。总之，职业院校专业教育的内容决定了其必须跨越知识与技能之间的界限。

聚焦于新兴专业本身来看，很多新兴专业都是交叉型学科、交叉型专业。如对外汉语专业，同一般大学中的汉语言文学专业有很多不同，从教学内容看，对外汉语专业既开设语言方面课程，也开设文学、文化方面课程；既教授语言基本理论、基础知识，也教授语言教学技能；既开设中国语言、文学文化课程，也开设外国文学文化课程。再如音乐治疗专业，这是一个音乐艺术、心理学与医学科学相结合的新兴边沿交叉学科，其学科性质对该项工作从业人员的个人条件提出了特殊要求，既不同于音乐专业工作者，又有别于医务工作者和心理学工作者，跨界交叉的属性明显。还有清华大学的土木工程专业，也涉及多个学科交叉、多个大类交叉、多个专业交叉，跨越了智能建造、城市管理等专业领域，是基于力学、经济学、管理学和美学的跨学科建设，成为创造人类工程奇迹的科学、技术和艺术。回到职业教育新兴专业来看，新增的专业主要是适应产业转型升级、产业链延伸交叉、新兴职业与技术进步需要的专业。如新能源汽车技术专业，虽属于材料与能源大类，但却是新兴的交叉专业，对应的就业范围是机械工程技术人员、汽车整车制造人员、汽车摩托车修理技术服务人员、电气工程技术人员等类别，其学习内容跨越了汽车类、机电类、装备类、材料类、能源类等专业领域。如工业机器人技术专业，属于装备制造大类，其就业范围涉及机械工程技术人员、电气工程技术人员、信息和通信工程技术人员等类别，在专业学习上需要跨越机电类、数控类、自动化类、计算机类、文化艺术类、数学、外语等专业领域。再如大数据技术应用专业，属于电子信息大类，就业范围包括信息和通信工程技术人员、软件和信息技术服务人员、计算机制造人员、计算机和办公设备维修人员等职业类别，专业学习需要跨越制造类、计算机类、服务类、思政类等专业领域。可见，这些新兴专业本身就具有跨领域、跨边界的交叉性质，单一的专业建设恐难满足职业岗位群的知识、技能需求，新专业的内涵化、质量化建设需要纳入相关专业的资源与话语来支撑。

（三）持续发展方面的不确定性

在历史的进程中存在着经济的、社会的和其他的决定机制，但是这些与无数使这个进程分岔或改道的偶然事变和随机因素发生着不稳定的和不确定的关系。① 而不确定性已成为当今时代的基本特征。所谓"不确定性"，奈特认为，其意味着人类的无知，是一种无法根据过去推测未来的概率分布状态，不可能对事例进行分类，涉及的情况具有高度唯一性和绝对全新性；②韦氏新大学词典将之解释为，一个不确定的状态是不明确的、疑难的、可疑的和难以预料的，英语中"certain"一词源于拉丁语"certus"，而"certus"是"cernere"的过去分词，意指"筛选、识别或决定"。根据奈特的解说以及词源的紧密联系，综合来看，可以将"不确定性"（uncertain）定义为：事物发展所处的变化无常、捉摸不定和不可预知的状态，不能够确认运动轨迹，不能准确知道某个事件或某种决策的结果，难以用某种规则去捕捉和约束，造成人们认识上的困惑与实践中的不知所措。而教育正是一种复杂的"生命实践"，在教育的世界中充满了不确定性、偶然性和意外性，它是一个多向共生的立体结构性的复杂存在。③ 职业教育作为教育中的一个类型，开放性、跨界性更甚，更加充分地展现着不确定性的一面。然而，职业教育长期以来都在兜售"确定性"，即就业导向的职业教育曾经宣称与就业市场的"无缝对接"，也就是"毕业即就业"。④ 自工业革命以来，每一次的技术进步最终都会指向机器取代人，尽管人类总体上的工作并未因此减少，但至少每一次的"替代"都会产

---

① ［法］艾德加莫兰.复杂性理论和教育问题［M］.陈一壮,译.北京:北京大学出版社,2004:62.

② ［美］富兰克·H.奈特.风险、不确定性和利润［M］.王宇,王文玉,译.北京:中国人民大学出版社,2005:6.

③ 李政涛.教育经验的写作方式——探寻一种复调式的教育写作［J］.北京大学教育评论,2013(3):149-159.

④ 臧志军.不确定性与中职教育转型［J］.职教通讯,2018(23):1.

生一些被时代淘汰的劳动者个体，而这次势头甚猛的智能化革命更是把矛头指向了人类智力工作，即便是有些工作短期不会被消灭，但也在技术的进步中慢慢"剥除"。英乌苏拉·胡斯早在20世纪末就注意到：工人的技能和知识被盗用，融入机器设计中，熟练的工匠有一天突然发现，只要学会在电脑控制的机器上按电钮就行了，唯一需要的技能就是识字能力。技能的技术化或公共化在增强了工作内容的确定性的同时，也使劳动者的前途增加了不确定性。

那么，面对这样的工作世界，职业教育所标榜的"确定性"又有谁会来买单？英国经济学家布劳格曾经指出人们把有限的积蓄，甚至不惜举债筹款来支付教育费用，不过是为了能够在将来获得金钱和非金钱的回报。[①]显然，这种回报的获得，在很大程度上取决于人们在接受教育后能否顺利就业。然而，职业教育与就业的关系犹如硬币的正反面，既存在确定性的一面，也存在不确定性的一面。而时代的变化使得传统上职业教育与就业之间的确定性关系正在下降，其不确定性的一面正在不断呈现。[②] 对这一判断，早有学者进行支持举证。1973年，希腊经济学家萨卡罗普洛斯在一项关于教育投资报酬率计算的研究中，曾提到私人教育投资的报酬率计算是不考虑不同个体间的差异的，而事实存在的大量差异增加了教育投资的危险性与不确定性。[③]1979年，科恩在《教育经济学》中专门提到教育决策与其收益的不确定性问题，即教育预期的未来成本和收益存在出乎意料的可能性。[④] 1985年，库姆斯也曾指出："对知识分子来说，从有利于卖方市场到有利于买方市场这个根本的转变到20世纪70年代世界性经济衰退时期更为加剧了，但它无论如何必然会发生。"[⑤]这种从卖方市场到买方市场的转变，意味着用人市场会从毕业生选雇主变成雇主挑选毕业生。1995年，卡洛依在《教育经济学国际百科全书》中提道："在雇佣工人中，工作性质要求运用判断力的人，会比仅需服从

---

① Blaug M. The Private and the Social Returns on Investment in Education：Some Results for Great Britain[J]. Journal of Human Resources，1967，2(3)：141.

② 叶忠.教育与就业关系的转型：从确定性到不确定性[J].南京师大学报(社会科学版)，2009(2)：78-83.

③ 高希均.教育经济学论文集[M].台北：联经出版社，1977：137.

④ 科恩.教育经济学[M].上海：华东师范大学出版社，1989：92.

⑤ 菲力蒲·库姆斯.世界教育危机——八十年代的观点[M].北京：人民教育出版社，1990：202.

命令的人有更高的教育收益；且管理者与劳动者之间的社会关系也影响着人力资本与劳动力生产率的关系。"①这表明，教育不再是决定就业的唯一变量，就业会受到教育之外的诸多因素的制约。2000年，贝弗尔德在《教育经济原理》中也从未来不可知角度特别提到教育与就业关系的不确定性问题。② 随着工作组织的转型与升级，社会上逐渐涌现出许多与传统工作岗位迥异、结构特征难以描述的新兴工作岗位，以至于个体和雇主都难以预测未来就业和职业技能开发的雏形，③职业院校在设置专业和建设专业时难以认清与就业之间的有效衔接。这种现象对新兴专业发展的影响更为深刻，因为新兴专业往往具有很强的就业针对性，它是伴随着一个新兴产业的发展孕育而生，岗位需求量比较大，而从业人员专业性不足已成为制约产业经济发展的重要瓶颈。我国的战略新兴产业虽然在近几年发展速度很快，但毕竟发展时间短且更新迭代快，相应人才定位的不稳定性极大，且描述也相对模糊。职业院校基于这样的需求开设新兴专业，由于时间短、数量少，而社会需求量又大，因此，理论上就读这些专业的学生在就业上有一定的优势，但在"沾沾自喜"的同时，也应该看到新兴专业还没有成熟的有经验的师资队伍，课程设置也处于摸索阶段，再加上所对应新兴产业发展的不确定性，使得新兴专业在未来发展上充满着不可知的风险，它需要有一个依托来提升建设自信。从战略新兴产业的发展中借鉴经验，新兴产业的群集化，归根结底是新产业处在不确定性环境中趋利避害的一种选择和考虑，产业群的价值恰恰在于其对不确定性的控制。④ 将之用于新专业的建设上亦然，新兴专业的群集化建设亦可以形成一种趋利避害的选择，来应对单个专业建设的市场风险与发展的不确定性。

三、市场方面：新产业用人的现实需要

近年来，经济市场的变化风起云涌，分工的细化与深化刺激着新兴技术

①　卡诺依.教育经济学的历史与现状[M]// Martin Carnoy.教育经济学国际百科全书.北京：高等教育出版社，2000：3.

②　Belfield C R. Economic Principles for Education：Theory and Evidence[M]. Cheltenham，UK：Edward Elgar Publishing，Inc.，2000：49-52.

③　徐向平.基于经济发展的不确定性深化职业技术教育改革[J].职教论坛，2011(24)：8—11.

④　郑海平.基于不确定性分析的产业群价值探讨[J].教育经济，2002(12)：11-13.

的不断涌现,技术的迭代革新、分工的进一步精深催生着新产业的成长,新产业的不断发展、碰撞、融合逐渐形成了稳定业态,新兴产业群体在稳定的新业态中动态博弈,为增强新产业的生命力与竞争力,逐渐在运动中反馈并推动了新兴产业群的产生与进步。其实,发展至今,我国并未对新兴产业(也可以简称为"新产业")做出统一的解释,综合来看各种观点,主要是从广义和狭义两个维度进行阐述。从广义角度来讲,新产业是科技创新的领域,是利用先进技术建立产业发展计划和战略;从狭义角度来讲,新产业被聚焦在第三次科技革命后出现的产业,属于高新技术产业。本研究对新产业的界定,是融合广义与狭义概念,并结合我国产业发展战略,将其限定在七大新兴领域,即能源、节能环保、电动汽车、新材料、新医药、生物育种和信息产业。随着新产业、新技术、新业态、新模式成为我国经济社会发展的重要增长点,市场上高素质、高质量的劳动力资源相对稀缺,虽然 2015 年以来,职业教育专业目录调整之后,每年都会根据市场需求动态增补时需专业,但人才培养的规格与质量似乎总落后于新产业、新市场的升级变化与动态需求,特别是新兴产业群的兴起,在客观上也刺激着相应的新专业实行群集化建设以满足产业发展的复合型人才需求。

（一）新兴产业发展的客观诉求推动

从七大新兴产业来看,国家战略性新兴产业规划以及中央和地方配套政策支持确定的七个领域,也可以称之为"新七领域",共划分了 23 个重点方向,构成新兴产业的战略发展框架。在"节能环保"领域,发展的重点是突破高效节能、先进环保、循环利用;在"新兴信息产业"领域,聚焦于下一代通信网络、物联网、三网融合、新型平板显示、高性能集成电路和高端软件的研发;在"生物产业"领域,主要面向生物医药、生物农业、生物制造;在"新能源"领域,核能、太阳能、风能、生物质能成为领衔发展项目;在"新能源汽车"领域,主要发展方向为插电式混合动力汽车和纯电动汽车;在"高端装备制造业"领域,提出了重点发展航空航天、海洋工程装备和高端智能装备;在"新材料"领域,分列了特种功能和高性能复合材料两项。综合来看,新兴产业大致可以分为三类,一是新技术产业化形成的产业。新技术在创生伊始属于一种知识形态,在发展过程中转化而成的成果逐渐产业化,最后扩散、弥合形成一种产业。如生物工程技术,在 20 世纪五六十年代或者说在更早的时候,它只是一项技术,经过不断化发展、转化、产出,而今成为生物工程产业,产业成果始终致力于服务社会。在美国，生物工程产业被誉为一个非常有前景的新兴产业。再如 IT 产业，在早期也只是一种互联网技术，随着数字技术的革新发展，如今也被认为是一个新的朝阳行业。二是用高新技术改造传统产业而形成的新产业。从历史发展的视角来看，回溯到几百年前，当时用蒸汽机技术改造手工纺织机，形成机器生产的纺织行业，使得整个纺织业势如破竹般发展，在当时那个时代，纺织行业就是相对的新兴产业。后来新技术改造传统的钢铁行业，生产复合材料以及抗酸、抗碱、耐磨、柔韧性好的新兴材料，在发展成规模后就形成了新材料产业。同样，用新技术改造传统的商业，使得运输、仓储、装卸、搬运、包装、流通加工、配送、信息平台等物流资源形成复合型或聚合型形态，在物流资源产业化后就变成了现在的物流产业。新技术对传统产业改造的核心，或者说新产业脱胎于传统产业的核心，就是使经济效益比传统产业有比较大的增幅。三是对人们原来认为是社会公益事业的行业进行产业化运作。在国外，传媒业是一个重要的行业，也是近年来产生财团、富豪最多的一个行业，而今，人们已把传媒当作盘根错节、链条化发展的产业来看待。比如电影产业，我国有几十家电影制片厂，却是政府在不断地贴钱、不断地拨款，而美国，就一个好莱坞，通过几个大的传媒公司来做，每年可以收入几十亿甚至上百亿美元的利润。再比如教育行业，我国坚持政府不断拨款，禁止教育的产业化，但也正是事业化的运作使得本来非常有潜力的产业无法满足人民群众日益增长的物质文化生活的需要，当然，这无可厚非，和我国政策国情密切相关，无关对错，只论异同。再从节能环保产业来看，环保本是一种公益，但由于环保业涉及节能环保技术装备、产品和服务等，链条长、关联度大，且就业吸纳能力强，对经济增长的拉动作用明显，因此对其进行产业化发展，是调整经济结构、转变经济发展方式的内在要求，环保产业在美国称为"环境产业"，在日本称为"生态产业"或"生态商务"，普遍成为发达国家抢占未来竞争制高点的战略选择。

从新产业发展的另一面来看，战略性新兴产业的发展与传统产业的发展，最大区别在于，前者是现代科技前沿成果与产业的融合，后者是既有成熟技术与产业的融合。由于现代科技前沿成果大多是自身还未成熟，其能否产业化，且何时才能真正实现产业化，都充满了巨大的不可知性，这就导致发展战略性新兴产业能否成功同样也具有巨大的风险性。战略性新兴产业本身就具有研发难度大、投入高、科技依赖程度高的特点，且该产业在我国的发展尚处于成长阶段，行业配套不太完善，尽管近年来受政策影响，整体的发展速度比较快,但也面临着融资约束、产能过剩、创新动力不足等问题。① 从新兴产业内部促动来看,我国战略性新兴产业是经济系统中的一个子系统,其自身又包括"新七领域"的子系统,而各领域子系统又包括研发、制造、营销、服务等次子系统,整个系统运作的复杂性特征已经被众多学者所证实,其运动、变化和发展的过程是资源禀赋配置的过程。② 为了便于进一步分析,可以将那些在状态空间构成某一配置单元的资源抽象为一个配置结点,③如产学研结合就可以成为一个配置结点,然而产学研是一个系统工程,不是单个专业可以支撑起来的,专业群建设可以成为新产业产学研配置节点的载体和空间。在这个语义上,新专业的群集化建设是新产业资源禀赋配置的客观要求。

(二)专业群建设是职业教育适应新产业发展的内在呼应

产业转型升级以来,我国经济发展由高速增长阶段向高质量发展阶段转变,产业集群效应越来越明显,对高素质技术技能劳动者的需求缺口越来越大。以云计算、大数据、物联网、人工智能为代表的新兴技术不仅全面应用到第三产业,且日益向第一、第二产业渗透,在新技术与传统产业融合、创新的过程中,不断催生出新兴业态,形成新一代的产业增长点,新的行业、新的工种、新的职业群、新的岗位群都随之涌现,促使升级后的职业内容呈现出既高度分化又高度复合的发展态势。一方面,在社会的高速分工下,职业越分越细;另一方面,职业的跨界性越来越明显,工作环境复杂多变,单一技能很难适应时下工作要求,岗位能力越来越综合化。职业教育作为与产业发展联系最为紧密的教育类型,必须适应当前产业发展新趋势对技术技能人才需求的新变化。我国职业教育发展至今,单从高职来看,2020年教育部批准新设的国家控制专业共计765个,专业点59111个,全国高职校均专业41个左右,专业数量多、分类细,导致办学资源分散。不少专业单体资源不足、规模较小、实力较弱,在产业集群发展的背景下,就算单个专业实力很强也很难适应产

---

① 南晓莉,韩秋.战略性新兴产业政策不确定性对研发投资的影响[J].科学学研究,2019(2):255-266.

② 蒋珩.基于自组织理论的战略性新兴产业系统演化:不确定性和跃迁[J].科学学与科学技术管理,2014(1):126-130.

③ 李宗诚.复杂系统全协同动力学基本方程和函数[J].系统工程理论与实践,2004(6):4-13.

业集群发展对技术技能人才素质和能力方面提出的新要求。随着产业结构调整和用人市场升级的不断加快,这种匹配上的博弈与矛盾日益突出,与单个专业相比,专业群能够更好地适应市场需求的变化,特别是新专业的建设,职业院校应根据经济市场和新产业发展对技术技能人才需求的变化,从专业群与产业群协同的视角打造高水平专业群,提高人才培养的适应性和针对性。从这个角度看,从专业到专业群的变化,是职业教育适应新产业形成与产业集群化发展新趋势的内在要求。

从市场上企业用人的角度来看,高新技术企业的生命周期具有不可测性。企业生命周期理论是美国管理学家伊查克·艾迪思博士于1989年提出来的,他将高新技术企业生命周期划分为五个阶段,即种子、创业、发展、成熟和衰退,发展的风险性也呈由多到少再到多的变化。高新技术企业在成长的不同阶段有不同的发展风险,这些不可知的风险与企业的各自特点和组织结构息息相关,比如有的企业缺乏持续的技术支撑,有的企业资金不足,满足不了迅速扩张的资金需求,有的企业人才短缺、营销管理水平低,无法达到高新技术所要求的高集成度,等等,一系列的不确定风险牵动着市场的动态变化。[①] 此外,不同类型的高新技术企业存在不同的生命周期,企业的蜕变及二次创业都充满了不可知的风险。而这些高新技术企业作为新专业人才产出的主要雇主,如果新专业与其一对一对接,等于在无形中承接了雇主企业的发展风险,这显然给新专业的建设与未来发展带来更多的不可预知性,甚至可以拖垮一个发展眼界狭隘的新专业,因此,新专业群集化建设对接高新技术企业所对应的产业群才是新专业发展的进阶思路,也是新专业内涵化、质量化发展的内部需要。

(三)一个来自智能制造领域人才需求的案例支持

从产业市场的发展规律来看,当企业生产大量技术含量不高的初级产品的时候,初级技术工人就可以胜任生产需求,但是产业结构调整、企业产品升级换代之后,更多的更高层次技术技能人才和经营管理人员成为支撑新兴产业发展的主力军。

以智能制造市场的用人需求为例,将视角聚焦于工业机器人,根据

---

① 张贵.不确定性选择——高新技术产业成长的新路径[J].当代财经,2005(1):94-97.

IFR2018 年 6 月最新发布的数据，2017 年全球机器人市场规模已达 500 亿美元，全球工业机器人的总销量达 38 万台，同比增长 29%。中国自 2013年以后一直是全球最大的工业机器人市场，2017 年，中国的工业机器人销量达 13.8 万台，其次是韩国，约 4 万台，居后是日本约 3.8 万台[①]。可见，中国智能制造领域的机器人制造、应用的发展势头甚猛。截止到 2018 年，中国机器人市场结构如图 4-1 所示，具体来看，我国机器人市场规模达到87.4 亿美元左右，其中工业机器人约为 62.3 亿美元，同比增长 21.7%，占我国机器人市场规模的 71%；其次是服务机器人和特种机器人，市场规模分别约为 18.4 亿美元和 6.7 亿美元。从 2013 年发展到 2018 年，我国工业机器人市场规模的平均增长率为 27.2%[②]。从目前新技术、新产业欣欣向荣的成长状态来看，未来将会有更多的更加智能化的机器人投入并应用于生产生活，职业院校毕业生匹配职业的工作内容将从低端劳动向操作、检测、维修等技能点转变[③]。因此，职业院校必须加快人工智能类专业的建设，比如在现有的计算机教学中融入人工智能相关课程，但治标不治本；再如开设新兴的工业机器人技术专业以精准对接市场，以此来避免职业院校学生毕业即失业的尴尬局面。

从智能制造领域人才需求的复合性来看，智能制造的发展首先需要有涵盖制造业知识和能力范畴的专业作支撑，因为有了基础专业的存在才使得制造业的正常运转、内部分工得到保障，然后再加入精准专业化的内容，如工业机器人、无人机之类的专业就是这样的一个极度复合化形态。在个性化定制、协同制造与设计、工业化与信息化融合并存的智能制造发展趋势下，合理构建智能制造类的专业体系不仅能提高人才培养的质量和效益，还能逐步消除人为性的知识壁垒导致的人力资本结构性矛盾[④]。基于此，智能制造类的专业系列可以在区域内实现集群发展，依据区域智能制造产业发展态势构建

① 清华大学中国科技政策研究中心.中国人工智能发展报告(2018)[R].北京：清华大学中国科技政策研究中心,2018:49.

② 德勤中国.中国人工智能白皮书[EB/OL].(2018-11-16)[2018-12-16].http://www.199it.com/archives/796260.html.

③ 樊占东,邢培振.浅析高职院校人工智能专业建设的必要性[J].现代信息科技,2019(12):184-186.

④ 胡斌武,陈朝阳,吴杰."中国制造 2025"背景下现代职业教育的路径探索[J].山西大学学报(哲学社会科学版),2016,39(3):91-96.

校际专业集群,或者根据智能制造的关键技术或重点发展领域(如"智能工厂")构建校内专业集群,以打破各专业的明显界限,满足这些市场时需的新兴专业的精准、深度的建设,以培养适应工业机器人应用的智能制造类新产业需求的复合型高素质技术技能人才。

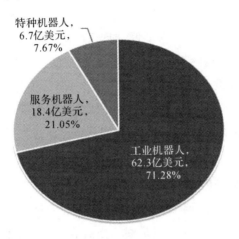

图 4-1　2018 年中国机器人市场结构

第二节　专业群建设的演绎逻辑与基本原则

舍勒认为,人们做出重大意义的行为背后,总是能发掘出以一定的核心价值为基础的最简单的价值结构,这种结构类似于行为的基本公式,主体是按此基本公式的规定在道德上生活和生存着,这就是价值秩序①。而新兴专业群的建设、发展也不是随心所欲而为的,需要在群结构的基础上遵循"价值秩序",而这种价值秩序正是新兴专业群在组建和演化过程中需要遵循的某种逻辑和原则。科学合理的新兴专业群建设逻辑和原则是专业群实现生态、可持续发展的前提和基础,那么,"科学合理"的权杖是什么,可以从三个方面进行评判。首先是聚焦专业群建设的出发点,即考量新兴专业群的目标定位是否清晰,是否对接新兴产业、升级产业的发展需要,是否满足职业院校内涵

---

①　M.舍勒.爱的秩序[M].林克,等,译.北京:生活·读书·新知三联书店,1995:36.

建设的需求，是否能为新兴专业的建设带来新的思路和成效①，集中体现出新兴专业群建设的必要性；其次是围绕专业群建设的关系架构点，即新兴专业群的层次结构是否合理，核心专业与相关专业能否形成取长补短、强强联合的有效关系，专业之间是否真正实现合作共享，集群化建设是否提升了专业建设水平、增强了育人质量与服务能力，这共同呈现在专业群结构的合理性上；最后是落脚专业群建设的立足点，即以育人为中心，专业群内所有资源都聚合于这一制高点，专业群建设中人才培养方案、师资队伍、技术研发与服务、实习实训等关键要素围绕这一中心进行内向汇集与外向延伸，这些专业资源与关键要素的关联性、互补性与共享性的水平高低直接指向专业群建设的可行性②。从"价值秩序"内核来剖析的话，正好可以从新兴专业群是什么、为什么、怎么做的维度进行逐一回答。

一、源于专业群的核心厘定

从专业群到高水平专业群，是一个逐步发展的过程。专业群一词早在我国示范校建设时期就被提出。但是囿于当时我国各产业间边界分明，使得对专业群的研究与实践工作并没有取得太大突破。2019 年"双高计划"实施再次推动了专业群建设。

（一）何谓专业群？

专业群是职业教育发展至一定阶段的必然产物，这一观点可以从 2015 年教育部新修订的职业教育专业目录来佐证，新修订后的很多专业都具有复合性、跨界性，如物联网工程技术专业、云计算技术与应用专业、物联网金融专业等，也有部分专业存在交叉或者重复的现象，如新能源汽车运用与维修专业和新能源汽车技术专业、国际贸易和国际商务专业等。因此，从单个专业建设到专业群建设，既是顺应职业教育发展的内在需求，同时也是集约专业资源、避免重复建设的重要举措，更是产业升级、市场用人的迫切需要。那么，何为专业群，先纵览一下从文件角度和研究角度的概念界定。

从文件上的界定来看，早在 20 世纪 90 年代中期就已经出现了专业群的

---

① 方飞虎,潘上永,王春青.高等职业教育专业群建设评价指标体系构建[J].职业技术教育,2015,36(5):59-62.

② 任占营.高职院校专业群建设的变革意蕴探析[J].高等工程教育研究,2019(6):4-8.

思想,当时主要是为了解决专业划分过细而导致的学生就业渠道过窄的问题,根据职业岗位群组建专业群,并构建"基础＋模块"的课程体系来拓展学生知识面;到 90 年代末期,专业群跳出课程的维度,开始关注资源共享的功能。2006 年,《国家示范性高等职业院校建设计划》中指出,专业群是以重点专业为龙头、促进资源共享、提升专业建设整体水平和经济社会服务能力的组织;2012 年,江苏省在"'十二五'高等学校重点专业建设工作"中提出,"专业群"是指围绕某一技术领域或服务领域,依据自身独特的办学优势与服务面向,以学校优势或特色专业为核心,按行业基础、技术基础相同或相近原则,充分融合相关专业而形成的专业集合,代表着院校的专业发展方向和重点;①2015 年,江苏省又在"关于推进职业学校现代化专业群建设的通知"中进一步指出,所谓专业群,就是"由一个或多个重点建设专业为核心、由 3 个及以上专业或专门化方向组成的、专业基础相通、技术领域相近、工作岗位相关、教学资源共享的一个集合";②2019 年,教育部在"双高计划"中提出,专业群要面向区域或行业重点产业,依托优势特色专业,健全对接产业、动态调整、自我完善的专业群建设发展机制,在专业资源整合和结构优化中发挥集聚效应和服务功能,并实现人才培养供给侧和产业需求侧结构要素全方位融合。③ 可见,文件语言中的"专业群",多为强调专业群的面上含义,如专业数量、专业关系等,且更加强调专业群的功能发挥,如资源共享、对接产业、服务产业等,总之,文件语言范畴中的专业群是一种"外向型"的服务性集合,似乎并未关注到专业群的内在逻辑范式。

从研究视角的界定来看,首先,关于专业群的概念,主要集中在专业群的结构上,专业结构是专业群建设的核心要素,其所对接的产业、面向的技术与服务领域,以及原有专业结构,都决定着专业群的组合、数量和核心专业的确

---

① 江苏省教育厅.江苏省财政厅关于开展"十二五"高等学校重点专业建设工作的通知[Z].苏教高〔2012〕16 号,2012-05-28.

② 江苏省教育厅,江苏省财政厅.关于推进职业学校现代化专业群建设的通知[EB/OL].(2015-12-28)[2017-11-10].http://www.ec.js.edu.cn/art/2015/12/31/art_4267_186113.html.

③ 教育部,财政部.关于实施中国特色高水平高职学校和专业建设计划的意见[Z].教职成〔2019〕5 号,2019-03-29.

定。① 根据这个视角可知，对专业群概念的理解包括两个层面，一是核心专业的确定，二是群内相关专业的选择，那么，以此可将专业群的概念分成"专业组合论"和"核心专业引领论"。"专业组合论"认为，专业群是一组结构有序、优势互补、资源共享的专业或专业方向的集合，专业群的内在组成决定了专业外在的服务形式或者服务面向②，即专业群是由相关专业或专业方向遵循"课程相近""能力趋同"或"同一实践教学"的原则组建的专业集合③，或者说，专业群就是由一个或者几个教学水平高、就业情况好的重点专业，辅之以几个门类相近或者相关的专业组建起来的专业群体④，不同的专业群各有不同的建设模式。"核心专业引领论"认为，专业群是由核心或特色专业与其他相关专业或专业方向组建的专业集合⑤，如孙毅颖提出，"专业群是由一个或多个重点建设专业作为核心专业，由若干相关专业共同组成的专业集群，而重点建设专业具有办学理念先进、产学结合紧密、特色鲜明、就业率高的专业建设特征⑥"；陈郁青提出，"专业群是指职业院校围绕特定的技术或服务领域，依据自身办学优势与服务对象，按行业及技术基础的相同或相近原则，以学校优势专业为核心并融合相关专业形成的专业集合⑦"。可见，"核心专业引领论"都在强调专业群要以一个或多个专业为核心，这个"核心"要么办学实力强，要么是重点或特色专业，要么是优势建设专业，而"核心"以外的若干个相关专业要"工程技术对象或领域相同、或专业学科背景相近⑧"，围绕"核心专业"进行服务与建设。不管是"组合论"还是"引领论"，都是基于专业群内部的结构，着眼点都是专业之间的内部联系。关于专业群的内涵，通俗地说

---

① 刘阳，龚添妙.中国制造 2025 背景下服务产业发展的高职专业群建设研究[J].机械职业教育，2017(1)：26-28.

② 张红.高职院校高水平专业群建设路径选择[J].中国高教研究，2019(6)：105-108.

③ 郭福春，徐伶俐.高职院校专业群视域下的专业建设理论与实践[J].现代教育管理，2015(9)：111-114.

④ 黄影秋.专业群与产业群协同创新模式研究[J].职业教育研究，2017(6)：35-38.

⑤ 孙毅颖.高职专业群建设的基本问题解析[J].中国大学教学，2011(1)：36-38.

⑥ 孙毅颖.高职专业群建设的基本问题解析[J].中国大学教学，2011(1)：36-38.

⑦ 陈郁青.高职重点专业群耦合式产学研合作教育体系的探索与实践[J].教育与职业，2015(23)：24-26.

⑧ 徐耀鸿.智能制造专业群服务先进制造产业的探究[J].中国职业技术教育，2019(10)：66-69.

就是"概念的内容",包括两方面的含义,即市场意义上的"经济适用"模式,聚焦于规模效应、共享资源;教育意义上的"组织形式"模式,聚焦于专业群本身,属于内部的优化配置。"经济适用"模式认为,在 2007 年就有学者基于这一视域阐述专业群内涵,即所谓专业群,由一个或多个实力强、就业率高的重点专业作为核心专业,若干个工程对象相同、技术领域相近或专业学科基础相近的相关专业组成的一个集合[①];后有学者进一步阐释,这个专业集合具有相同或相近技术理论基础和能力要求,且服务于相同技术或服务领域,能够在集合内部共享师资、课程、实践场地等教学资源,具有形成规模经济效应、提升教育本身的投入产出比、节约教育成本等作用[②]。有学者基于市场效应来解释专业群的内涵,如"专业群是以产业为方向,基于对某一行业产业链实用性人才结构的分析,构建与该产业链发展需求相一致的链条式专业集群,各专业具有相同的工作范畴和相近的技术领域,能够反映出产业链体系中各专业的教学实训目标[③]";基于这一视角,有学者进一步解释:"专业群是指职业院校根据自身服务面向与办学优势,围绕上下游产业链或者某一技术领域、服务领域,以明显优势或特色专业为核心或龙头,再加上若干个专业基础相通、技术领域相近、职业岗位相关、教学资源共享的相关专业而形成的专业集群,群内相关专业可以按照产业链组合,也可以由同一大类组合[④]。"可见,市场意义上的专业群是以协同产业群、对接岗位群为依据,集中体现了职业院校专业建设的整体水平,是践行人才培养教育链与产业链相对接的过程。从"组织形式"来看,早在 2006 年就有学者基于这一语境进行论述,一是"管理单位"模式,该模式认为专业群是一种打破传统的、以专业为单位的组织形式的教学管理单位,其侧重于对群内资源的组合。该语境下的专业群作为职业院校的基本管理单元,以及学校内部资源共享与人才产出的实体组织,而单个专业成为课程的组织形式,以专业群为单位组建二级学院[⑤];专业群作为一个由多个专业组合的有机整体,与产业、职业群或岗位群对接,集聚资源并开

①　袁洪志.高职院校专业群建设探析[J].中国高教研究,2007(4):52-54.

②　张有根.集团化办学:一种职业教育集群价值链增值模式的选择[J],职教论坛,2010(31):18-21.

③　陈运生.产教融合背景下高职院校专业群与产业群协同发展研究[J].中国职业技术教育,2017(26):27-32.

④　李林.高职专业群建设评价体系构建研究[J].教育评论,2017(8):76-79.

⑤　梅亚明.高校专业群的集约建设[J].教育发展研究,2006(9A):68-69.

放共享，以培养满足快速变化的产业需求、适应更宽职业领域的人才①。因此，专业群在制度、管理的规范中高效运行，在课程、师资、资源库、实训等多方面整合资源、优化配置，以充分发挥资源的最大效益。二是"教学组织"模式，该模式聚焦专业群内部，意在通过课程的重整来实现更高水平的专业化培养，即以专业群为背景开发课程、开展教学实践②。袁洪志认为，我国公布的职业教育专业目录中专业大类中的二级类专业体系可称为专业群，但专业群如何规划和建设是由学院的行业背景、地方经济社会发展程度、学院自身的办学条件和专业发展过程确定的，各院校专业群内专业的数量和分布并不与专业目录中的专业划分一一对应③，因此，可以把专业群当作是职业院校的基本教学单位和课程组织单位，课程体系建设始终是其出发点和落脚点。

通过文件语境和研究语境对专业群含义的阐述，可以总结出，所谓的"专业群"是指对应区域中某一个支柱产业的产业链或相关技术（服务）领域，整合学校现有专业，组建相应的专业群，形成的集群式专业结构。从内涵上看，专业群既是职业院校优化专业布局和资源配置的教学组织手段，也是专业建设机制和管理模式创新④。大多数专业群建设侧重在"管理单位"的重组，将存在资源联系的专业通过空间分布上的"集聚"，共享各专业人力和物力资源。但专业群的意义不能仅局限于资源集聚的经济价值，探索柔性化的教学组织培养模式、提高学生职业能力和发展能力，更具有教育意义⑤。真正意义上的专业群，在建构过程中，首先需要对群内各专业的具体职业岗位群重新确定，使群内各专业针对某产业集群或某技术领域岗位群的分工具体明确，也就是说各专业的就业岗位指向是具体且互相独立的，这可减少因内部就业指向雷同而使某些职业岗位人才过剩，而另一些岗位又无人可用的结构性失

① 兰金林，田静，石伟平. 我国高职专业群建设的实践与反思——基于 2008—2018 年 CNKI 核心期刊文献分析[J]. 中国职业技术教育，2019(30)：74-80.

② 徐生，王怀奥，梁蓓，高职专业群背景下的学习领域课程开发与实施[J]. 职业技术教育. 2010(23)：25-28.

③ 袁洪志. 高职院校专业群建设探析[J]. 中国高教研究，2007(4)：52-54.

④ 张栋科，闫广芬. 高职专业群建设：政策、框架与展望[J]. 职业技术教育，2017,38(28)：38-43.

⑤ 沈建根，石伟平. 高职教育专业群建设：概念、内涵与机制[J]. 中国高教研究，2011(11)：78-80.

衡;其次,优秀的专业群带头人是专业群建设的核心要素,优秀的专业群带头人如果能深刻地把握专业群对应的产业发展态势和技术进步状况,以及学生需要掌握的知识、技能系统和程度,学生需要养成的综合的、职业的素养和能力,确保专业群始终以人才培养为第一要义,任何服务性、经济型功能都不能越过或无视这一出发点和落脚点,这样的组织建制才是真正意义上的专业群,即面向产业链、围绕岗位群、基于知识与技能、融合技术领域的跨界跨领域专业、统整共享专业核心课程、落脚复合型高素质新型人才培养的专业集群化发展。

(二)何谓"高水平专业群"?

高水平专业群建设是促进我国职业教育内涵发展的重要战略举措,要牢牢把握类型教育下职业教育深化内涵发展和"四新"背景下产业转型升级中动力转化的现实需要。那么,如何界定专业群的"高水平"? 可以从现实审视的角度进行突破与建设。

第一,从分等到分类:"类型教育"下职业教育专业群亟待深化内涵建设。从被误认为"低人一等"的次等教育到如今与普通教育同等重要的类型教育,这一转变也进一步要求职业教育专业群建设要从组群方式、资源整合方式、管理组织方式等多方面彰显自己的类型特色。一是要摆脱普通教育印记,探索具有职教特色的组群方式。不少职业院校在专业群建设之初是以本科院校专业群建设为参考进行简单映射。本科院校专业群以学科体系进行组群,职业院校则采取以行业体系进行组群。虽然体现了职业教育与经济相结合的特点,但是忽视了技术赋权使经济发展形态愈发复杂,以相近行业进行组群的逻辑难以适应行业边界逐渐液化的现状。新业态下亟待探索一种与区域经济发展需求紧密对接的专业群组群方式,并在此基础上探索具有职业教育类型特征的办学模式、人才培养模式等。二是要突破简单的资源捆绑,优化专业群资源整合方式。资源整合是专业群建设的重点,同时也是专业群相比于独立专业建设的优势所在。现有职业院校往往是将群内各专业资源进行了简单捆绑与共享。这种松散的资源整合方式无异于传统独立专业建设的资源配置方式。专业群的资源整合应发挥其资源溢出优势。通过分析产业链特征、岗位群知识结构等方式,将群内资源进行相应的解构与重构。同时进一步对群内弱势专业形成辐射,带动弱势专业的发展。三是要改变传统专业管理组织方式,健全专业群管理保障机制。目前,各职业院校在专业群建设过程中，一方面，组织管理上没有完全打破传统的"系—教研室"管理体制，有的职业院校即使设置了专业群建设指导委员会，但仍缺乏具体落实的管理机构或团队，群内专业仍然各自为营。另一方面，当前专业群建设缺乏运行管理和考核的实时反馈，这不利于专业群实现持续有效的质量监督，将阻碍专业群的自我定位与动态调整。在紧密对接区域产业，建设高水平专业群同时，更要进一步制定并完善专业群相关标准制度、保障制度等，优化专业群建设内部管理方式，实现专业群的可持续发展。

第二，从合作到融合：产业转型升级背景下专业群亟需突破单一育人功能的枷锁。当前我国正处在新业态异军突起的重要时期，人才需求发生了改变，产业需要更多能够适应复杂工作场景的复合型人才。以"云计算""大数据""物联网""人工智能"为代表的新技术重塑着当前产业发展路径，进一步重构了生产组织方式，提高了劳动生产效率。也正是由于新技术的介入，职业教育专业群建设过程中需要实现以人才培养为核，技术研发、社会服务等多项功能共同推进。一是校企合作过程中企业期望多元化。以协同培养岗位需求的高技术技能人才已经不再是企业与职业院校合作的主要关注点。如今企业更多期望通过股份制、混合所有制等多元合作办学的方式，深化与职业院校间的合作。在激发办学活力，提高人才培养水平的同时，与职业院校共同攻克技术研发难题，为企业在生产流程、生产工艺以及设备、技术改善等方面提供支持。同时，促进企业技术技能经验积累，提高企业在新一轮产业转型升级中的抗风险能力，推动企业的可持续发展。二是就业市场新形势要求专业群人才供给更为精准化。随着信息化、智能化等技术的推动，各就业岗位间的界限逐渐模糊。企业主在关注应聘者专业技能同时，更在意应聘者对新知识的学习能力、团队成员间的协作能力等。专业群对于人才培养的目标需要进一步精准对接劳动力就业竞争中对专业技术技能之外的需求。三是社会生活发展对专业群建设要求服务化。新业态的发展带动了岗位内容和标准的改变，低端劳动力吸纳能力下降，劳动力需求结构发生改变。专业群在做好现有专业人才高质量供给的同时，需要针对原处于低端劳动力市场，诸如退伍军人、农民工、残疾人等群体提供相关技能补偿的职业培训。同时，对已有企业员工要积极开展技能提升培训，推动他们跻身中端劳动力市场，进一步优化现有的就业结构。

(三)何谓"四新"背景下的"新专业群"?

对新兴专业群的理解,应该主要聚焦在"新"上。新兴专业群的创设,最初的出发点是满足战略性新兴产业的集群化发展,提升专业群服务产业群的综合能力成为目前职业院校强化内涵建设的现实且紧迫的诉求。从这种融合式新产业服务性的视角来看,新兴产业是在新技术迭代发展的基础上聚合、升级形成的,而新技术所呈现出的高科技性、复杂性、迅捷性、交叉性与融合性等特征,决定了新兴产业的高投入性、高风险性且不确定性的内在表征,不仅要求产业链之间的深层次协同,而且也要求相应专业链之间的成系统的相融,以新兴专业为代表的扣链型专业集群以高层次复合型的人才输出、高含量技术创新、高水平社会培训等为新兴产业群提供对接性服务。然而,新产业服务性虽然是新兴专业群的重要内涵,但并非新兴专业群的唯一表征,其还有中观、微观层次上的不同表征形态。

从中观层次来看,首先,新兴专业群具有新职业岗位链综合对接性。职业教育是从职业出发的教育,职业是职业教育的逻辑起点[1]。职业关系同样是专业群组建的依据,新兴专业群绝不是主观人为地拉郎配组合而成,它是在客观分析新的职业岗位群之间的逻辑以及人才培养规格的需求中按照某种原则观念组建而成的。是否面向相同的职业岗位群,决定了新专业与其他或新或传统的专业之间是否具备组群的客观条件,且职业岗位群界定了组群专业的外延,也明确了专业群的根本任务,即服务学习者在此职业领域的职业生涯发展。如此成规模的服务,相比单个新专业的资源水平,专业群体量比较大,在适应市场变化方面更为灵活,且充分发挥跨专业的优势,满足更为综合性的市场岗位需求。新兴专业群与普通学科建设或者传统专业群的根本区别就在于,新兴专业群具有更强的岗位根植性与市场开放性,新兴的、高科技的行业企业都会深度参与其中。其次,新兴专业群具有有机整合化的系统协同性。新兴专业群是一个整合化的系统,不仅要向系统外输送高素质人才,满足用人需求,同时也要及时从系统外摄取有营养的信息,使群内各专业结构关系、培养模式、课程体系、实践条件、师资队伍等要素不断完善。在这个系统中,专业群将不同专业按照职业联系或者知识联系组合在一起,群内

---

① 孙善学,杨蕊竹,郑艳秋,等.职业仓:从职业到教育的分析方法[J].中国人民大学教育学刊,2017(4):81-110.

各个专业之间是一种协同关系，而非从属或附属关系，专业在整合化的系统中具有相对的独立性，既资源共享、相互融合，又各有定位、系统完整地实施人才培养①。新兴专业群暂时还取代不了个体新专业的存在，只是为专业建设提供了一种建设路径，聚合离散的专业个体真正形成协同育人的复合形态。从微观层次来看，新兴专业群具有创新复合教育性，育人始终是新兴专业群组建、建设、发展的最终落脚点。随着传统产业转型升级和新兴产业快速发展，新兴职业岗位大量产生，信息化社会对众多职业提出了更高的要求，复合化的职业需求也愈发繁复庞杂，面对复合型技能人才需求，专业建设与培养必须随之不断调整和创新，单个新专业很难满足市场纷繁复杂的培养要求，这一微观内在的深层需求构成了新兴专业群产生的根本原因。新兴专业群的主要功能是育人，虽然其还会应用技术创新、社会培训服务等其他功能，但人才培养始终是新兴专业群的主要任务与核心功能。因此，如果没有带来人才培养理念和培养模式的创新与变革，就不是真正意义上的新兴专业群建设。

二、专业群建设发展的逻辑

"逻辑"是一个多义词，包括思维的规律性、关于思维形式及其规律的科学和客观规律性等。② 本研究中所讲的"逻辑"意在说明一种客观规律性，而专业群组建与发展的导向逻辑指的就是专业群在建设理念与实践中所遵循的规律。职业院校在建设专业群的过程中，往往会依据区域经济特点、学校特色、已有专业以及资源平台的发展情况设计不同的组群逻辑。根据专业与产业对接层次的差异，专业群的组群逻辑可以分为基于产业群逻辑、岗位群逻辑以及群内逻辑三种。

（一）依据产业群发展的组群逻辑

该类专业群是围绕某一产业的结构、空间以及链条发展情况所组建，并按照产业调整与升级而持续优化，例如依据机械制造产业链将原料生产加工、产品设计、零件制作组装、控制系统开发、产品销售与售后等相关专业组

---

① 吴升刚，郭庆志.高职专业群建设的基本内涵与重点任务[J].现代教育管理,2019（6）:101-105.

② 中国社会科学院语言研究所词典编辑室.现代汉语词典[M].北京:商务印书馆,2016:860,861.

合在一起。这种专业群的构建要求建设院校有着充裕的资金支持,同时有着深厚的专业底蕴,实现链条上各环节的有机整合。该专业群建设的难度在于课程的设置并不是依据岗位知识特征对原先课程内容进行逐一修改,而是在于要根据所对接产业群特征,将相关课程知识进行解构,并依据产业群的群内关系进行重构,使专业群内各个课程实现横向与纵向的多维度衔接,真正实现人才培养路径个性化。

该类专业群的建设关键在于以下三个方面:一是专业群与区域经济内重点产业群对接。以"中国制造"向"中国创造"的转变为建群依据,加强对相关专业群的建设,在满足企业发展需要的同时,建立相应的运行机制,使专业群与区域产业群有效对接,增强人才培养和技能形成的针对性和有效性。这些专业群一般按照"对接国家战略"的思路,以专业实力突出的国家示范重点专业作为引领与核心,融合相关的周边专业来构建群组。以专业群与产业群相结合的方式,实现职业教育与区域经济有效联动,以产业的发展引领高水平专业群的建设。二是依据产业群结构实现群内专业的多元组合。尝试由多个任务对象相同、技术开发相近的相关专业构成。以核心专业或特色专业为核心,进行群内外的资源整合,实现相近专业的融合搭配与资源共享。通过专业与产业的对照,分析并总结出专业的人才培养规格,并在此基础上形成"核心专业牵头,相关专业协同"的专业组合关系,发挥强势专业在群内的核心引领作用,带动复合型技术技能人才的培养。三是将集团化办学作为专业群发展的重要基石。集团化办学能够有效聚集来自行业、政府、社会等各方的信息资源,能够有效提高专业群对于市场需求变化、产业发展方向的敏感度。同时能够摆脱传统校企合作所形成的一对一专业建设格局,与集团中各成员间形成多层次多类型的合作模式,快速积累相关技术技能经验,使专业群成为技术的集汇中心,提高专业群面向产业群的整体服务力。

(二)依据岗位群发展的组群逻辑

该类专业群以职业岗位为依据,在充分体现职业分工关系的基础上,针对各种岗位群人才需求将相关专业进行组合。这类专业群指向一些所处链条较短、行业界限清晰但工艺流程衔接紧密的岗位群,例如依据制茶产业链将种茶、制茶、茶艺相关专业联系起来,其产业链并不是很长,但种茶、制茶、品茶这些环节往往是由个人连贯完成的。这种专业群的建设需要职业院校拥有与相关岗位群匹配的重点专业,以重点专业为群核心进行效益辐射,且专业内部需要有良好的经验积累，能够对产业技术、生产工艺进行一定的突破。

该类专业群的建设关键在于以下两个方面：一是要精准对接区域岗位需求，提升人才培养支撑。结合当地企业的人才需求，设计出复合型技术技能人才的具体指标，从而指导人才培养工作，其中涉及"单一岗位能力""行业通用能力"以及"职业通用能力"三方面内容。"单一岗位能力"的培养目标较为简单，仅仅是培养能够胜任某一岗位的高技能人才，未对学生的创新能力有显著要求；"行业通用能力"要求技能型人才能够实现对某一行业所需技能的熟练掌握，并能在行业中的不同岗位群之间灵活流通，这便严格要求学生完全理解本行业的基础知识并能熟练应用；而"职业通用能力"则要求学生要深入了解某一岗位群的各种生产环节，这种能力主要针对就业口径较宽的职业领域，这便要求职业院校要重点培养学生通用职业素养①。二是以市场规格为指针，调整专业群课程内容与结构。群内课程体系的开发作为人才培养方案的统一指导，最能体现不同岗位的人才需求。如珠宝首饰类专业，一方面需要根据消费市场需求特征将主流的珠宝设计款式和珠宝种类鉴定方式及时更新入课程内容中，另一方面需要根据就业市场的人才聘用要求，及时调整专业平台课、专业方向课、专业技能实训项目和顶岗实习之间的比重。

该类专业群建设的难点在于要深化校企合作的内涵，与区域龙头企业形成发展命运共同体。一个区域龙头企业基本涵盖了专业群所需要的岗位群，与该类企业进行合作有利于系统全面地推动专业群与岗位群对接。该类专业群在建设过程中，容易陷入服务就业、针对具体岗位的传统人才培养方式中。因此，该类专业群需要进一步注意到现有企业对校企合作的期望已经不是单单地满足人才供给的需求，而是让企业在管理、运行、生产等各方面得到长足的发展，在每一轮的竞争当中都能处于领先的地位。在进行校企合作的同时，除育人方面要与企业形成对接外，在企业的管理、技术、生产等等各个方面要形成紧密互助的关系，不断推动企业管理方式、技术革新、人员培训、产品创新等各个方面的发展，并以此为辐射点，带动区域相关中小企业的共同发展。

---

① 兰金林，田静，石伟平.我国高职专业群建设的实践与反思——基于 2008—2018 年 CNKI 核心期刊文献分析[J].中国职业技术教育，2019(30):74-80.

（三）依据群内部发展的组群逻辑

该类群是围绕某一或相近学科领域，且具有强学科知识支撑的一类专业集合，例如机电类专业、医药类专业等。这些专业相比于烹饪、珠宝鉴定等专业有着更强的学科背景。该类专业可以对接产业链中知识结构相近的一段链条或者岗位群。其建设需要职业院校所处地区以资本密集型、技术密集型、知识密集型产业为主，同时具有良好的生源渠道，保障学生的学力能够紧跟专业群的教学工作。

该类专业群的建设关键在于以下两个方面：一是以专业群课程为核心，打造共享资源库平台。资源库平台涉及课程、实训、企业案例、行业标准、政策法规等内容，它既是高水平专业群建设的基础，也为教师、学生以及社会学习者自主学习提供帮助。该类专业群的优势在于强学科背景下能够有效满足学生对于专业知识纵向深化与横向扩展的多重需求。对此，专业群要打造学科知识体系与产业技术体系都完备的资源共享平台，实现学生能够根据自己的需求灵活选择学习内容，形成多路径成长。资源库平台的建设将有助于引领职业教育实现信息的共建共享，在一定程度上提升职业院校专业群的建设水平。二是构建多元跨界的师资团队，实施团队管理模式。多路径的人才培养方式决定了该类专业群不光可以与相关企业、行业形成合作关系，同时也可以与普通高校形成合作，以此贯通人才技能提升与学历提高的双重通道。通过形成来自不同主体的教师团队，能够从多角度深化专业群课程设置、教学方式以及进一步开发符合人才成长路径的教材、信息化学习资源包等教学资源，加强人才培养过程中各个环节的衔接紧密性，有效保证人才培养的质量。同时，来自不同领域、专业的多元教师团队能够有效分担群内各方向各类型的教学任务，使得教师能够更加聚焦于提升自己本专业的专业化水平。

但是需要注意的是，在构建这类专业群的过程中容易陷入学科知识教学的逻辑，失去职业教育应有的类型特色。因此，在进行该类专业群建设过程中，仍要把握以推动应用性为导向的建设目标，主要包含两个内涵：一是应用技能的培养，无论是理论深化还是操作扩展，都要紧紧围绕着现实产业、岗位中的问题进行，以实现相关应用技能的培养；二是应用研究的推动，借助强学科背景的优势，以学科动向把握产业发展的方向，将最新的科研成果及时转化。

三、专业群建设的模式与原则

从专业群的组建方式来看,根据治理角度、发展理念、政策安排的不同,可以分为以院建群和以群建院两种典型模式。但不管是哪一种建群模式,都在具体实践中应坚持适宜、适度、适合的准则。

（一）两种模式的比较

以院建群模式的主要特征是将专业群的概念、理论、组织方式等应用在二级学院的专业建设之中,对既有的专业设置持肯定态度,属于渐进式的发展模式。专业群建设和发展的决策权在二级学院及学校,二级学院与专业群之间是控制与被控制的关系,专业群发展目标的实现依赖于行政干预和管理技术,二级学院容易出现管理"越位"现象,既是专业群建设资源的分配者,也是专业群发展的执行者,缺乏协商及民主①。以院建群模式的主要优势是充分发挥学校内部资源在专业群建设过程中的作用,变革阻力较小,不会对现有专业建设的既得利益者产生影响,能够在不变革组织框架、管理模式等前提下逐步推进,为组群专业提供适应时间和条件,科层制的管理方式能够更好地执行。以院建群模式的主要劣势是旧有的专业建设理念和管理方式有着较强的组织惯性,因专业建设的利益相关者无法深度参与而流于形式,容易出现专业群有名无实、有形无质,组群专业之间缺乏内在逻辑,在发展定位、资源共享等方面没有实质进展,这对以院建群过程中的制度建设提出了更高要求,如何制定发展目标、如何制定实施方案成为重点,如何协调多方利益、如何权力下放成为难点。

以群建院模式的主要特征是专业群组建过程中遵循对应产业（链）或岗位（群）等的逻辑,专业群的发展目标和功能定位决定二级学院的组织方式,认为现有二级学院的专业设置不够合理,根据发展需要进行动态调整,确保专业群的建设与经济社会发展之间的紧密关系,属于变革式发展模式。强调专业的发展影响学校的未来发展,二级学院是服务专业群发展的组织,专业群的负责人在专业发展过程中拥有更多权限,借助畅通的沟通机制,专业群的利益相关者能够深度参与到专业群的建设中。以群建院模式的主要优势是重视与专业群建设的其他利益相关者,管理更加扁平,能够调动多元主体

---

① 刘晓. 政府与市场：国家技能治理体系的两种模式及其治理逻辑[J]. 中国高教研究,2018(9)：99-103.

参与专业群建设的主动性和积极性,强调产业分析、行业调研、企业调查、学生调查等在专业人才培养方案制定过程中的基础作用,依据专业群人才培养定位,开展对应职业岗位(群)的工作任务与职业能力分析。以院建群模式的主要劣势是变革阻力大,由于以群建院会涉及多个二级学院,是对现有专业格局和二级学院发展的利益再分配,容易触动专业建设的既得利益者,新组建的专业群和二级学院均面临团队建设问题,人事安排是否得当直接影响专业群建设的成效。以群建院在专业发展理念上区别于传统的专业发展,更加注重师资团队的建设和相关制度的配套。

(二)需要坚持的基本原则

专业群与二级学院的关系、组群专业之间的关系是以院建群和以群建院两种典型模式的基础,以院建群是以二级学院为单位组建专业群,二级学院对专业群具有决定性作用,组群专业之间的关系相对松散;以群建院是以专业群为基础组建二级学院,专业群影响着二级学院的组织方式,组群专业之间的关系更为紧密。不论是以院建群还是以群建院都是职业院校专业发展中出现的模式,在具体的院校实践中具有合理性和可行性,两者的优劣是相对的,也是比较的结果,何种模式更适合需要综合考量职业院校的具体情况和区域经济社会发展的需求,不能简单地认为以群建院模式就一定优于以院建群,或者后者优于前者,实践才是检验结果的标准。

一是多元治理原则,即由管理转向治理,激发多元主体参与。专业作为职业院校发展的基石,也是组建专业群的基本单位,受职业院校行政管理制度的影响,专业及专业群建设中以行政管理为主,行政机构、行政人员、行政权力成为影响专业群建设的主要因素。随着国家治理现代化的推进,政府和市场在参与经济社会等事务中日趋平等,市场在资源配置中的决定性作用日益凸显,专业作为职业教育与经济活动的连接点,产业、行业、企业等对专业群的影响越来越大,以学校为主的专业群建设模式已经难以适应发展需求,需要专业群建设的利益相关者共同参与。职业院校健全内部治理体系,打破直线式、科层制和单一式的传统模式[①],发挥学术委员会、专业建设委员会、教职工代表大会等的作用,扩大二级学院自主权,优化内部治理结构,减少决策

---

① 任占营.高职院校专业群建设的变革意蕴探析[J].高等工程教育研究,2019(6):4-8.

层与执行层之间的管理层级，使得专业群从上至下的信息传递更加畅通高效，从下至上的问题反馈更加及时到位，消解组织层级带来的信息粘滞；减少利益主体之间的沟通障碍，专业群从内至外地推进专业群的建设和课程体系的重构，从外至内对接产业链、岗位群等对专业群建设的要求。

二是合作共享原则，即由竞争转向合作，共享专业建设资源。以群的方式推进专业建设是加强专业之间关联、共享建设资源的策略选择。职业院校之间的竞争归根到底要体现在专业人才培养质量上，没有高水平的专业建设就没有高水平的职业院校，而专业群的建设正是服务学校发展的路径选择，这需要将以骨干专业为主、其他专业为辅的发展策略，转变为专业之间整合优势、抱团取暖的发展策略，将专业之间的内部竞争转变为内部合作、外部竞争，在合作的基础上竞争，进而培养适应现代产业发展和服务实体经济需要，具备相应素质要求、知识要求和技术技能要求的高素质技术技能人才。充分发挥专业群的集聚效应和服务功能，按照"底层专业基础课程共享、中层专业核心课程分立、高层专业拓展课程互选"原则构建专业群的课程体系，在实践教学基地、校企合作企业、产教融合项目等方面整合组群专业资源，打通专业发展之间的壁垒，为学生个性化发展提供更多可能，为专业特色发展提供条件。同时，在院校内部整合资源的基础上，通过产教融合企业、产业学院、协同创新中心等平台，促进技术技能积累、提升专业群服务行业企业的能力。

三是团队塑造原则，由个体转向团队，打造高效双师队伍。依照产业（链）或岗位（群）等组群逻辑，组群专业存在跨专业大类、跨学科基础等的情况，单一背景的教师团队难以适应专业群的发展需要，跨界组建师资团队是专业群健康发展的关键。专业群对二级学院的组织管理提出了更高要求，教师之间的交流合作增多，更多的项目和任务需要多人协作完成，从主要业务分析，教师团队主要可以分为教学创新团队、教学管理团队、技术研发团队等，其中教学创新团队侧重探索教师分工协作的模块化教学，建设数字化的教学资源，编写活页式、手册式等教材，推进课堂教学改革；教学管理团队侧重专业建设的教务、考务等日常事务，保证正常教学活动的运转；技术研发团队侧重专业群技术研发、工艺改进、流程再造及企业研究项目等。卓越的教师团队才能造就高水平的专业群，在打造高效双师队伍过程中，需要根据工作组建跨界教师队伍，坚持背景多元、专兼结合、结构合理的组建原则，注重对团队负责人的选拔和培养，强调团队成员之间的分工与合作，着重培育团队精神。

四是动态发展原则，即由静态转向动态，构建专业生态系统。系统作为一个有机的整体，主体与外界环境之间不是封闭隔绝的，存在着物质转化、能量流动、信息传递等，专业群作为一个系统，组群专业与外部环境存在着人员、信息、技术、资金等的流动，专业之间也存在竞争、合作、互利和共生，随着时间的推移，专业群在打破旧的平衡中实现更高水准的平衡，构建专业生态系统。一方面，专业群与外部的经济社会良好互动。专业群的建设是一个动态的过程，在与行业企业的互动中不断地调整发展目标，不论是以院建群还是以群建院都不是一劳永逸的组织选择，需要根据对应产业的发展变化进行动态调整。根据专业群的发展因地制宜地分时段、分阶段地选择适宜的发展策略，健全对接产业、动态调整、自我完善的专业群建设发展机制①，使得组织运行更加主动灵活。另一方面，组群专业之间良好互动。受限于现有专业基础、发展定位等的影响，组群专业之间的关系会出现单核心引领、双核心引领、协同发展等不同的类型②，但随着内外环境的变化，专业之间的关系会发生变化和调整，组群专业在适应环境中调整功能和定位，进而促进组群专业之间的持续发展。

第三节 专业群建设走向高水平的方略设计

产业集群理论要求区域经济发展要发挥区域发展要素中资源整合的协同效应，基于此，专业群的组建与发展也要求发挥各专业要素中教育资源整合的协同效应。职业院校专业群建设过程中不仅应强调一般意义上的投入要素（包括教师、实训基地、课程资源等），而且也注重强调专业群整体资源的培育及其在发展中担当的作用，即以"人的发展逻辑"为主线，以"产业转型升级"为面向，注重区域政府、产业部门、学校、二级学院与内部专业对专业群发展的协同效应，除了积极寻求产业、行业、企业等要素的作用外，更强调专业群自身发展能力的培育，促进专业群成为开放的共享的学习型专业群，不断

---

① 国务院.国务院关于印发国家职业教育改革实施方案的通知[Z].国发〔2019〕4号,2019-01-24.

② 董淑华.高职院校专业群建设的实践探索[J].职业技术教育,2012,33(26):26-30.

整合自身资源,使之与外界市场环境相适应,使专业群具有持续的生命力和动态的竞争优势。那么,如何才能建设成如此理想状态的专业群？需要从可行方略和保障体系方面进行分析。

一、高水平专业群建设的行动方略

由上文可知,职业院校在进行专业群建设过程中可以依据产业群、岗位群以及群内部三种组群逻辑。但是现实操作过程中,这三种组群逻辑并不是相互割裂的,各种组群逻辑的选择更需要综合考虑职业院校现有的建设水平,并可以根据后期建设的情况进行及时的转变。因此,在厘清组群逻辑基础上,本书认为需要进一步从顶层设计、资源整合、制度保障三个方面落实专业群的建设工作,推动理论构建与实践操作之间的衔接。

(一)从技术链出发深化专业群顶层设计工作

职业院校专业群组群逻辑不能只停留在产业、行业、岗位等宏观中观层面。这些组群逻辑本质上并无优劣之分,只是在各职业院校通过分析产业自身特点、区域产业结构、自身院校条件等要素之后才能体现适宜与不适宜的差别。职业院校要进一步明确专业群所面向产业、行业、岗位各项环节和产品衔接背后的技术链条特征,是依据以某一技术为核心辐射全产业链的新型技术链,还是依据产业链构成的上下游技术承接关系而成的线型链条或是其他情况？这是深化专业群顶层设计工作重要的一步。首先,职业院校要紧密联合企业、学校、行业协会,使专业群成为技术与生产衔接的桥梁。一方面,在专业群建设过程中,职业院校要加深与企业间的交流,从当下企业生产的核心技术出发,对相应的教学资源进行更新完善;另一方面,借助行业协会和学校在产业和学科领域的优势,了解当下产业环境中的前沿技术,与企业共同研发创新,优化企业的生产组织方式,推动企业可持续发展。其次,要进一步清晰专业群形态的设计。职业院校在根据专业群群内专业所属院系跨度,采取以院建群或者以群建院的基础上,要进一步协调好企业在专业群的权责比重,让企业在人才培养模式改革、教学资源开发中有充分的话语发言权,有效把握产业发展的趋势,提升人才培养的核心竞争力。最后,明确专业人才培养方向。专业群建设对于职业院校自身来说终归要落实到人才培养层面。职业教育人才培养的定位经历了从"高技术技能型人才"到"高素质技术技能型人才"的转变。"素质"一词包含了产业对人才专业技术技能需求之外的其他核心素养。各职业院校要对专业群所面向的产业、行业、岗位做好调研分析工作,厘清各专业所培养的人才对"素质"一词独有的诠释,进一步彰显职业教育作为类型教育所具有的特色。

(二)紧密围绕专业群组群逻辑重新整合群内资源

专业群建设是对传统专业建设范式的一场革命性变革,打造具有类型特色的专业群的关键在于专业资源的整合。这种资源整合并不是机械式的捆绑,而是根据产业链、岗位群以及学生个性需求对资源进行重新排列组合的过程,实现专业群内容资源一体化。首先,在专业课程设置方面,要突破"宽基础,活模块"以及"核心+方向"的专业课程结构形式,进一步聚焦到知识论的层面,改变知识传授的组织方式,使群内各课程体系间形成有机的衔接,贯通学生横向知识技能和纵向知识技能积累以及相衔接路径,真正实现个性化课程结构体系构建。其次,在专业硬件条件方面,要有效整合各个专业实训设备,打造链条完备的技能实训平台,并在此基础上,进一步推动专业应用性研究,其中包含两个层面的内涵:一方面是应用技术的层面,即面向改善工艺流程、提升技艺等;另一方面是应用研究的层面,即面向技术创新、新产品开发等。最后,要进一步推动专业群产业服务力度。不光从人才供给层面要面向产业不断输送高素质技术技能人才,同时专业群作为一个资源集合中心,发挥其技术技能经验累计优势,为企业提供技术研发、咨询、管理等多维服务,为区域社会就业弱势群体提供更多公益性的技能提升培训。

(三)建立健全人才培养、多元参与、成效评估的相关制度保障体系

制度体系建设是职业院校专业可持续发展的重要保障,同时也是使专业群内部始终保持黏性的重要举措。首先,要推动专业人才培养标准制度体系的构建。通过市场调查、专家咨询等方式,尽快落实专业群教学标准的制定,推动人才培养在就业过程中的通用性。同时,借助1+X证书制度优化人才考核方式,将学历证书获取过程与职业资格获取过程相统一,形成"严标准、多途径、个性化"的考核体系。其次,要完善校企合作过程中双边参与机制的构建。借助现代学徒制的实施,引进一批经验丰富的企业师傅,推动双师型师资队伍的建设,并进一步形成教师成果转化标准制度,破除"五唯"对教师发展的枷锁,让教师能够更加全身心地投入专业教学活动的探索中。最后,要逐步优化专业群建设整体成效评估制度体系。随着我国采取管办评分离的办法以及第三方评估机构的介入,评估过程更为透明,评价结果更为客观,真正推动了以评促建。但是在对专业群建设进行评估时，需要注意的是专业群建设的工作尚处于尝试探索阶段，因此在成果评估过程中要侧重动态建设成果的总结，而不是过多地量化指标衡量。同时，要真正实现多主体参与，将被评估主体延伸至专业合作企业、学生家庭乃至附近社区，让评估成为专业群阶段性建设反思展望的方向标。

综上，建设引领改革、支撑发展、中国特色、世界水平的专业群，是高水平职业教育发展的政策要求，这些要求要有效地落实到实践中，有赖于对高水平专业群组群逻辑的深度理解。在产业转型升级和新业态加速发展的时代，职业院校要依据产业群、岗位群以及群内关系三方面逻辑，实现高水平专业群的建设工作，坚持培育具有时代特征的新型人才。面对职业教育发展、经济发展以及社会发展的现实需求，职业院校应以高水平专业群建设为契机，站在全新的视角把握人才培养的深刻变革。

二、高水平专业群建设的保障体系

职业院校专业群建设的质量保障体系可以围绕专业群的"竞争优势"来展开。所谓的"竞争优势"是"四新"背景下专业群的一种特质，是区别于传统专业群的独特品质。质量保障体系基于"竞争优势"构建，既可以敦促专业群建设塑造自身特色脱颖而出，又可以推动专业群保持这种优势特色持续进步，也就是说，基于"竞争优势"的质量保障体系是"塑造优势＋保持优势"的综合体系。根据竞争优势理论，产业市场是专业群的外在环境，政府的目标是为专业群发展创造一个适宜的环境，学校是组织专业群建设的中观主体，而专业群自身则是形成竞争优势的源泉，正好对应了竞争优势理论中的"钻石模型"框架，即产业市场对应"需求状况"，即需求方的参与或者说需求方中的机会；政府政策对应"要素条件"，即基本的发展环境打造；校方支持对应"相关支撑表现"，即形成直接的支持机制；专业群自我建设对应"策略、结构与竞争"，即专业群建设的自我创新。

(一)政策禀赋层面：构建高水平专业群稳定发展的良好环境

专业群的产生具有明显的"行政指令"特征，从作为职业院校建设的重点任务，再到成为一种制度化导向的体系，都体现出浓厚的政策导向性。可见，良好的政策环境对专业群的建设有重要推动作用，要求在政策制定上改变思维，即从强制性思维转向市场性思维，从专断性思维转向协调性思维。

首先，政策研制应坚持市场导向。职业院校专业群建设的落脚点是要培养复合型的高素质高技能人才，那么就必须与需求侧的职业岗位群相对接，而促成这种紧密对接就需要相关政策制度的推动，但工作岗位对人才规格标准的要求则是源于产业转型升级、经济社会发展的需要，因此，产业市场的发展演进需求才是构建专业群良好发展环境之保障政策的根本动因。言及此，不禁要问，促进专业群稳定发展的政策能够在多大程度上契合市场需求？这个问题主要是看政策制定者是否具有市场性思维。所谓"市场性思维"是指在政策制定中充分考虑市场因素，无论是政策出台程序还是政策实质内容都应尊重市场规律①。市场性思维导向下的政策制定可以从两方面入手，一是政策研制程序要求充分调研，把教育界的学校方、产业界的行业企业方以及政府相关部门代表纳入政策起草团队，使"政、教、产"三方的合作起始于政策制定过程中，这样有利于各方寻找利益契合点，提高政策的科学性、可行性与有效性，能够更好地为职业院校专业群发展构筑适应性环境。二是政策内容要求给予产教双方更多市场化的对接空间，赋予校方更多办学方面的自主权，将政策落实机制构建于政策内容体系中，形成政府、行业、工会和学校多方参与、利益相对均衡的合作机制②，推动产教双方在市场层面实现多点契合与深度融合，为专业群建设提供实质性良好的政策环境。

其次，政策制定应考虑几个协同。梅吉尔斯认为政策协同超越了现有的政策领域边界和单个部门的职责范围，需要横向部门间的协同以及纵向政府间的协同③。一是部门之间的协同，促进职业院校专业群稳定发展的政策环境其实就是实现产教融合的政策环境，在推动教育与产业的融合方面，需要跨界跨部门的施政主体之间的协调合作，可以效仿《职业学校校企合作促进办法》的出台，其是由教育部、发改委、工业和信息化部、财政部、人力资源部和税务总局等部门联合发布，在重点任务分工中明确责任单位且多数任务由跨部门实施。基于此，可以跨部门联合制定《专业群建设发展办法》，不仅强

---

① 段致平，王升，池卫东.市场视域下职业教育校企合作的政策研究[J].中国职业技术教育，2015(6):65-69.

② 关晶，石伟平.西方现代学徒制的特征及启示[J].职业技术教育，2011(31):81.

③ Meijers E, Stead D. Policy integration: what does it mean and how can it be achieved? A multi-disciplinary review[Z]. 2004 Berlin Confrence on the Human Dimensions of Global Environment Change: Greening of Policies-Interlinkages and Policy Integration, Berlin, 2004:1-15.

调施政主体的跨部门协同管理，而且在政策目标的贯彻执行中应坚持动态联合、结果导向①。二是上下级之间的协同，上一级政府要尊重下一级政府的首创精神，支持地方性政策的创新，认真落实《关于深化教育体制机制改革的意见》提出的坚持顶层设计与基层探索相结合，即既要加强系统谋划，又要尊重基层的"首创"，充分调动地方和学校改革的积极性、主动性和创造性，并及时将成功经验上升为制度和政策。

（二）市场禀赋层面：促进行业企业参与形成产业引领性

职业院校专业群建设始终离不开市场层面的禀赋支持，行业企业的积极参与是激活市场资源的重要表现。那么如何激活市场的禀赋？就需要发挥专业群的主动性，坚持面向本专业群所适配的产业链，围绕人才培养、技术创新、社会服务、就业创新，建设一批以产业学院为载体的校企合作命运共同体，开展高端技能人才的联合培养，形成人才共育、过程共管、成果共享、责任共担的紧密型合作办学机制，最终打造成专业群与企业群紧密匹配的"群化对接命运共同体"，以期在适应产业发展的同时能够再进一步，即预测未来产业发展趋势与需求，发挥一定的产业引领性。

如何形成"群化对接命运共同体"？市场为专业群发展提供了产业方面的支持，产业又赋予专业群行业企业为伴，专业群与企业群在建设"互融共生"的"群化对接命运共同体"过程中应该在"产、学、研、创、训、服"六方面进行深度合作，遵循"共谋、共建、共生、共存、共享、共管、共赢"的原则，充分发挥专业群和企业群的各自优势，建立战略伙伴关系，共同谋划发展、共同建设项目、共享资源成果、共组管理机构、实现互利共赢。在具体建设中，其一，在"群化对接命运共同体"中成立产教融合发展委员会，积极探索"政府引导、行业指导、企业参与、学校实施"的群化对接机制，明确各自责、权、利，保障企业群参与专业群的深入推进，形成人才培养共育、风险共担、利益共生共享的群化合作机制。其二，企业群与专业群共同制定与完善人才培养方案、共同制定融入行业标准的课程标准、共同开发专业核心课程、共同建设先进实训基地、共同打造高水平结构化教师教学创新团队、共建共享教育教学信息化资源、共同完成核心课程教学，探索完善企业先导、全程参与的专业群人才培养

---

① 曾东升，刘义国，尚维来.职业教育产教融合、校企合作治理政策分析与思考[J].中国职业技术教育，2018(31)：28-31.

模式,完善"双主体"协同育人机制。其三,企业群与专业群共建"双师型"教师培养培训基地,培育具有"双影响力"的高水平专业群带头人和"双师双能"骨干教师;完善企业技术人员与学校教师的双向流动与资源共享机制,教师以企业项目为载体在企业进行实践锻炼,与企业人员组成研发团队,进行科技攻关以解决技术难题。总之,在市场资源的禀赋导引下,新兴专业群才得以更好地与战略新兴产业、经济社会发展实现良性互动与优势匹配,以群化对接的方式破解单个企业与专业合作的松散化、浅层化的难题。市场禀赋给专业群"全方位、多层次、无缝隙"的"群化对接命运共同体"的合作新模式,能够促进专业群与市场互动的深度、与产业结合的密切度,在充分了解、适应产业市场的基础上可以对产业发展趋势、市场用人需求、岗位技术变化做出一定的预测,能够及时强化职业院校专业群的前瞻性建设,促进专业群实现对产业市场发展的引领性功能。

(三)校方禀赋层面:保障新兴专业群发展的持续性

专业群建设离不开学校层面的整合与管理,专业群的组合形态、建设模式、特色之处等都是基于学校层面的禀赋与规划,且专业群能否进行可持续的发展也在某种程度上取决于学校的建设态度以及保障措施。

职业院校专业群的校内建设,需要处理好专业群与各二级学院、校内其他专业之间的交织性的复杂关系,这些关系的处理需要把握住学校层面的组织机制和保障机制。第一,强化专业群的特色建设,形成发展优势。特色化的专业群建设,重点在于核心的引领性的专业,要围绕相对应产业的发展趋势以及职业教育发展的总体走向,将核心专业打造成国内一流、世界知名的特色化品牌专业,通过这个专业来奠定本专业群在同领域专业群中的发展地位,促进资源的"择梧而栖"与共享性集聚,以促进专业群的整体提升。比如,新兴专业就是一个特色,围绕新专业进行专业群建设比较容易出彩,如大数据技术与应用专业群、智能控制技术专业群、新能源汽车专业群等,光从名字上看就充满优势,但也容易因缺乏经验而走弯路,因此,学校层面应在找准特色之后,深入聚焦特色,促进由"特别"到"特色"再到"优势"的理想建设状态。第二,建立专业群课程系统的组织机构,促进专业群的合作紧密性。职业院校专业群建设,无论是紧密型还是松散型,在建设过程中都会遇到群课程体系的管理问题,而以课程为中心衍生出的各类教学资源的配置,如师资、专业方向、课程共享、实践基地互用等一系列问题,需要成立学校层面的专业群课程系统的组织机构，来解决这种配置性问题，机构小组负责规划专业群的课程设置、专业发展走向规划，总体性协调课程共享的相关事宜。第三，建立专业群校企合作机制，促进专业群发展的活力。校企合作、产教融合是专业群发展的核心，应该在学校层面建立校企合作的制度，因此学校应建立基于专业群的校企合作机制：组建包括建立地方、行业企业和社区共同参与的理事会、专业群特色化建设指导委员会，建立教师企业进修机制，以及企业员工到校授课制度等，以此构成职业院校专业群富有生命力的动态化活力。第四，建立专业群质量评价机制，保证专业群建设处于"健康"状态。在学校层面建立基于社会需求的专业群评价体系，建立基于社会需求的专业评价体系，将产业升级、经济发展的新需求纳入职业院校专业群建设的考虑范围，改造或关闭社会需求过剩或滞后于社会需求的专业，及时跟踪区域内经济发展变化，根据变化不断地、及时地调整专业群的专业构成，通过这种动态化的调整机制，促进专业群质量评价体系内容的与时俱进，保证专业群的专业结构持续性得到优化，以提升专业群与区域经济发展的匹配度①。第五，提高对专业群建设的经费投入，解决建设过程的"炊米"之忧。学校整体的办学资金应该向新兴专业群建设适当倾斜，根据建设进度来合理安排资金用度，并列出开项清单，尽可能地明确资金审批权限与使用范围，且加强预算、决算管理，切实保障资金的专款专用；强化建设资金的审计管理，定期对经费使用和绩效进行检查，接受监察审计和财务等部门的详细督查。

（四）专业群自我禀赋层面：特色建设促进优势形成

职业院校专业群自身禀赋的促进是保障专业群建设质量的内核且硬核的原动力，也是进行专业群特色化建设的正牌主体，由内而外散发出"竞争性优势"。

首先，职业院校专业群应做到三个自我创新。一是培养机制创新，专业群的招生可以从群的层面进行，即参照专业大类，学生先上专业群的基础课，到大一下半年或者大二再分专业方向，如此有利于实现"宽基础、精能力、广适应"的培养目标；在校企合作上，基于相关资源统筹，在专业群中建设"校中厂"，聘请企业优秀技术师傅，施行师带徒训练方式，达到校企资源共融、人才

---

① 张君诚，许明春. 应用型院校专业群建设的思维和路径选择分析[J]. 国家教育行政学院学报，2017(5)：22-27.

培养无缝对接的建设目的。二是任务分派创新，在专业群内对标专业组、课程组、实训组和学生管理组，进行以事务为主的矩阵式管理，以便于对行业企业技术、岗位、用人等变化做出及时反应；也可以对标教师组，即按照教师特长组成不同的团队，把专业群建设的具体任务以目标的形式分解、分配到各个团队，专业群"总指挥"定期进行督促检查，确保任务保质保量地完成。三是质量标准创新，从专业或专业群特色、人才培养模式、项目化课程体系、团队型教师结构、信息化教学资源库等方面确定新兴专业群的建设标准，并聚焦产业匹配、专业数量、专业体系、专业优化管理等方面进行具体实践，将专业群打造成产业紧密对接、内部结构严谨、资源共享明显、办学特色鲜明、育人成效显著的高水平、一流专业群。

其次，以自我柔性化管理进行授权赋能以提高群专业适应性。所谓"柔性管理"，从本质来讲是一种对"稳定和变化"进行管理的新策略。其最大的特点就是，它的管理抓手不是主要依靠强制性的外在推力，如硬性规章制度，而是把重心放在人性化管理上，激起人本身的自我主动性、内隐形潜力、自主创新精神。职业院校专业群的建设，根据信息共享、虚拟整合、竞争性合作、差异性互补等，实现管理和运营知识由隐性到显性的转化，且共享、整合、合作、互补等原则成为专业群中各专业建设和发展的重要特征，从而创造职业院校专业群的竞争优势。可见，专业群建设的适应性特征就是柔性化管理理念的具体体现。柔性化管理为职业院校专业群授权赋能，在具体实施中，柔性化的专业发展更加强调"市场导向和社会适应性"，柔性化的专业设置更加强调根据产业结构调整，根据新行业、新工种、新岗位的变化而不断更新，柔性化的课程组织更加强调专业的拓展与滚动发展能力，促使专业群在整体层面能够根据市场变化，及时整合、拓展新专业，以整体性提高专业群的系统适应性，保证专业群能够始终在"新"上保持魅力①。

最后，根据专业群要素的动态协同构建"随动诊改"机制。运用学校层面的信息管理平台，以核心专业作为试点，进而推广到各组成专业，最终归拢到专业群整体系统层面。实时采集群内各专业的运行状态数据，在对数据统计、分析的基础上，监测各专业的建设、课程教学质量状态，并及时反馈与改进，撰写专业群质量年度报告，对专业群建设效果进行评估。一是建立专业

---

① 孙毅颖，高职专业群建设的基本问题解析，中国大学教学，2011(1)：36-38.

群层面的诊改机制，借鉴教学诊改工作的要求，探索专业群诊改工作机制，围绕专业群办学定位与产业链的契合度，专业群人才培养方案、课程体系等主要教学环节之间的吻合度，专业群自身禀赋的要素资源对人才培养的保障度，学生、企业对教学质量的满意度，建设专业群专产结构、产学结合的诊改目标链和标准链。实施周期性的自我诊改，建立专业群自主建设的质量保证体系。二是以人为本，按照学生情况制定诊改标准。以学生学习目标达成度为依据，制定课程诊改实施方案，以专业群核心课程诊改为抓手，开展课程诊改工作；基于学生课程学习情况分析课程目标，确定学生的学习标准，并设计达标考核办法。以学生学习状态为依据，分析学习达标率、课程教学测评结果，编制课程质量分析报告，作为学生课程学习标准修正依据。根据课程质量分析报告及学生学习目标达成度，对专业群课程进行内部诊改，针对课程诊改中发现的问题进行改进，群督导对改进效果进行验证，形成课程诊改的良性循环。总之，细化后的专业群动态诊改恰到好处地深化了群系统的内涵化建设，为专业群建设优势的形成提供深厚的土壤与基础，为形成竞争力优势提供内在养分。

第四节　本章小结

职业教育新兴专业，是承接教育部推进新工科、新医科、新农科、新文科建设，对接国家发展需求，适应新一轮科技革命和产业变革，匹配新技术、新产业、新业态、新模式的"四新"经济发展，而进行的相对深化的专业综合改革。为了适配当前产业群、职业群、岗位链、技术链的新型态势，新兴专业的高水平、特色化、内涵化建设，有赖于依托并建成高品质专业群。深度理解新兴专业的组群逻辑，把握住新兴专业集群建设是适应职业教育发展、经济发展以及社会发展的必然结果，以群思维进行新兴专业建设，柔化各专业间的界限，实现底层技术共享、中层技术分立、高层技术专精。对于现如今职业院校新兴专业群建设，更要从优化专业结构布局、深化专业群顶层设计、有效整合资源等方面进行系统推进。始终把握产业发展脉象，及时调整学校专业结构布局，通过政府、行业协会等多方渠道，提高新兴专业群对外部产业环境变化的敏感性；始终将新兴专业群的顶层设计沉降至技术链层面，准确把握面向产业链、岗位群的核心技术技能，并围绕这些核心知识重新组织群内教学资源。面对现实需求,职业院校应以高水平新兴专业群建设为契机,站在全新的视角把握人才培养的深刻变革,坚持培育具有时代特征的新型人才。不论是以院建群还是以群建院,都应将重心放在新兴专业人才的培养上,以专业集群的方式变革基层教学组织的运行方式,促进学校专业结构不断优化,激发利益相关者深度参与,实现专业的持续健康发展,培养经济社会发展需要的高素质技术技能人才。

第五章 职业技能竞赛赋能
产业工人技能形成

　　产业工人技能要求根据产业动态变化联动发展，这不仅取决于行业产业核心技术的变革，也囿于行业外部发展环境的更替。职业技能竞赛作为技能提升精准对接产业发展的渠道之一，不仅是准产业工人技术锻造的炼金炉，更是资深产业工人回炉重造、精益求精的不二选择。职业技能竞赛是产业工人技能匹配重要途径，不仅最大限度地降低了产业工人技能匹配的成本，同时大幅提升了准产业工人转变为事实产业工人的实时效率，充分实现技能匹配的延展性。同时，职业技能竞赛也是产业工人技能提升的加油站，竞赛内容与规则与产业发展一线最新技术实时联动，比赛过程中催生更优操作方法，新的技能手段必然会反哺产业发展，是产业工人技术技能提升的引擎之一，不断为产业发展增值赋能。不仅如此，职业技能大赛选手更是产业工人技术储备力量，获奖选手的能力储备与产业工人的整体素质与实力密切相关。一方面，大赛选手具有得天独厚的技术匹配；另一方面，大赛选手因参赛经历而具备产业工人的素质。大赛参与过程不仅是对选手技能水平的千锤百炼，更是对选手意志力、应变力、创新力的整体提升。职业技能竞赛规范之繁复、标准之严苛、要求之全面，是产业工人技能匹配的护航员，同时也是产业工人坚持、发展、弘扬劳模精神、劳动精神和工匠精神的有力保障。职业技能竞赛分类众多，诸如世界技能大赛、中华人民共和国职业技能大赛、全国职业院校技能大赛、全国行业职业技能竞赛等等，本章节从学生转变为准产业工人切入，以职业院校技能大赛为例，分析大赛获奖选手成长的影响因素，对大赛冠军职业发展跟踪调查，探索技能竞赛对于产业工人技能形成与匹配间的关系，以小见大，从而提出职业技能大赛如何更好促进产业工人技能提升的建议。

第一节 全国职业院校技能大赛获奖
选手成长的影响因素

产业工人技能水平与大赛获奖选手的个体素质有着直接的关系,观测其成长的影响因素可以提高选手在大赛中的整体表现质量,从而进一步提升产业工人的技术能力。通过对获奖选手的采访,可知该群体成长因素的观测点可以分为个体因素、家庭因素和学校因素三个方面。

一、个体因素

(一)兴趣

兴趣,是指一个人经常趋向于认识、掌握某种事物,力求参与某项活动,带有积极情绪色彩的心理倾向①。选择什么样的专业,要不要坚持下去,选手在考虑这些问题的时候,兴趣是主要的影响因素之一,因为兴趣是最好的老师。有兴趣,才会有动力。兴趣,让人执着,更让人愿意付出努力。对于专业的选择,四位选手各有各的兴趣点。

一是对专业本身的喜爱。比如 J 选手,"我喜欢打扮自己……我从小就喜欢对着镜子,拿妈妈带回家的碎布头在身上比画,设计出各种不同的衣服造型……女孩子嘛,都是爱漂亮的。我自己如果能做衣服,就可以想怎么穿怎么穿了"。她在很小的时候就表露出了她对服装设计的极大兴趣,也正因为如此,她才能在父母的反对之下,凭借着那份喜爱,坚定了自己的选择。而 X 选手一开始是迷茫的,选择了"听从父母的意见",以契合父母所从事的工作和父母的期望,不过,在与招生老师的交流过程中,她明确了自己的志趣和方向。"当时,我看到专业介绍上的那张照片,瞬间就心动了……我好喜欢好喜欢那件婚纱啊……我如果学习了这个专业的技能,就可以让一块简单的布变成一件那么漂亮的衣服,这是多么神奇。"于是,她在招生教师的"诱导"下选择了这个专业,并开始了不懈的技能训练。所以,兴趣是火,点燃希望的灯;兴趣是灯,照亮前行的路;兴趣是路,延伸至远方。

二是对专业相关事物感兴趣。比如 W 选手,"我喜欢画画,特别是人物素

---

① 陈琦,刘儒德.教育心理学[M].北京:高等教育出版社,2011:219.

描，像卡通漫画的那种。最让我纠结的就是服装造型那一部分，总是画不好，我就不停地画，直到我满意为止……我当年会选择读服装设计（专业），这个占了很大的因素。如果单纯去学画画，那样前期的投入太高，而且艺术类的（毕业生）工作不太好找。"孔子说：知之者不如好之者，好之者不如乐之者。绘画与造型是服装设计师要具备的基本技能之一，因为 W 选手喜欢画画，这就在无形中为他后来的发展打下了基础。爱屋及乌，触类旁通，兴趣触发了他的热情，成为他新的支撑，促使他更快从困境中走出来，进而引领他走向更广阔的世界。而 Y 选手则是不想浪费他好不容易考出来的高分，选择了"高就"。"当时，我对我现在所学的专业没有任何概念，我只是从录取分数线比较高的几所本省学校里面选择，然后初步定下我现在所就读的学校以及专业，因为它录取分数线最高。"

J 选手"喜欢打扮自己"，W 选手"不想放弃自己喜欢的画画"，他们因此选择了与自己的爱好相关的专业。他们一开始就明确知道自己要学的是什么，这是由他们的兴趣而引发的。这四位选手，虽然入门的初衷不尽相同，但他们都一致认同 X 选手的说法："既然我已经给自己选定了道路，就应该坚定不移地走下去。既然我已经踏上了这条道路，那么，任何东西都不应妨碍我沿着这条路走下去。总有一天我会爱上这个行业的。"因为人若志趣不远，心不在焉，虽学无成。

（二）需要

需要，是有机体内部的一种不平衡状态[1]，是个体在缺乏某种东西时产生的。根据马斯洛的需要层次理论，人有尊重的需要，即希望自己的能力和成绩能够得到社会、他人的认可。赞美、信任和期望具有一种神奇的力量，它能改变人的行为，当一个人获得另一个人的赞美、信任时，他便感觉获得了支持，从而增强了自我认同，变得自尊、自信，进而获得一种积极向上的动力，并努力达到对方的期望。

在这一方面，Y 选手的经历比较典型。在高三的时候，他的老师 S 老师选择了他担当班长一职，协助老师管理班级。Y 选手认为自己的能力被肯定，自己的存在是有价值的，于是"我的想法就开始不一样了，无论是待人还是接物，我变得不像以前那样我行我素了，很多事情，我都会从大局上去考

---

[1]　彭聃龄.普通心理学[M].北京：北京师范大学出版社，2004：327.

虑,看问题也慢慢变得全面了……我要以身作则,从各方面给同学们树立榜样,我开始关注自己的言行举止,上课也认真了。"这一改变促使他顺利进入 F 职业技术学院。在这里,他遇到了 Z 学长,他的能力被进一步认可,并有人对他做出了期望。"Z 学长是我人生中的伟人。我记得他跟我说过:'你在这方面的天赋很高,好好练习,拿个第一不成问题,有能力就别浪费了。'"自己在乎的人对自己有所期待,而为了不让那个人失望,Y 选手开始了艰苦卓绝的训练,在经历一次落选的打击之后,第二次终于可以代表学校去参加国赛了。在这个时候,学校的期待给了他更大的压力,而父母的发声给了他动力。"我以前在学校参加其他比赛的时候,我爸妈都没说什么的。但这一次,我爸妈终于表态了。我妈说:'你一定要去的,这是个很好的机会,你可以的。'我瞬间有种被治愈的感觉,我觉得这是我爸妈对我的认可,他们的支持给我莫大的激励。"这些可能只是很普通的话语,但对 Y 选手来说,这是一种理性的、人本的期望。他关于自尊的需求一步步得到了满足,他对自己充满了信心,对比赛充满了热情,并最终取得了优胜。

而 J 选手渴望证明自己,得到他人的认可。"我比较要强,我不想成为路人,丢在人海中就怎么也找不出了。我不想太平凡……我要比别人都优秀,我想要老师重视我,同学羡慕我,大家都认识我……对啊,我就是明星,我们那个年代那个专业的明星,我比他们都强。"而 W 选手表示,不想让父母失望,同时也希望找回自信。"我从小就很独立,虽然性格有点内向,但又十分好胜,无论做什么事情都想争第一。小学的时候争着当大队长,中学的时候争着当班长。争,或者说,争第一,已经是我生命中的一部分了。"X 选手则是想要自己做一次决定,并承担相应的后果。

获奖选手们有很强的自尊心,他们渴望被认可,他们想要证明自己,他们能主动学习并追求自我发展,而这些,在笔者看来,他们有强烈的需要,而有进取心的人生是一种积极的人生。

(三)信念

对于技能大赛,四位选手都表示出了高度的肯定,并为取得优胜做出努力。

J 选手说:"一开始,我只是把比赛当成是学校课程的一部分,是一项要完成的任务。后来,我的想法变了。我想去比赛。我觉得这是一条捷径,也是很好的平台,能让别人看到我,让我和其他同学不一样。"她更是极大地肯定了技能大赛所带给她的积极效应，认为"（技能大赛）给了我一块敲门砖，可以让我进入那个大企业"，比赛所获得的荣誉和证书"可以让我获得一定的关注度，这有助于我更快地融入新的环境"。"我觉得，人进入一个新的环境，首先是要让别人能认识你，关注到你，这样你才会有机会被人发现，进而获得发展；如果都没人认识你，你默默无闻，那你就一点机会都没有了。举个最简单的例子，就比如为什么我接受你的访谈，我会成为你的研究对象，因为我拿过奖啊，多年前我们学校也是有过我这么一个人的，这样，我就不会被淹没在人海中了。我也不想过得太轰轰烈烈，但人这一辈子，总要留下点什么来证明自己是存在过的。"J 选手最后强调，"我庆幸自己的选择是对的，我感谢自己当年的坚持。"

W 选手说，最初，比赛只是他找回自信的一种手段，慢慢沉淀下来之后发现，"参加技能大赛，不仅有助于我个人能力的提升，而且让我被更多的人所认识，更成了学弟学妹的榜样。我在还没毕业的时候就被很多企业领导看中了，他们都希望我能去他们的企业实习发展，我毕业后也顺利地找到了自己满意的工作，并在工作上取得了一点小成就"。此外，参加技能大赛更是锻炼了他的心智，因为那年的比赛出现了点小意外，他在省赛中有失误，差一点就没机会参加国赛了。正是因为他的老师对他实力的肯定，以及父母同学的鼓励，他终于战胜了埋藏已久的心魔。他说："人总要向前看的，既然事情已经过去了，就不要纠缠着不放了。人最重要的是能在失败中发现自己的问题，进而寻求方法去改正，争取下次做得更好。"如果这段历程能重来，W 选手表示还是会积极主动地去参加比赛。"那两年，虽然很辛苦，但我过得很充实，也学到了很多东西。技能大赛提升了我的综合能力，也打响了我的知名度，我的计划是在未来的十年里拥有自己的品牌，而这些东西都将成为我的助力，是我职业生涯中宝贵的原始积累。"

X 选手认为比赛教会了她很多东西，不仅开拓了她的视野，让她变得更加独立、更加沉着。如果有机会的话，她还是期望能参加技能大赛的。"我以前是比较内向的，但参加比赛多了之后，我就开始慢慢变得临危不惧，因为比赛中可能会出现很多突发的状况，我就需要一定的应变能力去处理那些事情，这几年下来，我感觉自己淡定了很多，遇事不慌。"技能大赛也改变了一些人对她的看法，比如她奶奶。"我奶奶以前重男轻女，现在觉得我特别有出息。她每次找人聊天的时候，都向她朋友说我参加了什么什么比赛，拿了什么什么奖。其实，我是很不好意思的，但看她一副那么自豪的样子，我也不好说什么了。"关于技能大赛最重要的是什么,她觉得不是比赛的过程,而是比赛之前的训练。"因为要备赛,我掌握的东西要比其他同龄人多得多。比赛只是让更多的人知道了我,比如说知道有我这么一个人,走在校园里也有陌生人能叫出我的名字,但那些都是虚的,我学到的知识、掌握的技能才是实实在在的……就比如现在,我看到衣服的照片,基本都能做得出来。"

在选手们看来,技能大赛是一个向世人展示自我实力的极好的平台,是一块敲门砖,给他们带来了很多就业机会。

(四)意志

意志是一种特殊的动机,它有意识地支配、调节行为,克服困难,以实现预定的目的①。拿破仑曾经说过,成功属于最有毅力的人。上述四位选手是技能大赛的优胜者,他们无疑是成功的,同时也是有毅力之人。毅力是水滴石穿的耐心,毅力是铁杵磨成针的执着,毅力更是不破楼兰终不还的决心。他们有目标,肯吃苦,他们的动机可能不是纯粹的,但他们都是在一步一个脚印地努力着的。

W 选手和 Y 选手有着类似的经历,他们都曾经摔倒过,但他们都爬起来了,并登上过人生路上的一座高峰。"不是说不想当将军的士兵不是好裁缝吗?虽然说,我可能只是想给自己找点事做,但后来随着投入精力的增多,我对这个(做衣服)都产生感情了,不是说想放弃就放弃的,我就是很舍不得就这么半途而废的。我是裁缝,也可以是只给将军做衣服的裁缝啊,更甚者是这芸芸裁缝中的那个最上层的,leader,精英。这样,我觉得我得进工作室,参加比赛。后来,衣服做着做着就成为一种习惯,我在路上走着的时候,总是会不自觉地观察别人的穿着,想象那些衣服是怎么设计的。"W 选手从"想给自己找点事做"到"舍不得半途而废"到"想成为精英",最后成为习惯,在这一过程中,他可能没能一直保持足够强烈的动机,但在他的坚持之下,他取得了一些收获,比如老师的赞赏,比如进工作室,而这些收获足以让他克服继续坚持的枯燥,并从中累积对自我的认同。Y 选手则是在遭遇人生的第二个转折点时,给自己树立了一个靶子——Z 学长。"想成为技能大神,和他并肩甚至超越他,成为我的目标。"Y 选手对这件事情的专注,让他在一次次超越自我的同时,努力追赶着 Z 学长的脚步;他的耐心、他的执着、他的决心,让他克服重

---

①　彭聃龄.普通心理学[M].北京:北京师范大学出版社,2004:351.

重困难，推动着他继续前行，并让他在大学的这一段行程中得以与 Z 学长并肩。

对 J 选手而言，必须证明自己是她的出发点。"人这一辈子，总要留下点什么来证明自己是存在过的……你有你的路，我有我的路，我并不认为会存在所谓的适当的路、正确的路。路，只有自己走过才知道……我想证明自己，我想让我的父母刮目相看，为我自豪，觉得我了不起。"正是抱着这样的想法，她化压力为动力、变兴趣为热忱，即便是"连剪刀都拿不起来"，也还在坚持练习着。忍耐是痛苦的，但果实是香甜的。她不仅实现了她的目标，也为她的职业生涯奠定了基础。

二、家庭因素

家庭是个体成长中所接触到的第一个社会环境。家庭环境因素，如教育方式，家长的职业、期望等，都会对个体的观念、心理、行为习惯等造成潜移默化的影响，从而影响个体的成长路径。

（一）家长干预型

X 选手的主观性并不强，在很多事情上，都由她父母替她做决定。因为她父母从事的是服装行业的工作，所以自然而然地希望女儿也能学习相应的知识与技能，以便能继承他们的衣钵。X 选手说："从小到大，我都是爸妈让我做什么，我就做什么。在选择这个专业之前，我对服装是一窍不通的，也没太多关注这个行业，我又对其他的专业没太多的兴趣，就听从了我爸妈的意见。"在是否参加比赛这一问题上，X 选手的父母与老师发生了很大的冲突，她当时的内心是相当痛苦的，因为无法抉择，因为她习惯了被安排，但同时也开始独立思考自己的人生。X 选手最后还是参加了比赛，成为现在的服装专业老师，虽然偏离了父母的设定，但并没有完全摆脱家庭的影响。

而 J 选手的目标比较明确，有自己的想法，并不因为父母的干涉而动摇自己的决心，且在很多时候都能得到姐姐的理解与支持。在专业选择上，虽然与父母的意见出现了分歧，但她坚持己见，并在姐姐的帮助下说服了父母。"我爸爸妈妈其实是很反对的，但是我姐姐很支持我……我姐姐就和我父母沟通，慢慢地让他们接受我的选择……时间长了，我父母也就不说什么了。"从这可以看出，家长的工作和家长的意愿在一定程度上影响了选手的选择，选手的成长路径可以说是选手和家长较劲的结果，关键在于谁的立场足够坚定。

(二)顺其自然型

W 和 Y 两位选手的成长环境较为宽松自由,父母对选手没有太大的要求,基本上所有的事情都是选手自己拿主意,遇到需要慎重考虑的事情时,父母大都给选手提供意见和建议,很少进行强势干预。W 选手说:"我爸我妈老喜欢给我灌鸡汤了,我成功的时候告诉我不要骄傲,我失败的时候鼓励我不要气馁,不过我失败的次数很少,虽然他们一直跟我说,万事尽力就好,不要给自己太大压力,但我就是想争第一。不管我做什么决定,最终结果如何,他们都希望我高兴就好。他们老说,想做什么就去做吧,有我们呢。"W 选手最终选择了服装设计,并计划着打造自己的品牌,而他的父母一直在背后默默地支持着。Y 选手表示:"说实在的,我爸妈还真有点'不负责任'。他们的意思是,自己的事情自己做决定,还有,人总是要为自己的决定负责的。"鉴于此,Y 选手自己确定了学校、专业,选择了参赛,最后选择老家附近的银行工作。

这些选手最终都是按照自己意愿,确定了自己的发展方向和人生道路,家庭环境培养了他们独立的人格,让他们明白自己的真正所需,以便他们顾来时之路,望未来之远。

三、学校因素

原则上,人的一生都是被教育的,而且是始终需要教育的,因为人在其整个人生中始终在向更新的阶段发展,而在这些阶段中又有新的任务在产生。学校在选手的成长过程中扮演着重要的角色,因为学生的大部分时光都是在学校里度过的。学生的成长与学校的老师、同学密不可分。学校按照社会的要求对学生的发展做出基本规范,同时加速了学生的发展。

(一)目标导向

学校在技能大赛、职业规划等方面的目标导向以及所形成的文化传承在一定程度上影响了选手的活动。

Y 选手说:"F 职业技术学院有一个比较好的传统,算得上是一种传承了吧,即每一届新生入学,都会有为期近半个月的交流会,该交流会把各方面的优秀人才,技能好的、学习好的、考证很厉害的,还有先进的党员代表等,聚集到一起,给新一届的学弟学妹们传授经验、指导方向。我碰到好多技能大神,受到了很多熏陶。学长学姐总是不停地给我们灌输这么一种思想,就是技能很重要,只要你技能练好了,这边的银行随便你挑选。然后,我就是在这个交流会上遇到了 Z 学长,从此'误终生'啊。"正是因为有了方向性的指导,Y

选手在很短的时间里就确定了以后要实现的目标，并开始他波折的竞技之旅。

而 X 选手表示，他们在刚开学的时候，学院会举办职业生涯规划座谈会。"会上，老师会和我们讲了一些我们学院学生成功的案例，并让我们听上一届技能大赛的第一名说说她的人生规划和成长过程中的困惑之类的。学姐说，大一的时候就要明确自己想要做什么，是不是想成为技能人才，可以先根据自己的兴趣、需要做一下安排。如果想要去大企业，最好还是去参加比赛，因为企业青睐比赛拿奖的人。"X 选手说这个座谈会让她更加相信技能大赛能带给她不一样的人生，她也就此明确了自己的职业规划。

学校的宣传与引导，促使选手们形成了明确的目标，进而转变为前进的方向和动力。这些目标也让他们在大学期间就为将来的工作做好专业知识技能以及心理方面的准备。

（二）训练场所

J 选手、W 选手和 X 选手在参加技能大赛前，都是先进入他们所在专业的工作室接受培训的。X 选手表示："在那里面，时间是自由的，学习内容也是随意的，如果老师不给我们布置任务，我们就自己打个板，做做自己想要的衣服。因为没有老师严格的看管，我们要是想有所成长的话，还是要靠自觉，要自我发挥努力去练习。我们可以跟着师兄师姐学，如果把师兄师姐教的都学会了，老师就会去请其他的专家过来指导我们。"

Y 选手认为，要把技能练好，除了要靠自己努力，氛围也很重要，特别是有那么一个带给他强烈归属感的场所。"我们有专门的训练室。训练室就像我们第二个家，我们什么时候想去练习，和训练室负责人打声招呼就可以了……老师和学长学姐会时不时地来训练室指导我们……比赛前特训的那段时间，我们基本是早上 8 点进的训练室，晚上 9 点多才出来，除了中途吃饭的时间，我们都在训练，那个负责训练室的老师为了让我们好好训练，就把关门的时间推迟到 11 点。"

上述选手都以一定的训练场所为依托，在进行自我技能提升的同时，接受老师专家给予的专业指导，并慢慢成长。

（三）多样化的竞技平台

一是校内技能比赛促进了选手技能水平的提升。J 选手说："我们学校每个月都会举办技能比赛，比赛拿了奖的，我们学院还会给获奖选手发奖金，钱不多……一开始，可能是冲着奖励去的，但后来随着投入精力的增多，我们对这个(技能练习)都产生感情,不是说想放弃就放弃的,我就是很舍不得就这么半途而废的。我们都是拼命练技能争着去参加比赛的,就这样,大家你追我赶的,技能就慢慢熟练起来了。"学校的比赛,尤其是有奖金作为奖励的比赛,激发了学生的参赛热情,进而推动了学生技能水平的提升。

二是校际友谊赛增强了选手适应环境的能力。W选手表示,在她的技能被老师认可后,老师就带着她去其他学校参加比赛。"我第一次出去比的时候,很紧张。以前在自己的学校比赛,评委是自己认识的老师,对手是自己的同学,几乎感觉不到压力。但是在别人的学校比赛,场地是陌生的,评委是没见过的,对手是不知底细的,上场的时候我有些慌。虽然之前老师给过我一些心理指导,可是效果不大。不过,有了那次的经验,接下来的友谊赛我就放松多了。再后来,我参加了很多的友谊赛,比着比着,我就发现我越来越淡定了,正式比赛还没有友谊赛能让我那么紧张。"校际间的技能竞赛锻炼了选手的心理技能,也增强了他们的环境适应能力。

(四)教师的关怀

学校教育是教师有目的、有计划地对学生施加影响。教师对选手、对比赛的态度,以及师生关系也极大地促动着选手的心灵。

"我们的老师很亲切。他每次来训练室,都会给我们带巧克力和苏打饼干。这是他这么多年指导技能大赛选手的经验总结。因为我们完成一个项目内容,往往需要8~10个小时,中间也不可能出去吃饭,所以巧克力和苏打饼干是最好最便捷的充饥之物,都是老师自己掏的钱……还有一次,端午节,我们都不回家,老师就做了一顿大餐给我们吃。"Y选手表示,正是老师的关怀使得他们都不舍得让老师失望,于是就更努力练习了。

X选手说:"比赛前一个月,我们小组几个人天天都泡在工作室做练习。其实最辛苦的是我们的指导老师。那个时候他带两个班,要管理100多个学生,他一边要上课,一边要指导毕业班的工作,晚上还要指导我们训练,少则凌晨,有时候甚至陪我们通宵做练习,非常辛苦,他家里还有小孩要照顾的,只能拜托给老一辈的了。你不知道,在我们比赛的过程中,老师楼上楼下来回跑,不知道跑了多少趟,他也紧张。结果出来的那一刻,我看到他长长地松了一口气。我们也松了一口气。我们赢了,我们的付出得到了认可,我们的梦想也不再是梦想。老师在背后所付出的一切,我们会铭记在心的。"老师的关怀感染了选手,成为选手努力奋进的另一源泉。

（五）同学间的互助

友好的同学关系对选手的健康发展也有着很大影响。训练过程是枯燥而充满压力的。当被问及其中的辛酸时，W选手表示要感谢他的同学们，因为他们既是竞争对手，又是合作伙伴，他们一起分享欢乐和汗水。"那时候，大家都集中在工作室练习到很晚。如果没有同学们的相互鼓励和支持，还是很难坚持下来，因为那个过程确实挺枯燥的。你现在让我一个人在家里练习，我肯定坐不住，除非旁边有个人陪着我。我的成功，离不开他们的关照与支持。"

Y选手认为，同学间的相互理解和帮助对他的成长很重要。"比赛的压力真的太大。很可能一件很小的事情都会让人崩溃。有些人受不了，就走了，不比了，我们这些剩下的压力就更大了。在我身上也发生了一件事情，我差点就扛不住了。那次，我们也是在练习，我们内部也是在比赛的，那次我出来的成绩还是第一，我就跟我好朋友，我们是一个专业的，自夸了一下，结果他居然说，我是因为设备好才赢的。我瞬间就生气了，我要是自己不努力的话，设备再好有什么用。我觉得他作为我的好朋友，居然还这么不理解我。我就跟他冷战。我把他的联系方式都删了，我们也一直没见面。这样过几天，我们突然在宿舍附近的草坪上碰到了。不知道是谁先动手，反正我们打架了，没有你死我活，我们就是把对方互相压制在草坪上，互相盯着对方。僵持了好久，我们突然又一笑泯恩仇了。可能是打架把我的压力发泄了出去，我后面觉得轻松了许多。我找到了解压方法，就是和他打架。多亏有他的帮助，我在不到一个月的时间掌握一本书的内容知识，甚至可以精确到哪一页哪一章节。"对于上述事件，Y选手表示很欣慰。

管中窥豹，可见一斑。世界不是一成不变的，它是过程的集合体，其中在我们头脑印象中似乎稳定的各个事物都处在生成和灭亡的不断变化中，而前进的发展，不管偶然还是必然，终究会给自己开辟出一条道路的。这些事情可大可小，最终成为选手发展过程的一部分，促进了他们的成熟。

第二节　全国职业院校技能大赛冠军
职业发展的跟踪调查

对于不同的人群来说，发展轨迹不尽相同，专业基础、发展环境等都是其重要影响因素。作为全国职业院校技能大赛的冠军,其职业发展的状态不仅取决于自身素质基础,同时也得益于大赛的实战经历。但是大赛对其职业发展的影响力度究竟有几分,可以基于部分大赛冠军、指导教师及用人单位的反馈尝试探索二者的关系。

一、近年来技能大赛冠军群体的概况

全国职业院校技能大赛成就了诸多职教人的梦想,经过大赛的锤炼,他们或在擅长的领域占有一隅之地,或开拓出属于自己的新世界。无论怎样,对于大赛自身发展而言,其覆盖范围越来越广,涉猎内容越来越多且紧跟时代的步伐。聚焦大赛参赛选手,这支队伍的力量在逐年壮大。再反观职业教育,这些变化不仅增强了职教办学信心,更是彰显了近些年来职业教育蓬勃发展的态势。

(一)大赛冠军获奖数量变化情况

自 2008 年全国职业院校技能大赛开赛以来,多个省份都曾在冠军争夺战中获胜。从 2008—2017 年每年的获奖情况统计来看,冠军总数呈现逐年上升的状态,尤其是 2012 年,增幅是所有年份中最为突出的一年,总人数达到了 2011 年的 3.25 倍,且全国冠军总人数首次突破 200 人,如图 5-1 所示。

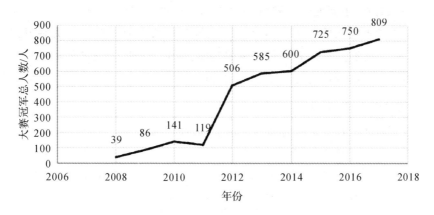

图 5-1　2008—2017 年全国职业院校技能大赛冠军总人数变化

冠军总人数之所以在 2012 年实现了跨越式的增加,原因可以从以下两个方面分析。首先,通过对 2008—2017 年大赛比赛项目的梳理可以发现,2011 年的比赛项目还停留在 8 项,2012 年的大赛项目经历了一次大跳跃,变成了 32 项,这是促使大赛冠军数量激增的最直接的因素。其次,在大赛冠军人数增多的背后，离不开国家的正确引导和大力支持。回顾国家出台的相关政策，自 2002 年全国职业教育工作会议以来，职业教育政策数量呈现明显上升趋势，而在 2011 年达到了最高值 25 个，这样的数量变化与 2011 年《国家中长期教育改革和发展规划纲要（2010—2020 年）》不无关系，此文件的第六章用一整章来强调发展职业教育的重要性。全国职业院校技能大赛近些年逐渐成为国家的关注焦点，关注度不断上升，对技能大赛的投入力度也逐年增加，这些都为职业教育的发展起到了清障提速的作用。这不仅仅是国家对全国职业院校技能大赛发展的扶持与肯定，更表现出国家对职业教育发展的信心。

（二）大赛冠军集中省份分布情况

经过对近十年全国职业院校技能大赛冠军获奖省份的梳理可以看出，前五名出现频率较高的省份依次为江苏省、浙江省、天津市、广东省、北京市。结合以上地区的地理位置可以得知，从首届大赛开始到第十届大赛结束，在各个比赛项目中比较夺目的冠军均来自经济发达的地区，东部沿海城市居多。不仅如此，近十年排名前五名的省份中江苏省和浙江省年年上榜，且位次比较靠前。全国范围内未在大赛开展期间摘得桂冠的省份只有青海和西藏，从经济层面上来说，经济实力的强弱与大赛成绩的好坏存在着紧密的联系。除此之外，东部地区在教育理念上的更迭速度也快于中西部地区，东部发展较快的地区在信息更新、经济实力、技术革新方面都有着得天独厚的优势，这是自然的地域区别，也是客观的现实，在某种程度上这些便利条件为冠军提供了更多的就业机会与职业发展的空间。

（三）大赛冠军专业覆盖拓展情况

全国职业院校技能大赛走过十载春秋，高职组竞赛项目的数量从 2008 年的三个大项上升至 2017 年的 45 个大项，项目内容的覆盖范围也从装备制造类、工业设计类、机械类扩展到包含营销类、互联网类、金融类、建筑类、教育类、艺术类、医学类、服装类、环境类、餐饮类、园林类、外语类、文秘类、农林类等在内的多个领域，数量逐年递增，覆盖面逐渐扩大，行业特色也逐步凸显。

究其原因，我们不难发现，因其参赛项目的确定是通过自下而上申报之后进行评定最终形成的，在此过程中涉及了两个关键的因素，一方面是学校申报的积极性与参赛能力的体现，另一方面是国家对职业院校技能大赛内容丰富性与能力多样性的支持。对于参赛学校而言，参赛不仅是向前沿技术靠拢的机会，更是提升自身竞争力的渠道，同时还可以通过胜出比赛来扩大自己的知名度。对于国家而言,大赛既是我国技能水平不断提高的一个喷涌点,又是与世界技能大赛接轨的不二选择,展示国家技能实力的同时,提升国际竞争力,以竞赛项目逐步增多,内容覆盖面逐渐拓宽的发展趋势也是必然的。

二、大赛冠军职业发展现况的调查分析

本次调查结合问卷调查、实地访谈、线上访谈等调查的形式展开,以浙江省内在 2008 年至 2015 年间获得全国大赛冠军的参赛选手共 276 人为调查对象(囿于 2016 年、2017 年的冠军还未入职或就业时间较短,有碍于职业发展动态研究的科学性,遂不列入调查范围)。在调查过程中发现,随着时间的推移,因教育理念、家庭环境、社会环境等多种因素的共同作用,2015 年的大赛冠军多数会选择继续深造,他们无法对本次调查提供有效的反馈。至此,本次调查对象最终确定为浙江省 2008 年至 2014 年间获得全国大赛冠军的参赛选手共 206 人。

(一)调查准备

1.调查对象

此次调查选定包括杭州职业技术学院、浙江经济职业技术学院、浙江旅游职业学院、浙江经贸职业技术学院、浙江工业职业技术学院、浙江商业职业技术学院、浙江艺术职业学院、嘉兴职业技术学院、浙江机电职业技术学院、浙江建设职业技术学院、浙江交通职业技术学院、金华职业技术学院在内的 11 所高职院校中的 85 位大赛冠军和 12 位指导教师进行问卷调查及采访,如表 5-1 所示,以期了解该群体目前职业发展的现状。

表 5-1　调查对象明细

序号	·调查单位	校址	调查形式	调查人员	人数（人）	调查时间
1	杭州职业技术学院	杭州	问卷＋线下访谈	冠军指导教师	14	2017 年 10 月
2	浙江经济职业技术学院	杭州	问卷	冠军	7	2017 年 10 月
3	浙江旅游职业学院	杭州	问卷	冠军指导教师	11	2017 年 10 月
4	浙江经贸职业技术学院	杭州	问卷	冠军	7	2017 年 11 月

续表

序号	调查单位	校址	调查形式	调查人员	人数（人）	调查时间
5	浙江工业职业技术学院	绍兴	问卷＋线上访谈	冠军指导教师	9	2017 年 11 月
6	浙江商业职业技术学院	杭州	问卷	冠军指导教师	3	2017 年 11 月
7	浙江艺术职业学院	杭州	问卷	冠军	1	2017 年 12 月
8	嘉兴职业技术学院	嘉兴	问卷＋线上访谈	冠军	3	2017 年 12 月
9	浙江机电职业技术学院	杭州	问卷＋线下访谈	冠军指导教师	15	2017 年 12 月
10	浙江建设职业技术学院	杭州	问卷	冠军	7	2017 年 12 月
11	浙江交通职业技术学院	杭州	问卷	冠军	6	2018 年 1 月
12	金华职业技术学院	金华	问卷	冠军	14	2018 年 1 月

2. 预调查

此次问卷预调查是与问卷的设计交叉同步完成的，结合已有的关于全国职业院校大赛冠军职业适应性研究及职业发展研究的相关研究成果形成第一版问卷，听取老师及同学们的意见，同时邀请 30 位已就业人士进行问卷填写并收集其反馈意见与建议，进行第一次修改。之后，修改后的第二版问卷经过高职院校部分有过大赛指导经验的教师试填写后，从专业及相关角度出发提出改进意见后进行第二次修改，最终形成了包括性别、年龄、工作年限、技术等级、工作单位性质等在内的第三版问卷。

3. 问卷反馈

此次调查通过问卷调查和实地访谈两种形式取得数据。从 2017 年 10 月到 2018 年 1 月期间，调查范围限定于浙江省内的 11 所高职院校，共计发放问卷 120 份，实际回收 97 份，回收率 80.8%，回收问卷中有效问卷 85 份，回收问卷有效率为 87.6%。调查问卷之样本资料的结构特征如表 5-2 所示。

表 5-2　调查问卷结构特征

分类项	分类子项	频数（次）	百分比（%）
性别	男	64	75.3
	女	21	24.7
工作年限	1～3 年	30	35.3
	4～5 年	21	24.7
	5 年以上	34	40.0
职称	无	14	16.5
	初级	22	25.9
	中级	16	18.8
	高级	33	38.8
单位性质	民营	25	29.4
	国企	11	12.9
	外资	1	1.2
	中外合资	0	0.0
	国家机关	1	1.2
	事业单位	36	42.4
	个体	3	3.5
	其他	8	9.4

（二）基本情况

1.学校推荐助力技能大赛冠军职业起步

提及参赛冠军的职业发展起点，我们可以将目光更多地聚焦在他们第一份工作获得的渠道以及大赛"冠军光环"在寻找工作阶段的影响程度上。首先从第一份工作获得的渠道来看，50.75％的大赛冠军通过学校推荐得到，也就是说，超过一半的冠军在获得第一份工作的时候并不需要经历太多的挫折。除此之外，通过人才市场招聘获得工作的冠军占 23.88％，企业预定的情况占 13.43％，还有 11.94％的冠军是通过亲友介绍获得了第一份工作，如图 5-2 所示。通过和冠军、指导老师和部分用人单位的交流了解到，大赛冠军通过人才市场寻找工作的时候会突出大赛冠军的经历，并因此为自己赢得更多的就业优惠。例如一些用人单位愿意为他们提供同等条件下更大的就业平台与机会，吸纳这些优秀的大赛冠军为本单位的一分子，相对于没有大赛经历的毕业生来说，这是大赛冠军独有的优势。

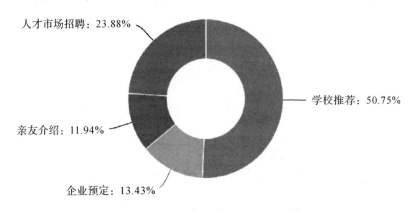

图 5-2　大赛冠军第一份工作获得途径情况

关于"冠军光环"对职业发展的影响，大赛冠军们认为，从自身角度出发，"冠军光环"对工作自信影响较大，有 82.43％的大赛冠军都选择了该选项。从外界环境角度来看，冠军光环可以让他们获得更多的关注（44.59％）。升职机会（27.03％）、薪资优惠（17.57％）的影响程度紧随其后，同时也有6.76％的大赛冠军选择了"其他"，其中有一位冠军表示：工作以后主要还是看自身能力，比赛所得来的名誉并未带来实质性影响。通过与冠军的深入交谈可以了解到，"冠军光环"在职业发展初期尤其是在刚就业阶段的影响值最高，很多冠军都提到"冠军光环"更多的是为他们提供了一次进入更大平台的机会，增加了接触更高水平的可能性，帮助他们获得了良好的职业发展开端，"机会"是他们提到"冠军光环"关于职业发展影响时的高频词。

2.大赛经历为冠军提供良好的就业平台

职业发展平台对于个人的职业发展影响深远，一般情况下我们认为，平台越大职业发展越好，所以就业平台对于职业发展来说其影响是不言而喻的。就职业发展平台的分类而言，从职业发展稳定性角度大致可以划分为两类：一类是职业发展表征平稳的国家机关和事业单位，即我们通常所说的体制内的"铁饭碗"；另一类则是体制外的企业单位，员工所有的薪资待遇和福利都需要自负盈亏。从我国现阶段的发展情况及民众受传统观念的影响程度来看，国家机关与事业单位中职业发展的整体水平要高于其他类型的职业发展平台。

此次调查对象中除 43.24％的大赛冠军来自国家机关或事业单位这类较为稳定的单位之外，有 56.76％的人来自不同的企业，在该类人群中，61％的冠军来自大型企业，12.9％的冠军来自中型企业，22.6％的冠军来自小型企业，3.2％的冠军来自微型企业，如图 5-3 所示。总体来看，多数冠军来自大型企业，加之在国家机关或事业单位工作的 43.24％的冠军，这表明大赛冠军的就业机会与职业发展的潜力比较乐观。在与冠军本人交谈的过程当中了解到，大赛的经历与冠军成绩在入职前后为他们的求职之路起到了锦上添花的作用，能够让他们有一个不错的工作环境与就业平台。这种情况也符合他们多次提到的大赛经历更多的是为自己提供了一张优势资源的"共享券"，而在得到优势资源之后如何利用，如何发挥自己的优势，那会是大赛冠军在职业发展路途上的攻坚之战。

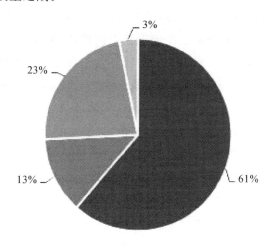

■大型　■中型　■小型　■微型

图 5-3　大赛冠军所在单位规模分布情况

3.大赛冠军的专业优势得以较好发挥

培养某个专业领域的专业人才，无论时间成本还是经济成本都需要很大的投入,学成之后以自己的专业特长为国家和社会奉献是每位教育工作者的殷切希望。从表5-3可以看出,冠军的技术等级情况在专业对口情况上存在显著差异,且完全对口的冠军比基本对口和不对口的冠军技术等级要高。专业对口对于积极的职位变动及薪资待遇方面没有显著差异。提及大赛冠军专业对口率的现状问题,87.84%的大赛冠军专业对口,其中48.65%的冠军专业完全对口,39.19%的冠军专业基本对口,专业对口整体情况比较理想。另外的12.16%的冠军则从事了与自己专业不相关的工作,一位冠军表示之所以不选择从事专业对口相关工作是因为自己本专业的工作环境需要在无菌状态下进行,不符合自己的喜好,所以选择改行。还有一位冠军表示自己毕业后选择进入与自己专业不相关的家族企业就职,一方面是因为不想辜负家人的希望,另一方面也是因为要担负起自己应有的责任。

此次调查的大赛冠军大多集中在事业单位工作,且主要来自职业院校,留校的现象比较常见。在与指导教师与冠军本人交流的过程中,笔者也得到了关于参赛冠军留校任教的相关说法,并且学校的主动性相对较强。一方面,学校请这些大赛冠军发挥自己的专业优势为后续的大赛培养更多更好的优秀人才。另一方面,大赛冠军毕业后留校任教还能够以教师的身份参加教师组技能大赛,展现母校教师实力,提升母校的知名度与荣誉感,继续为校增光添彩。作为大赛冠军,他们也比较青睐于留校,既可以发挥自己的特长,不浪费在校期间习得的能力与知识,同时又可以在自己熟悉的环境中为母校腾飞添砖加瓦,这不失为一个很好的选择。调查发现,事业单位最受冠军们的青睐,排在第二位的则是民营企业,之所以如此,这与职业院校的校企合作模式和冠军求职期间的优先推荐是分不开的。一方面,学校的校友企业会更倾向于从母校获得更多的人力资源,对于实力强劲的院校,不仅仅是校友企业蜂拥而至,一些没有合作经历的企业也会慕名而来,大家有对其人才培养质量一致认可的基础,对于从该校走出的技能大赛冠军的实力就更加毋庸置疑。另一方面,学校的校企合作单位不仅在大赛冠军求职阶段为其抛出橄榄枝,入职后还会为他们提供比较优惠的就业条件,这表明学校与企业长期的合作关系为大赛冠军的就职搭建了良好的平台。综上,事业单位与民营企业是多数大赛冠军工作的首选去处,他们也能够在这些平台上较好地发挥自己的专业知识与能力。

表 5-3 工作年限和专业对口情况在职业发展各维度上的差异比较

维度	变量	选项	M	SD	自由度	均方	F	p	事后检验
技术等级	工作年限	1.1～3 年	2.42	1.206	2	8.764	8.206	0.01*	3＞1,2
		2.4～5 年	2.39	1.145					
		3.5 年以上	3.40	0.770					
	专业对口	1.完全对口	3.22	1.017	2	6.978	6.241	0.00**	1＞2,3
		2.基本对口	2.55	1.088					
		3.不对口	2.00	1.118					
职位变化	工作年限	1.1～3 年	1.62	0.637	2	1.858	3.489	0.36	
		2.4～5 年	2.11	0.832					
		3.5 年以上	2.07	0.740					
	专业对口	1.完全对口	1.97	0.774	2	0.102	0.175	0.83	
		2.基本对口	1.86	0.743					
		3.不对口	1.89	0.782					
薪资变动	工作年限	1.1～3 年	1.50	0.583	2	10.74	11.620	0.00**	3＞1
		2.4～5 年	2.56	0.984					
		3.5 年以上	2.67	1.184					
	专业对口	1.完全对口	2.36	1.175	2	0.686	0.568	0.56	
		2.基本对口	2.07	0.998					
		3.不对口	2.22	1.093					

注 * 表示 $p < 0.05$, ** 表示 $p < 0.01$。

（三）现状呈现

1.家庭因素对职业发展的影响

家庭环境对于一个人的成长来说,作用是潜移默化的,无论是从思想的形成上,还是从能力的培养上都有着较大的影响。除父母外,自己小家庭的组成状况对其职业发展的影响也存在着显著性差异。如表 5-4 所示,已婚冠军群体的技术等级即职称水平显著高于未婚冠军群体的职称水平,已婚冠军群体在职业发展中的薪资待遇变动频次显著高于未婚冠军群体加薪次数,已婚冠军群体积极职位变动频次显著多于未婚冠军群体变动次数。由于本书对于职业发展状态的判断标准主要集中在职称水平、薪资待遇变动频次和积极职位变动频次上，由此可以推断出，已婚冠军群体的整体职业发展状态优于未婚冠军群体。

表 5-4　人口学变量在职业发展中的 T 检验分析结果

维度	变量	子变量	M	SD	t	p
技术等级	性别	1. 男	2.95	1.102	1.81	0.08
		2. 女	2.39	1.145		
	婚姻状况	1. 已婚 2. 未婚	3.09 2.58	0.965 1.217	1.98	0.05*
职位变化	性别	1. 男	1.95	0.749	0.55	0.58
		2. 女	1.83	0.786		
	婚姻状况	1. 已婚 2. 未婚	2.12 1.75	0.808 0.670	2.14	0.03*
薪资变动	性别	1. 男	2.36	1.151	1.79	0.07
		2. 女	1.83	0.786		
	婚姻状况	1. 已婚 2. 未婚	2.76 1.78	1.046 0.920	4.33	0.00**

注：* 表示 $p < 0.05$，** 表示 $p < 0.01$。

究其原因，可以从以下两个方面展开分析。一是婚姻状态与工作年限间的联系。随着年龄的增加，工作年限随之增长，因工作年限与职称水平间呈现出正相关（$r = 0.379**$）关系，与薪资待遇变动频次间呈现出正相关（$r = 0.444**$）关系，与积极的职位变动间呈现出弱正相关（$r = 0.249*$）关系，这意味着伴随工作年限的增加，职业发展呈现出整体上升的趋势。众所周知，随着工作年限的增加年龄会随之增长，通常情况下婚姻状态也会逐渐从未婚变为已婚，所以已婚状态下，个人的职业发展状态更好。二是消极的婚姻状态不利于个人的职业发展。未婚状态包括离异或丧偶，家庭的不完整将会牵扯到个人的有限精力，也会增加生活与精神压力，这会影响职业发展主体的精神面貌与实际能力发挥程度，阻碍职业发展的进程便实属必然。所以，良好的职业发展状态需要其主体具有一个幸福、稳定、和谐家庭环境的支撑，这样才会尽可能脱离无关因素的干扰，从而更好地关注自身的职业发展。

2.工作环境对职业发展的影响

环境对于人的影响虽是隐性的,但却是持久和不可抗拒的。环境大致可以分为两大类:软环境与硬环境,工作环境亦是如此。软环境更多的是指隐形关系网,如人际关系、工作氛围、组织文化等等。硬环境恰恰相反,即我们通常意义上所说的外显的工作条件,多体现在硬件设施的配置上。个人能力与环境在职业发展中的 T 检验分析结果显示,如表 5-5 所示,"同事的尊重和领导的重视"在积极的职位变动与薪资变动上存在显著差异,且能够获得"同事尊重和领导重视"的群体在积极职位变动和薪资变动上要显著高于没有获得"同事尊重和领导重视"的人群。不仅如此,"同事的尊重和领导的重视"在冠军对本单位的发展前景的看法上也存在显著差异,获得"同事尊重和领导重视"的冠军在对单位发展前景的看法上显得更为积极。由此可以推断出,软环境尤其是人际关系的质量对冠军的职业发展影响重大。软环境的创造和维护不仅取决于组织的整体运转情况,更受制于冠军自身的能力和处事经验。

关于工作中的硬环境的好坏,我们不仅可以从组织提供的办公条件上衡量,也可以从组织自身的性质入手。如表 5-5 所示,单位性质在技术等级上存在显著差异,同时体制内的工作单位相对于体制外的工作单位更容易实现技术等级上的提高。一方面,无论是从传统观念出发还是从现实中来看,体制内的工作单位工作较为稳定,评价体系较为完善且机会较多,员工的权利受到国家的支持和保障。另一方面,非体制内的工作单位中人员流动性较大,不易形成较为连贯的上升曲线。不仅如此,由于非体制内的工作单位不在国家财政补贴体系之内,所以单位的所有开销都以自负盈亏的方式进行,这就形成了非体制内的工作单位将利润放在第一位,而非把人的发展放在第一位的现状,在技术等级晋升方面比不上体制内单位的原因也一目了然。从表 5-5 中我们还能够看出,体制内的单位与体制外的单位在积极的职位变动上呈现出显著的差异,同时体制内单位职位变动的频率要小于体制外单位的变动频率,这种情况与因体制原因而使不同的单位呈现出不同的发展活力的情况相吻合,也完美地体现出体制"保护"的双刃剑效果。

表 5-5　个人能力与环境在职业发展中的 T 检验分析结果

维度	变量	子变量	选填情况	M	SD	t	p
技术等级	被满足的职业期望	1. 物质待遇	1. 选 2. 未选	2.78 2.84	1.045 1.220	−0.24	0.80
		2. 工作条件与环境	1. 选 2. 未选	3.05 2.53	1.085 1.134	2.01	0.48
		3. 晋升渠道多且开放	1. 选 2. 未选	2.79 2.82	1.032 1.172	−0.95	0.09
		4. 能力特长得以施展	1. 选 2. 未选	2.98 2.52	1.093 1.156	1.70	0.09
		5. 同事尊重、领导重视	1. 选 2. 未选	2.83 2.79	1.130 1.149	0.11	0.90
	影响因素	1. 业绩成果	1. 选 2. 未选	2.77 2.85	1.114 1.159	−0.28	0.77
		2. 主动性、责任心	1. 选 2. 未选	2.75 2.92	1.101 1.197	−0.62	0.53
		3. 专业知识、专业技能	1. 选 2. 未选	3.04 2.41	1.042 1.185	2.40	0.01*
		4. 管理能力	1. 选 2. 未选	2.78 2.83	1.184 1.102	−0.19	0.84
		5. 团队建设与管理	1. 选 2. 未选	2.76 2.83	1.136 1.139	−0.23	0.81
		6. 前瞻力	1. 选 2. 未选	3.13 2.77	1.126 1.134	0.83	0.40
		7. 个性人品	1. 选 2. 未选	2.78 2.82	1.060 1.162	−0.14	0.88
		8. 适应、应变、学习能力	1. 选 2. 未选	2.76 2.92	1.164 1.077	−0.59	0.55
		9. 职业道德、职业素养	1. 选 2. 未选	2.86 2.78	0.970 1.228	0.27	0.78
	单位性质	1. 体制外		2.55	1.131	−2.36	0.02*
		2. 体制内		3.16	1.051		

维度	变量	子变量	选填情况	M	SD	t	p
职位变化	被满足的职业期望	1. 物质待遇	1. 选 2. 未选	2.00 1.84	0.828 0.679	0.89	0.37
		2. 工作条件与环境	1. 选 2. 未选	1.88 1.97	0.686 0.834	-0.54	0.59
		3. 晋升渠道多且开放	1. 选 2. 未选	2.05 1.87	0.780 0.747	0.87	0.38
		4. 能力特长得以施展	1. 选 2. 未选	1.91 1.93	0.775 0.730	-0.60	0.95
		5. 同事尊重、领导重视	1. 选 2. 未选	2.15 1.65	0.770 0.646	3.01	0.00**
	影响因素	1. 业绩成果	1. 选 2. 未选	2.00 1.85	0.804 0.709	0.86	0.38
		2. 主动性、责任心	1. 选 2. 未选	2.08 1.62	0.767 0.637	2.80	0.00**
		3. 专业知识、专业技能	1. 选 2. 未选	2.04 1.70	0.751 0.724	1.89	0.06
		4. 管理能力	1. 选 2. 未选	2.00 1.86	0.842 0.683	0.80	0.42
		5. 团队建设与管理	1. 选 2. 未选	1.81 1.96	0.750 0.759	-0.78	0.43
		6. 前瞻力	1. 选 2. 未选	2.38 1.86	0.916 0.721	1.84	0.07
		7. 个性人品	1. 选 2. 未选	2.06 1.88	0.725 0.764	0.46	0.64
		8. 适应、应变、学习能力	1. 选 2. 未选	2.06 1.64	0.747 0.700	2.34	0.02*
		9. 职业道德、职业素养	1. 选 2. 未选	1.89 1.93	0.685 0.800	-0.23	0.81
	单位性质	1. 体制外		2.07	0.808	2.03	0.04*
		2. 体制内		1.72	0.634		

续表

维度	变量	子变量	选填情况	*M*	*SD*	*t*	*p*
薪资变动	被满足的职业期望	1. 物质待遇	1. 选 2. 未选	2.36 2.11	1.099 1.085	1.00	0.31
		2. 工作条件与环境	1. 选 2. 未选	2.20 2.26	1.043 1.163	−0.25	0.80
		3. 晋升渠道多且开放	1. 选 2. 未选	2.42 2.16	1.017 1.118	0.92	0.36
		4. 能力特长得以施展	1. 选 2. 未选	2.34 2.04	1.147 0.980	1.15	0.25
		5. 同事尊重、领导重视	1. 选 2. 未选	2.53 1.88	1.086 1.008	2.62	0.01*
	影响因素	1. 业绩成果	1. 选 2. 未选	2.29 2.18	1.100 1.097	0.41	0.67
		2. 主动性、责任心	1. 选 2. 未选	2.46 1.81	1.091 0.981	2.53	0.01*
		3. 专业知识、专业技能	1. 选 2. 未选	2.38 1.96	1.095 1.055	1.61	0.01*
		4. 管理能力	1. 选 2. 未选	2.28 2.19	1.114 1.087	0.35	0.72
		5. 团队建设与管理	1. 选 2. 未选	2.24 2.23	1.044 1.120	0.04	0.96
		6. 前瞻力	1. 选 2. 未选	2.38 2.21	1.061 1.103	0.39	0.69
		7. 个性人品	1. 选 2. 未选	2.33 2.20	0.970 1.135	0.46	0.64
		8. 适应、应变、学习能力	1. 选 2. 未选	2.24 2.20	1.109 1.080	0.16	0.86
		9. 职业道德、职业素养	1. 选 2. 未选	2.18 2.26	0.983 1.163	−0.31	0.75
	单位性质	1. 体制外		2.36	1.122	1.15	0.25
		2. 体制内		2.06	1.045		

注：① * 表示 $p<0.05$，** 表示 $p<0.01$。

②单位性质中，为突出不同性质单位的影响程度，将工作性质分为体制外单位和体制内单位。体制外单位包括：民营企业、国有企业、外资企业、中外合资企业、自主创业、其他；体制内单位包括：国家机关、事业单位。

3.影响职业发展的能力因素

职业发展过程是个动态的持续过程,其中涉及的因素纷繁复杂。从表5-5中我们可以看出,"专业知识、专业技能"在技术等级上呈现出显著差异,"主动性、责任心"和"适应应变学习能力"在积极的职位变动中存在显著差异,同时,"主动性、责任心"和"专业知识专业技能"在薪资变动中呈现出显著差异。

总结以上因素可以看出,在影响职业发展的关键因素中通用能力占主导地位。"主动性、责任心"作为职业发展主体的内在主动力直接影响了积极的职位变动和薪资变动情况,而"适应、应变、学习能力"和"专业知识、专业技能"作为显性能力表现形式分别对积极的职位变动和薪资变动情况产生影响。综上,态度因素对职业发展影响最大,能力因素紧随其后。这与当下社会的发展状态紧密相连:首先,随着社会智能化、数字化的快速发展,在"机器换人"、科技腾飞的新时代,大批技术技能型人才被取代,这引发了教育界尤其是职业教育界对现实社会人才培养的重新审视。面对未来世界,强化通用能力成为人才培养体系的重点,这也成为职业发展中的重中之重。其次,多数岗位在晋升的曲线中呈现出专业能力界限模糊的趋势,随着职位的不断上升,专业能力要求所占成分逐渐减少,迁移能力与心理素质成为武装自己最有力的武器。

(四)问题表征

1.大赛能力与职业发展要求未完全契合

对曾经有过积极职位变动的大赛冠军而言,他们认为实现积极职位变动与薪资变化需要同时具备多种能力:业绩成果(47.30%)、主动性和责任心(64.86%)、专业知识与技能(63.51%)、管理能力(43.24%)、团队建设与管理(28.38%)、前瞻能力(10.81%)、个性人品(24.32%)、适应应变学习能力(66.22%)、职业道德与素养(37.84%)和其他(2.70%)。其中,选择"其他"选项的冠军认为"还要考虑领导对自己的看法"。

针对以上能力,18.92%的大赛冠军表示,职业发展过程中重要的能力因素在大赛培养过程中都有所涉及,还有8.11%的大赛冠军表示全部没有涉及。当然很大一部分(72.97%)大赛冠军认为大赛培养过程涉及了某些必要因素:主动性和责任心(70.37%)、专业知识与技能(79.63%)、管理能力(14.81%)、团队建设与管理(27.78%)、前瞻能力(11.11%)、个性人品

(24.07%)、适应应变学习能力(72.22%)、职业道德与素养(48.15%)和其他(1.85%)。

　　对比以上两组数据可以看出，如图5-4、图5-5所示，大赛培养过程中有三种能力没有达到冠军本人在职业发展中应具备能力的期望值，分别是"管理能力"（管理的职能主要包括决策、组织、领导、控制、创新能力）、"团队建设与管理"和"个性人品"。经过和若干冠军沟通，他们迫切希望提升的能力是创新能力、团队的管理能力以及增加发挥个性与创造力的机会。在访谈时他们提到，大赛培养的过程中管理能力很少涉及，且由于技能大赛考验个人能力，团队协作能力虽贯穿大赛培养的始终，但团队的管理角色一般都是由老师来承担，对学生个体而言并没有太多的机会。个性与创造力的发挥很少可以在大赛培养及比赛过程中体现。通过与指导老师的交谈可以了解到，历年的比赛项目是不固定的，当年的比赛项目下年不一定会存在（中职组的比赛项目

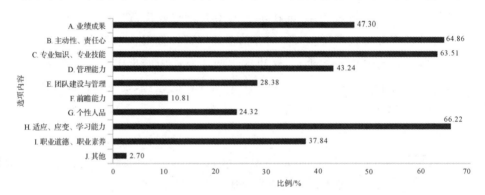

图5-4　大赛冠军反馈职业发展中需要具备的能力情况

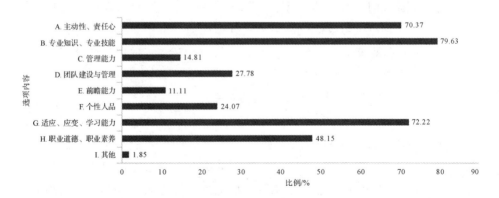

图5-5　大赛培养过程中所涉及的能力情况

要比高职组稍显稳定），这取决于每年参赛学校项目的申报情况。不仅如此，多数情况下比赛的准备时间会比较仓促，这会直接影响学生自身能力的发挥程度，学生严格按照指导教师设置的流程进行反复练习，几乎不存在展现个性与发挥创造力去破题以及解题的可能性。

2.个人因素成为职业发展的主要障碍

跳出大赛培养阶段，在谈到能够影响职业发展进程的因素时，大赛冠军认为影响系数由大到小排序如下：个人综合素质（90.54％），业绩成果（68.92％），外部机遇（44.59％），熬年头（10.81％），转行、转岗、跳槽（4.05％），其他（2.7％）。其中选择"其他"的大赛冠军指出还应考虑自身学历水平，如图5-6所示。

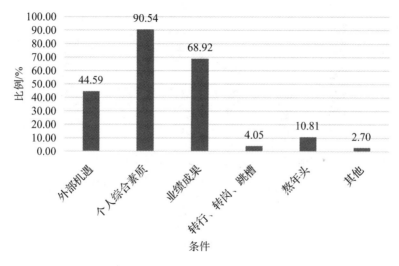

图5-6　实现职业发展的关键条件

诸多影响因素中，大赛冠军表达出自身的内部因素占绝对的主导地位，提升个人综合素质和工作成绩是取得职业发展的关键，"熬年头、转行、转岗、跳槽"是个人对所在组织现状所表现出的消极态度，一方面可能是自身条件达不到组织要求的水平，另一方面也可能是受制于组织整体运行机制形成的晋升约束。

至于职业发展瓶颈期的主要障碍，大赛冠军更想从自身资历（51.35％）、学历（50％）方面突破。单位管理体制（35.14％）、管理能力（27.03％）和人际关系（27.03）的影响系数紧随其后，技术方面（17.57％）的提高以及"其他"（4.05％）选项中所提到的"自己对于单位发展的看法""工作与梦想"等影响因素所占比重最小，如图 5-7 所示。

随着社会不断地进步与发展，教育的整体水平也随之提升，高学历人才层出不穷，这对于高等职业院校出身的大赛冠军来说无疑是增添了巨大的挑战，在与高学历、高能力优秀人才同场竞技的时候，学历水平确实会成为自己的一处硬伤。还有一点难以改变的便是单位管理体制的约束，不同的单位，由于规模、文化、理念等差异，整个单位的成长氛围迥然不同，对于员工的职业发展必然会造成不同程度的职业发展鸿沟。一般情况下，处于成长阶段的用人单位，其职业发展潜力比已发展成熟的用人单位的职业发展潜力稍大。

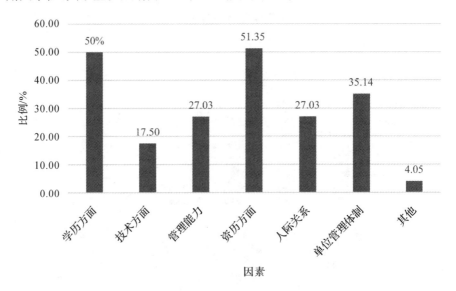

图 5-7　职业发展中的障碍因素

3.心理素质成为职业发展中的攻坚难点

亚伯拉罕·哈罗德·马斯洛（Abraham Harold Maslow）认为良好心理素质的表现形式应该包括具有充分的适应力、能保持人格的完整与和谐、能保持良好的人际关系及在不违背集体利益的前提下能有限度地发挥个性等在内的十个方面[①]。全国职业院校技能大赛中好成绩的取得不仅仅需要过硬的专业知识与技能，同时也需要具备强大的内心。这不仅仅是一场专业技能的比赛，更是一次心理素质的较量。而良好的心理素质的练就与高技术水平

---

① Maslow A H. Motivation and personality [J]. Allahabad：Prabhat Prakashan，1981.

的获得一样,并非一蹴而就,也需要经过一定的训练。在此次受调查的冠军中曾有人表达出在其职业发展过程中最困惑的一点则是同事间的人际关系问题,这使得自己不能在一个融洽且舒适的环境中工作。随着专业技能训练条件及各方面软硬环境质量的提高,专业技能训练的差距将会呈现出逐渐缩小的趋势。与此同时,理想的比赛状态中赛题的开放程度会逐渐提升,心理素质的比拼成分将会逐渐增大,对于参赛选手而言,这可能是一个得分的机会,也可能成为一个失分的缺口。

在此次受访的冠军中,78.38%的冠军表示他们在大赛训练过程中曾接受过抗压能力的训练,21.62%的冠军则表示从未有过类似经历。指导教师对自己充分肯定(70.69%)、设立不同能力所及的小目标(67.24%)以及公开作业方式(67.24%)是现阶段较为常用的训练方式,还有些冠军通过自我心理暗示(51.72%)和多关注成功(18.97%)以增强自信并强大自己的内心。在与指导教师交流的过程中可以感受到,虽然在日常训练中其会关注到心理素质的作用,但是在赛场上还是不能完全避免因心理变化而带来的不利影响。指导教师在培养学生专业能力之外,对如何提高参赛选手心理素质也有着迫切的需求。

除此之外,值得注意的是基于调查数据的面上分析可以看出,不同次数积极的职位变动带来的技术等级的变化不尽相同。从积极职位变动与技术等级正相关及技术等级与职业发展呈正相关的逻辑起点出发:积极职位变动越多,其职称等级越高;技术等级越高,其职业发展越好。以有过三次积极职位变动的人群为例,他们中间分别出现了一次、两次、三次和四次技术等级的变化:三次积极职位变动伴随三次以下的技术等级变化大致可以推断出他们的职业发展路径处于横向且螺旋的状态之中,三次积极职位变动伴随三次及以上次数的技术等级变化则大致可以推断出他们的职业发展属于纵向且直线型的状态之中。这表明,不同情况下的职位变动人群有着不同的职业发展路径与形式。

三、大赛冠军职业发展多角度访谈分析

大赛冠军的职业发展影响因素之多,并不能仅仅通过问卷的数据进行完整的呈现,问卷作为一个限制性相对较大的方式,只能得出调查者本人倾向了解的情况,被调查者不能提供关于核心问题的更多信息,这对于整体情况的推断是不利的。所以,在问卷回收、完成数据统计之后,针对不同问题所呈

现出的各种倾向性答案，通过接触不同的指导教师、大赛冠军与其用人单位来揭开数据背后的影响因素，同时从某些个案的分析中找寻更多影响大赛冠军职业发展的真正原因。

（一）指导教师

指导教师是技能大赛这艘航母上的风向标，他们为学生比赛提供了学习上、生活上各方面的指导与帮助，与学生亦师亦友。在整个参赛的过程中，指导教师可以从学校获得物质和精神上的奖励，更多的收获是培养出优秀学生无可替代的成就感与价值感。

1.大赛对学生职业发展具有积极作用

此次调研跟踪了不同院校的 10 位有着不同大赛经历的指导教师，1 位教师有 3～5 年的指导大赛经历，3 位教师有 6～10 年的指导大赛经历，6 位教师有 10 年以上的指导大赛经历。其中一位有着 7 年经验的教师对大赛持"无所谓"的态度，其余 9 位教师都表示非常支持技能大赛的开展："技能大赛的开展确实可以提升学生的整体素质，无论是在学校学习期间还是工作之后。同时对教师来讲也可以得到一定的实惠。"（个案编号：JS01）

在与指导教师沟通的过程中发现，教师们对于技能大赛这个平台有着较高的认可度，他们认为参加技能大赛是振兴产业、提高劳动者素质、提升自身竞争力的重要举措，不仅可以推动国家的技术技能发展进程，还可以帮助学生用先进的技能武装自己以实现自身的良好发展。对于学校而言，技能大赛的理念会带动教学理念的发展，教学形式也会随之更新，这是技术前沿的一个参照窗口。然而，技能大赛也存在美中不足的地方。现阶段，有部分指导教师表示："技能大赛所提供的平台太高"（个案编号：JS01），容易形成技能大赛"绑架"学校的局面：设备的购置成为学校目前最为焦虑的地方。技能大赛在某种程度上展现的是技术技能前沿，该平台不仅要求项目申报创新点要明确，比赛设备也会随着新技术的产生而更新，囿于大赛项目设备动辄几十万上百万的购置费用，"这给想要参赛的学校带来了无形的压力，许多学校只能望而却步"（个案编号：JS02）。除此之外，技能大赛比赛系统也存在瑕疵，主要是体现在项目的延续性上。由于每年的比赛项目都是通过自下而上的形式申报筛选最终确定，这也就意味着每年的比赛项目都不是完全一致的，某些项目会出现断续比赛的现象，即今年设项，来年不一定会在比赛项目中出现。这会导致原本有该项优势的学校因没有比赛机会而不能在该领域崭露头角，也不利于该项目发展的延续性。"也是因为每年项目都需要走申报流程,公布赛项到比赛的时间比较有限,这使得学生的备赛时间略显仓促,对教师和学生的考验都十分严峻。"(个案编号:JS02)

2.大赛要为学生职业发展做铺垫

第一,训练时间多于文化课时间。参加技能大赛的学生需要牺牲自己的大部分自由时间用来训练,尤其是在赛前的集训阶段,这是参赛选手的生活写照。对于文化课与训练时间的比例关系,不同的老师给出了不同的意见,多数教师支持以 3∶7 的状态进行:"比赛更重要的是动手能力的考验,更多的知识可以在动手的过程中习得并熟练。"(个案编号:JS03)

在采访中,一位教师特别提出:"技能不是教出来的,而是练出来的。若想真正获得技能,只有通过不断的练习,没有其他捷径,所以训练的时间要多于文化课的时间。"(个案编号:JS01)另外一位教师提道:"在集训阶段采取让学生自学文化课的方式,为训练腾出足够的时间。至于文化课的考核,我们也有一套具体的学分转换方案:若在比赛中获奖,则按比例折合成文化课成绩;若未获奖,则需要重新学习、考试以达到既定的学分要求。一般情况下,专业技能课程学分的获得对于参赛学生而言比较轻松,这得益于在大赛训练过程中不停地消化和吸收专业技能知识。"(个案编号:JS02)

第二,基于大赛设置,要求学生吃苦耐劳。对于参赛选手的挑选,学校一般会采取学生自愿报名与考试筛选相结合的方式进行。在选拔过程中要将学生的自觉能动性摆在第一位,这是一切训练的前提。"被选中的参赛选手多数家境不太好,成绩大多在中下游,但是都具有极强的吃苦耐劳精神,这为他们能在大赛中取得好成绩奠定了厚实的基础。一天超过十小时的高强度训练在集训期间成为家常便饭,还有学生假期选择不回家,在偌大的实验室独自训练,这些都是大赛冠军背后不为人知的一面。"(个案编号:JS03)通常情况下,在训练的过程中每个人的能力水平不相上下,不到最后一刻指导教师都不会确定哪位学生正式参赛,这种情况比比皆是,因为"无论任何学生参赛都可以取得较为理想的成绩"。

第三,校领导是技能大赛坚强后盾。"校领导的支持+指导教师的努力+学生的刻苦训练=优异的成绩"。(个案编号:JS01)这是采访中一位教师总结出的成功公式。

成功没有既定的公式,但皆因有不变的付出。指导教师和学生的辛勤付出是取得骄人成绩的直接原因,领导的支持则是这背后无形的推动力和保障力,甚至是优异成绩取得的决定性因素。现实中,倘若大赛成绩关乎学校发展的命运,那么校方当会倾全力势在必得,相反,则任由其发展。与承担职业教育发展大业的责任相比,学校的发展略显迫切。所以,从某种程度上来说,学生的压力来自指导教师,指导教师的压力则来自学校领导。换个角度来讲,有校领导的强有力支持,参赛选手可以更多地聚焦于比赛过程,而非过度关注比赛结果,这一来师生便可在有保障的环境中放手去搏。

3.学生从比赛中储备了良好基础能力

指导教师们认为大赛训练及比赛的过程能够培养学生多方面的能力。在调查过程中,指导教师认为学生的责任心、专业知识、专业技能、抗压能力、主动性、团队建设和管理能力可以通过大赛经历获得,管理能力、个人人品、创造力和前瞻力虽有所涉及,但并不能使学生完全具备。

除上述能力外,教师有时会为参赛学生提供参与科研项目的机会,"学生不仅能够在实战中储备专业知识与技能,还可以提前感受入职后的状态,为顺利就业建立一个良性的缓冲阶段"。(个案编号:JS04)不仅如此,比赛的各项规定也是严格按照行业标准制定的,如进入实验室的着装规范、正确使用设备的标准等,因此学生形成了作业惯性,可以更好地展现个人综合素养,获得良好的职业发展开端。相比起优异的比赛成绩可以增加学生自信心而言,家长因此而获得的自豪感更难能可贵。"如 Z 姓学生家长因孩子高中毕业没有考上理想学校,在整个大家族中一直有种抬不起头的感觉,每次家庭聚会都是最后一个到场的成员。自从孩子得了技能大赛冠军,该家长对孩子的态度转变了,在家族中说话也变得有底气了,现在成为家庭聚会中最积极的一分子。"(个案编号:JS04)谈及大赛对学生职业发展的帮助,指导教师们认为"他们可以因此而获得更多的隐形机会,接触更大的发展平台,享受更丰富的资源"。(个案编号:JS01、JS02、JS03、JS04)

（二）大赛冠军

1.技能大赛经验是职业发展的垫脚石

在对大赛冠军访谈的过程中,他们表示:"自己失去了很多,比如睡觉的时间、旅游的时间、享受生活的时间,但是却得到了更多:学会互帮互助、忍耐、自爱、专业技能的提升、综合素质的提高、严谨的工作作风、教师的指导与信任、良好的名誉、同学的羡慕、真挚的朋友、可爱的老公……"(个案编号:XS01、XS02、XS03)不仅如此,在走出母校的时候,无论是升学还是工作都可以得到一定的加分。如山东省某市在关于专升本学生的管理制度中提及,可将技能大赛选手的获奖等级按比例折合成入学考试分数,例如国家级冠军可以免试升入合作本科院校,省级奖励可以免相应专业课考试升入合作本科院校,以此类推。选择直接就业的学生多数情况下也会因为大赛获奖而被优先考虑。在采访一位冠军快结束的时候,他有感而发:"所有的付出都得到了应有的回报。"(个案编号:XS04)

2.大赛影响力在职业发展初期最显著

谈到技能大赛对于自己职业发展的影响,多数大赛冠军表示:"就业初期与职业发展前期影响最为显著,相比起物质条件的优惠,通过大赛得到更多的是一次隐形的机会,可以帮助自己获得更好的职业开端。"(个案编号:XS05)对于中后期职业发展的影响,他们认为微乎其微。大赛冠军在以应届生身份就业时,一是可以选择留校或进入其他职业院校继续从事竞赛相关工作,目前很多学校对竞赛教师需求量较大,大赛冠军的经历使得他们成为学校招募的重点,甚至有学校在学生大一年级获得冠军之后,就与学生交流希望他毕业后可以留校,之后按照培养竞赛教师的培养方式去培养他,这种求职时的绝对优势在刚入学的时候就已经体现得淋漓尽致了。

进入职业发展正轨之后,随着时间的推移,刚就业时因大赛冠军经历而带来的优越感和自信不再占有主导地位,此时职业发展需要更多地关注如何在公平的环境中发挥自己的优势,不断地学习,不断地积累。关于职业发展的瓶颈期,一些冠军指出:"外部因素主要集中在单位的晋升渠道上,不同的单位管理风格不一,加之单位规模、成长阶段、企业文化等影响因素,使得晋升渠道单一或只能论资排辈,这些外部因素靠个人力量是无法改变的。"(个案编号:XS06)而内部因素的主要症结在于,"倘若要实现积极职位变更,必须具备目标职位所要求的能力,需要更开阔的眼界、更大的格局、更多的知识储备。"(个案编号:XS07)然而,这些要求对于大赛冠军晋升前的状态来说,具有一定的挑战性。

谈及自己的职业发展方向或是规划,"管理岗位"是此次调查中听闻最多的规划目标。由于技能大赛冠军更擅长的是实操部分,一般就业后也都会从事技能方面的工作,倘若想要成功实现转岗,并非易事。一方面,单位在新进员工的培训成本、时间成本上耗费较大,转岗对于单位发展来说并非高性价比事件,所以转岗的条件设置也相对较高。另一方面,技能型出身的大赛冠军若要精通组织管理,就要投入大量的精力,整个过程需付出较大的机会成本。

3. 创新管理能力是职业发展中的困境

在对大赛表达希望的环节中，最有发言权的大赛冠军表示："希望大赛可以多关注学生的创新能力和组织管理能力的培养。"（个案编号：XS08）创新能力，不仅仅指解题思路的创新，还指在突发状况下能及时做出最机智的反应和处理方式。根据墨菲定律，既然会出错的事情总会出错，那么就不要纠结为什么事情会发生，应将注意力更多地放在如何解决问题和避免问题再次发生上，这种理解更接近于解决问题的能力。组织管理能力是职业发展顺利的基础，无论在哪个岗位上工作，想要向中心权力靠拢都必须具备较强的组织管理能力，这是前车之鉴，也是后事之师。但是在技能大赛的培养过程中，侧重点更多地集中在技术技能的训练上，对于除此之外的各项能力则是以伴随培养的方式呈现，对于比赛中不涉及的能力几乎不会"另起炉灶"被给予更多的关注。对于未来自身发展的能力补充，在大赛当下的训练过程中不会刻意地进行，一方面是某些条件不允许，另一方面是"赢得比赛"作为大赛的目标很明确也很突出，至于面向未来世界的准备则不会做过多的强求。

（三）用人单位

1. 技能大赛经验是职业开端的闪光点

在招聘阶段，用人单位对于大赛冠军的关注度很高，尤其是中小型民营企业，需要引进很多优秀的技能型人才。相对于普通职校学生，大赛冠军身上的优点还是显而易见的："突出的综合素质，强劲的专业技能水准等等。"（个案编号：DW01）由于他们在比赛时接触并操作了最先进的设备，"所以入职后在熟悉设备和工作环境的时间上可以最大程度缩减"（个案编号：DW02），同时用人单位对于他们的培训成本可以大大降低，这对于以盈利为核心的企业来说具有极大的吸引力。如校企合作的订单班学生，在毕业之前因和真实工作环境接轨且提早接触企业文化，减少职业发展前期的缓冲时间，可以为企业创造更大的利润。在大赛冠军顺利入职之后，一些用人单位会给予他们更多关注，预设较高的期望值，"准备更多的升职机会，如组长、班长、线长，这对于新员工来说是不可多得的职业发展机遇"。（个案编号：DW03）事业单位尤其是职校也会为大赛冠军抛出就业橄榄枝，主要看重他们大赛经历和超群的技能水平、科班出身的优势及丰富的大赛资源和人脉，曾经的战友和对手形成了自己的专业圈，依然会在专业领域交流和切磋，同舟共济,不断提高。

2.职业发展的关键在于综合能力水平

待大赛冠军就职并逐步走上正轨之后,用人单位在冠军职业发展的中后期阶段不再因其曾经的冠军身份有明显的区别对待,反而可能因为曾经的辉煌而被预设一个较高的期望值,成为一种负担。用人单位对于员工的职业发展有着明确的标准,没有过多的干扰。"个人素质只有在长时间的接触状态下才能够展现出来,如个人的价值观是否与单位倡导的一致,又是否能够认同并接受组织文化内容。"(个案编号:DW04)当然,所有职业发展的良好状态的核心在于员工能否为单位带来经济效益,这就逐渐成为职业晋升的首要标准。

冠军经过大赛的锤炼,从大赛中获得并内化的能力会为自己的综合素质加分,这为他们的职业发展打下了良好的基础。在入职前,学生的接触面相对有限,入职后的第一个挑战并不是工作内容本身的挑战,而是适应并融入新的集体与工作环境的挑战,这也是校企合作中希望提前解决的一个问题。从大赛到工作的过渡阶段像是一座连接海峡两岸的桥梁,二者真正相通的地方只有这座桥梁的部分,即从大赛中获得的一些通用能力,在此基础上再去开辟另一片人生天地。用人单位对于大赛冠军吃苦耐劳的精神、对专业的谨慎态度非常认可,但并不是所有的大赛冠军在入职后都会一帆风顺、高枕无忧,也会存在两个极端的发展现象,有些冠军自主创业可以在专业圈里名声大振,但是也有些冠军在经过多次跳槽后依然没有稳定下来。

3.知识储备和视野格局是发展突破点

对于大赛冠军在职业发展中存在的不足之处,部分用人单位给出了些许意见和建议:"员工的职业发展遭遇瓶颈期时,其知识储备略显欠缺。"(个案编号:DW05)不同的工作岗位,其能力要求各不相同,如掌握市场产品的需求远比了解如何做出一个既定产品要难很多,不仅需要足够的专业能力,还需要掌握合适的方法和准确的定位,以最小的成本赢得最大的收获。希望大赛冠军可以在不断提升自己学习能力的同时,补给所需的知识储备,巩固专业能力,扩展自己的眼界,眼光短浅容易将自己画地为牢,造成因只缘身在此山中而不识此山全貌的困境。过于专注自己而忽略与周围环境的互动,无法从中汲取自己所需的营养,导致原地踏步。在现实工作环境中要懂得并善于换位思考,尤其是经常将自己设置在目标职位的角色中,才能设身处地地明白自己与目标的差距,以及如何实现真实的转换。

第三节　职业技能竞赛赋能产业工人技能提升的促进策略

职业技能竞赛对于不同类别的参赛选手而言，无论是学生还是在岗员工，抑或是终身学习的每一个个体，虽有着相同的经历，却有着不同的意义。从全国职业院校大赛冠军的职业发展来看，职业技能竞赛对技能形成及提升有着高效的实现功能，也存在着更大的发展空间。产业工人技能提升途径很多，对于职业技能竞赛而言，可以从三个维度优化技能提升效能：职业技能竞赛本身、用人单位以及社会发展环境。

一、拓宽竞赛内容范畴，丰富技能提升内涵

职业技能竞赛能帮助产业工人提升的技能不仅仅局限于提及频率较高的经济功能，同时可以覆盖横向发展与纵向发展的多维度技能。通过对职业发展过程中不同角色的了解，在现实工作生活中，产业工人技能提升最迫切地集中在以下三个方面：首先，管理能力是多数产业工人在职业发展中最难提升的技能之一；其次，创造能力不足导致产业工人在新环境、新问题出现时不能够迅速做出足够恰当的决断，适应力不尽如人意；最后，心理素质提升需求大，在遇到挫折和困难时心态调整不够及时，甚或出现在无法承受挫折带来的压力时选择放弃。针对以上情况，我们需具体问题具体分析。

（一）调整竞赛环节，提升管理能力

管理的职能主要指计划、组织、指挥、协调和控制五大职能，对个人的综合能力要求较高。职业技能竞赛竞技内容通常情况下都是既定的工具及程序，这对于多维度的管理能力没有过多的要求。以全国职业院校技能大赛为例，大赛本身对于学生的专业素质要求平平，在访谈过程中一位指导教师提到，如果愿意吃苦训练，每个班大概有三分之一的学生都可以取得比较理想的成绩，同一所学校中学生的基础水平相近，关键点在于是否愿意努力和付出。这表明竞赛对于参赛者的能力要求相对单一，对日后关系到职业发展的关键技能提升并未形成全覆盖。鉴于此，通过改变竞赛规则，可以在比赛核心技术的基础上增加管理能力的元素。如某些职业技能竞赛的工具较为灵活，可以通过不同方式达成要求，如将不同的工具先以"售卖"的形式储存在

第一环节,要求参赛者发挥整体规划能力,通过协调各方因素取得最优解工具开始竞赛,从而在竞赛中取得优势。

（二）拓展竞赛空间,提升创新能力

创新能力的发挥需要有一定的自主权,但目前的赛程设置并不允许参赛者发挥创造能力。以全国职业院校大赛为例,从项目申请到比赛,最短只有几个月的时间,在如此短暂的时间里,多数参赛选手只能根据指导教师的设计与安排进行反复的练习,没有自由发挥的空间。所以,充分的时间与空间是参赛选手发挥创新能力的基础条件。为使竞赛项目具有较好的延续性,也为了参赛选手可以充分发挥主观能动性,竞赛项目申报可以提前3～5年进行准备,每个竞赛项目可以考虑连续出现3年以上,这样既可以避免各项准备成本的浪费,也可以缓解因仓促的准备时间而带来的焦虑,更关键的是可以为参赛选手提供足够的时间与空间发挥自己的创造能力,从而获取自主破题与解题的机会。不仅如此,竞赛内容的科学规划是创新能力提升的又一渠道,增加创新成分的比重有助于提升参赛选手的创新能力。

（三）开放竞赛现场,提升心理素质

在技能大赛的竞赛场上,比拼的不仅仅是专业技能知识和动手能力,同时也是选手心理素质的较量。心理素质对于参赛选手的影响是无形的也是有形的,稳定的心理素质可以帮助选手超常发挥,但是脆弱的心理抗压能力也可能致使原本能力强劲的选手名落孙山。如何通过技能竞赛提升选手心理素质,从而各场合下参赛选手稳定发挥技能是一个值得关注的问题。在训练设备齐全的情况下,成就高技术技能水准的产业工人不难,但是心理素质的训练并不能通过简单的机器设备来完成,未来比赛应逐渐突出对心理素质的考验。现阶段,国内的一些技能竞赛可以通过开放比赛现场、设置观众席、与世界技能大赛环境标准接轨来实现提升选手心理素质的目的。观众的角色在大赛中出现不仅仅是为行业内感兴趣人士接触最新前沿技术提供机会,对于参赛选手而言更是一个多变的影响因素,使对选手的心理素质要求大大提升。

二、增强竞赛涟漪效应,突破技能提升极值

在产业工人技能形成与提升的过程当中,仅具备充分的内部条件并不能够完全挖掘出产业工人技能提升的潜力,用人单位作为产业工人职业发展的重要载体,对其技能形成与提升有着得天独厚的优势。从用人单位角度出

发,可以将产业工人技能提升与职业技能竞赛连接起来,以职业技能竞赛为平台,通过认证竞赛成绩转换技能积分、提升员工薪资待遇,通过识别竞赛等级开通职业发展多向多轨晋升渠道,通过激励员工参加竞赛实现回炉重造以完善单位内部培训体系,这需要员工与用人单位的共同努力。

（一）技能竞赛成绩转换加薪积分

薪资待遇是产业工人在选择用人单位时必然会考虑的一个因素,这可以成为用人单位提升产业工人技能的一个跷跷板。笔者在与全国职业院校技能大赛指导教师的沟通中了解到,现阶段的学生在求职阶段比较现实,多数情况下也会首先考虑薪资待遇问题。用人单位可以利用薪资待遇的动态涨幅来激励员工自发要求实现技能提升,动态涨幅可以通过积分转换制度实现,职业技能竞赛经历及成绩则是积分转换制度的高性价比首选。在现实情况允许的情况下,实行积分制可以打破僵化的晋升机制弊端。这里提到的积分制是指通过建立明确的积分指标,以完成指标的质量为积分基础,在规定的时间段内进行积分汇总后调整人员的岗位变动,变动依据则为参与职业技能竞赛经历与成绩,或者完成任务的质量与效率等多种因素的集合。如参与不同等级的职业技能竞赛,根据等级的高低积分,成绩高低进行二次积分,从单位实际情况出发,一个周期后根据每个人的积分情况排序,凡是有积分增加的员工都可以实现相应比例薪资待遇的提升。

（二）竞赛经历加码多向多轨晋升

通过对全国职业院校技能大赛冠军的职业发展跟踪调查发现,多数冠军在用人单位整体晋升渠道单一且不灵活上形成较大共识,这为他们的晋升道路增添了无形的阻力。由此可见,用人单位如想提升员工的技能,可以通过激励员工参与职业技能竞赛来开拓多样性的晋升空间,认定员工参赛经历与成绩,给予员工多种晋升可能:单一向上的晋升拓展为螺旋多向的晋升;单轨专项的晋升拓宽为可变轨或多轨并行的晋升。首先,我们需要转变职业晋升理念,不拘泥于单一向上的职位变动发展方式,横向的或基于某种条件的螺旋变动也属于晋升的一种,其核心是更接近中心权力。其次,原有的单向单道晋升可以拓宽为多向多轨并行,如技术通道、管理通道或双轨交叉并行,员工可以根据自身的具体情况,选择其一或在不同的阶段更换晋升方向,这样一来,不仅有利于不同特长员工的能力发挥,同时也能够实现员工晋升渠道的分流,为员工提供更大的发挥空间,将优化职业晋升环境贯穿至员工的整个职业发展生涯,以激励员工的贡献值达到最高。

(三)竞赛选手强化组织培训体系

用人单位对员工的再教育和职业技能培训是员工技能提升的重要途径,完善的培训体系是用人单位完成职业培训的重要前提。职业技能竞赛在技能提升方面拥有无可争议的发言权,所以用人单位可以发挥参赛选手的优势,通过认定参赛选手为"技能导师"的方式,在发挥参赛选手余热的同时,实现其他员工的技能提升,强化组织内部培训体系。职业培训大体可以分为两个部分:一般性培训和特殊性培训。一般性培训是指企业在提高培训员工的未来边际生产力的同时增加了许多其他的边际产品,即培训所获得的知识技能对多个雇主同样有用。特殊性培训是指能大幅提高培训供给企业生产率的培训,完全特殊培训则是受训者受雇于其他企业时对生产率没有影响的培训。充分发挥参赛选手的"余热",一方面,可以提升员工参赛热情,从而再次实现自己的技能提升;另一方面,通过实现参赛选手技能传授的"再利用",以职位晋升等其他方式反馈给这些技能导师,可以降低用人单位自身的培训成本。从这个角度来看,参赛选手成为用人单位的技能导师又是另一个寻求晋升的渠道,更加激发了员工参加职业技能大赛的热情,真正实现了产业工人技能提升。

三、调整竞赛投入设置,夯实技能提升基础

职业技能竞赛对产业工人技能提升的作用是显而易见的,但就目前发展状态来看,竞赛对参赛选手的影响也是参差不齐的。首先,竞赛门槛过高,会给参赛单位或个人造成较大的压力,直接影响参赛机会与积极性;其次,竞赛系统存在不均匀现象,比赛项目延续性低且竞赛规划力度有待提高,同时时间节点稳定性弱,这些因素均不利于参赛选手备赛,更不利于技能的稳步提升。最后,东西部地区经济发展差异在某种程度上导致地区技能提升的节奏与效率存在差异,不利于实现共同富裕。因此,通过改善社会环境因素帮助产业工人实现技能形成与提升可收到事半功倍的效果。

(一)保质按需降低竞赛准入门槛

通过调研发现,参赛选手及指导教师等反映的竞赛准入门槛高主要集中在两个方面:一方面是设备要求高,另一方面是对参赛选手要求高。在保质的前提下,可以通过以下途径寻找出口。首先,职业技能竞赛所选用的竞赛设备在某种程度上代表着行业产业内最先进的技术设备水平,这意味着参赛

者如果想取得不错的成绩，就必须具备接触到先进设备的条件。解决竞赛设备要求高的问题，不妨以国家示范性职教集团为抓手，在职教集团实力突出的实训基地建设基础上，适当增加财政投入，以竞赛要求为模板，打造共建共享的"职业技能竞赛竞技场"，集团内成员可根据需求使用，集团外单位可申请加入职教集团，支持产业工人技能提升的同时又扩大了职教集团的覆盖面，联动发展了职业教育与行业产业。其次，在终身学习的时代，技能提升成为产业工人全生命周期的要求，解决竞赛参赛选手要求高的问题，可以通过拓宽参赛可能性来解决，如横向增加以年龄为划分标准的组别数，纵向增加以技术水平为划分标准的等级数，这样一来，实现职业技能竞赛服务产业工人全生命周期的愿景的同时，还可以满足不同年龄段、不同出身、不同技术层面的产业工人对自身技能提升的要求。

（二）加强竞赛项目全程规划力度

稳定竞赛项目频次，加强项目的延续性是职业技能竞赛亟待解决的问题之一。以全国职业院校技能大赛为例，每年的比赛项目并非完全一致，究其原因，一方面这与职业教育本身的特点影响分不开；另一方面，大赛项目的确定通过自下而上申报，经相关部门审核确定后发布，这就意味着申报方也是大赛项目设置的影响因素之一。除此之外还有一个因素也需要考虑，项目审批过程中相关部门决定大赛项目设立与否的一个关键评判标准是其创新程度，这就为项目设置带来了很大的不确定性。为提高技能形成与提升的稳定性，最大限度降低相关单位与参赛选手的成本，竞赛外围应按需最大限度保证竞赛项目的延续性，以确保参赛选手拥有足够的备赛时间，从而确保自身的技能提升。目前大赛全程的规划力度还不能够完全满足大赛选手对于准备时间的要求，若准备时间普遍欠缺，形成为比赛而比赛的局面，则会违背参赛初衷，竞赛的真正意义便不复存在。固定竞赛整体项目及时间规划对于参赛个体及单位等各方面都具有重大意义。在充足且明确的时间安排下，参赛主体能够进行合理的安排计划，这不仅对技能提升形成了有形的保护，同时对竞赛的演进也会产生无形的助推作用。

（三）均衡前置竞赛各项财政支持

产业发展在我国的地区分布与腾飞速度寄生于区域的经济基础，产业工人的技能形成与提升质量又附着在区域的产业发展之上，所以我国东西部经济发展差异必然导致产业工人技能发展基础差异。为缩小各参赛区域实力的差距,政府可将原有的财政投入支持从赛后投入调整为赛前"有条件"投入,条件标准依赖于发达地区与欠发达地区的扶持基准点以及近三年职业技能竞赛成绩的拨款基准点——"一份资金两个基准点"。基准点一:由于地区经济差异,扶持力度以现实经济情况为基础,发达地区的资金支持力度应小于欠发达地区。基准点二:资金的发放标准还需以近三年的竞赛成绩作为参考,不同的成绩等级对应不同的补贴标准,成绩好坏与补贴高低成正比,以鼓励和支持各方为职业技能大赛的发展与产业工人技能形成与提升做出贡献。由于中西部经济相对落后地区的竞赛成绩与东部地区的成绩存在较大差异,因此可以开通"一对一"帮扶的通道,以全国职业院校技能大赛为例,中西部职业院校可以在该通道中获得东部帮扶院校的共享资源,形成一套完整的长效运行机制。这样一来,不仅可以夯实东部经济发达地区职业教育的基础,同时也能够激励中西部地区增强自身的竞争力。

第四节　本章小结

职业技能大赛是产业工人技能匹配的重要途径之一,是产业工人技能提升的加油站,对于技能匹配及提升起着关键的作用。以全国职业院校技能大赛为例,作为大赛的佼佼者,纵观其选拔、成长过程以及后期的职业发展,对我国产业工人技能匹配与提升策略的提出有着深刻的启示。

全国职业院校技能大赛获奖选手成长因素:个体因素方面,兴趣是他们成长的起点,不仅引领着选手进入相关的专业领域,而且调动着他们学习训练的积极性,对尊重的需要以及顽强的意志是他们成长的精神支持,鼓舞着他们克服困难、勇往直前,对技能大赛的肯定认识以及对未来的信念是他们成长的方向。家庭因素方面,家长的教养方式促进了选手个性的养成。学校因素是选手成长的催化剂,学校通过各种交流活动帮助学生明确目标,创设专属场所以供学生学习和训练,通过多元化的竞技平台提升选手能力,教师以其言行在授予选手知识技能的同时,促进他们正确的人生观、世界观、价值观的形成。

全国职业院校技能大赛冠军职业发展现状:从大赛冠军就业基本情况来看,多数大赛冠军的第一份工作通过学校推荐获得,且目前职业发展的平台较大,专业对口情况乐观;家庭环境因素中已婚人士职业发展状态优于未婚人士；工作软环境上，获得"同事的尊重与领导的重视"的员工，其职业发展状态优于未拥有此环境的员工；工作硬环境上，"体制内"单位在职称变动上优于"体制外"单位，但在职位变动上二者相反。然而，在动态的职业发展过程中，大赛冠军并未能完全满足岗位素质的要求，究其原因可以归结为如下内隐性因素与外显性因素：大赛冠军的部分个人能力欠缺及其学历困境、晋升渠道受限、组织内部论资排辈。

纵观全国职业院校大赛冠军的职业发展困境，提高职业技能大赛对产业工人技能提升的推动作用可以通过以下三方面寻找突破口：第一，拓宽竞赛内容范畴，丰富技能提升内涵：调整竞赛环节提升管理能力；拓展竞赛空间提升创新能力；开放竞赛现场提升心理素质。第二，增强竞赛涟漪效应，突破技能提升极值：从用人单位出发，允许技能竞赛成绩转换加薪积分，实现职业技能竞赛与薪资待遇联动；认可竞赛经历，实现多向多轨晋升，允许技能竞赛成绩在晋升中加码；发挥参赛选手力量，完善组织内部培训体系，兼顾参赛者与其他员工共同发展。第三，调整竞赛投入设置，夯实技能提升基础：保证质量前提下，降低竞赛准入门槛，扩大竞赛辐射范围；加强竞赛项目全程规划力度，稳定科学实现技能提升；充分考虑经济发展差异，均衡竞赛各项财政支持，实现产业全线技能提升。

第六章　人工智能与职业培训

在人类历史长河中,新技术的出现总会引发公众的焦虑,但人工智能(Artificial Intelligence,简称AI)的发展所引发的焦虑尤为强烈。一些世界知名学者和技术领导者甚至警告说,假如不摧毁它,人工智能将使机器人转变为大师,从而征服人类。一些知名经济学家指出,与以前的技术不同,AI正在摧毁更多的就业机会,如果不能有效应对,将会扰乱市场经济秩序。可以说,AI已经嵌入人类生活的各个领域,带来各种巨大的影响和冲击,其中,劳动力市场尤为受到关注。在AI时代,人类的工作将何去何从,如何适应相关的趋势? 面对人工智能时代更为复杂的工作语境,获得竞争优势的关键在于:一是要厘清人工智能时代适龄劳动力就业的发展势态,二是要明晰人工智能时代适龄劳动力所需要的核心技能,并在这两者基础上诉诸行动,即通过职业培训完善自身实力。

第一节　人工智能时代的工作变化与劳动力技能要求

伴随着AI技术的不断发展壮大,人类社会正在发生深刻而本质的改变。随着从手机智能系统、图像语音识别到智能机器人、无人驾驶汽车等智能产品的应用与普及,我们已自觉或不自觉地置身于人工智能的环境中。牛津大学哲学家尼克·博斯托罗姆(Nick Bostrom)认为,正如人类竞争激烈,并完全取代大猩猩一样,AI将超越人类发展并最终占据主导地位。随着人工智能技术的日益发展,现有工作将发生翻天覆地的变化。在这种变化趋势下,未来的工作和职业培训将充满许多不确定因素,其中更是涉及人与智能机器能否竞争、协作与共存的重大问题。未来的工作将会如何变化? 职业培训如何适应劳动力市场的新需求和新挑战？

一、《工作与职业培训的未来》

为了呈现国家、政府和公众对人工智能时代工作和职业培训领域未来发展的期望与见解，皮尤研究中心就此展开了一系列针对性调查，并发布了《工作与职业培训的未来》(*The Future of Jobs and Jobs Training*)的研究报告。该报告较为全面地剖析了人工智能对劳动力市场发展的影响，呈现了人工智能时代劳动力市场发展的趋势，提出了职业培训的应有之义。

作为一家美国独立民调机构，皮尤研究中心主要进行民意调查、人口统计、内容分析和数据驱动性的社会科学研究。例如，研究美国的政治与政策、新闻媒体、互联网与科技、宗教与公共生活、全球态势以及美国社会与人口趋势等。《工作和职业培训的未来》是该研究中心和伊隆大学(Elon University)的畅想互联网中心(Imagining the Internet Center)合作完成的一份预测报告。其中，畅想互联网中心参与了整个研究设计，并于 2016 年 7—8 月对技术人员、学者、从业人员、战略思想家以及教育领导者等进行了大规模的访谈和调查。通过对访谈和调查数据的分析，报告对未来的工作和职业培训做出了相关的预测(见图 6-1)。

1.未来工作发生变化。在未来的 10 年或 20 年内，人工智能领域的技术创新会大量涌现，教育、卫生保健、交通、农业和公共安全领域的工作都将受到巨大冲击。该报告认为，未来工作将从三个方面发生变化：一是工作被机器代替。伴随产业自动化的加速，世界将转向"后经济增长"模式；二是工作供不应求。随着越来越多的工作岗位被机器人取代，就业市场的供给难以匹配更多劳动力的需求，即供不应求；三是人类劳动开启自动化模式，"按需式"劳动和生活将成为一种常态。

2.未来 10 年，教育和培训难以适应变化。该报告认为，在未来 10 年内，教育和培训将出现一系列问题。例如，未来的教育系统无法胜任职业培训的任务，无法给人类提供适应工作所需的相关技能；法律保障和投入资金的匮乏，导致了教育和培训出现诸多问题；当前所倡导的自我导向学习并不是万能的，学习者必须"学会学习"和"持续学习"。

3.教育和培训形式需要不断发展和创新。现今的在线培训和教育系统已经相当有效，但潜力并没有得到充分发挥。特别是在 AR(Augmented

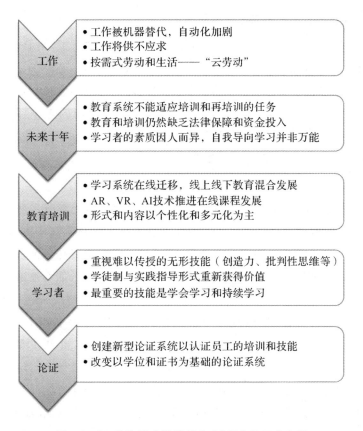

图 6-1 《工作和职业培训的未来》报告的五大主题

Reality)、VR(Virtual Reality)和 AI 技术推动下,学习系统能够实现在线迁移与线下教育混合发展,其形式和内容以个性化、多元化为主。

4.关注学习者必须培养的技能、能力和属性。基于受访者的未来最重要技能的调查数据,该报告指出,未来会越来越重视难以传授的无形技能,如情商、好奇心、创造力、适应性、韧性和批判性思维等。当然,学习者最重要的技能还是"学会学习"和"持续学习"。此外,鉴于工作场所的复杂性,学徒制与实践指导也将重新被认知和关注。

5.新型学习认证系统的出现。尽管传统的大学学位在 2026 年仍将占据主导地位,但伴随着学习者的学习选择和措施得到持续发展,更多的雇主可能会接受替代性的认证体系。许多专家认为,未来的职业培训将会创建新的认证项目,以认证员工参与的培训项目和掌握的技能。

二、人工智能对当前工作的冲击

雅斯贝尔斯(Jaspers)在《历史的起源和目标》中提出了"轴心时代"的术语。伴随着人工智能技术的发展，人工世界的"轴心时代"正迎面走来。在这个时代，技术对社会带来的影响有时候非常诡异：一方面，它可以改善人们的生活，延长人类的寿命，让那些处于新行业、掌握新技能的人发挥更大的作用；另一方面，则可能让更多的人无事可做①。人工智能所带给我们最直接、最真实的威胁就是对我们工作的威胁②。

(一)工作正被机器代替

人工智能和机器人在多个领域的发展，正在为用户、企业和经济体提供着极大的便利和显著的效益。虽然一开始机器研发的成本高于人力成本，但是一旦投入使用，其完成任务的成本将远远低于人工完成任务的成本。劳动经济学家研究发现，如果每1000员工多使用一个机器人，那么缩减员工聘用比例约为0.18%～0.34%，减少工资支出为0.25%～0.5%③。动力机械(Momentum Machines)的联合创始人亚历山大·瓦达科斯塔曾坦率地表示："我们的设备并不仅仅是提高员工效率，而是完全取代他们④。"世界经济论坛(The World Economic Forum)预计(如图6-2所示)，2015—2020年期间，全球制造和生产、办公室和行政部门领域的工作岗位将出现不同程度的下降态势。除了商业与金融运营、销售、建设和开采领域的就业前景基本持平外，只有建筑工程、计算机和数学领域的就业人数还会强势增长。根据美国劳工统计局(U. S. Bureau of Labor Statistics)描述的702种职业所需的工作技能，牛津大学的研究者以定量方式进行了技术匹配和详细分析，并得出相关结论：美国47%的工作极有可能会被高度自动化系统所取代，这些职业包括

---

① 吴军.智能时代：大数据与智能革命重新定义未来[M].北京：中信出版社，2016：339.

② [美]卢克·多梅尔.人工智能[M].赛迪研究院专家组，译.北京：中信出版社，2016：139-140.

③ Rainie L，Anderson J. The Future of Jobs and Jobs Training[R]. Washington DC：Pew Research Center，2017.

④ [美]卢克·多梅尔.人工智能[M].赛迪研究院专家组，译.北京：中信出版社，2016：139-140.

了很多领域的蓝领职业和白领职业[①]。考虑到自动化的技术可行性以及企业的专业化程度、自动化成本、劳动力工资与绩效、社会监管等一系列因素，麦肯锡全球研究院预计15％的工作和工作活动到2030年将实现自动化，发达经济体和新兴经济体尤为突出，甚至达到30％的最高预期值，中国则将达到16％。

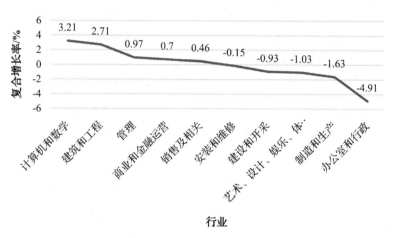

图6-2　2015—2020年全球不同行业所有同类工作的复合增长率[②]

《未来简史》的作者雅克·阿塔利（Jacques Attali）宣称，人类将在人工智能时代变成"无用阶级"。事实上，第三次工业革命时期就已经有很多中等技术的工作在不断消失，例如打字员、售票员、银行出纳以及很多生产流水线岗位等。[③] 如今，世界已迈入第四次工业革命的浪潮，人工智能不仅会促使运输和物流业的大部分工人、行政工作人员和生产领域的劳动者被机器取代，而且还将影响所有涉及手指灵巧度、反馈、观察和有限空间内工作的任务。同时，由于一些工作存在危险、恶劣和枯燥等不良因素，机器人取代人类，能够有效提高工作质量和精确度，减少不必要的安全隐患。工业机器人是集机

[①]　［美］杰瑞·卡普兰.人工智能时代［M］.李盼，译.杭州：浙江人民出版社，2016：147.

[②]　World Economic Forum. The Future of Jobs：Employment，Skills and Workforce Strategy for the Fourth Industrial Revolution［EB/OL］.（2016-01-01）［2017-10-20］. http://reports. weforum. org/future-of-jobs-2016/.

[③]　吴永和，刘博文，马晓玲.构筑"人工智能＋教育"的生态系统［J］.远程教育杂志，2017（5）：27-39.

械、电子、控制、计算机、传感器和人工智能等多学科先进技术于一体的重要现代制造业自动化装备①。其广泛应用于工业、医疗、军事、抢险和家政服务等诸多领域，例如，广泛应用于汽车等制造业的点弧焊机器人、喷涂机器人和搬运机器人；广泛应用于通信和远距离控制的网络机器人；广泛应用于其他非制造业的救援机器人、军用机器人和服务机器人等②。据统计，2003—2016年，全球工业机器人年安装量显著上涨（见图 6-3）。2009—2017 年，全球工业机器人实际的年供应量增幅明显，平均年增长率约为 14％，2018—2021 年仍会保持这种增长势头（见图 6-4）。毋庸置疑，正向我们袭来的机器人、机器学习以及电子个人助手开创了一个全新的世界，在这个世界里，很多今天由人从事的工作都将由机器完成，人从事工作的重点会转移到那些能比机器完成得更好的任务上去。

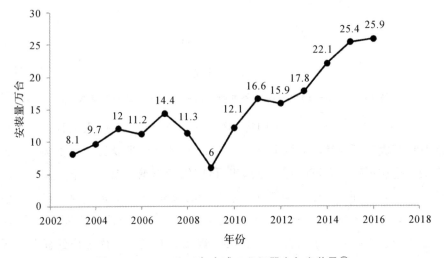

图 6-3　2003—2016 年全球工业机器人年安装量③

① 孙志杰，王善军，张雪鑫.工业机器人发展现状与趋势[J].吉林工程技术师范学院学报，2011(7)：61-62.

② 田涛，邓双城，杨朝岚，等.工业机器人的研究现状与发展趋势[J].新技术新工艺，2015(3)：92-94.

③ 梁文莉.全球机器人市场统计数据分析[J].机器人技术与应用，2017(1)：44-48.

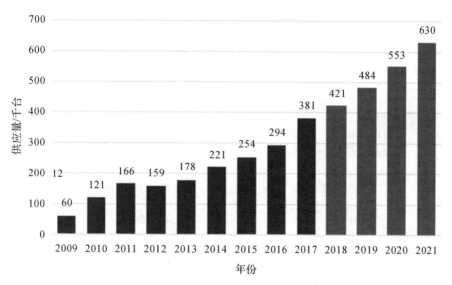

图 6-4　2009—2021 年全球工业机器人年供应量①

（二）工作岗位供不应求

斯蒂芬·霍金曾说：人工智能之于人类，可能是最好的事情，也可能是会终结人类的最坏事情。对于工作而言，技术的发展一方面会带来失业，另一方面会调节工作市场，即社会上现有工作的数量、类型和组成都会伴随新技术的问世发生改变②。世界经济论坛（The World Economic Forum）根据当前的就业数据预计（见图 6-5），2015—2020 年，劳动力市场将遭到破坏性变动，即 710 万个工作岗位将被减少，超过 510 万个为净减工作岗位，其中三分之二的职位集中在办公室和行政类；同时，几个较小的职业圈将增加 200 万个工作岗位。根据国际劳工组织（International Labor Organization）的统计数据预计，2015—2020 年，全球劳动力总人口约为 350968 万人，失业人口约为

---

① Steven Wyatt. World Industrial Robots 2018[DB/OL]. International Federation of Robotics,2018(8):18.

② ［美］卢克·多梅尔. 人工智能[M]. 赛迪研究院专家组,译. 北京:中信出版社,2016:139-140.

20202.4 万人①。

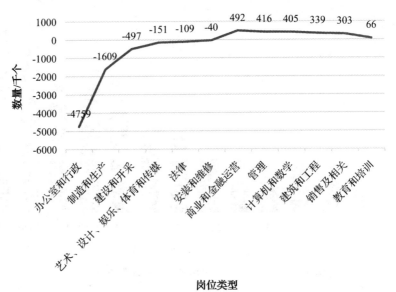

图 6-5　2015—2020 年全球主要国家所有同类工作的净增岗位②

相对于逐年减少的工作岗位,劳动力人口和失业人口仍在一年年地稳步上升,直接导致全球就业市场"供过于求"——经济学供求关系理论中市场供求失衡的状态之一,即整个社会能够提供的工作岗位满足不了劳动力市场的实际需求,造成就业和求职形势严峻,大量劳动力人口失业。事实上,这属于"技术性失业"——由技术进步所引发的失业。伴随着人工智能的发展,其逐渐克服了机器人和自动化的传统限制,加速了行业自动化的发展步伐。麦肯锡全球研究院(McKinsey Global Institute)按照目前已展示出的技术水平,对可预测环境与不可预测环境下 19 个领域里的工作活动展开综合评估,发现餐饮住宿、

①　International Labor Organization. Key Indicators of the Labour Market [EB/OL].（2016-07-13）[2017-10-20]. http://www. ilo. org/ilostat/faces/wcnav_default SelectionILOSTATCOOKIE = lEt7 _ ZPued8q2FjwUZWfFcZJUsBYfCRl-m4RAI3dtFkTI-Ho3oRV！-648174753? _ afrLoop = 519217016807590&_ afrWindowMode = 0&_ afr WindowId＝null＃！％40 ％40 ％3F_afrWindowId％3Dnull％26_afrLoop％3D5192170 16807590％26_afrWindowMode％3D0％26_adf. ctrl-state％3D11yez6obu_4.

②　World Economic Forum. The Future of Jobs: Employment, Skills and Workforce Strategy for the Fourth Industrial Revolution [EB/OL].（2016-01-01）[2017-10-20]. http://reports. weforum. org/future-of-jobs-2016/.

生产制造以及运输仓储等领域最容易受到自动化影响,其工作活动技术的自动化潜力达到了 60% 及以上(见图 6-6)。其研究还指出,截止到 2015 年,全球范围内制造业相关活动的劳动时间共计 4780 亿小时,其实,生产工人 87% 的生产时间可以自动化,制造行业的其他工作(如工程、维护、材料运输、管理和行政)也有 45% 的工作时间可以自动化;假设技术被广泛采用,那么在 3.31 亿名全职员工中,将有 2.38 亿会被淘汰或重新安排工作①。由此可见,工作岗位"供不应求"的现状只会进一步恶化,导致越来越多的人面临失业。

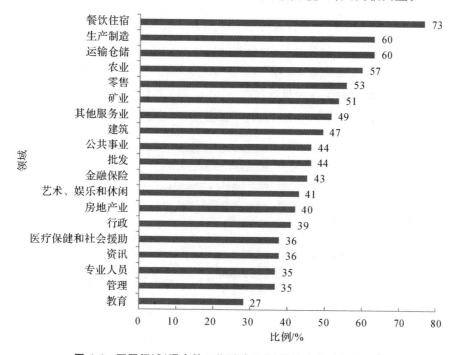

图 6-6　不同领域(混合的工作活动组合)的技术自动化潜力②

---

①　McKinsey Global Institute. The Age of Analytics:Competing in a Data-Driven World[EB/OL].（2016-12-07）[2017-10-20]. https://www. mckinsey. com/business-functions/mckinsey-analytics/our-insights/the-age-of-analytics-competing-in-a-data-driven-world.

②　McKinsey Global Institute. A Future That Works:Automation,Employment,and Productivity.[EB/OL].（2017-01-20）[2017-10-20]. https://www. mckinsey. com/business-functions/mckinsey-analytics/our-insights.

（三）"云劳动"的出现

当今的世界正在变成一个信息圈：我们越来越频繁地通过信息通信技术与世界以及其他技术对话，习惯用信息化的方式思考[①]。现实生活中的工作与劳动也是如此。在人工智能时代，技术不断地消除传统行业之间的地理、空间等障碍，产生了更多的短期性工作，并弱化一直以来稳定的"标准化"雇佣制度。纵观现阶段的劳动力市场，灵活的雇佣制度、临时性的劳动力就业以及弹性的工作时间已经成为日常工作的常态（如图 6-7），兼职、临时工作（短期工作、季节性工作等）等工作形式普遍存在。国际劳工组织（the International Labor Organization）的统计数据显示，劳动合同的性质在发生变化，短期合同和不定期工作时间变得更加宽泛，全球大约 60％的工人就业以兼职或临时性工作为主[②]。美国从事临时工作的员工数在 2010—2013 年间增加了 28％，日本临时劳动者 2013 年也达到 1900 万，超过全部劳动者的三分之一[③]。

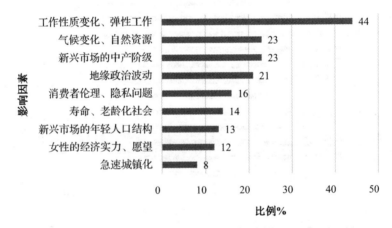

图 6-7　人口和社会经济方面影响全球所有行业的驱动因素[④]

①　[意]弗洛里迪. 第四次革命[M]. 王文革，译. 杭州：浙江人民出版社，2015：46.

②　International Labor Organization. World Employment Social Outlook，Trends 2016[EB/OL].（2016-01-19）[2017-10-20]. http://www. ilo. org/wcmsp5/groups/public/-dgreports/-dcomm/-publ/documents/publication/wcms_443480. pdf.

③　王金秋. 资本积累体制、劳动力商品化与灵活雇佣[J]. 当代经济研究，2017（1）：41-48.

④　World Economic Forum. The Future of Jobs：Employment，Skills and Workforce Strategy for the Fourth Industrial Revolution[EB/OL].（2016-01-01）[2017-10-20]. http://reports. weforum. org/future-of-jobs-2016/.

在大数据的浪潮下，人工智能不仅给各行各业带来了新一轮的"技术性失业"，而且还间接地引发了工作本质的变革，出现了一种颠覆传统的工作模式——"云劳动"（Cloud Labor），即一种"按需式"的工作系统。该术语是基于"云计算"（Cloud Computing）的技术理念演化而来，类似的还有"云存储""云服务""云安全"之类的延伸概念。作为"云计算"在劳动力市场的拓展，"云劳动"带有浓厚的"云计算"特征且类似于其服务模式。"云计算"的特征主要表现为按需自助服务、无所不在的网络访问、独立划分资源池（resource pooling）、对资源进行快速且有弹性的管理，并且该服务以可计量的方式呈现给用户①。由此可见，"云劳动"对所要服务的领域更加精细化，更加聚焦劳动力市场。

"云劳动"就是在现有的工作形态下，按劳动力的需求在网络端对工作资源进行快速弹性的供应。其资源池里汇集的是公司外包出来的离散任务，大致可以参照微软公司（Microsoft）旗下运营的一个名为"Universal Human Relevance System"的平台，上面每月都会发布成千上万的"微工作"（micro-tasks），如测试搜索程序结果等②。劳动力可以根据自身所具备的技能来选择相应的工作，成为自营工作者（Own-account workers）③——一种被人工智能颠覆的劳动力市场所重新塑造的职业。根据世界银行提供的数据显示，已有超过五百万人通过诸如"Freelancer.com"和"Up Work"的线上就业平台从事远程工作，工作范畴从网站设计到撰写法律摘文，通常至少带来每小时几美元的收入④。至此，"云劳动"意味着从全职或兼职的工作者向完全自由的职业者演化，有选择地通过"云劳动"系统参与工作，与公司建立以工作为业务的合作关系。可以说，"云劳动"的出现，开创了新的工作形式，形成了一种"按需式"的工作分配形态，专门针对的是那些工作量不大、无关地理边界的订单式任务。究其本质，是人类劳动自动化的结果，在未来，劳动力与就业

---

① 刘熠. 云计算概念及核心技术综述[J]. 中国新通信，2017（4）：12.

② The Economist. Artificial Intelligence will Create New Kinds of Work[EB/OL].（2017-09-03）[2017-10-20]. https://www. economist. com/news/business/21 727093-humans-will-supply-digital-services-complement-ai-artificial-intelligence-will-create-new.

③ World Economic Forum. The Human Capital Report 2016[EB/OL].（2017-09-13）[2017-10-20]. https://www. weforum. org/reports/the-human-capital-report-2016/.

④ The Economist. Artificial Intelligence will Create New Kinds of Work[EB/OL].（2017-09-03）[2017-10-20]. https://www. economist. com/news/business/21 727093-humans-will-supply-digital-services-complement-ai-artificial-intelligence-will-create-new.

市场在互联网和移动技术的快速匹配下,正式工作与非正式工作之间的界限将不断模糊化,全职或"标准化"的职业者向着兼职、自由职业者不断演化。

（四）工作分工精细化

《OECD国家中的工作自动化风险比较分析》（*The Risk of Automation for Jobs in OECD Countries：A Comparative Analysis*）一文分析认为：受经济、法律和社会等方面的制约,新技术的应用是一个缓慢的过程,通常不会像预期那样"一蹴而就"；即使引进了新技术,劳动力仍可以通过任务的转换来调整不断变化的技术禀赋；新技术的需求和竞争优势可以创造更多的就业机会。德勤全球（Deloitte）的调查数据（见图6-8）就证实了其中一点——技术的革新要大大快于个人、企业和政策的变革速度。事实上,自动化的初衷是提高生产力和经济效益,并非改变职业。而工作其实是由许多工作活动组成的。其中,约60％职业所涉及的工作,有至少30％的工作活动在技术上能够实现自动化。于是,在企业接纳并应用技术的时间差与技术更迭的过程中,就业结构自然而然地发生了调整,新产业、新职业以及重组的工作活动应运而生（见图6-9）。

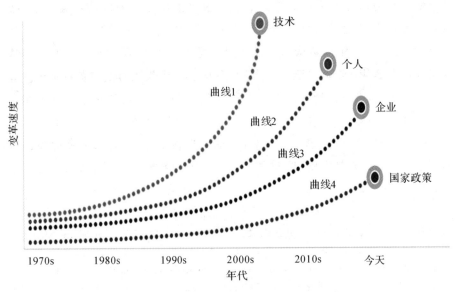

图6-8　技术、个人、企业、政策的变革速度①

---

① 德勤中国人力资本咨询服务团队.2017德勤全球人力资本趋势报告：改变数字化时代的规则［R］.达拉斯：德勤大学出版社,2017.

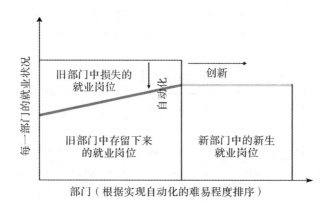

图 6-9　自动化和创新力量将塑造的未来就业前景①

　　我国国家统计局数据显示,2012—2016 年,我国第三产业就业人员占全部就业人员的比重从 36.1％上升至 43.5％,第一、二产业就业人员分别从 33.6％和 30.3％降至 27.7％和 28.8％,总体上,整个社会全部产业的就业人员是增加的。这源于生产力的提高与经济、生活水平的上升刺激了人们对休闲娱乐的需求,从而带动了第三产业的蓬勃发展和就业人口的激增。所以,机器会淘汰一部分工人,但仍能创造出新的工作岗位。根据国际机器人联合会(International Federation of Robotics,简称 IFR)的统计,仅仅机器人产业就在世界范围内滋生了 17 万~19 万个工作岗位。因而,无论是工业革命时代还是人工智能时代,一名工人未来的成功取决于使用机器,而不是畏惧机器②。劳动力市场和就业市场优胜劣汰的结果,就是工作分工的进一步"精细化"。

三、人工智能时代劳动力的技能要求重心

　　人工智能对当前工作带来了前所未有的冲击,适龄劳动力满足上述工作变化要求,是技能匹配成功的必然条件,其行为结果可以直接分化成两种情形:匹配成功,即技能要求契合,两者就不太需要工作的调适,维持雇佣关系即可;匹配不成功,适龄劳动力不具备工作环境所需的技能,此时,其将面临失去原有的职业,需要跨行业转移,转换工作岗位,或者利用互联网和移动技术成为自由职业者、零工等。也就是说,技能是适龄劳动力在人工智能

---

　　①　世界银行.2019 年世界发展报告:工作性质的变革[R].华盛顿特区:世界银行集团出版社,2019.

　　②　世界银行.2019 年世界发展报告:工作性质的变革[R].华盛顿特区:世界银行集团出版社,2019.

时代立于不败之地的关键。通过相关资料的梳理，人工智能时代适龄劳动力的技能可以归纳为三类：成长技能、适应技能和应变技能（见图6-10）。

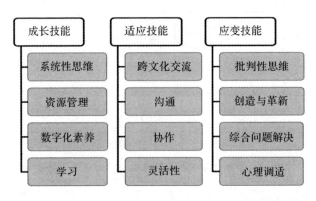

图 6-10　技能类别

（一）成长技能

杰瑞·卡普兰(Jerry Kaplan)在《人工智能时代》一书中指出，人工智能领域的最新进展对科技变化的促进作用可能会以两种基本的方式搅乱我们的劳动力市场，一是大部分自动化作业都会替代工人，减少工作机会，二是让商家重组和重建运营方式，即改进组织的进化和流程，淘汰工作岗位的同时，淘汰技能[1]。根据《2016年人力资本报告》对职业技能可迁移性和BBC新闻对职业被机器取代可能性的调查分析，我们不难发现：劳动力持有迁移性高的技能更利于转型到新的工作环境；管理、服务、艺术方面的工作被取代的可能性不到1%[2]。所以，在工作活动"自动化"进程中，适龄劳动力在工作面临转型的现实压力下，不但需要掌握可迁移性较高的技能，更需要开发自身潜在的成长技能，才能抵御被机器替代的风险。

所谓的成长技能，包括系统性思维、资源管理能力、数字化素养以及学习能力。系统性思维是指能够着眼全局来思考和处理问题，注重整体效益和整体结果，在确定工作内容时能区分轻重缓急并完成任务；资源管理是指能够有效开发、分配人力、时间等资源来完成相应的工作事务；数字化素养是指

①　[美]杰瑞·卡普兰.人工智能时代[M].李盼，译.杭州：浙江人民出版社，2016：147.

②　潘天君，欧阳忠明.人工智能时代的工作与职业培训：发展趋势与应对思考——基于《工作与职业培训的未来》及"云劳动"的解读[J].远程教育杂志，2018，36(1)：18-26.

能够恰当访问、评估、利用和管理海量信息与媒体，高效地运用技术手段来完成工作和解决一系列的任务难题或疑问；学习是指不满足于掌握基本技能或现有课程，而选择去探索自己的学习奥秘，不放过汲取专业知识的机会，并为之奋斗终身。事实上，伴随生产型经济向服务型经济的转变，我们已经生活在一个快速变革的人工智能时代，今天的互联网正在快速成为我们日常生活中的一个固定组成部分。不管我们有没有做好准备，在这样的时代，我们必须看清这一点：人力资本是社会最有价值的资本，成长技能则是人类所应该具备的最有价值的一项技能，不断提高自己的成长技能必将受益终身。

（二）适应技能

人工智能时代下的劳动分工促使了人类和机器之间的合作不断增加与深化，适龄劳动力需要学会与人工智能系统有效沟通，才能完成人机的协作活动。要胜任这一类型的工作和职业，实际上完全取决于适龄劳动力自身的适应技能。达尔文曾在《物种起源》中指出："存活下来的物种，不是那些最强壮的种群，也不是那些智力最高的种群，而是那些对变化做出最积极反应的物种[①]。"通过仔细推敲工作分工"精细化"形式下的语境，我们大致可以归纳，所谓的"适应技能"主要包括跨文化交流、沟通协作、灵活性等。

其中，跨文化交流指的是适龄劳动力在观念、价值、文化背景皆有差异的多元化团队中，能够尊重文化差异，与工作伙伴和谐共处，充分利用社会和文化的差异性创立新观点，并高效完成工作任务的能力；沟通是指在各种场合和环境中，都善于运用口头、书面和非语言交流技能有效地表达思想观点，高效倾听以解读有意义的东西（如学识、价值观、态度和意图等），并能够将交流技能用于实现各种目的（教导、激励和说服等）；协作是指能与各种团队共事，在进行合作时勇于承担责任，能够为实现某个共同目标乐于做出必要的让步；灵活性则是指适龄劳动力能够快速适应各种角色、岗位责任、日程安排和时机场合，积极面对表扬、挫折和批评，能理解、协商、平衡各种意见和看法，以得到切实可行的解决方案。埃里克·霍夫尔曾说过这样一句话：在面临变

---

① ［英］查尔斯·达尔文.物种起源［M］.舒德干，等，译.北京：北京大学出版社，2018：86-87.

化时,学习者在尘世之间安于现状,而博学者却发现自己从容地做好了准备,去面对一个从不存在的世界。因而,提升自身的适应技能,是适龄劳动力在人工智能时代立于不败之地的重要手段之一。

（三）应变技能

美国劳动部前部长赵小兰（Elaine L. Chao）曾经说过："要想在 21 世纪获得成功,我们的劳动人口必须能够预测并迅速转换以适应经济中的变化——工作方式的变化、工作地点的变化以及如何平衡我们的职业和家庭生活。很多变化是巨大的,对此我们不能简单地被动反应,而必须做出前瞻性的预测[①]。"

所谓的应变技能,主要涵盖了批判性思维、创造与革新能力、综合问题解决能力以及心理调适的能力。其中,批判性思维是指能够根据形势恰当地运用各类推理手段（如归纳、演绎等）,最合理地分析、解释信息并得出结论;创造和革新是指能够创造奇妙、新颖和有价值的思想（无论是可以延伸和发展的思想,还是可以引申出新观点的思想）,并对自己的想法加以提炼、深化、分析和评估,以便推动创造性劳动,且使效用最大化。此外,创造与革新还包括创造性地与人共事,一同贯彻和传递创新思想,为可能出现创新成果的领域做出切实有用的贡献。综合问题解决能力是能够指综合运用传统和非传统的手段解决不同类型的陌生问题,形成并提出能澄清各种观点、导出最佳解决方案的重要问题。心理调适是指能够根据自身发展及环境的需要对自己进行心理控制和调节,从而最大限度发挥个人潜力,维护心理平衡,消除心理问题。

然而,在大多数情况下,我们正如研究创新问题的思想领袖肯尼思·罗宾逊所说的那样："我们并没有越长大越懂得创新,而是越大越不善于创新,或者确切地说,我们所受的教育就在远离创新[②]。"这些技能也一样,并没有伴随着经历茁壮成长,不断强化。人工智能时代是一个剧变的时代,快节奏的技术变革迫使我们所有人必须迅速适应新的交流、学习、工作和生活方式。适龄劳动力"跳槽"的次数越来越频繁,许多领域的创新都在催生全新的工作

---

① United States Department of Labor. Working in the 21st Century [EB/OL]. (2003-11-06)[2017-10-20]. http://www. bla. gov/opub/working/stmtosecretary. html.

② [美]特里林,菲德尔. 21 世纪技能:为我们所生存的时代而学习[M]. 洪友,译. 天津:天津社会科学院出版社,2011:45-47.

岗位。组织和个体之间的劳动契约形态也更加丰富多样,非正式契约的劳动形式越来越普遍。Savickas 等人表示,随着组织与员工之间的非正式契约约定发生变化,职业发展已不再是组织的责任,相反,员工被寄希望于成为终身学习者,能采用新技术,保持并适应组织变化和市场趋势,以创造自己的职业机会。Griffin(2015)也指出,适应技能、应变技能和成长技能于当下,不仅被视为职业生涯的重要能力,也是人生成功的关键要素。基于此,职业培训更加应该重视成长、适应和应变技能的培养,以便更好地为适龄劳动力就业提供助力。

第二节　人工智能时代适龄劳动力所需技能的应用状况

《中国人工智能的未来之路》一文指出,未来的一项长久挑战是帮助受到人工智能冲击的行业劳动力重新适应并获得新技能,这将是保障公共福利和维护社会稳定的关键。那么,当前劳动力和就业市场的适龄劳动力能与人工智能时代的工作环境技能要求相匹配吗?本节将主要围绕适龄劳动力的技能现状进行概述和剖析,希望可以在研究中探讨适龄劳动力、工作与技能之间的交互关系,从而为职业培训提供发展策略。

一、研究设计

(一)样本选取

本研究的样本对象是符合就业市场要求、经历过求职就业以及置身于工作环境有一段时间的适龄劳动力。他们能够提供现实工作中技能应用的实际情况,对人工智能时代所需技能有切实感受,是最具有资格的人选。在样本数量上,样本需求与研究所使用的测量量表长度有关,量表越长,样本需求越高。Ghiselli 等表示牵涉到量表的使用时,样本人数不宜少于 300 人,以因素分析为例,样本数量约为题数的 10 倍,一个 50 题的量表,即需 500 人样本,如此才能获得较为稳定的统计分析数据[①]。由此,本研究以职业培训的目标

---

① Ghiselli et al. Measurement theory for behavioral sciences[M]. San Francisco: Freeman,1981.

群体——适龄劳动力为研究对象，采用随机发放问卷的抽样方式，选取了来自全国多个地区（浙江、江西、河南、湖南、广东、河北、四川、贵州、陕西、湖北等）的 500 名适龄劳动力来开展调查，共收回 428 份有效的调查问卷，有效回收率为 85.6%。

其中，无效问卷主要存在个人信息或题目漏填的情况。这些数据的收集主要依靠当地亲朋好友的倾情帮助，通过面对面、网络渠道发放问卷（纸质、电子版两种）进行填写所得，力求尽量真实可靠。因被调查者的随机性，其涉及的职业种类较为繁杂，关于职业的问题设置成了填空形式。通过整理调查问卷，被调查者的工作包括了办公室文员、编辑、保险从业者、财务会计、教师、辅导员、导游、翻译、公务员、厨师、房地产销售、医生、护士、律师、网管、药剂师、外贸业务员、医药代表、工厂职员、服装销售、个体户、技工、汽车零件研发、IT 技术员、客服等。为了便于归类分析，问卷要求被调查者根据自身的职业选择相应的工作类别，详细的基本信息见表 6-1。

表 6-1　被调查者的基本信息

变量	分组	人数（人）	比例（%）
性别	男	198	46.3
	女	230	53.7
年龄	20 岁及以下	89	20.8
	21～0 岁	115	26.9
	31～40 岁	97	22.7
	41～50 岁	70	16.3
	51 岁及以上	57	13.3
受教育程度	大专及以下	265	61.9
	本科	98	22.9
	硕士及以上	65	15.2

续表

变量	分组	人数（人）	比例（%）
工作类别	办公室和行政	32	7.3
	商业和金融	28	6.4
	销售及相关	53	12.1
	生产和制造	73	16.6
	计算机和数学	24	5.5
	教育和培训	42	9.6
	管理	21	4.8
	法律	10	2.3
	艺术、设计、娱乐、体育和传媒	15	3.4
	建造和开采	59	13.5
	建筑工程	38	8.7
	安装维修	43	9.8
工作单位	行政机关	49	11.4
	事业单位	69	16.2
	国有企业	72	16.8
	私营企业	98	22.9
	三资企业（中外合资、中外合作、外商独资）	38	8.9
	个体户	102	23.8

（二）研究工具

几乎所有的研究方法都会涉及数字的使用，不同的研究方法因为数据获得的方式与来源的差异，对数字处理的需求也就不同，因此必须选用适切的统计技术来进行不同程度的分析与应用①。为了能让职业培训契合人工智能时代的实际需要，助力适龄劳动力顺利就业，本研究通过相关文献资料的整理，概括了人工智能时代就业所需的技能要求，编制了人工智能时代适龄劳动力所需技能调查问卷。该问卷的问题设计主要利用了5分制的李克特量表。最终问卷结构如下（括号里是每个模块下的问题个数）：一是受访者的基本情况（6）；二是受访者的工作特征（6），采用李克特5级评分，从"非常不准确"到"非常准确"，依次计为1分到5分；三是受访者的技能情况，采用从"非常少"到"非常多"的李克特5级评分，依次计为1分到5分。因为技能水平是一个主观性很强的直观感受，带有很浓厚的态度倾向，通过打分可以量化研究，提炼出样本的个体特性，弱化无关因素的干扰，以便于在数据整理与分析的基础上获得探索性的预测结果。

　　问卷调查自2018年2月至8月持续了6个多月。经过一个月的汇总和整理，有效数据全部导入SPSS软件进行统计分析，具体包括两大类——描述统计（平均值、标准差、百分比）和推论统计（方差分析、肯德尔的 τ 相关）。提前说明一点，图表中所呈现的显著性数值，** 代表在0.01水平（双侧）上显著相关，* 表示在0.05水平（双侧）上显著相关。为了保证调查问卷的可靠性和有效性，在李克特态度量表法中常用的信度检验方法为克伦巴赫的 α 系数及折半信度（Split-Half reliability）。在时间较为紧凑且问卷题项数较多、填写费时的限制下，研究者选择了折半信度法。该方法主要适用于测验没有复本且只能实施一次的情况，即将一份测验或量表依奇数项或偶数项分割成两个次量表或次测验，或依题项数的排序将前半部题项与后半部题项分割成两个部分，然后再求出两个次量表的相关系数。Loo（2001）探索发现，对于一般性的研究而言，内部一致性估计值普遍可接受的数值为0.80。② 研究者把问卷按照奇偶题分割成两部分，得到两个部分间的相关系数为0.928，Spearman-Brown校正公示栏的折半信度系数为0.963，这表明问卷所得的结果具有良好的信度。

---

　　① 邱皓政. 量化研究与统计分析：SPSS（PASW）数据分析范例解析［M］. 重庆：重庆大学出版社，2013：63-65.

　　② Loo R. Motivational orientations toward work：An evaluation of the work preference inventory（Student form）［J］. Measurement and Evaluation in Counseling and Development，2001（33）：222-233.

二、适龄劳动力的技能应用状况

问卷调查中,若是某种特质、态度、行为或心理知觉等潜在构念的调查,在分析时不能逐题分析,因为单一题项所要测量的不足以代表某一潜在特质或构念,此种潜在特质或构念的测量通常包含数个题项,这些属性相似的题项所要测量的共同特质成为建构效度,建构效度中的层面测量值是数个题项的加总分数。[①] 按照人工智能时代工作所需的技能要求,问卷中在成长技能、适应技能和应变技能方面,各设置了 9~10 个题目。为了能够对三个技能类型进行比较,研究者利用 SPSS 软件计算出了它们的加权平均值。技能应用的总体状况由表 6-2 可知,被调查者的成长技能相较于适应技能和应变技能,均值属于最低。这表明在当前的工作状态中,他们更侧重于适应技能和应变技能的应用,对成长技能有所忽视。不过,三个技能的应用都处于一般水平,并没有达到人工智能时代所需的程度,还需要进行提升与强化。

表 6-2　被调查者技能的总体应用状况

技能类别	人数(人)	均值	标准差
成长技能	428	3.42	0.59
适应技能	428	3.65	0.64
应变技能	428	3.52	0.65

其中,在成长技能下属的数字化素养均值要低于其他三项(见表 6-3),这可能因为,数字化素养不仅仅是运用技术手段,还包括学会如何辨别陈词滥调、如何分辨社会旧俗、如何从广告中甄别出事实、如何解读别人的说笑以及如何从报道中找出重要的新闻。[②] 现实是,当前的大部分职业、工作涉及的数字化素养处于初级水平,即技术的简单运用和信息资料的收集。相对于资源管理和学习技能,系统性思维的均值在成长技能里面反而是最高的,这源于其在工作任务中的效用较为显著,更容易受到适龄劳动力的青睐,而资源管

[①] 吴明隆.问卷统计分析实务——SPSS 操作与应用[M].重庆:重庆大学出版社,2010:101-103.

[②] [美]特里林,菲德尔.21 世纪技能:为我们所生存的时代而学习[M].洪友,译.天津:天津社会科学院出版社,2011:76.

理和学习重在自身，其效用需要通过自身的改善间接映射到工作上，应用的频率便要少得多了。

在适应技能方面，跨文化交流、沟通以及协作的均值都比较高，灵活性的则相对偏低。在现实职场中，适龄劳动力与观念、价值等各异的工作伙伴相处是必修课程之一，尊重彼此，才有沟通协作的可能。而灵活性关注的是自己融入工作环境的快慢程度，复杂性和综合性要强于前三者，出现这样的结果，也就不难理解了。在应变技能方面，心理调适的均值排在第一，批判性思维、创造和革新以及综合问题处理三个技能紧随其后。当前大部分被调查者的职业、工作一般处于整个工作链中的一环，或者是属于有章可依、有迹可循的类型，对于综合问题处理这种复杂性的技能，并不过于看重，相反，反思工作中的失误等更为寻常，也就造成了当前这样的一种应用结果。

表 6-3　被调查者各种技能的应用状况

技能类别		人数（人）	均值	标准差
成长技能	系统性思维	428	3.51	0.70
	资源管理	428	3.46	0.68
	数字化素养	428	3.23	0.80
	学习	428	3.49	0.76
适应技能	跨文化交流	428	3.80	0.74
	沟通	428	3.67	0.76
	协作	428	3.65	0.71
	灵活性	428	3.51	0.76
应变技能	批判性思维	428	3.52	0.74
	创造和革新	428	3.44	0.71
	综合问题处理	428	3.45	0.76
	心理调适	428	3.65	0.74

那么，这三大技能之间存在什么关系呢？研究采用之前提到的积差相关方式对其进行分析，获得了以下结果（见表 6-4）：（1）成长技能、适应技能和应变技能之间的相关系数均大于 0.70，呈现两两高度相关；（2）成长技能与适应技能之间呈现显著正相关，即适应技能越强，成长技能程度就越高，适应技能

变量可以解释成长技能变量总变异的 56.4％；(3)成长技能与应变技能之间呈现显著正相关，即应变技能越强，成长技能程度就越高，应变技能变量可以解释成长技能变量总变异的 56.4％；(4)适应技能与应变技能之间呈现显著正相关，即应变技能越强，适应技能程度就越高，应变技能变量可以解释适应技能变量总变异的 70.6％。由此可见，三大技能之间联系紧密，任何一种技能的提高，或多或少都对另外两种技能起到了积极的影响。这有利于个体通过职业培训循序渐进地提高自身技能水平，避免了因时间、精力和成本等条件限制带来无所适从的窘境。

表 6-4　被调查者三项技能之间的相关矩阵

技能类别	成长技能	适应技能	应变技能
成长技能	1	—	—
适应技能	0.751** ($R^2 = 0.564$)	1	—
应变技能	0.751** ($R^2 = 0.564$)	0.840** ($R^2 = 0.706$)	1

三、适龄劳动力个体特性与技能应用之间的相关性

(一)不同个体特性适龄劳动力的技能应用状况

"对于组织发展而言，员工的特性正是助推组织持续发展的动力源所在。一方面，在确保员工与岗位合理匹配的基础上，不同的员工将发挥彼此各异的优势，积极应对各类不同的情况与问题，实现组织资源的有效配置；另一方面，拥有个体特性的员工也会对同一问题提出不同的解决方案。"[①] 为了找出适龄劳动力技能状况的具体异同，研究以适龄劳动力个体特性为出发点，分别归纳了不同性别、不同年龄段和不同受教育程度适龄劳动力的技能状况。如表 6-5 所示，男性和女性适龄劳动力对三种技能的应用态度较为一致，普遍重视适应技能，其次是应变技能，最后为成长技能。这也很容易理解，在现实中，适应技能和应变技能属于短时间就能发挥效用的技能，时效性很强；成长技能则不然，需要一定的准备和积淀，通常也并不存在亟需使用的情况。如此这般的结果，也呈现在不同受教育程度的适龄劳动力群体上(见表 6-6)。因受教育程度不同的

---

① 谭仕荣.同级竞争者如何强化自我存在感[J].领导科学,2018(7):38-40.

影响,成长技能的均值基本随着教育程度的提高略有增大,适应技能和应变技能的均值在本科阶段达到高峰后有所回落,但仍要高于大专及以下的水平。

表 6-5 不同性别适龄劳动力的技能状况

技能类别	男性		女性	
	均值	排序	均值	排序
成长技能	3.49	3	3.35	3
适应技能	3.73	1	3.57	1
应变技能	3.62	2	3.42	2

表 6-6 不同受教育程度适龄劳动力的技能状况

技能类别	大专及以下		本科		研究生及以上	
	均值	排序	均值	排序	均值	排序
成长技能	3.39	3	3.43	3	3.45	3
适应技能	3.61	1	3.69	1	3.64	1
应变技能	3.48	2	3.56	2	3.52	2

在不同年龄层面,如表 6-7 所示,30 岁及以下的适龄劳动力与性别、受教育程度两个层面的技能应用状况大致相同,均值随年龄增长而有所变动;31~40 岁的适龄劳动力群体成为分水岭,成长技能的均值首次超过应变技能,排在适应技能之后;41 岁及以上的适龄劳动力愈加重视成长技能的应用,将其提升到了首要位置,而后才是适应技能和应变技能。考虑不同年龄段适龄劳动力所面临的工作环境,排除一些特殊情况,我们其实是可以理解的:30岁及以下的适龄劳动力正处于求职就业的转型期,对照校园环境的自由与安逸,步入社会工作更需要的是灵活与多变,成长技能并不受到重视;31~40岁的年龄段处于适龄劳动力的事业上升期,工作环境的适应与个体的成长相辅相成,各司其职,应变技能便退居成长技能和适应技能两者之后;41 岁及以上适龄劳动力的工作环境就已经相对比较稳定,一般更倾向于追求个体自身的内在提升,多过于外在职业的调动和工作环境的变化,此时成长技能便牢牢占据了应用的首要位置。

表 6-7　不同年龄段适龄劳动力的技能状况

技能类别	20 岁及以下		21～30 岁		31～40 岁		41～50 岁		50 岁以上	
	均值	排序	均值	排序	均值	排序	均值	排序	均值	排序
成长技能	3.34	3	3.38	3	3.52	2	3.42	1	3.45	1
适应技能	3.79	1	3.82	1	3.78	1	3.41	2	3.43	2
应变技能	3.68	2	3.72	2	3.48	3	3.39	3	3.38	3

（二）适龄劳动力的个体特性与技能应用之间的相关性

日常事务之间的许多关系常常是以非唯一性的、非直接性的形式出现，普遍存在，又无法像函数关系那样能够用一个确定的函数公式来描述，且关系有强有弱，程度各有差异。[1] 为了更好地揭示个体特性与技能之间的关系，研究运用 SPSS 软件对性别、年龄、受教育程度三者与成长、适应及应变技能之间做相关性检验（见表 6-8）。其结果显示：（1）性别与三个技能之间呈现负相关，即男性对技能的应用程度更高，女性则要相对弱一些。（2）适龄劳动力对技能的应用，在年龄、受教育程度、工作类别和所在单位方面并不存在显著差异。由此我们可以推断，个体特性对技能不会影响带来很大的影响，适时忽略个体层面，可以更精确地控制有效变量、达成研究目标。

表 6-8　适龄劳动力的个体特性与技能之间的相关性

技能类别	性别 τ	年龄 τ	受教育程度 τ
成长技能	-0.133^{*}	—	—
适应技能	-0.171^{**}	—	—
应变技能	-0.193^{**}	—	—

其中，成长技能方面，系统性思维和资源管理技能与性别之间呈现负相关，即女性在两个技能的应用程度上要偏弱一些；学习技能与受教育程度呈

---

[1]　蔡智澄，何立民.相关性分析原理在图书情报分析中的应用[J].现代情报，2006（5）：151-152，156.

现正相关，即受教育程度越高，学习能力越强。适应技能方面，跨文化交流、沟通和协作与性别呈现负相关，即女性在三者的应用程度上要更为弱一些；沟通还与受教育程度呈现正相关，即受教育程度越高，沟通能力也要强一些。应变技能方面，四个技能均和性别呈现负相关，即男性在四者的应用程度上要更高一些（见表6-9）。因而，职业培训者在对具体技能培训时，需要认真考虑培训对象的性别与受教育程度，避免因个体的内在差异影响培训效果。

表 6-9　适龄劳动力的个体特性与各项技能之间的相关性

技能类别		性别 τ	年龄 τ	受教育程度 τ
成长技能	系统性思维	-0.142^{*}	—	—
	资源管理	-0.158^{**}	—	—
	数字化素养	—	—	—
	学习	—	—	0.104^{*}
适应技能	跨文化交流	-0.166^{**}	—	—
	沟通	-0.111^{*}	—	0.112^{*}
	协作	-0.188^{**}	—	—
	灵活性	—	—	—
应变技能	批判性思维	-0.159^{**}	—	—
	创造和革新	-0.202^{**}	—	—
	综合问题处理	-0.148^{**}	—	—
	心理调适	-0.183^{**}	—	—

四、适龄劳动力工作特征与技能应用之间的关系

（一）适龄劳动力的工作特征

为了探索工作与技能之间的联系，研究汲取了 Hackman 和 Oldham 提出的五维度工作特征模型，参考了备受关注的两个维度——工作自主性、技能多样性，有针对性地设置了工作自主性、工作多样性、工作专业性和工作重复性的问题，希望更深入地细化技能层面的具体特征，能够使得适龄劳动力的工作状况与技能要素挂钩。在这里，工作自主性是指工作内容允许员

工独立自由地安排工作进度和具体操作方式的程度[①]；工作多样性是指完成不同类型工作任务和使用多种技能的程度；工作专业性是指完成工作任务要求使用大量复杂、高水平技能的程度；工作重复性则是指完成工作任务单一且使用技能简单、重复的程度。通过 SPSS 软件输出的描述统计结果（见表 6-10），我们不难发现，被调查适龄劳动力的工作特征表现为：四个特征变量均值大概在 3 分，属于区间中间位置，说明当前大部分的工作或者职业对于技能的要求并不算高，普遍在一般人可承受的范围之内。相对于工作任务类型的种类多少或技能数量大小、复杂程度而言，工作的自主性可能更为明显。

表 6-10　被调查者工作特征

工作特征	人数（人）	均值	标准差
工作多样性	428	3.12	1.00
工作专业性	428	3.00	0.93
工作重复性	428	2.89	1.08
工作自主性	428	3.31	0.74

同时，研究采用积差相关（Product-moment correlation）对这四个连续变量进行了分析，由表 6-11 可知：(1)工作多样性与工作专业性之间呈现低度正相关，即工作专业性越强，其工作多样性程度越高，工作专业性变量可以解释工作多样性变量总变异的 11.8%；(2)工作重复性与工作多样性之间呈现低度负相关，即工作重复性越高，工作多样性程度就越低，工作重复性变量可以解释工作多样性变量总变异的 3.2%；(3)工作自主性与工作多样性之间呈现低度正相关，即工作自主性越高，工作多样性程度就越高，工作自主性变量可以解释工作多样性变量总变异的 6.9%；(4)工作自主性与工作专业性之间呈现低度正相关，即工作自主性越高，工作专业性程度就越高，工作自主性变量可以解释工作多样性变量总变异的 1.8%。简言之，这四个要素之间存在低度相关性，还是比较能反映适龄劳动力的工作状况。

① 王端旭，赵轶.工作自主性、技能多样性与员工创造力：基于个性特征的调节效应模型[J].商业经济与管理,2011(10):43-50.

表 6-11　被调查者工作特征之间的相关矩阵

工作特征	工作多样性	工作专业性	工作重复性	工作自主性
工作多样性	1	—	—	—
工作专业性	0.344** ($R^2=0.118$)	1	—	—
工作重复性	−0.178** ($R^2=0.032$)	0.015	1	—
工作自主性	0.262** ($R^2=0.069$)	0.135* ($R^2=0.018$)	−0.096	1

(二)适龄劳动力的工作特征与技能应用之间的相关性

厘清了个体特性与技能的关系,我们不禁会产生这样的疑问:什么因素会影响适龄劳动力个体对技能应用的感观或者说需求呢? 研究对适龄劳动力的工作特征与技能之间做了相关性检验,结果显示(见表 6-12):除了工作重复性,工作多样性、工作专业性和工作自主性都与成长技能、适应技能和应变技能应用呈现正相关,即面对工作任务类型越多、技能要求复杂且高级,适龄劳动力越需要运用这三种技能,工作自主性亦然。越是需要适龄劳动力本人去规划、完成的工作,越重视三种技能的应用。其中,成长技能和适应技能下属的四个技能基本都与工作多样性、工作专业性以及工作自主性呈现正相关;应变技能下属的四个技能中,除了心理调适与工作专业性不存在相关外,其他三者都与工作多样性、工作专业性以及工作自主性呈现正相关(见表 6-13)。简言之,适龄劳动力的技能应用与其工作特性息息相关,职业培训应该在认真分析职业的工作特性的基础上,设置精准化的培训服务。

表 6-12　适龄劳动力的工作特征与技能之间的相关性

技能类别	工作多样性 τ	工作专业性 τ	工作重复性 τ	工作自主性 τ
成长技能	0.215**	0.167**	—	0.226**
适应技能	0.204**	0.176**	—	0.252**
应变技能	0.187**	0.166**	—	0.240**

表 6-13　适龄劳动力的工作特征与各项技能之间的相关性

技能类别		工作多样性 τ	工作专业性 τ	工作重复性 τ	工作自主性 τ
成长技能	系统性思维	0.214**	0.136**	—	0.252**
	资源管理	0.198**	0.136**	—	0.246**
	数字化素养	0.174**	0.140**	—	0.137**
	学习技能	0.165**	0.118*	—	0.188**
适应技能	跨文化交流	0.202**	0.185**	—	0.199**
	沟通技能	0.202**	0.155**	—	0.229**
	协作技能	0.225**	0.202**	—	0.239**
	灵活性	0.118*	0.113*	—	0.240**
应变技能	批判性思维	0.171**	0.123*	—	0.201**
	创造和革新	0.219**	0.204**	—	0.222**
	综合问题处理	0.165**	0.201**	—	0.225**
	心理调适	0.133**	—	—	0.251**

第三节　人工智能时代适龄劳动力职业培训策略

马基雅维利曾经指出："谁渴望预见未来，就必须征询过去，因为人类的事物从来都是与过往的时代类似[①]。"纵观历史过往，人类并没有因为技术的进步而被打败和击垮，而是在不断地学习中有效地适应和发展。正如霍金所言："我们不能把飞机失事归结于万有引力。同样，我不能把人类毁灭归罪于

---

① [南非]伊恩·戈尔丁，[加]克里斯·柯塔纳. 发现的时代：21 世纪风险指南[M].李果，译. 北京：中信出版社，2017：126-127.

人工智能①。"假如我们人类真被人工智能所取代，那么最应该归罪于我们自己。

　　当前，机器正在取代的人类工作已不仅仅只是些重复繁琐和低技能型的，相反，它们还可以胜任甚至更好地完成很多职业工作，如皮肤科医师、保险理赔员、律师、油田地震测试员、体育新闻记者和财经记者、导弹驱逐舰船员、招聘经理、心理测试人员、零售销售人员以及边境巡逻人员②。在人工智能时代，人类只有能够"学会学习"和"持续学习"，才能有效应对时代发展的诉求。如果职业培训仍只满足适龄劳动力单一的求职需求，就很可能致使适龄劳动力依然无法摆脱被淘汰的命运。教育的主要作用之一，就是培养未来的劳动力去应对他们所处时代的挑战③。因而，作为学习的重要组成部分，有效的职业培训必须关注特定的学习结果和学习需求实现的过程。人工智能时代的职业培训更应如此，应该在分析适龄劳动力个体特性和工作特征的基础上，展开精准化的培训服务，帮助人类在人工智能时代持续屹立，顺利克服技术更迭带来的焦虑。

一、职业培训政策：与人工智能时代相适应

　　作为促进就业和稳定就业的重要途径之一，职业培训"不仅要瞄准当前国家、社会存在的技能缺口，还应该利用先进的技术培育未来所需要的技能"④。EPSRC 机器人和自动化系统网络宣称，面对人工智能的发展，我们最重要的环节就是确保当前和未来的劳动力具有充分的技能和娴熟的数字技术。政府应该采取有效政策或措施，不断完善现有劳动力的再教育和培训的体系，为劳动力技能和业务的调整创造培训和学习机会，从而有利于维护国家竞争优势。英国下议院科技委员会颁布的《机器人和人工智能》(Robotics and artificial intelligence)围绕教育和技能方面提出了相关的举措。例如，

---

　　①　[英]史蒂芬·霍金.果壳中的宇宙[M].吴忠超,译.长沙:湖南科学技术出版社,2006.

　　②　Rainie L, Anderson J. The Future of Jobs and Jobs Training[R]. Washington DC: Pew Research Center,2017.

　　③　[美]特里林,菲德尔. 21 世纪技能:为我们所生存的时代而学习[M].洪友,译.天津:天津社会科学院出版社,2011:116-117.

　　④　World Economic Forum. The Future of Jobs and Skills in the Middle East and North Africa[EB/OL]. (2017-05-17) [2017-10-20]. https://www. weforum. org/reports/the-future-of-jobs-and-skills-in-the-middle-east-and-north-africa-preparing-the-region-for-the-fourth-industrial-revolution.

该报告强调,英国的持续成功将取决于企业、教育工作者和政府预测未来技能要求的能力,并为未来几十年提供适当的教育和培训体系。ITI发布的《人工智能政策原则》(*AI Policy Principles*)明确提出,为了确保未来劳动力的雇佣能力,公共和私营部门应共同参与基于工作的学习和教育培训体系的设计,还必须优先考虑提供职业培训,以满足工作需求的规模,投入资源开发有效的培训项目。

"既然人工智能系统能分析和利用数据,人们应该有权利存取、管理和控制它们产生的数据①。"随着人工智能的发展,我们应该更公平、有效地修正法律系统以及管理人工智能相关的风险②。从全球各国发展趋势看,相关国家、组织或企业在制定人工智能政策发展过程中,基本上都涉及教育与培训的问题。这是因为,他们都意识到,制定与人工智能相适应的教育与职业培训政策,能够为人类适应劳动力市场变革做好前期准备工作。首先,政策应强调教育与职业培训对人才培育的重要性。当前和未来的劳动力,唯有接受有效的教育和职业培训,才能帮助他们确保人工智能时代所需的就业能力。其次,政策应要求相关部门持续投入资金,为劳动力提供适用性培训。明确职业培训职责和参与主体,鼓励政府、企业、第三方等利益相关者积极参与,保证培训资源的供给,推动教育、培训和劳动力之间的无缝对接。再次,应鼓励相关部门让人工智能技术渗透到职业培训领域,支持AI技术在职业培训领域的开发与应用,并借助其监管职业培训的安全性和可控性。最后,完善职业培训评估的质量标准。职业培训评估与质量标准体系的使用和推广不仅能够增强劳动力的流动性,还有助于提高职业培训提供者和参与者的社会地位,从而增加职业培训对人们的吸引力③。相关部门要通过人工智能技术实现数字认证,统一培训质量标准,完善培训评估体系。

二、职业培训对象:服务不同类型学习需求

对于成人教育供应者来说,当客户滋生特定学习需求和兴趣时,为他们提供特定的教育和培训服务是常见的做法。世界在变化,教育也必须变化,

①　Reese H. Asilomar AI Principles[EB/OL]. (2017-02-06)[2017-10-20]. https://www.techrepublic.com/article/23-principals-for-beneficial-ai-tech-leaders-establish-new-guidelines/.

②　Reese H. Asilomar AI Principles[EB/OL]. (2017-02-06)[2017-10-20]. https://www.techrepublic.com/article/23-principals-for-beneficial-ai-tech-leaders-establish-new-guidelines/.

③　李新功.欧盟职业培训:政策与实践[D].上海:复旦大学博士学位论文,2005.

社会无处不在经历着深刻变革，这种形势呼吁新的教育形式，培养当前及今后社会和经济所需要的能力。① 人工智能时代，日新月异的科技发展，对即将到来的机器/机器人革命不断上升的警惕心，正推动着教育和职业培训系统的发展。为了帮助未来的劳动力保持就业资格，职业培训需要服务于不断变化的劳动力市场所滋生的不同类型的学习需求。

一是自动化进程下劳动力转型所滋生的学习需求。美国未来研究所(the Institute for the Future)的 Devin Fidler 认为：随着基础自动化和机器学习朝着商品的方向发展，人类独特的技能将变得更有价值，之后会有越来越多的经济激励用来推动此类培训，以便更好地释放其价值②。《2016 年人力资本报告》指出，劳动力持有迁移性高的技能更利于转型到新的工作环境。因而，面临工作转型的压力，劳动力不但需要掌握可迁移性较高的技能，更需要开发自身潜在的无形技能，如合作、批判性思维和问题处理等能力。这些人类独有的技能映射了人工智能系统难以完全替代劳动力的价值。

二是"人机共存"下劳动力适应所滋生的学习需求。从最早的亚里士多德，到现代的《星球大战》《黑客帝国》《人工智能》等科幻电影，再到最近 AlphaGo 与李世石人机大战，遥远的未来，人与机器的关系会如何，谁也无法判断，但至少未来 50 年是一个人机共存的世界③。《人工智能、自动化与经济报告》(Artificial Intelligence, Automation, and the Economy)也指出，未来可能出现直接由人工智能驱动的工作，包括人类与现有人工智能技术的合作、开发新的人工智能技术、在实践中监督人工智能技术以及由新的人工智能技术所引发的社会范式变革④。可以说，这种劳动分工的改变将促使人类和机器之间的合作不断增加与深化，未来的工作者应该学会与人工智能系统进行有效沟通，才能完成人机的协作活动，而该种能力实际上完全取决于人

---

① 联合国教科文组织. 反思教育：向"全球共同利益"的理念转变[M]. 联合国教科文组织总部中文科，译. 北京：教育科学出版社，2017：96-98.

② Rainie L, Anderson J. The Future of Jobs and Jobs Training[R]. Washington DC：Pew Research Center，2017.

③ 钛媒体. 在超级智能 Watson 的未来世界，会有怎样的人机共存生活？[EB/OL]. (2016-04-19)[2017-10-20]. http://www.tmtpost.com/award/1672742.html.

④ Lee K. Artificial Intelligence, Automation, and the Economy[EB/OL]. (2016-12-21)[2017-10-20]. https://obamawhitehouse. archives. gov/blog/2016/12/20/artificial-intelligence-automation-and-economy.

类对机器的了解、判断和互动等认知。

三是"云劳动"下劳动力应变所滋生的学习需求。伴随生产型经济向服务型经济的转变,我们已经生活在一个快速变革的时代。在这样的时代,人力资本是社会最有价值的资本,学习能力则是人类所应该具备的最有价值的一项技能,尤其是与工作相关的培训,意义巨大①。在"云劳动"的弹性工作制下,个人与工作基于通信技术实现了直接对接,致使企业的劳动力来源不再只有正式员工,还将囊括自由职业者、"零工经济工作者"等各类从业者。企业对劳动力的期望和诉求也更加趋于多元化,注重复合型、智能型和社会型等人才的使用。在此背景下,劳动力必然要学会学习且持续地学习,才能具备强大的自我学习与应变能力,更好地应对灵活的碎片化工作形式、复杂化的工作环境、数字化的就业市场以及多样化的职业技能要求。

三、职业培训内容:满足多元化的技能需求

伴随人工智能研究的深入,机器会比人类更加适合执行很多程序性的任务,如计算、数据分析等。而成长、适应和应变技能等人类特有的能力,至少现阶段乃至很长一段时间内机器和机器人都无法拥有。这些技能知识将是人工智能时代适龄劳动力不被机器取代并取得事业成功的关键。"如果我们以前瞻性目光展望未来,自动化甚至能带来国家繁荣②。"而且,就现阶段而言,AI对工作的全面影响——创造或破坏就业机会,尚且不能得出准确的结论,但适应快速技术变革的能力在这个时代已然不可或缺。《人工智能政策原则》(*AI Policy Principles*)指出:我们应该综合利用传统的以人为中心的资源,以及新的职业教育模式和新开发的人工智能技术,来帮助现有的员工和未来的员工成功地开拓他们的事业或完成职业转型③。相较于儿童和青年的学术科目导向的学习(至少在学校),成人往往是生活导向(任务导向或问题导向)的学习。成人之所以在学习上产生动力,缘于在某种程度上,他们认

---

① [美]雪伦·B.梅里安,罗斯玛丽·S.凯弗瑞. 成人学习的综合研究与实践指导[M].黄健,张永,魏光丽,译.北京:中国人民大学出版社,2010:45-47.

② Kristin Lee. Artificial Intelligence, Automation, and the Economy[EB/OL]. (2016-12-20) [2017-10-20] https://obamawhitehouse. archives. gov/blog/2016/12/20/artificial-intelligence-automation-and-economy.

③ Information Technology Industry Council. AI Policy Principles[EB/OL]. (2017-10-20)[2017-10-24]http://www. itic. org/policy/intellectual-property.

为学习能够帮助他们在生活中处理相关的任务或问题。工作调适围绕工作环境和适龄劳动力之间的技能要求，带来的行为结果包括了转换职业、人机协同和弹性工作三种主要形态。为此，职业培训应该根据工作环境和适龄劳动力的技能要求，提供适切的培训内容。

一是为适龄劳动力提供人类特有技能的职业培训。内华达大学社会学系教授西蒙·戈特沙克表示："未来的工作者需要更高层次的技能，尤其包括高效联网、公共关系处理、跨文化敏感性、市场营销以及社会、情感型智力等的能力。当然，传统技能之外的创造力和批判性思维也在其中[①]。"现实中，雇主通常非常关心雇员（或潜在的新雇员）能够成功完成各项工作任务所具备的与工作相关的实践技能或能力[②]，以及其与企业的匹配程度。员工的无形技能决定着企业组织运行的有效性。为此，人工智能时代的职业培训体系，不应再局限于为劳动力提供执行程序性的培训内容，如计算、数据分析等，而更应该提供"人—人""人—机"以及"人—世界"的沟通能力培训；提供面对瞬间出现的突发性问题进行处理的培训；提供面对认识产生批判性认知和思考的培训。这些培训内容的提供，无疑能够为劳动力在人工智能时代成功实现工作转换做好铺垫。

二是为适龄劳动力提供人机合作的职业培训。自动化以及智能机器的应用，将会带来对高技能工作者需求的增长，因为在直觉思维和社会意识为必需的工作领域，需要他们去弥补科技的不足[③]。随着人工智能系统的不断发展，人机协同工作是未来社会重要的发展趋势。这意味人类在将来的工作中需要提升人机交互和协作的效率：一方面，劳动力需要增强对机器的理解和交互能力，随时适应人工智能的技术更迭；另一方面，劳动力要学会使用工作环境中所涉及的人工智能系统和设备，如人工智能算法的计算机、可穿戴设备和植入装置等硬件设备，以及记忆辅助系统和医疗诊断助手等智能系统。为此，通过对人工智能的基本知识、技能和能力等培训内容的提供，以及AI系统所采用的算法、逻辑及预期故障模式等培训内容的提供，将帮助劳动

① Rainie L, Anderson J. The Future of Jobs and Jobs Training[R]. Washington DC: Pew Research Center, 2017.

② James B. Employers Are not Just Whining—the "Skills Gap" is real[M]. Harvard Business Review, 2014.

③ 腾讯研究院. 人工智能各国战略解读：英国人工智能的未来监管措施与目标概述[J]. 电信网技术, 2017(2):32-39.

力加深对人工智能系统的理解与认知,有利于实现人与机器各司其职,协同完成工作任务。

三是为适龄劳动力提供成长、适应、应变技能类的职业培训。英国发布的《机器人技术和人工智能》(*Robotics and artificial intelligence*)表明,未来的劳动者们可能会更加频繁地更换工作,这需要他们掌握可以随时转换的工作技能①。事实上,由于科学技术发展的步伐不断加快,预测新的专业和相关技能需求变得越来越困难。这就促使人们努力发展更加适应实际需求的教育和职业技能培训,增强多样化和灵活性,以便调整能力,以适应快速变化的需求。这意味着要确保个人具有更强的适应能力,能够最有效地掌握和应用职业适应能力②。在许多人看来,学习是培养人类适应能力的关键。在人工智能时代,"学会学习"和"持续学习"能力对于劳动力至关重要。为此,职业培训应该为学习者提供"学会学习"和"持续学习"等内容的机会,帮助他们面对不同的情境都能确定明确的学习目标,获取学习材料与资源,掌握有效的学习方法,最终获取为生活和工作服务的知识。

四、职业培训方式:传统与现代技术相结合

一直以来,职业培训的技术知识是独立于科学知识的另一套知识体系,它由技术理论知识和技术实践知识组成③,具有事实知识与价值知识共存、陈述性知识与程序性知识兼备、理性知识与经验知识互补、显性知识与隐性知识同在的特点④。这些特点在本质上决定了职业培训的形式必然不能脱离工作情境,需要贯彻杜威的"做中学"理念,即作业训练是"为职业进行的唯一适当的训练",通过作业进行的教育可以比任何其他方法都拥有更多有利于学习的因素⑤。相较于当下盛行的职业培训形式,回看人类职业教育和培训的

① The Science and Technology Committee. Robotics and artificial intelligence[R]. London:The House of Commons,2016.

② 联合国教科文组织. 反思教育:向"全球共同利益"的理念转变[M]. 联合国教科文组织总部中文科,译. 北京:教育科学出版社,2017.

③ 王玉苗,庞世俊. 职业教育课程内容的透视:知识观的视角[J]. 河北师范大学学报(教育科学版),2008(11):109-113.

④ 顾建军. 技术知识的特性及其对职业教育的影响[J]. 教育与职业,2004(29):16-18.

⑤ [美]约翰·杜威. 民主主义与教育[M]. 王承绪,译. 北京:人民教育出版社,1997:328-329.

历史，无论在东方还是西方，最早都并非来自学校教育，而是来自某种形式的现场学习，被作为制度流传下来的"学徒制"就是其中之一①。工业革命的技术革新用现实验证了"班级授课制"的总体培训效果以及比"学徒制"更高的培训效率，从而取代"学徒制"成为职业培训舞台上的宠儿。

然而，人工智能时代许多工作领域所需要的成长技能、适应技能和应变技能，有时候可能无法通过大规模的课程实现，而是需要个性化的学习方法。同时，由于工作场所的复杂性，很多软技能和硬技能都需要在工作实践中才能习得。一般来说，职业培训策略往往是为培训内容和目标服务的。所有的现代学习理论都强调，培训策略选择主要基于两个要素：一是成人学习者的参与；二是培训内容的授权。人工智能时代，在线培训会持续地改进，并且可以在线合理交付技能或知识更新。为此，职业培训应充分合理地利用 VR、AR、MR(Mediated Reality)等新兴概念技术，结合传统的指导、学徒制等方式，形成电子指导、数字化学徒制以及人工智能培训等形式，建立起数字化的职业培训方式，帮助劳动者获取相关的培训内容。

一是通过电子指导实现技能迁移。人工智能时代，职业培训所涉及的无形技能等培训内容，类似于波兰尼提出的默会知识(tacit knowledge)，即未被表述的知识，如我们在做某事的行动中所拥有的知识②。这类知识往往难以通过大规模课堂所提供的培训实现，需要个性化的指导。比若·玛和梅里安指出，电子指导是"一种以计算机为媒介的、指导者与被指导者之间的互惠关系，它秉承无边界主义和平等主义原则，为被指导者提供有别于传统面对面指导的学习、咨询、鼓励、推荐和榜样"③。人工智能时代，我们将看到更多的在线个性化学习机会，优质或付费内容的服务将会增加，这创造了一种空间，一对一的学习和互动将使导师能够指导学习者，同时提供关键反馈的空间，有利于技能的迁移。

二是通过数字化学徒制提供模拟路径。职业培训可以通过 VR、AR 技术，模拟人机协作的模式——机器实现简单的操作和底层的自动化控制，由

---

① 关晶.职业教育现代学徒制的比较与借鉴[M].长沙：湖南师范大学出版社，2016：36.

② Polanyi M. The Study of Man[M]. Chicago：The University of Chicago Press，1959.

③ 马颂歌，吴刚.西方电子指导的基本议题与项目实践[J].现代远程教育研究，2016(3)：35-46.

人实现上层的监督控制、任务安排、轨迹设定及技巧性的操作等①，对劳动力进行教学培训。人机协作的前提是人机交互，包括人对机器的信息获取和输入以及机器对人的信息获取和输出两个层面，需要劳动力理解信号、代码和数据组成的机器信息，学会借助键盘等中介设备进行信息传递和转换，才能真正参与到人机协作的系统中完成工作任务。当然，除了在虚拟语境中实现人机交互和协作，职业培训还可以通过模型、多媒体设备让劳动力观察机器的外在构造、物理特性和运行状态等信息，引导其根据自身的知识经验、分析能力，获得机器的对象特征、模型等内在规律信息，使得劳动力在人机协作中掌握主动权，将自身的知识和技巧结合到机器中，采用人工智能的方法，让技巧在机器上模拟实现②。

三是通过人工智能培训增强实现路径。从脑神经生理学的角度来看，人类智能的本质可以说是通过后天的自适应训练或学习而建立起来的种种错综复杂的条件反射神经网络回路的活动③。换言之，"他必须从自己的角度、以独特的方式看待使用方法手段与取得结果之间的联系。虽然正确适当的讲解可能引导他的认识，从而帮助他认识他需要认识的东西，但其他人不可能替他认识，他也不可能经由别人的告知而认识"④。人工智能技术——虚拟现实（VR）和增强现实（AR）则为职业培训形式带来了更多直观的、过去很难实现的学习体验。对于无形技能和应变能力而言，如基于规则的推理和基于案例的推理开发出来的智能辅导系统⑤，通过虚拟训练可以给劳动者提供认知和解决问题的策略。这种智能系统充分调动了大数据、云计算等技术，使劳动力融入强于真实的学习环境中，获得深化、持久的体验式学习，从而提升现实工作、生活或学习的思维和实践能力⑥。

---

① 董苗坼，孙增圻.关于人机协作的学习控制[J].控制与决策，2004(2)：235-237.

② 董苗坼，孙增圻.关于人机协作的学习控制[J].控制与决策，2004(2)：235-237.

③ 《计算机与信息科学十万个为什么》丛书编辑委员会.计算机与信息科学十万个为什么(8)：人工智能[M].北京：清华大学出版社，1998：87.

④ ［美］唐纳德·A.舍恩.培养反映的实践者：专业领域中关于教与学的一项全新设计[M].郝彩虹，等，译.北京：教育科学出版社，2008：187-188.

⑤ Wongpinunwatana N，Ferguson C，Bowen P. An experimental investigation of the effects of artificial intelligence systems on the training of novice auditors[J]. Managerial Auditing Journal，2000(6)：306-318.

⑥ ［美］安德鲁·阿伯特.职业系统——论专业技能的劳动分工[M].李荣山，译.北京：商务印书馆，2016.

五、职业培训认证：构建数字化的认证系统

当前，职业培训的成果认证一般遵照国家制定的一项职业资格认证制度，即按照国家制定的职业技能标准或任职资格条件，由政府认定的考核鉴定机构对劳动者的技能水平或职业资格进行客观公正、科学规范的评价和鉴定，并对合格者授予相应的职业资格证书的一种制度。国家《职业教育法》第一章第八条就明确指出：实施职业教育应当根据实际需要，同国家制定的职业分类和职业等级标准相适应，实行学历文凭、培训证书和职业资格证书制度。这些以文凭、证书为主的认证方式，一般由国家或行业开发形成，最早可以追溯到古代学徒制中行会对学徒的身份认定与考核、监督检查与违约责任裁定等①。在人工智能的冲击下，工作不是被淘汰就是被机器取代，再加上"云劳动"式弹性就业形态，适龄劳动力不得不开始提升人工智能时代所需的技能来增强自身在职场上的核心竞争力。职业培训的内容也开始围绕这些人类独有的技能展开，而现有的职业认证体系能适用于资源管理、学习、沟通协作、批判性思维等技能的鉴定与认证吗？答案显然是否定的。如要企业雇主认可或能鉴别适龄劳动者相关的成长、适应和应变技能，原来传统的职业认证体系势必需要革新，由新型的认证体系来完成相应的职责。

"我们一直同意这样的观点：无形技能一直都很重要，且它们应该成为任何终身学习的一部分。我们必须制定可靠、有效的指标，使我们能够在个人、地区和国家的层面上追踪当今世界繁荣发展所需的所有技能和能力，即使如果对创造力和好奇心之类的特质进行测量认证一定非常困难②。"因为这将有利于行业乃至全社会的人力资本提高，从而带来产品服务质量的普遍提升，为一国经济持续增长提供动力③。尽管以文凭、证书为导向的认证体系便于企业对劳动力的录用进行高效率的筛选，然而，正如梅里克·克里格（Meryl Krieger）曾明确表示的：承载文凭和证书的简历仅仅是二维的东西，无法恰当

---

① ［美］E. P. 克伯雷. 外国教育史料［M］. 华中师范大学教育系，译. 武汉：华中师范大学出版社，1991：162.

② Luckin R, Holmes W, Grifths M, Forcier L B. Intelligence Unleashed：An Argument for AI in Education［M］. London：Pearson，2016.

③ 李雪，钱晓烨，迟巍. 职业资格认证能提高就业者的工资收入吗？——对职业资格认证收入效应的实证分析［J］. 管理世界，2012(9)：100-110.

地传达求职者的技能水平①。相比于文凭和证书而言,工作场所更能为真实世界中的工作职责赋予价值,检验劳动者的工作能力。随着新式、有效学习环境的出现和数字问责制的进步,技术和能力将会呈现出更加精确和完善的认证方式,不仅仅是关注测试和成绩,更多将会关注劳动力个体所展示技能的水平。人工智能时代,职业培训的认证将突破传统的资格认证体系,构建一个实时、共享的数字化认证系统。

事实上,在大数据与"云技术"的推动下,职业培训可以通过互联网搭载相关技能的测试和认证,构建一个权威性的数字化培训认证平台。通过利用VR、AR等技术手段,被认证者登录平台模拟的现实情境,在虚拟的网络世界里完成问题处理、沟通与创造等相关能力的测试任务。平台根据认证者的任务完成情况来收集和评估其掌握技能的一系列数据与信息,决定是否给予相关技能的认证等级。与此同时,相关组织可以登录数字认证平台浏览劳动力的技能信息,评估其能力优势及与企业的匹配程度,从而做出人员聘用决定。简言之,这种形式的数字认证系统相当于为企业和劳动力搭建了职业匹配的认证"媒介",个体的能力则是架起两者雇佣关系的桥梁。无论是"人机共存"的工作互动,还是人类的无形技能和应变能力的鉴定,通过数字化认证系统就可以实现职业培训成果的展示和认定,这既契合了"云劳动"的弹性就业形态下企业的快捷需求,又能将劳动力的核心技能水平动态、立体地呈现在雇主面前。这样,认证结果将更具说服力,能够有效提高企业人才招聘的信度和效度。

正如图灵在《计算机器与智能》中所描述的:"我们目光所及,只能在不远的前方,但是可以看到,那里有大量需要去做的工作②。"同样地,我们也绝不可能把"人工智能当作不受欢迎的冒犯者拒之门外,一直用挖苦的言辞为难它,反之,应该欢迎它,汲取它正确的见地,小心翼翼且又踏踏实实、开诚布公地把那些可能有损于它逻辑的误解及不理解的地方纠正过来"③。人工智能时代,劳动力市场受到巨大冲击毋庸置疑。人类唯有有效地做好自身的工

---

① Rainie L，Anderson J. The Future of Jobs and Jobs Training[R]. Washington DC：Pew Research Center,2017.

② Turing A M. Computing Machinery and Intelligence[J]. Mind,59:433-460.

③ ［美］休伯特·德雷福斯.计算机不能做什么:人工智能的极限[M].宁春岩,译,马希文,校.北京:生活·读书·新知三联书店,1986:224.

作,通过积极主动的学习,才能坦然面对和欢迎它,才能紧跟人工智能时代的发展步伐。

第四节　本章小结

人工智能技术的发展大大缩短了技术研发的周期,加快了产业工人技能迭代的速度。产业工人的技能匹配将会是一个动态的概念。单纯依靠学校职业教育的技能供给已远远不能满足产业工人的职业生涯发展需求。人工智能时代,建设产业工人队伍必须重视职后的职业技能培训。人工智能时代工作环境呈现出活动"自动化"、分工"精细化"、分配"按需式"三大特征,对于劳动者的技能要求重点也转移至成长技能(包括系统性思维、资源管理能力、数字化素养以及学习能力)、适应技能(包括跨文化交流、沟通、协作、灵活性)以及应变技能(包括批判性思维、创造与革新能力、综合问题解决能力和心理调适能力)。通过调查发现,当前适龄劳动者的成长技能、适应技能、应变技能都处于一般水平,并没有达到人工智能时代所需的程度,还需要提升与强化。男性和女性适龄劳动力对三种技能的应用态度较为一致,普遍重视适应技能,其次是应变技能,最后为成长技能。受教育程度不同的影响,成长技能的均值基本随着教育程度的提高略有增大,适应技能和应变技能的均值在本科阶段达到高峰后有所回落,但仍要高于大专及以下的水平。技能应用随年龄增长而有所变动,31～40岁的适龄劳动力群体成长技能的均值首次超过应变技能;41岁及以上的适龄劳动力愈加重视成长技能的应用,将其提升到了首要位置。从工作自主性、多样性、专业性、重复性四个维度对工作特征进行分析,发现当前大部分的工作或者职业对于技能的要求并不算高,普遍在一般人可承受的范围之内。除了工作重复性,工作多样性、工作专业性和工作自主性都与成长技能、适应技能和应变技能应用呈现正相关,工作自主性亦然。越是需要适龄劳动力本人去规划、完成的工作,越重视三种技能的应用。人工智能时代进一步推进职业培训需要从政策层面加强与时代诉求的适应,从培训内容方面满足多元化的技能需求,从培训方式层面做好传统形式与现代技术相结合,从培训认证方面构建数字化认证系统。

第七章 发达国家职业教育服务产业转型升级的战略经验

从欧美发达国家产业转型升级的发展轨迹来看,它们无不是经历了从劳动密集型向资本密集型、再向技术密集型的发展历程。用现代化、自动化、智能化的技术与装备代替劳动力,从而提高劳动生产率和推进产业转型升级的趋势也正是迎合了技术密集型产业的发展目标。放眼全球,世界发达国家掀起的再工业化浪潮,都极为重视职业教育发展,并以此作为经济稳步增长的坚实平台。

第一节 美国"制造业回归"战略下的职业教育发展战略

制造业是国家经济增长的重要动力,是技术创新和扩散所导致的供给增长源泉,是创造就业机会的主要载体。[①] 自 2008 年经济危机爆发以来,发达经济体前所未有地重视高端制造业,纷纷实施了新工业革命战略,并将技术技能人才的配置和技能促进推进到了至高境地,无论是政党还是产业界都意识到劳动力的综合素质和配置在推动产业转型升级过程中发挥着越来越重要的作用。作为世界第一经济体的美国,在经历了 2008 年经济危机所带来的行业疲软、失业率严重等系列副作用后,开启了重振本国制造业的"制造业回归"战略,主要目的是通过制造业数字技术发展,通过"再工业化",继续保持在制造业价值链中的高位、全球控制人的地位,促进国家经济结构和产业结

---

① Hersh A, Weller C. Does Manufacturing Matter? [J]. Challenge, 2003, 46 (2): 59-79.

构调整。通过技术创新，改变传统制造业制造模式，降低单位劳动力成本，同时提供大量的就业机会。在这个过程中，技能短缺和治理的问题是关键要素，如何对社会经济发展需要和人才需求进行结构调整优化，以适应工人的技能，促进人才被合理配置在行业内，本地区人力资源和产业结构调整结构与经济布局的配合程度，正是奥巴马政府和特朗普两届政府在实现人才发展和经济社会发展上的重要改革内容。本书拟基于美国制造业回归战略，通过分析比较奥巴马与特朗普两位总统围绕制造业与人才技能开发方面的政策，尝试总结和分析美国近年来针对职业教育改革与发展的应对措施。

一、特朗普与奥巴马两届政府制造业战略窥视

在经过 2008 年经济危机以及引发的国内就业力衰减等系列挫折后，美国人逐渐认识到，决定一个国家经济前途的绝不是华而不实的大数据、互联网等风靡一时的东西，而仍然是实实在在的制造业。[①] 尽管共和党和民主党在政治、经济上的诸多改革有着明显的区别，但围绕制造业产业升级，优化就业则成为奥巴马和特朗普两任总统的改革共识，二人纷纷推出了围绕制造业回归、制造业转型升级等的国家战略规划，以引领制造方式变革，推进信息化和工业化的深度融合。可以说，振兴制造业在美国有很强的民意基础。

奥巴马总统任职的八年（2009—2016 年）间，高度重视重振美国制造业和扩大就业给美国带来的积极作用，于第一任期就提出了"再工业化""出口倍增"计划等倡议，第二任期内还继续扩大外需，振兴国内制造业，并加强与相关国家的自贸区建设。奥巴马政府一方面通过推进"再工业化"进程，突出美国在新技术、新产业的领先地位，为扩大出口创造技术优势；另一方面积极开拓新的海外市场，协助推动美国产品在全世界的销售。这一方面迎合美国国内蓝领阶层对美国制造业外流的不满以及对美国实体经济与金融服务业之间严重的"断层线"的担忧，另一方面，从 2008 年金融危机以来主要的经济大国的重要经济策略看，主要大国都开始反思制造业政策，反思"后工业化"的思维，重视制造业成了后危机时代经济大国争夺全球新的经济战略制高点的关键。出于这样的考量，奥巴马政府在金融危机之后大力推行"再工业化"和"制造业回归"，为了强调制造业的重要性，2009 年 12 月公布《重振美国制造

---

① Gordon R J. The Rise and Fall of American Growth[M]. Princeton: Princeton University Press, 2016.

业框架》，2011 年 6 月和 2012 年 2 月相继启动《先进制造业伙伴计划》和《先进制造业国家战略计划》，并于同年实施了"国家制造业创新网络"（NNMI）计划，2013 年又发布《制造业创新中心网络发展规划》，推动国会于 2014 年底通过《振兴美国制造业和创新法案》（RAMI 法案），推动所谓的"制造业回归"，奥巴马的努力相对于过去似乎取得了成效。从回归美国的企业数量看，2010 年仅有 16 家，2011 年为 64 家，2013 年有 210 家，2014 年有 300 多家，逐年增长。奥巴马在智能制造领域的突出成果是，实施了复兴美国制造业方案，通过刺激被称为"智能制造业"的方法来推动美国制造业的复兴。希望通过借智能制造的产业升级，让国际上新的产业分工尤其高端制造业回流到美国本土。但奥巴马倡导的高端制造业似乎与多数美国工人关系不大，因为美国这一轮"复兴制造业"运动产生的多是一些工程师和机器人主导的无人工厂。

早在 2016 年总统竞选中，特朗普的竞选纲领中便主打制造业的牌，喊出了"让制造业回流""将流向海外的制造业就业机会重新带回美国本土""雇美国人，用美国货"等竞选口号。如果说最初奥巴马政府强调"再工业化"的目的是保持美国在全球制造业竞争中的领先地位，并为新一轮的工业革命做好充分的准备，那么，特朗普的制造业政策和奥巴马政策的不同在于，特朗普除了希望美国公司回流美国，更希望制造业的振兴可以带动更多的就业，是着眼于为美国国内创造更多就业岗位的。美国劳工部数据显示，美国制造业的从业人口从 1979 年达到 1900 万后逐步下降，在 2000—2010 年间，美国的制造业岗位数从 1730 万急速下跌，到 2016 年约为 1230 万。与此同步的是制造业岗位数量占美国就业总数的比例也在逐步下降[①]。随着特朗普当选美国总统，特朗普的两大潜在政策也非常值得关注，尤其是特朗普的"产业回迁"倡议，意在通过汽车、电子等制造业工厂回迁美国来解决美国的就业问题，包括福特、通用汽车、丰田、波音、洛克希德马丁、联合技术、开利等美国最强大的企业都已经感受到这种政治压力；其二是提高自身的制造业服务能力，吸引更多的国外制造业去美国设厂。尽管特朗普的很多行为有点极端，但其通过大规模地减税，通过放松监管吸引制造业回流的政策千万不能忽视。例如其减税政策，可能会将企业所得税由 35％降至 15％，对迁回海外的美国企业一次性征税 10％。因此可以看出，特朗普的产业回迁重点是解决就业问题。

---

① 丁明磊，陈宝明. 美国制造业回归及相关政策走向分析[J]. 中国工业评论，2017（5）：12-18.

二、特朗普政府所面临的制造业回归进程中的挑战

企业家出身的特朗普，深知制造业这一重要产业对美国经济和就业复兴、提高公民收入的重要意义，并在上任之初就围绕制造业回归提出了自己的施政纲领：(1)为先进制造业提供良好的创新环境；(2)使国内制造技术蓬勃发展；(3)统筹推进公共和私人投资先进制造技术基础设施；(4)促进先进制造技术和市场渗透的快速扩张。在这些政策和环境的影响下，美国制造业回归后突出了知识密集型特征，特别是高端服务业和生产性服务业①。生产性服务业蕴含大量人力资本和知识资本，能将这些创新要素融入制造业，助推制造业创造差异化优势。

多年来的制造业的空心化，给美国国内大批的蓝领工人造成了较大的困境，因此，从现实来看，美国制造业回归进程中隐藏着许多亟待解决的问题，其中一个突出问题就是面对新一轮的工业革命进程中技术技能人才不匹配等困境，集中体现在如下三个方面。

第一，劳动力市场需求缩减，劳动力资源供给结构不合理。制造业的回归，引发了制造业地理版图的剧变，日渐趋向中心化和一体化，技能人才的短缺和断层已成为制造业回归进程中的极大瓶颈。尽管美国的政治家一直在围绕如何在美国创造或保持"良好的工作"费尽口舌，但是一项由全美国独立商业联合会(National Federation of Independent Businesses)发起的调查报告显示，小企业主认为无法招到合格技术工人的比例创下了新世纪以来的 17 年之最。美国全国制造业者协会以及德勤咨询公司对 800 多家大小不同的公司所做的调查显示，81% 的制造业者面临轻度或是严重的合格工人短缺问题。一半以上的受访者说，十分之一或是更多的工作机会因为缺乏合适的人选而保持空缺。这种短缺在焊接工以及专门的机械工等方面尤其严重②。由于缺乏成千上万的制造业领域的技术工人，美国迟迟未能在经济危机之后迅速恢复。加之现代产业结构逐渐趋向软化，市场需求重心逐渐向服务业偏移，使得劳动力资源的供给与市场需求难以形成互动共赢模式。另外，此次制造业升级伴随着"机器换人"的进程，导致"回归"的制造工厂提供的工作岗位跟以

---

① Guerrieri P, Meliciani V. Technilogy and International Competiticeness：The Interdependence between Manufacturing and Producer Serverces[J]. Structural Change and Economic Dynamics,2005,16(4):489-502.

② Glaeser E L. The war on work—And how to end it[J]. City Journal,2017.

前不一样：因为这些工厂只往往提供一些不需要技巧的工作，干这些工作的工人薪资待遇也往往比较低，但是那些需要技巧并且待遇较高的工作机会不太多。在大多数情况下，这种供需失衡能在短期内获得弥补的技能都是所谓的"中级"技能，也就是高中以上学历就能掌握的技能，比如护士、医务人员、焊工、电工、机械修理员、机器人程序员、水管工、电脑技术员等等。这些人的收入和工作保障都高于平均水平，很多人的收入甚至比上过四年大学的同龄人还高。

第二，生产组织方式的变化呈现出严重的劳动市场技能不匹配的现状。所谓技能不匹配（skillmismatch）是指个人工作技能与就业市场需求之间的差距，它已经成为美国制造业回归的一个中心挑战，影响着社会各个层面，从企业的生产力和效率到青年的现在和未来的福利①。高端产业是维持美国当前发展和持久繁荣的关键，这些产业最能支持创新、最能保障可持续增长。美国对高端产业给出了两个界定标准：一是每个产业工人的研发支出应超过450美元，或位于产业的前20%；二是产业队伍中获得STEM（科学、技术、工程和数学）学位的人数必须高于全国平均水平，或在本产业中所占比重达到21%②。毫无疑问，由于技术的进步与发展，美国的制造业回归将会把劳动市场带入一个新的局面——一个越来越少的原材料、资本和劳动力投入能够带来越来越多产出的世界。但同时伴随着大规模的自动化技术进入工作场所，影响了人们的工资和就业前景，造就了当前的"技术性失业"现象。"这意味着，失业是由于我们发现了使劳动者的劳动更有效的方法和手段，但这种提升却把劳动者的劳动机会远远甩在了身后③。"随着制造业的升级，人工智能、高端制造逐步稀释掉了数以百万计的就业机会，释放了大量简单重复的低技能劳动者，并将他们推向新的服务业中去。毋庸置疑，机器将"抢"走某些行业中原本由人力承担的工作，使得社会劳动力需求减少，对低端劳动力吸纳能力下降，长期失业率飙升。快速发展的新技术和自动化提高了美国制造业的产量，但在经济低迷期被削减的150万岗位，目前都没有重新召回。良好培

---

① Perry A, Wiederhold S, Ackermann-Piek D. How Can Skill Mismatch be Measured? New Approaches with PIAAC[J]. Methods, Data, Analyses, 2014, 8(2): 137-174.

② 鞠恩民. 美国怎样回归制造业[EB/OL]. (2016-04-08)[2016-04-10]. magazine. caijing. com. cn/20160408/4102132. shtml.

③ ［美］埃里克·布莱恩约弗森，［美］安德鲁·麦卡菲. 第二次机器革命：数字化技术将如何改变我们的经济与社会[M]. 蒋永军，译. 北京：中信出版社，2014：202.

训的工人是目前市场的最大缺口，因为过去的经验已无法适应新的自动化工作环境①。

第三，对职业教育与培训投资的忽视，导致准劳动力供给不足。造成这一困境的最大问题，出现在美国的教育系统，因为美国的生涯技术教育未能及时应对经济社会发展需要迅速做出转型。尽管自20世纪以来，职业教育一直是美国学校教育的重要组成部分，但长期以来职业教育与培训正逐渐成为教师和高中的学业顾问只鼓励低学历成绩的学生追求的低水平教育类型。常年来存在的升学导向，雄心勃勃的学生以及他们的家长都专注于升学接受优质的高等教育，同时忧心忡忡会被隔离到职业学校就读。大部分学校甚至开始削减对职业教育课程的投入，而将全部精力用于如何把学生送入四年制高等学校接受高等教育，并且得到了父母、学业顾问，甚至是政治家的认可。长期的学术导向也导致了许多职业课程中教师队伍的困境，传统教师通常缺乏教授高薪蓝领行业（如管道工程）或尖端领域（如计算机程序设计）的专门知识②。随着制造业不断升级，从事制造业领域的传统蓝领行业的工作变得越来越复杂和苛刻。很多求职者包括大学生在离开学校后，身上并没有能够立即变现的技能或任何实际的工作经验。传统"知识工作"的自动化只会让这一差距继续加大，由此造成的求职者的技能与企业的需求鸿沟越来越大。

三、特朗普政府围绕职业教育的改革与应对举措

高端制造业引发的就业市场变化，让特朗普政府认识到必须进一步拓展职业教育的服务职能，让职业教育在国家技能短缺治理过程中承担新的使命。

（一）加强技能补偿教育培训，重视新增职业和岗位人员的培训

据调查，美国当前失业人员呈现出明显的学历、技能的相关性。具有大学学历或以上学历的高龄男性失业率约为8%，只有高中文凭或以下的男子失业率超过22%。因此，应提高美国人的技能，对先进制造业引发的摩擦性

① Andrew Tangel, Patrick McGroarty. U. S. Factories Are Working Again; Factory Workers, Not So Much[N/OL]. The Wall Street Journal, 2016-12-18[2016-12-20]. https://www. wsj. com/articles/u-s-factories-are-working-again-factory-workers-not-so-much-1482080400.

② Steven Malang. Will The Rebirth of Vocational Education Bring Back "Good Jobs"? [N/OL]. Znveston's Bussiness Daily, 2017-06-23[2017-06-30]. http://www. investors. com/politics/commentary/will-the-rebirth-of-vocational-education-bring-back-good-jobs/.

失业采取必要措施,目的是扩大具有先进制造业增长所需技能的工人数量,并使教育和培训体系更加适应技能。增加先进制造业的技术劳动力,增加对私营部门的信心,从而鼓励国内投资。加强劳动力在职培训,特别是针对中小企业劳动力需求的培训。目前高端制造业有现代信息技术与自动化技术在有机构成背景下快速提升产业转型升级的过程和趋势,本质上是技术和资本的替代劳动。其目的是跟上产业转型升级的步伐,不断完善劳动结构,满足劳动力资源的需求。根据奥肯定律,经济增长与失业变动存在反向替代关系。在人类历史的工业化进程中,几乎不可避免地会出现经济增长与就业增长不相匹配的状态,即技术的进步和经济结构升级与优化,而经济增长吸纳就业能力不断降低[①]。换句话说,高端制造利用工业升级,释放了大量社会劳动力,是技术和资本"挤出"效应的结果。随着技术变革,设备更新和资本有机结构不断提高,就业能力下降将是长期过程。可以看出,产业升级在提供新机遇的同时,也带来了一系列"无就业增长"的问题。在这方面,特朗普政府的改革往往侧重于两个方面,一方面是加强先进制造业的培训。联邦政府已采取措施,发展和维持先进制造业的竞争性劳动力人数。另一方面是为未来的工人提供教育和培训。通过联邦政府支持的国家和地方职业教育和学徒计划,提高工人的技能,例如,由国家标准和技术协会(NIST)建立的制造业扩展伙伴关系(MEP)以及由劳工部就业和培训管理处(DOL/ETA)联合建立的,旨在实施先进制造注册学徒计划的公私合作伙伴关系。在有了行业和专业协会认可的人才引进后,DOL/ETA 将设法确保注册学徒计划的目标需求以及当今先进制造业劳动力的层次性。因此,要增加低端劳动力补偿教育培训,特别是应用知识培训,将使职业教育成为美国处理"无就业增长"的重要内容。通过对教育和培训的补偿,帮助员工掌握新技能,使工人在一定程度的教育范围内不断获得良好机会,以有效提升美国整体人力资源结构。

(二)大力发展"学徒制"

振兴学徒制是美国前总统特朗普的施政重点。曾主持真人秀节目《学徒》的特朗普,于 2017 年 6 月公布了一项计划,将大力推广学徒制,希望以此创造就业的同时,解决某些行业招工难的突出问题。特朗普计划推行的学徒

---

① Okun A M,Baily M N. The Battle Against Unemployment and Inflation:Problems of the Modern Economy[M]. New York:W W Norton & Company,1982.

制,目标人群是不愿意因四年大学教育背负大笔学生贷款的年轻人。劳工部学徒项目的顾问委员会负责人安德鲁·科尔特斯说,学徒制此前主要集中在建筑行业,但正在向医疗、信息技术等更多领域拓展。美国许多雇主反映,他们招聘不到有特定技能的工人。2017年4月,美国新增就业岗位达到600万个,创下历史新高。与之相比,实际就业人数在过去一年中不见起色,几乎没有出现增长。

奥巴马执政时期的劳工部也曾鼓励推广学徒制。当时的数据表明,完成学徒项目的人中,91%找到了平均年收入超过6万美元的工作。美联社报道,2016财年,约有50万人参加了学徒项目。2017年初,特朗普在白宫会见企业总裁时曾说,他希望在5年内新增500万名学徒工。特朗普在房地产业经营数十年,了解建筑行业的学徒制度。他还曾对德国的学徒体制表示赞赏。白宫希望私营企业冲锋在前,在学徒制推广中扮演领头羊角色。从不久前特朗普政府向国会提交的2018财年联邦政府预算报告来看,特朗普希望将劳工部整体预算削减20%,将职业培训项目预算砍掉超过30%。特朗普的计划对企业来说是个利好消息。首先,学徒制可以在企业的劳动力构成中发挥坚实作用。成功的学徒计划需要企业围绕自己的需求去进行设计,而特朗普的这项行政命令则有助于减少对学徒项目管理的繁冗手续。它也有助于行业建立广泛的学徒标准。雇主们无疑会对这些变化做出积极回应。同时,该行政令也有助于鼓励企业采用学徒制。为保证学徒制的实施,特朗普政府还将建立一个全国性的监管机构,以确保具有可操作性的学徒制标准能被建立起来,同时确保企业切实负起责任,充分发挥学徒制对经济的积极影响。该项目有潜力满足各行各业对人才不断上升的需求,同时能使数以百万计的家庭得到经济保障。

(三)设立"劳动力发展周"并推动各州立法改革

2017年,特朗普推动"made in America"战略,将7月17日定为美国制造日,同时在7月设立了"劳动力发展周",通过梳理联邦培训项目、扩大学徒项目,促进就业,带动中产阶级的复苏。特朗普上任以来曾多次表示,希望提升美国的职业技能培训教育,打造具有竞争力的美国职业专才。为此,特朗普主要从两个方面进行发力:一是积极学习德国职业教育的先进经验。特朗普在白宫会见德国总理默克尔时,提到提升和扩大美国职业技能培训的话题。他还为此主持了美德两国商业精英会,探讨如何让职业培训更符合行业需求,打造出市场需要的专才。一些有远见的企业、教育工作者和非营利性资助者正在加紧努力,提升职业教育的形象,开展国际合作。为此,以西门子和IBM(International Business Machines Corporation)为代表的企业,加强与美国各地的高校和社区学院合作,通过学徒制培训学生。目前,西门子公司已经与北卡罗来纳州夏洛特市当地一所高中合作学徒制,对参加学徒制的学生提供专门化的课程和培训,使得那些有资格获得副学士学位的人可以获得每年5.5万美元的工作机会。IBM也自2010年开始在纽约积极促进职业学校与企业的合作,目前已经取得显著成效,当前联合250多个商业伙伴与六个州60多所学校开展和紧密的合作。二是围绕职业教育出台促进政策。7月21日,佐治亚州众议院教育委员会全体通过了为公立校学生扩大行业认证及职业培训的SB3法案。这项佐治亚州的SB3法案,又名"连接法案"(Connect Act),将通过为学生提供更多实习、学徒和技能培训机会,帮助他们获得被行业认证的从业资质证书和职业技能。这项法案的目标是根据行业的要求,为学生设计职业培训课程,使他们在未来获得的职业认证书具有更高的含金量,能够得到行业认可,达到行业要求。此外,培训过程中使用的设备、教程及师资,也将更符合行业需求。这项法案将特别提升佐治亚州在技术、汽车、餐饮及建筑行业的职业培训水平。这项法案将有助佐治亚州建筑业的发展,为各行业带来更多符合需要和更具竞争力的劳动力人才。法案还计划为当地公立学校、特许学校、大学及职业教育学院创造更多由行业认可的培训项目。

第二节　工业4.0背景下的德国职业教育发展战略

当今社会,工业4.0的帷幕已经拉开。在该进程中,自动化和信息化的相互融合,智能化和服务化的不断渗透,必将给人类社会的生产方式带来翻天覆地的变化,促使传统工业的生产模式、生产方式、技术应用以及工作组织形式等诸多方面产生深刻变革,进而引发对技术技能人才需求的根本性变化。职业教育作为与经济发展最为紧密的教育类型,在这次革命浪潮中面临着巨大的机遇与挑战。因此,面对即将转变的就业格局,职业教育需尽快做出相应的变革,培养适应工业4.0发展所需的技术技能型人才,在提升生产力和竞争力的同时,推动就业水平的提升。本研究以工业4.0背景下德国工业劳动

力结构变化为例,分析工业 4.0 对德国工业劳动力结构的影响,探究德国职业
教育为契合工业 4.0 发展的应对策略,为我国职业教育在工业 4.0 背景下的
改革发展提供有益的参考和借鉴。

一、工业 4.0 引发的生产制造类工作与就业的格局变化

工业革命,作为人类社会发展的根本推动力量,一方面,它能促进生产力
的提高;另一方面,它将推动国家的经济结构、劳动力结构、教育体系、公民生
活方式等的变革。工业 4.0 的浪潮虽然为工业效率的提升和德国经济的发展
带来了无限的机遇,但同时也对德国的劳动力市场造成了不小的冲击。

(一)劳动力转向第三产业,就业结构和劳动力质量呈现极化现象

首先,工业 4.0 将会促使德国的产业结构更快向服务业过渡。根据英国
古典经济学家威廉·配第(William Petty)的研究发现,劳动力会因人均国民
收入的提高而先从第一产业向第二产业转移,然后再转移到第三产业。
2015 年 12 月,德国联邦职业教育研究所(BIBB)发布了《工业 4.0 及其对劳
动力市场和经济发展的影响》(*Industry 4.0 and theConsequences for Labor
Market and Economy*)的报告。通过情景分析,该报告预测,随着工业 4.0 的
推进及其带来的经济增长,到 2025 年,在 63 个经济部门中的 54 个职业领域
里,工业 4.0 将为德国带来 43 万个新的工作岗位,而原有的 49 万多个工作岗
位将会消失,也就是说,如果考虑充分就业的话,那么德国将会有 6 万多的劳
动力从农业和制造业(工业)转移到服务业中去,其中制造业因岗位削减而遭
受的影响较大,而且在转移的过程中,行业和职业之间的劳动力流动变化要
远远大于劳动力整体数量的移动变化[①]。

其次,工业 4.0 将有助于制造型企业创造出更多新的工作岗位,以满足市
场发展的需求。工业 4.0 将变革的是包含设计、制造、运营和产品服务的生产
系统,制造业将从孤立的自动化单元中脱离出来,以智能的方式联结物与物、
人与人、人与物,进而转化为一体化的自动化设施,以便提升制造系统的速
度、质量、生产力和灵活性,因而将会促使某些领域的新生和消亡。波士顿咨

---

① Marc Ingo Wolter. Industry 4.0 and the Consequences for Labour Market and
Economy—Scenario Calculations in Line with the BIBB-IAB Qualifications and Occupational
Field Projections[R]. Berlin:BIBB,2015.

询公司(BCG)于 2015 年发布的《工业 4.0：未来生产力与制造业发展前景》(*Industry 4.0：The Future of Productivity and Growth in Manufacturing Industries*)一文，以德国的制造业为研究对象进行量化分析。该报告指出，在未来的 10 年时间里，工业 4.0 所带来的经济增长将促使就业人数增加 6% 左右，而在机械工程领域，其所需的雇佣人数将会更多，增加幅度约为 10%[①]。而在另一篇报告《工业 4.0 时代的人机关系：到 2025 年，技术将如何改变工业劳动力结构》(*Man and Machine in Industry 4.0：How Will Technology Transform the Industrial Workforce Through 2025?*)中，研究人员预测，与其研究目前所涉及的 23 个制造行业的 700 万劳动力相比，工业 4.0 将为德国带来约 35 万个新的就业岗位，增幅高达 5%，其中，计算机技术和机器人的应用与普及将使得约 61 万个组装生产类的岗位消失，但新增的其他领域的 96 万个岗位将会抵消这一减少，如机器人协调员将有望带来 4 万个新增工作岗位。[②]

最后，工业 4.0 将会促使劳动力产生极化，即高技能和低技能劳动者的就业比例在逐渐增加，但掌握中等技能的劳动者的就业比例在逐渐减少。一方面，科技的进步与普及，推动了一些中等技能型行业、岗位生产的机械化、自动化，其中一部分劳动者的工作岗位被智能设备等取代，进而促使企业降低了对劳动者常规工作技能的需求，如机器(人)换人。另一方面，低技能的工作岗位，如快递、餐饮等服务类行业，其对劳动者的技能和素质方面的要求较低，而且这类工作岗位更强调的通常是劳动者的交流沟通能力、环境适应能力等；而高技能的工作岗位，如金融业、科研机构等，其更多需要的是劳动者的决策能力、分析判断能力等，很明显，机器设备再智能也无法胜任此类工作，因而产生了高、低技能劳动者就业机会增加而中等技能劳动者工作机会减少的现象。2015 年，德国联邦职业教育研究所的研究预测，工业 4.0 将会

①　BCG. Industry 4.0：The Future of Productivity and Growth in Manufacturing Industries[EB/OL]. (2015-04-09)[2017-10-20]. https://www. bcgperspectives. com/content/articles/engineered_products_project_business_industry_40_future_productivity_growth_manufacturing_industries/.

②　BCG. Man and Machine in Industry 4.0：How Will Technology Transform the Industrial Workforce Through 2025? [EB/OL]. (2015-09-28)[2017-10-20]. https://www. bcgperspectives. com/content/articles/technology-business-transformation-engineered-products-infrastructure-man-machine-industry-4/#chapter1.

使得德国对中级技能人才的需求不断减少，到 2025 年，减少约 13 万人，而其对高级技能人才的需求将越来越大，特别是数学、信息、科学和工程等方面的高级人才①。

（二）工作性质青睐人机结合，岗位技能趋于知识型、多样化

一方面，工业 4.0 将促使某些工作岗位消失，但人与机器之间的合作关系将会变得更加密切。毫无疑问，技术的进步与发展使得越来越少的投入换取越来越多的产出，而生产力的大幅度提升也使得生产系统对为实现固定产量的劳动力数量需求减少。随着机器等智能设备进入我们的工作场所，我们的就业前景和薪水待遇也开始面临着巨大的挑战，以机器人为代表的科学技术将大幅度削减生产环节中诸如组装、包装等技术技能含量低而机械重复性高的人工岗位，但也因为诸如机器人等自动化设备的灵活高度应用，生产系统将催生出新的工作岗位，新的工作内容需要人与机器协作完成。比如，机器操作员原本可能是一个操作员负责一台机器上的产品生产、质量管控及设备运行，但由于工业 4.0 技术的应用，一个操作员可以同时掌管几台机器，通过同一个屏幕控制各种任务的标准化操作步骤，通过自动查询系统监管产品质量和设备运行，这既减少了工人数量，又能有效管理生产过程；又比如，机器人协调员，这是工业 4.0 所催生出的新型的工作岗位，在监督机器人工作的同时灵活处理机器人的功能异常等问题，一般是由原来的机器操作员培训转岗而来的，这样既可以减少雇佣成本，又可以充分利用劳动力资源，还可以给那些因为技术、经验等过时而失去工作的人一个重返劳动力市场的机会。德国联邦职业教育研究所 2015 年的研究发现，如果不考虑需求增加的影响，所选相关领域里，至少有 11% 的工作性质发生变化②。

另一方面，工业 4.0 将会使得简单常规的或对体力有要求的工作减少，而那些需要具备灵活解决问题的能力以及定制化能力的工作岗位将会增多。智能设备，如机器人等，将会逐步替代只掌握单一岗位技能的劳动者，传统的

---

① Marc Ingo Wolter. Industry 4.0 and the Consequences for Labour Market and Economy—Scenario Calculations in Line with the BIBB-IAB Qualifications and Occupational Field Projections[R]. Berlin：BIBB，2015.

② Marc Ingo Wolter. Industry 4.0 and the Consequences for Labour Market and Economy—Scenario Calculations in Line with the BIBB-IAB Qualifications and Occupational Field Projections[R]. Berlin：BIBB，2015.

技术工人将会被知识型劳动者所取代。知识型劳动者利用知识、信息等对生产进行规划、协调、评估和决策，知识已经变成生产的要素。一些传统的、常规性的工作岗位将会大大减少，生产一线的操作人员将会逐步退出工作岗位，而非常规的、能动的工作岗位将会逐渐增多，其中单纯的机器、设备等操作类的人员需求将会是最少的，特别是石材、玻璃、塑料、金属、建材、饮料以及奢侈食品等加工制造行业的人员需求减少得更多，即便是产品需求和出口极度增加，也无法缓解这一趋势；而建筑、科技、教育、业务咨询和艺术设计等行业人员需求旺盛，如，由于智能机械市场的不断拓展，智能机械制造行业将会增加7万个工作岗位，又比如，工业数据科学家（这类人才将不仅要提炼分析数据，还要将结果应用于产品的生产和完善，也就是说，他们不仅要熟悉制造流程和IT系统，而且要具备很强的问题分析能力，能够发现问题并解决问题，他们既可以远程操控，又可以一线办公），新增岗位数也将达到7万，是增长速度最快的工作岗位，因为工业4.0赋予了工作岗位新的性质，即要充分利用信息时代的知识和资源对生产或所从事的工作进行规划、协调、评估和决策，进而实现效益和利益的最大化[1]。

二、工业4.0将引发怎样的职业教育人才需求变化

作为一场以技术革新为特征的新革命，工业4.0不仅将实现技术的新突破，更将促使未来的工作、劳动者的技能产生根本性变革，它将打破原有的固化生产线，催生新的业务流程，工业4.0时代崇尚的个性化、定制化、数字化、共享化将需要大量的创新型、技能型、复合型人才，进而促使对劳动力素质要求的高移。

（一）职业资格：以信息化素养为核心，突显IT技能

工业4.0旨在通过信息物理系统（Cyber-Physical System），即将信息通信技术与网络空间虚拟系统相结合，逐步打造智能化的生产、管理和服务。在工业4.0时代，技术创新的频率加快以及设备的更新换代，使得知识成为生产的要素。新的工作岗位会产生新的业务流程，这就对劳动力的资格水平提

① BCG. Man and Machine in Industry 4.0：How Will Technology Transform the Industrial Workforce Through 2025？［EB/OL］.（2015-09-28）［2017-10-20］. https://www. bcgperspectives. com/content/articles/technology-business-transformation-engineered-products-infrastructure-man-machine-industry-4/#chapter1.

出了更高的要求,劳动者不仅要完成诸如设计、安装、改装、保养、维护等工作任务,而且要能对生产设备的模式、框架结构以及规章等进行优化。

为了能更加高效地开展工作,他们需要把有关具体工作或流程的专门知识与信息技术技能结合起来,信息化素养越来越成为数字社会中的一种关键能力。来自德国联邦职业教育研究所的调查发现,2012 年,有超过 80% 的工作内容要使用计算机,而不使用计算机的劳动者所占的比例却在逐渐下降,其中,1999 年达到 48.3%,2006 年为 23.3%,2012 年跌至 19.1%;工作时间方面,在 2006 年,有 44% 的工作时间是在使用计算机的,而到了 2012 年,这一比例增加到 48%[①]。当然,使用计算机只是信息化素养的一种体现,工业 4.0 要求劳动者既能通过熟练的信息技术,也能通过完善的调查方法、鉴别以及推理来搜集、评估和利用信息,并按时保质地完成任务。要想运用最先进的信息技术来监管生产和市场并进行创新,管理者们还要具备信息化领导力,即能正确认识数字化带来的机遇和威胁,推动实现数字创意的商业化,拥有数字文化的思维理念以及组织驱动的能力[②]。

此外,作为信息化素养的技术层面,随着职业领域数字化进程的推进,IT 职业的地位和 IT 人才的重要性将会迅速提升。德国联邦职业教育研究所在 2015 年做的一项短期研究成果也显示:在未来的 20 年里,人们对 IT 方面的技能需求会增加,而且会持续增加;受工业 4.0 进程的影响,到 2030 年,每年对 IT 职业的需求将达到 3.2%;IT 行业之外的行业对 IT 职业的需求将达到 37%。总体来说,德国特别需求具备 IT 和软件开发技能的人才,其中 IT、分析和研发领域将会有 21 万的高技能人才缺口,而 IT 和数据整合领域的岗位数量将会翻倍,新增工作岗位将为 11 万个,占比 96%;研发和人机界面设计领域的工作岗位将会增加 11 万个,并将会激增对 IT 解决方案架构师和用户界面设计师的需求;考虑到数据在工业 4.0 中的重要作用,工业数据专家将会成为增速最快的工作岗位,新增岗位将达 7 万个。鉴于此,德国联邦职业教育

---

① Bonn. Germany is well equipped for the digital age: BIBB analysis of future qualification requirements regarding IT competences[EB/OL]. (2015-11-18)[2017-10-20]. https://www.bibb.de/en/pressemitteilung_36604.php.

② BCG. Man and Machine in Industry 4.0: How Will Technology Transform the Industrial Workforce Through 2025? [EB/OL]. (2015-09-28)[2017-10-20]. https://www.bcgperspectives.com/content/articles/technology-business-transformation-engineered-products-infrastructure-man-machine-industry-4/#chapter1.

研究所已经开始评估双元制的信息技术职业,分别是 IT 专员、IT 系统电子工程师、IT 系统支持专员和 IT 总监,以进行优化更新。

（二）人才规格:高端性、跨领域、复合型

工业 4.0 将会促使自动化渗透到越来越小的系列生产之中,但是人的工作仍然是生产的重要组成部分,人的智慧依然是不可替代的,因为生产的关键因素是灵活应变,人能够完成更加灵巧、更加复杂的工序,在一定程度上影响着产品品质的提升和生产效率的提高。工业 4.0 在催生了各种新技术、新模式的同时,也推动了技术技能型人才规格的需求变化。

第一,生产的智能化使得对技术技能型人才的需求由单一型向复合型跨越。在传统的技术生产模式下,人们的工作内容几乎都是固定的,其技术参数也是不变的,因此,其所需人才的知识结构也比较固定、单一。而工业 4.0 所创设的智能工厂、智能生产,以实时、机控、定制化等为主要特征,生产任务的完成需要工作团队成员的共同努力,在这种情况下,研发人员可以是设计人员,也可以是生产人员,这些角色是需要相互帮助、相互转化的,也就是说,技术技能型人才要能适应多种角色需求,能在多种情境下开展工作,这就要求他们不仅要掌握自动化、程序编译、信息技术、机械工程等多学科背景知识,还要了解诸如 3D 打印、工业物联网、模拟技术等新兴、支柱技术,懂得这些最新的理念和含义,以及智能生产过程中整个系统的运营流程,这就从知识结构的广度、深度,以及复合性等方面对技术技能型人才提出了更高的要求。

第二,通过 CPS 的融合,在生产制造的过程中,人才的定位已不是服务者、操作者,而是高端智能设备和系统的维护者,更是生产系统的规划者、协调者、评估者和决策者。行业科技的进步、劳动组织的优化、经营管理方式的转变以及产业文化的发展对技术技能型人才提出了新的要求,而劳动力要实现其职业发展的稳定性与高质量的就业保障,就不仅要熟练掌握高端设备的操作方面的技术技能,还要具备相应的综合职业能力,包括科技创新能力、独立解决问题的能力、在复杂的工业过程中进行专业性生产与管理的能力、进行艺术化抽象化表达以及概念设计的能力等。此外,科学技术的不断发展以及高新技术的交叉运用,也对技术技能人才的自我学习、高速学习、跨界整合的能力提出了新的要求,要想适应不同角色,就要在变化的环境中寻找信息,及时有效地获取自己所需的知识并进行整合分析。

三、德国职业教育应对工业 4.0 发展人才需求的策略

工业 4.0 既是一场技术的革命，也是一场人的革命，更是一场（职业）教育的革命。工业 4.0 不仅推动了德国经济社会和劳动力市场的一系列变化，也对职业教育人才的数量和质量提出了新的要求。针对上述趋势，德国职业教育的相关领域已经开始关注并就此做出应对。

（一）拓展职业教育理念，践行职业教育 4.0 数字化议题

随着工业 4.0 概念的提出，教育 4.0 之谓也开始进入人们的视野。德国联邦职业教育所的 Reinhold Weiss 教授也呼吁建立属于职业教育与培训的 4.0。2016 年 3 月，工商业联合会在法兰克福组织召开了一个题为"职业教育 4.0：不断发展的数字化职业教育"的会议，会议要求将数字化作为职业教育 4.0 发展的主攻方向。职业教育 4.0 强调在数字化工作世界中，通过经验导向和科学导向来拓展职业品质，具体可表现为企业的数字化工作场所、员工的数字化工作能力、职业院校的数字化教育环境、职教师资的数字媒体能力等，这几个方面环环相扣，相辅相成。《数字化行动议程（2014—2017 年）》指出，当前德国教育系统培养出的人才应该要应具备良好的媒体素养，且能够满足数字化环境以及知识社会各方面的要求。2016 年，为了提升职业教育 4.0 对培训人员的吸引力，德国联邦职业教育所（BIBB）在不同的地方推出了"职业教育中的信息化"的展览活动。此外，德国联邦教育与研究部（BMBF）已经主动推出职业教育 4.0 战略，以支持职业教育中的数字化发展，以及进一步促进教育培训中的数字设备应用和数字媒体的使用，并计划于 2017 年投入 5000 万欧元用于职业教育领域数字化培训，以加强中小企业的数字化技术和能力[①]。这些都将有利于职业教育 4.0 含义的拓展，有效促进信息技术与职业教育的融合，为信息化的人才培养提供重要支撑。

（二）扩大职业教育受众范围，提供技能补偿教育

工业 4.0 将创造许多新的工作岗位，但也将形成一定的劳动力缺失。德国联邦职业教育研究所的报告指出，就接受了"完整职业培训"的人员而言，

---

① 赵文平.德国"职业教育 4.0"的数字化发展形态分析[J].中国职业技术教育，2017(6)：61-65.

到 2030 年,德国的劳动力缺口将达到 290 万人[①],而波士顿咨询公司(BCG)的预计则是,到 2030 年,整个德国(不仅仅是制造业)的劳动力缺口将为 580 万人到 770 万人。这就需要提升职业教育的社会服务能力,扩大其受众范围。德国联邦政府开放了其职业教育资源,有针对性地号召那些对做学徒工有兴趣的人,并放宽条件,接受了那些因为国籍限制(如移民的)或教育背景较差(如中途辍学的)等而无法或很少有机会获得培训的人,对移民、辍学人口等进行职业教育再培训,在一定程度上开发他们的潜能,以弥补在工业 4.0 期间德国劳动力的缺失。2014 年 12 月,德国颁布了名为《初级及继续培训盟约 2015—2018》(*Alliance for Initial and Further Training 2015—2018*)的文件,宣称在未来的三年时间里,德国将为青年人打造一个稳固的劳动力市场,努力降低他们的辍学率,并鼓励企业积极参与职业教育,不仅要为他们提供更多的培训岗位,还要进一步提高职业教育人才培养的质量,逐步满足德国劳动力市场对人才的需求[②]。德国通过补偿教育培训帮助劳动者掌握新技能,使劳动者在一定的教育程度范围内获得持续、良好的升值机会,有效提升了德国整体的人力资源结构。

(三)完善资格框架,构建普职等值性资格体系

标准先行是工业 4.0 的突出特征,德国的职业教育牢牢把握住了工业 4.0 对其人才需求的脉搏。德国的资格框架总体上是由资格等级和资格类型两个方面组成的,资格框架划分为八个等级,职业教育与培训领域的资格类型占绝大多数。2014 年 12 月,德国联邦政府携手德国就业部门、工商业协会等开展战略性合作并签署协议,强调要进一步完善国家资格框架,建立普职等值性资格体系,将人才考评标准和制度纳入国家资格框架,以保障职业教育人才质量的提升以及职业教育社会地位的提升。2016 年 3 月,德国资格框架委员会将职业晋升培训的若干资格新增加入资格框架中的第七等级,通过考试,人们可以获得诸如职业教育学家、技术型企业管理者、职业教育法或手工业条例规定下的企业管理者,而这些证书的取得都是以多年的咨询经验为前

---

①　BIBB. VET Data Report Germany 2014[R]. Germany:BIBB,2015:31.

②　Alliance for Initial and Further Training 2015—2018[EB/OL]. (2016-03-23)[2017-10-20]. http://www. bmas. de/EN/Our-Topics/Initial-and-Continuing-Training/alliance-for-initial-and-continuing-training. html.

提的，这进一步显示了职业教育与高等教育之间的等值①。上述措施，顺应了产业升级、技术更新所带来的资格需求变化，在一定程度上促进了劳动者素质的提升，为劳动者进行职业或岗位转换所需的资格获取提供了必要的条件，有助于劳动者的学习从阶段性升级到终身性，有助于职业教育向更高层级发展。

（四）顺应劳动力市场需求，加强产学研一体化

新的技术、新的商业模式以及新的产业结构必然要求多样性的、专业化的人力资源与其相匹配，既需要大批来自普通教育的通识型人才，也需要大量高层次的技术技能型与应用型人才。为进一步满足市场需求，并让受教育者实现其就业目标，为工业 4.0 提供切实所需的人才支持和智力支撑，德国联邦职业教育研究所（BIBB）与德国大众汽车集团合作，就汽车制造类岗位变化以及岗位知识技能需求变化，于 2015 年 4 月开展了为期 18 个月的调研，以推动相关职业教育与培训的标准制定或修订②。除此以外，德国联邦职业教育研究所（BIBB）还对信息技术行业、电气行业、商业领域、媒体领域以及新兴领域等的岗位设置和技能要求的变化进行调查分析。以行业为基础开展调研，获取第一手资料，这样有利于掌握真实的劳动力市场需求，在一定程度上防止了人才的扎堆或劳动者素质不符合市场需求，避免或减少了教育资源的浪费和配置不协调，同时有利于深化产教融合，促进校企合作，打造满足企业行业实际需求的高素质技术技能型人才。

（五）加强交流与合作，推动职业教育的国际化发展

工业 4.0 时代，人才要素在世界范围内的流动规模日益扩大，这就意味着职业教育更需要加强同国内外相关组织机构的联系与合作，在促进德国职业教育体系不断完善的同时，也能提升德国职业教育的国际影响力，进而吸引更多各式各样的人才助推德国工业 4.0 的发展。2015 年 3 月，德国国际职业教育合作圆桌会议通过了国际职业教育合作一体化行动计划，以促进德国在伙伴国家的行动为目标，加强与国际劳工组织的合作，并共同参与制订

---

① 谢莉花.德国国家资格框架中资格标准的构建分析——以职业教育与培训领域为例[J].外国教育研究，2016,43(11):44-56.

② Torben Padur, Gert Zinke. Digitalisation of The World of Work-Perspectives and Challenges Facing Vocational Education and Training 4.0[EB/OL]. (2016-05-18)[2017-10-20]. https://www.bibb.de/en/36985.php.

职业教育国际合作发展相关战略部署①。迄今为止，德国已经和中国、美国、俄罗斯、印度、土耳其、南非等国家开展了众多合作项目，如同伴学习（Peer Learning），在加强各成员国之间经验交流的同时，也促进了两国职业教育的发展和人才的培养。2017年，德国进一步推进印度的职业教育与培训改革，并公布了相关的预算和条例，以期通过职业教育，让印度青年掌握技能，找到工作，且充满活力地生活。

第三节　产业转型升级背景下西班牙成人基本技能培训项目

一、西班牙实施成人基本技能培训项目的现实诉求

早在2005年，教育统计数据就显示，西班牙18～24岁年轻人中有29%完成初中教育后即终止学业，没有继续学习或接受职业培训。这一比例远高于欧盟19%的平均水平②。而最近一项来自2013年结束的第一轮PIAAC（Program for International Assesment of Adult Coppetencies，国际成人学习能力测评项目，以16～65岁成人为评估对象）的调查结果显示，西班牙在成人读写能力、计算能力、运用技术问题解决能力三方面的得分分别是252、245、1.75，均低于OECD国家平均值273、266、1.8③。这些数据给西班牙政府敲响警钟：要想避免这种窘境，提高国民基本技能势在必行。加之近几年西班牙失业率持续居高不下，政府除了直接出台振兴经济的政策外，更着手从成人教育层面加以改革，因此有了成人基本技能培训项目的诞生，并希望该项目在以下方面发挥作用，以持续改善低技能工人的就业问题。

---

①　BIBB. Cooperation and Advisory Services of Bilateral Working Groups and International VET Cooperation［EB/OL］. (2005-12-08)［2017-10-20］. www. bibb. de/de/govet_2910. php.

②　西班牙教育部. 教育统计数据［EB/OL］. (2005-12-08)［2017-10-20］. http://www. mec. es/mecd/estadisticas/ index. html.

③　OECD. OECD Skills Outlook 2013—First Results from the Survey of Adult Skills ［DB/OL］. (2014-09-01)［2017-10-20］. http://skills. oecd. org/OECD _ Skills _ Outlook _ 2013. pdf.

（一）弥补义务教育质量低下的缺憾

西班牙是在 20 世纪 70 年代末才出现现代意义上的通识教育体系来保障义务教育的，这意味着只有 60 年代末及以后出生的那批人才赶得上欧盟其他国家几十年前的教育水平，而 40～70 年代出生的那批人，由于在陈腐的教育体系下，入学率与同时代的欧盟其他国家相差甚远。且不说义务教育未完全普及的直接后果是国民缺乏基本的读写能力，在参与社会各方面的活动与建设时都不免出现步伐较慢的情况。即使 1970 年后，西班牙的义务教育年限从 4 年延长至 8 年，也仍有 25％～30％的人口没有达到义务教育的目标。更明显的表现是在第二次参加的 PISA（Program for International Student Assessment，国际学生评估项目）的测试结果中，学生的数字提取能力明显低于文字赏析能力[1]，这说明生活中要用到的合同、报表等相关知识很少在义务教育课堂上讲授。由此，增加居民的生活实用技能可能要靠另一途径弥补。

（二）抵御移民化和人口老龄化的挑战

截至 2014 年 1 月 1 日，西班牙登记移民人口占 10.7％，相当于 4670 万人中有超过 500 万外来人口[2]。而移民中一半以上的人口来自经济、教育水平欠发达的中南美洲。要让其他语言文化背景的移民迅速融入西班牙社会，必须给他们提供西班牙语教学的基本技能培训。另外，人口老龄化是西班牙人口结构变化的又一重要趋势，根据联合国的预测，在 2050 年超过 65 岁的人口将达 1640 万，占人口比例的 30.8％。届时，西班牙将成为仅次于日本的人口老龄化第二严重的国家。经济高度发达的日本在支付高额养老金方面尚有捉襟见肘之势，中等发达的西班牙面临的养老压力更是不言而喻。要以高龄雇佣的措施应对人口老龄化危机，首先也得提高老年劳动力的人力资本。

（三）对接终身教育体系的需求

加入欧盟后的西班牙不仅在金融、安全、外交政策等方面受欧盟牵引，也在文化与教育层面深受其影响。欧盟自 20 世纪 90 年代开始推广终身学习理念，无可避免地，西班牙也要响应终身学习的号召。如果说由于入学途径有

---

① 李婕.西班牙义务教育有关问题的研究[J].教育研究，2007(5)：48-50.

② 西班牙人口现状. http://www. renkou. org. cn/countries/xibanya/2015/2439. html.

限而导致的中老年人文化技能缺失，以及考试分数过低无法升学导致的年轻人基本技能缺失会成为贯彻终身教育的一大阻碍，那么作为终身教育体系重要组成部分的职业教育绝不能"冷眼旁观"。而职业教育也不仅仅局限于职业学校教育，它还包括非正规教育和非正式教育，即通过社会培训或学生自学的形式开展的教育。这时的成人基本技能培训便为国民继续教育提供机会，成为扫清障碍的有力工具。

二、西班牙成人基本技能培训项目的主要内容

西班牙成人基本技能培训机制有一套完整的运行机制，包括培训目标的制定、主体项目与配套项目的实施、受众人群的数据统计、自评他评相结合的评估体系以及项目实施后的阶段性反思。

（一）培训目标瞄准三大领域

自 1980 年后，西班牙政府根据去中心化的原则将教育权利下放到不同的自治社区和地方政府。因此，其成人基本技能培训的相关法则由各自治社区根据本地特殊需要与目标，在《资格及专业教育培训法》（简称 LOCFP，2002）的功能框架下制定[①]。该法案是西班牙职业教育与成人教育的第一部法案，奠定了现行成人基本技能培训项目的基础。该法案建立了三项职业训练领域：一是基本工具能力，以掌握和更新基本培训以及支持对接不同层次的教育系统为目标；二是职业能力，以改善个体资质或获得培训以胜任其他专业领域的工作为目标；三是参与能力，以培养个体的社会、政治、经济生活参与能力为目标。随着成人培训的目标日渐规范，相关法律法规可由大学、地方机构、其他公立或私立机构协同订立。为使成人教育决策更具专业化取向，这一立法举措还强调要加强与不同公共管理部门的合作，特别是劳动部门。

（二）主体项目针对三大人群

针对基本技能欠缺的成人教育与培训的项目框架是基于以下几点构建的：

通常来说，成人培训直接指向 18 岁以上的人群（因为义务教育年龄的上限一般为 16 岁）。当前有两种模式：课堂教学和远程教学。远程教学更受推崇，因为这种授课方式对小城镇或分散居住的居民来说有更多优势，同时它的课程表也比较灵活。成人培训在教育部门的监督下，既可以在公立机构开

---

① 庄小萍.西班牙技职教育制度与改革[J].技术及职业教育季刊,2012(10):31-41.

展，又可以在私营机构开展。这些机构可能是普通教育机构，也可能是专门针对成人培训的教育机构。培训由合作中心与劳动部门订立合同之后提供，目的是使任何级别的学生都有机会参加。在学习者参加成人基本技能培训项目伊始，会对他们的知识与技能水平进行初始评估。然后在此基础上，结合学习者的需求与兴趣，为他们量身制定个性化的培训方案。培训结束后，除了通过一般的途径取得证书，也会提倡其他认证方式，比如"能力证书"，旨在认证专业技能，构建在岗职业培训。另外，在某课程的专业教学结业后还有为非官方培训课程颁发的证书。成人基本技能培训的主体部分是在《资格及专业教育培训法》的框架内开展，为了对该培训机制有更全面的了解，还会提到其他项目，比如为未能接受义务教育的青少年提供的社会保障项目，又或由劳动部门管理的在在职与继续教育的框架内实行的项目。据此，西班牙的成人基本技能培训分为三大项目[①]，见表 7-1。

表 7-1　西班牙成人基本技能培训项目内容

项目类型	培训方向	培训内容	培训对象
基本培训	一级	读写能力	未受过义务教育的人群
	二级	基础知识与器具技术	未升入高中的年轻人群
	三级	义务中等教育证书	有考证需要的人群
职业培训	职业讲习班	教授一门手艺	16—25 岁未就业人员
	工作场所培训	企业或工厂实习	25 岁以上失业人员
	继续培训	职业技能提升	在职人员
参与度培训	西班牙语培训	商务用语、工作用语	外来移民
	导师教室	社会热点问题讨论	城乡接合部居民

1.基本培训（basic training）：该培训旨在让学员获得官方证书，并通过公开考试进入高一级的培训。有需要的年轻人可以参与该项目，为获得义务中等教育毕业证做准备，它是进入中级职业培训周期的通道。当然也有专门为进入高中、高等职业学校或大学做准备的培训。它分为一级、二级、三级水

---

① OECD. Spanish background report on: "Improving Teaching and Learning for Adults with Basic Skill Needs" [EB/OL]. (2015-11-24) [2017-10-20]. http://www. keepeek. com/Digital-Asset-Management/oecd/education/education-at-a-glance-2015/spain _eag-2015-81-en＃page3.

平,在专门从事成人教育培训的普通教育中心进行(每周培训不超过 12 小时)。一级、二级水平属于初始培训范围。一级水平对应的是基本读写能力①(literacy),二级水平对应的是基本知识和仪器分析技术(basic knowledge and instrumental techniques)。三级水平属于中级培训范围。三级水平的课程结束后,会颁发义务中等教育毕业证书,等同于义务教育结业证书。但经验表明,参加课程的学生水平不一,所以课程设置不一定是连续的。例如,一级水平的学生多为女性且年龄偏大。而多数 18～40 岁的学员在测验后可以直接进入二、三级水平。一些没能上高中的 16～20 岁的年轻人可以选择这个教育项目获得基本资质以更好的条件进入劳动力市场。与之配套的社会保障项目是针对 16—21 岁的(有些自治社区可将年龄放宽至 25 岁)没能上完中学或没有任何证书的人群,主要是为了加强他们的常规培训,使他们学会一些具体业务能力和专业知识,以便顺利就业或者返回学校继续求学。

2. 职业培训(vocational training):该项目包括职业讲习班(occupational workshops)、工作场所培训(training in professional placement)以及继续培训(on-going training)三个方向。职业讲习班是由劳动部门牵头,通过与不同地区的其他公共或非营利机构合作推行的免费项目,目标人群是 16～25 岁未就业的年轻人。该项目采取第一学期职业基础知识培训与第二学期专业技能培训相结合的方式,培养目标同样是让学员们找工作更加顺利,并掌握一定的计算机知识。通过该项培训让学员们掌握一门手艺从而方便就业。在该项目的第一阶段,学员会获得资助,到了第二阶段,按签署的培训合同,学员可以拿到相当于 75% 的跨行业最低标准工资。工作场所培训针对的是 25 岁以上未就业人员,尤其是那些职业安置困难的人群(长期未就业的,45 岁以上的,女性或残疾人)。该项目不需要学员有任何证书,同样是理论与实践相结合的培训模式。项目一开始就会让学员签订培训合同,保证他们获得相当于 1.5 倍的跨行业最低标准工资。项目时长半年到一年不等,通常会有与新的就业渠道相关联的公共服务提供。该项目部分费用由欧洲聚力基金赞助。此类课程包括一些实际方面的学习,比如在工厂学校或企业实习,以满足各生产部门的培训需求。这些课程在与劳动部门授权的合作培训中心开展。与之配套的继续教育培训是针对那些活跃在劳动力市场,

---

① The EFA Global Monitoring Report Team. EFA Global Monitoring Report2006: Literacy for Life[R]. UNESCO,2006.

但希望改善职业能力、拓展职业技能以及转岗再就业的人群。该项目由职业培训的三方基金会（由工会、企业家协会、行政管理部门组成）负责管理，由协作培训中心（由劳动部门负责的公司、企业组织或其他培训中心组成）负责开展。

3.参与度培训（training for participation）：该项目也分为两个子项目，一是为移民提供的西班牙语培训，二是"导师教室"项目。前者的课程由专业教师授予，教材由教育部发行。"导师教室"的模式是指由一台联网的计算机（远程学习课程由国家信息教育传媒中心通过电脑等信息设备提供）扮演学习促进者以及远程家教的角色来进行授课。课程可供学生在家学习，这些教室主要设在农村地区的成人培训中心、监狱或地区政府。课程内容超过100个主题，包括与环境、健康、创业、语言、历史或电力相关的计算机科学的许多方面。学生按照自己的节奏学习，时间安排灵活，根据所选学习主题支付小部分月费。当学员完成一门课程，他们将参加考试并获得相应的证书。如果第一次测试未通过，他们还有补考机会。此外，还有多种在一些教育机构，如热门院校、协会、社会倡议中心等地开展的非官方培训项目。

（三）项目评估贯穿整个过程

西班牙对教育培训的质量越来越重视，其关于成人基本技能培训项目的评估遵循以下原则：一是总结性评价与形成性评价相结合；二是各教育机构需在教育部门的监督下发展合作关系，鼓励自我评估；三是各自治社区在行使权力时建立自己的评估机制；四是设专门的评估机构执行这些评估措施。教育主管部门还负责检查各个培训机构（包括公立的、私立的、地区政府支持的）以确保法律的实现和教育体系质量的提高。

新教育法还规定相关部门出具年度诊断性评估报告。比如，对失业人群的培训项目要由培训中心在课程结束后做出一份报告，内容要涵盖项目预期目标的完成程度以及学员职业资格达标情况。对在职人员的培训报告需包括：培训期间学生的自我评估；国家职业培训基地对参与持续培训的劳动人口数量的统计；根据市场需求做出的方案调整，以及围绕职业维护和企业竞争力提高而开展的关于培训的影响力、经济资源和雇佣手段的效能情况的评估。

第四节　促进流动性学习：
欧洲职业教育与培训学分转换体系实践区

在现今的欧洲，流动性不仅在推动经济的发展以及社会的融合方面不可或缺，在欧洲国家还有助于提高学习经验的交换和公民素质的提升。对大多数欧洲居民来说，职业技术教育和培训让他们体会到最初的学习经验和成果的流动性。欧洲职业教育培训学分转换体系 ECVET（European Credit System forVocational Education and Training）正是促进这类定量流动的主要因素之一，该体系的目标是促进职业教育与培训的学生的流动。2012年在布鲁塞尔举行的欧洲职业教育培训学分转换体系论坛为欧洲职业教育培训学分转换体系的发展指明了前进的方向，并且提出了该体系发展的下一步战略：建立欧洲职业教育培训学分转换体系实践区。

一、欧洲职业教育与培训学分转换体系实践区的建立

（一）发展背景

如今欧洲职业教育培训学分转换体系建设覆盖大部分的欧洲国家，在欧洲职业教育培训学分转换体系的大环境下，各实践参与国根据各国国情在该政策的方向上进行了大胆的探索。为了提高公民的知识、技能和能力，提升欧盟的国际竞争力和促进社会的聚合，在 2007 年欧盟会议通过了"关于建立欧洲终身学习资格框架的建议"，简称"欧洲资格框架"（EQF），旨在为欧盟各国教育和培训资格制度提供标准参照，增加资格透明度和促进终身学习，使欧洲的教育和培训系统适应知识社会的要求和不断提高就业水平、质量的需要。八级资格水平描述是欧洲资格框架的核心，它包括对正规学习、非正式以及非正规学习的成果进行验证，为欧盟各国资格制度的建立提供标准参照，主要作用就是让职业教育培训的资历在不同的国家和体系内变得更加稳定。欧盟建议，各国应将本国的国家资格框架与欧洲资格框架联系起来，到 2012 年在欧盟范围内颁发的每个新的资格证书上都应注明相应的欧洲资格框架参照水平。在欧洲职业培训开发中心（European Centre for the Development of Vocational Training，Cedefop）的协调和支持下，欧盟系统的 32 个国家已经完成对国家资格框架（National Qualification Framework，

NQF)的开发和建设工作。正是由于欧洲资格框架的目的是实现欧盟内部拥有一个资格互认的参照标准，因此该框架体系可以促进学习者和劳动者的跨国界流动，实现欧洲范围内终身学习体系的不断发展。

目前欧洲职业教育与培训学分转换系统有两个：一个是博洛尼亚进程的产物——欧洲高等教育学分转换和累积系统(ECTS)，另一个是哥本哈根进程的产物——欧洲职业教育和培训学分转换系统(ECVET)，两者的覆盖范围和适用面都有所不同。欧洲职业教育与培训学分体系的目标并非实现统一职业教育领域资格，而是在该领域中实现更好的兼容性和可比性，同时也确保跨国界学习的学习者将国外学到的学习成果得以保留，在本国同样可以对这些学习成果进行评估和认证。这样的举措可以促进劳动力在国与国之间进行交流，整合了社会上的学习资源，节约劳动者的财力和时间，也有利于促进劳动者更新职业资历，对欧洲的经济、社会和文化都有着重要的影响和作用。

在布鲁塞尔举行的欧洲职业教育培训学分转换体系论坛的目标，就是建立欧洲职业教育培训学分转换体系实践区。在这样的实践区中，各参与国正努力实践这样具有统一要求和标准的学分互认资格的框架体系。ECVET的基本目标就是提高和认证公民的知识、技能和能力，实现终身职业教育的无国界化。在实践区范围内，参与职业教育与培训的学习者可以将学分跨国界自由转换和转移，有利于增强国与国之间的互信关系，减少跨国界工作与学习培训的障碍，加强欧洲人力资源的流动力度，推进欧洲终身学习区的建设步伐。

（二）实践区缔约政策

欧洲职业教育培训学分转换体系缔约方会议政策(CoP Police)从欧洲职业教育培训学分转换体系实践区建立的宗旨、目标、成员、领域、语言以及职责方面进行了以下规定。

第一，从实践区建立宗旨角度规定，会议期间，一切相关专业信息和支持必须来源于实践社区内部专业人士，并且服务于专业人士。无论是在会议进行时还是会议结束后，成员都要互相交流，针对在不同的国家学习到各种知识和技能的案例进行探讨，并且提出可行的创新项目；会议应结合欧洲职业教育培训学分转换体系促进区域内劳动力流动、促进终身学习体制发展等方向来进行；会议内容要利于促进欧洲职业教育培训学分转换体系的实施，向实践社区外的国家传播欧洲职业教育培训学分转换体系，提高该体系知名度；消除对新任务的恐惧感，并对专家的项目进行必要的阐述；列举一些成功事例,对其他专家的项目进行了解并作出相应的讨论。

第二,从缔约方会议的目标角度规定,会议必须有利于协助和促进欧洲职业教育培训学分转换体系的实施,保持成员国之间的联系,并向其他国家介绍欧洲职业教育培训学分转换体系的实践活动;开展促进劳动力流动延伸到终身学习制度建设的讨论。

第三,从成员国资料搜集和运用的角度出发,该缔约方会议成员必须是欧洲职业教育培训学分转换体系成员国专家。如今也有呼声提议将会议成员的范围扩大到 ECVET 的专业人员、项目协调员、资格设计师和课程设计者。

第四,从地域性角度,讨论欧洲职业教育培训学分转换体系促进区域劳动力流动性以及对终身学习的作用,借谅解备忘录、学习协议、成绩单等辅助工具来评价学习者的学习成果。会议中还需要帮助资格证设计师不断改进教学模式,更新项目,对欧洲职业教育培训学分转换体系实施的成果案例进行深入分析,分享实践经验和分析经验成果,改良和创新课程设计、试点项目。

第五,会议从语言角度也进行了相应的规定,英语是会议首选语言,并辅以德语和法语。

第六,会议对实践区成员角色进行了界定。每个成员都是实践区的贡献者,都有权利在会议中提出问题和异议。会议的基本准则是缔约方会议成员之间要相互信任,在会议期间成员要活跃发言,缔约双方成员必须在合理的方式下清楚地表达自己的观点。

该缔约方会议政策的制定在一定程度上规范了欧洲职业教育培训学分转换体系实践区建设活动,有利于实践区在共识的约束下健康持续运转。从缔约政策一方面可以看出欧盟国家想要以一种正规、有序的方式来建立欧洲职业教育培训学分转换体系区;另一方面体现了该实践区的规范化和持久性发展趋向。各国息息相关,国与国之间保持职业教育资格框架信息的透明性和公开性,达到信息的畅通和透明。

二、欧洲职业教育与培训学分转换体系实践区的特征与优势

为了建立欧洲职业教育培训学分转换体系实践社区,各国开展了一系列论坛活动。在增强地域性劳动者的流动性,促进终身学习发展机制发展以及学习成果方面体现出了特征与优势。

(一)促进实践区地域性劳动力流动

欧洲职业教育培训学分转换体系旨在为想要获取职业资格的人员提供

经评估的学习成果的转移、认证、积累。这将有利于提高各参与国公民对于学习成果的透明度、跨国界的流动性以及便捷性的理解程度，以便于最终在参与国之间建立一个无国界的终身学习区。简而言之，由于欧洲职业教育培训学分转换体系的不断完善，这使更加完备的流动机制注入学习者学习路径之中，让学习者在国外学习的成果也可以得到合理合法的认证。这个过程必须建立在国与国之间信任的基础上，无论学习者在哪个国家完成了相应职业资格的学习成果的任务，在成果得到信任和评估后可以转换成学分，顺利取得该职业的资格证书。

1. 实践区的 MOTO 实验

基于欧洲职业教育培训学分转换体系实践区的试点实验——学习成果转移模型实验（Model Of Transferability of learning Outcome units，MOTO）就是一个促进地域劳动力流动的试点项目。其中一个基于项目的试验案例就是一位冰岛的学习者想要获取芬兰的旅游行业的资格证书。首先，在流动学习前，相关部门为该学习者在冰岛和芬兰负责资格认证管理机构内选择各自相应完善的、成熟的高等职业教育培训学校。这两个跨国界的合作机构包括芬兰教育部和冰岛教育部，也可包括 MOTO 项目的其他成员国家。芬兰职业教育和培训学校负责验证和确认学生的信用，而冰岛职业教育培训学校和合作的机构为该学习者提供工作场所。学习者在芬兰和冰岛的两所合作院校签订谅解备忘（Memorandum of Understanding，MoU）以明确评估要求，两所学校也必须对其在国外习得的学习成果的验证和认证进行规范，并且对使用的质量检测机构予以公示。学习者还必须明确验证和认证学习成果的过程，最终签署学习协议。这就意味着学习者必须完成学习协议里所规定的学习任务才能取得相应的资格证书。协议签署后，学习者经过学习成果培训包的培训和实践，掌握了必要的知识和技能，取得相应的学分并且记录在成绩单中。最后可以进入学习成果评价体系阶段。芬兰的相关负责部门对该学习者的成绩的可信度进行审查，最终承认此项学习成果。这个培训实验就为想要获取其他国家职业资格的学习者提供一个经评估学习成果，学分得以在合作的两国间转移、认证、积累的学习途径。

2. 实践区流动学习的质量监督体系

这样的试点实验是欧洲职业教育培训学分转换体系在促进地域性劳动者的流动方面的典型实践之一。因此，在实践的过程中对于学习过程和学习结果质量的监督与检查也是必不可少的，这套监督与检查系统是为了更好地促进地域性劳动者的流动性。这种资格检测系统按照监督主体主要分为个体学习者资格监督检查系统和合作机构的资格监督系统（两者的系统内容和过程实质上是一致的）。首先，在学生流动学习之前要进入监督的计划阶段。简而言之就是对流动学习期间学习目标的明确，签订谅解备忘录 MoU。其次是在国外流动学习期间的实施阶段。该阶段的监督主要集中于之前签署的学习协议中内容的完成情况，不仅要对学习成果进行评估，而且要对学习者评估结果进行存档保存。接着进入流动学习后的评估阶段的监督阶段。学习者回到本国后，该质量检查系统将个人在国外的流动学习成果与之前签署的学习协议的内容相比较，如果内容相符，那么该学习者在国外获得的所有学分将会被认定；如果内容不符，也不会影响该学习者今后的职业教育与培训。最后进入该质量检测系统的最后阶段——复审检查阶段，即基于之前的评估结果帮助学习者提出一个有利于今后流动性学习的计划。流动学习培训质量检测系统图解见图 7-1。

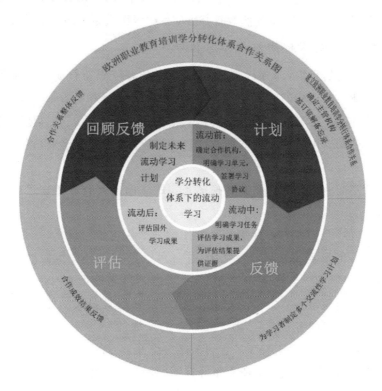

图 7-1　流动学习培训质量检测系统[6]

3.实现地域性流动学习的现实价值

第一,以学习成果为基础的资格认证方式确保各参与国之间进行良好的交流,建立具有可比性的资格、学习成果认证程序。学习成果的可流动性大大增强,学习者在国外通过学习习得自己感兴趣的知识、技能和能力,通过规范的认证体系,可以转化为可被自己国家或同盟国家认可的学习成果。第二,有利于规范地容纳不同的学习成果的验证和认定程序,如:对相关学习成果培训包给予学分奖励;对相应评估给予全部或部分免税奖励;转录学习者国外的学习成果记录;对学生提供额外的学分奖励等。第三,为学习途径注入流动的血液。在职业教育和培训中使用统一的学分转换体系有利于学习者、雇佣者、教育与培训机构能够更加深入地了解合作培训机构的基本情况,这样可以提高、规范学习成果的认证标准。第四,学习路径的多样性和人员的流动,学习者可在国外学习本国落后或缺乏的技术、知识、能力。第五,还可以帮助当地的职业教育培训机构适时地根据市场变化为国外的劳动力市场输入急需人才;反之,也为职业教育培训机构吸引大量的国外求学者。

(二)在实践区促进终身学习体制发展

经济结构的重组,部分行业逐渐凋敝,劳动者缺乏新行业所需要的必要技能而失业。在这样的时代背景下,一个灵活的劳动力市场是十分必要的,终身学习体制正符合这样的劳动力市场的需求。终身学习的目标就是让不同岗位的劳动力可以在不同的职业中自由跳跃,从失业变就业,这就要求每个劳动力进行终其一生的学习和培训。

1.欧洲职业教育培训学分转换体系实践区的建立有利于促进终身学习的特点

其一,ECVET 的核心要素就是利用学分来认定学习成果。学习成果能够表明学习者学到的知识以及能力,并且可以进一步开发他们的技能和能力,促进终身学习。其二,ECVET 的另一个核心因素就是学习课程任务包的使用。任务包规定了一定量的学习任务,如要获得更多的学分,就要完成剩余培训包的学习任务。其三,对于培训包的评估、验证和认定必须采用学分的转换和积累机制,是 ECVET 有利于促进终身学习的又一特点。学分转换可以让学习者将他所获得的所有学分在不同国家范围都得到认证、互认。而学分积累是通过学习者逐步学习积累学分取得资格证的过程,这也是终身学习的目标之一。

2.建立欧洲职业教育培训学分转换体系实践区,为终身学习提供保障

其一,实践区的 ECVET 建立在逐步积累性学习过程的基础上。在一段时间内想要获取特定的资格证书,即使在学习期间学习有所中断,也不影响学分的积累。其二,在同一个资格认证系统内,学习者更换学习路径并不影响学分的积累和获取资格证书。在相同的、同等级的资格认证系统内将学分转换、积累到另一个同等级同系统的专业也是可以进行学分的积累和转移。其三,在不同资格认证系统中更换学习路径并且想要获取资格证书的情况也同样适用。其四,学习成果也可以通过 ECVET 得以正规化。在正式的资格认证系统内,将正式学习和非正式学习获得的学习成果进行验证和认证正式化。其五,ECVET 有利于资格证的升级和更新,通过在同一个资格认证系统利用学分的积累和认证来实现资格证的升级和更新。

3.实施 ECVET 的实践区可对非正式和非正规学习成果进行验证

近年来劳动者在各自职业活动、志愿活动或者其他活动中的非正式和非正规学习成果都可以得到验证,这类验证已经在欧洲国家流行并实施。非正式和非正规学习成果的验证范围很大,包括雇主对其能力的承认、对培训项目的承认许可、对过去资格证获得过的奖励等方面。这类认证要基于以下两个因素:一是对学习者想要获取的资格证所需知识、技能和能力的规范要求,如职业要求或者资格从业标准;二是学习者的学习成果必须与资格证的标准相比较。符合这两个因素的非正式或非正规学习成果可以转换成有效的学分。

实践区内实行对非正式和非正规学习成果的验证不仅对该实践区的社会和经济方面有着显著的作用,而且为学习者提供获取资格证书方面也有重要的意义。这种验证可以使个人已拥有的但并没有被认可的知识、能力和技能正规化,帮助学习者明确获取某种资格证书需要学习什么样的知识技能。在求职方面也更加便捷,因为求职者已经获得了在某一专业领域的专业信誉和认可,可以更好地向雇主展示自己的能力,并且能够激发他们在工作环境中更加充分地学习,获取非正式的知识和能力。这样的良性循环从根本上有利于实现终身学习体制的发展,增加职业教育培训体系中的渗透性,提高了不同学习路径之间相互转换的可能性。

4.在实践区内部实施 ECVET 便于劳动者的职业资格等级的更新

职业教育与培训的资历的内容往往包括一到两个职业范畴的资历要求,虽然这些资历的设计能够满足这几个职业近些年的行业要求,但是不能满足

今后劳动者工作的发展所需的更高资历要求。因此，需要根据劳动力市场的状况不断地更新劳动者的资历，在一个行业凋敝的时期内要及时改变或更新该资历的内容，以便于劳动者可以通过适当的培训和学习获得相应的资历以进入新的工作中，减少社会劳动者的失业率。ECVET 让职业技能资历更新变得更加容易，劳动者可以在自己已获得认可的学习成果的基础上通过学习和培训，取得另一个职业资格证书的资历，这也是促进终身学习理念发展的有效手段之一。

更新、丰富劳动者的职业资格等级，迎合劳动者职业的需求和变化，促进终身学习理念的深入发展，是实施欧洲职业教育培训学分转换体系的目标之一。为了实现职业资格等级上的进一步更新，使用"学习单元"来计算学分就是创举之一。在不同资历的学习成果间创建等值的学习单元，建立学习单元之间的等价性，以便学分的累积和转移。即便两个不同资历的学习成果中所包含的学习单元的内容不是完全一致，在主管机构认证资格的时候也会被认定为等价的学习成果。依靠 ECVET 可以缩短劳动者获取另一项职业资历的获取时间，劳动者可以在原有的相关资历的基础上去参加另一项资历所需完成的学习单元的学习。这就是在实践区内部实施 ECVET 的便捷及优势。

三、欧洲职业教育培训学分转换体系实践区建立的意义及启示

ECVET 的运行流程就是机构间签署谅解备忘录伙伴协议，阐明资格（单元和学分）和学习结果的对应程度，评价方法，学分转换、认证过程，质量保证措施；个人与派出和接收学校签署学习协议，说明学习期限和学分数；在学习结果得到评价之后授予学分；根据谅解备忘录和学习协议，派出学校对学分进行认证、转换、承认和累积。依笔者个人观点，在实践区内部实施 ECVET 的价值主要体现在各个国家、地区和部门的重视程度，以及当地职业教育培训发展状况及其改革力度，也体现在 ECVET 是否能够帮助解决现存的职业教育培训系统所面临的困境。

（一）欧洲职业教育与培训学分转换体系实践区建立的意义

1. 保持政策的透明性，形成合作的统一意识

ECVET 实践区的成员国家正致力于建立欧洲职业教育培训学分转换体系。在这个过程中，各个成员国家首先要对 ECVET 有正确的理解，并且形成统一的意志。同时，他们也提出了在实践区建立 ECVET 必须解决的问

题:首先,成员国内部要分享优秀的实践经验;其次,解决共同的问题;再次,每个成员国必须在建立 ECVET 实践区的过程中做出自己的贡献;最后,各国之间要保持政策的透明性。此外,参与国应该展示一些关于如何高效地实践 ECVET 的优秀案例。

2.推行职业教育与培训的学分制,增加弹性学习路径

对学习者在正规、非正规和非正式的学习背景中获得的学习结果的转换、累积和认证,加强各国在职业教育和培训领域的合作,提升学习者学习结果的透明度和可比性,促进学分的累积与转换,让学习者实现无障碍的跨国性流动,最终在职业教育领域建立一个无国界的终身学习环境。从一个更加广泛的视角出发,这样的实践区的建立可以减少劳动力在流动中的障碍,增强劳动力的流动性和灵活性。同时,流动的劳动力和不断更新劳动技能的劳动者都能够从整体上提高欧盟的职业教育的竞争力和经济实力,从而构建欧洲人力资源强区和欧洲终身学习区。学分制所包含的基本要素是:学习成果单元、学习成果的转换和积累、学习协议和个人成绩单以及学分数。

(二)欧洲职业教育与培训学分转换体系实践区对我国的启示

1.加强在职业教育与培训领域的合作,实现资格互认和跨国流动

经济的快速发展带来了工作种类的细分,为了适应细分的工作类型,劳动者在技能上的要求越来越高。他们不仅要在技能上处于更新状态,而且为了迎合市场的需求,必要的工作迁移也是必不可少的。ECVET 能够促进地域劳动力的流动,提升流动性学习的价值。不断加强该国与各区域,甚至是与周边国家之间职业教育与培训领域的交流和合作,在合作过程中通过交流和对话解决各自在职业教育与培训体系中遇到的种种问题,朝着学历互认和跨国流动的职业教育区域合作体系的方向发展。ECVET 在促进流动性的方式上采用的原则也值得我国发展高等职业教育时借鉴。灵活性与规范性相统一的机构构建模式;资格认证各机构与企业以及高等职业院校之间建立的相互信任、透明的合作伙伴关系;各联盟国家内部相互尊重,所有的制度和规则都要建立在各成员国的相关利益的基础上。因此,我国在发展高等职业教育的道路上同样要充分考虑相关利益者,优化相关机构的运作模式,相互信任,彼此信息透明,以建立符合我国国情的、有利于发展我国高等职业教育体系的职业教育培训学分的转换机制。

2.不断更新劳动力职业资格等级，设立专家小组专门研制升级课程包

我国在发展高等职业教育和培训的同时要对已有的资源进行整合，以便于充分利用，同时还要根据市场需求的变化不断完善学分标准，不断更新职业资历的内容，以便于促进劳动者的技能处于不断升级的状态。我国当前的职业教育资格框架体系过于死板，体制过于僵硬，要在原有的基础上进行灵活性和规范性的改善。首先，从不同资格体系转换的灵活性视角来看，我国的国家职业教育资格框架体系是有违灵活性原则的；其次，由于我国高等职业教育发展正处于发展阶段，各方面的体系发展都缺乏应有的规范性和严谨性，体制发展还不成熟完善。我国应该对资格框架体系有具体、详细的描述性的规定，在确保实施质量的同时也要保证体制的灵活性。为了实现劳动力职业资格等级的更新，设立专家小组专门研制升级相应资格的课程包，根据市场的需求和变化给资格体系注入新鲜的血液。

欧洲职业教育培训学分转换体系中包含学习单元、学习成果和学分这三个重要的因素。对于组成学习成果的学习单元的设计和实施是需要经过研究和探索的。基于我国高等职业教育的发展现状，学习单元的设计绝对不能照搬国外现成的学习单元包的设计。我国高等职业教育与培训想要发展，必须根据教育发展的现状来设计符合自身需求的方案，在企业和职业院校间建立一个共同的标准也是十分困难的，这些困难不仅是欧洲职业教育培训的发展需要解决的，也是我国要给予重视的。

第五节　本章小结

由新工业革命引发的产业工人技能短缺问题成为各国面对的主要问题。无论是欧美工业发达国家如美国、德国、英国，还是亚洲近邻韩国、日本，都将优化提升产业工人的技能上升到至高境地，以应对由此带来的技能冲击和技能短缺问题。美国通过实施"制造业回归"战略增加国内就业岗位，促进国内就业，但同时也面临着劳动力市场需求缩减，劳动力资源供给结构不合理，劳动市场技能不匹配，对职业教育与培训投资的忽视导致准劳动力供给不足等挑战。对此，美国政府加强技能补偿教育培训，重视新增职业和岗位人员的培训，大力发展学徒制，振兴学徒制是特朗普的施政重点，设立"劳动力发展周"并推动各州立法改革等。德国在提出工业4.0概念之后，通过拓展职

业教育理念,践行职业教育 4.0 数字化议题,扩大职业教育受众范围,提供技能补偿教育,完善资格框架,构建普职等值性资格体系,顺应劳动力市场需求,加强产学研一体化,加强交流与合作,推动职业教育的国家化发展等措施来满足国内技能人才的需求。西班牙通过实施成人基本技能培训项目来弥补义务教育质量低下的短板,抵御移民化和人口老龄化的挑战,对接终身教育体系的需求。其主要分为三个职业训练领域:一是基本工具能力;二是职业能力;三是参与能力。整个欧洲则借助欧洲职业教育培训学分转换体系 ECVET 提高学习经验和成果的流动性。

第八章　走向技能强国

——新时代职业教育助推产业工人队伍建设的发展路径

"发展"是产生于现代社会并专属于现代社会的一个概念。古代社会的基本观念是衰亡和轮回，与此相对，现代社会的基本观念是进步和发展。发展是众多的经济因素与非经济因素交互作用的过程，包括经济、政治、社会、文化、环境与生态各个方面。发展不仅仅是一个价值判断概念，而且还是一个价值预设以及如何实现这一价值的承诺的过程。党的十九大以来，我国职业教育经历了从自身审视，提出从规模扩张向内涵发展转变；从教育体系审视，确立类型教育定位；从经济社会审视，提出技能型社会建设三个发展阶段。面向新时代发展职业教育，助推产业工人队伍建设，关键要紧抓以下几个方面的问题：一是新时期我国职业教育发展的定位问题，当前我国职业教育处于怎样的发展环境中，在这样的发展环境中职业教育又被赋予了怎样的目标。二是职业教育发展的路径规划问题，即新时期职业教育应该沿着怎样的发展途径或者发展模式。三是职业教育发展的载体问题，新时期职业教育发展的动力在哪里，我们又该如何去撬动。

第一节　技能强国战略下的职业教育发展的命题解析

21世纪以来，随着国家和社会对职业教育发展的日益重视，我国职业教育事业得到快速发展，实现了办学规模上的跨越发展，从职业教育总规模、办学机构数量、学生数等指标来看，已位居世界前列，为我国经济社会发展培养了大批急需的高素质技术技能型人才，我国作为一个职业教育大国的形象已经牢固树立。特别是近年来，随着我国在世界技能大赛的成绩突破、第46届世界技能大赛申办成功、职业教育国际合作和品牌的树立等标志性事件,我国职业教育的理论和实践者开始审时度势地提出我国由技能大国向技能强国迈进的目标,无疑对我国职业教育的未来发展具有重大意义。在此背景下,尽管从职业教育大国迈向职业教育强国已成为我国今后职业教育实践发展的主要目标和战略选择,但从学术界来讲,我国是否技能强国,究竟什么是技能强国,怎样才能称得上技能强国,技能强国的指标有哪些,我们距离技能强国还有多少差距,这些问题学界还未能达成广泛的共识。因此,全面深刻地理解技能强国的内涵,客观地面对我国职业教育的现状,理性地分析存在的问题,科学地定位我国职业教育的发展阶段,有利于调动一切积极因素,加快职业教育大国建设,不断向职业教育强国的目标迈进。

一、"技能强国":命题与诉求

（一）技能强国战略是我国今后职业教育发展面临的新命题

当前,随着整个社会的转型和发展,我国职业教育面临着新的发展环境。一是技术赋权引发的就业市场发生变革。由于"互联网＋"、人工智能等新技术的普遍应用,对企业商业运作方式、生产组织方式等带来改变,对未来员工的能力需求逐步由强调单一的专业技能转向综合的通用技能。二是经济发展方式的变革。新技术的广泛应用引发了中国经济发展模式的根本变化,智力资本将成为经济发展的决定性因素,更多的劳动力需要更高水平的知识和技能培训才能在新技术产业中找到工作。与此同时,越来越多的企业员工也渴望获得更高水平的教育和实践技能培训。三是人口变化的因素。在技术与经济发展方式的变革进行之时,我国的少子化与人口老龄化趋势也正在加剧,随之对职业教育带来的新挑战和新机遇便是拓展了职业教育的对象,由过去的适龄学生的培养拓展到贯穿职前培养、在职培训以及老龄人社区教育等,覆盖人的终身发展。上述要素对当下我国职业教育发展既是挑战也是机遇,推动我国职业教育完成"增速换挡、深入改革、动力更替、质量改善",打造技能强国的主要外力。主要表现在:增速换挡,实现由前些年的高速增长、规模不断扩张向内涵式发展的换挡;要深入改革,致力于调节升级阵痛,在办学体制改革、多元主体参与、服务功能增加的过程中,不断适应新的增长点、增长极、增长带不断成长壮大的市场需求;要强化动力更替的载体,促进职教院校进行制度创新、混合所有制改革、治理现代化的动力增强,推进现代职业教育体系的建设;要保障运行过程的质效改善,不断提升技能和以多种职业技能为核心的劳动者综合素质要求，保证系统化人才培养质量，持续改善参与市场竞争的姿态与活力；要形成模式转变的典型范式，服务于办学模式多样化、培养模式多元化，成为同步推进职业教育与经济社会发展的有力探索。

（二）关于技能强国命题的语义梳理

技能强国，不是独立提出的命题，而是一个相对的概念、比较的概念，是与历史的比较，与其他国家的对比中进行的判断，因此应该从我国职业教育发展的历史沿革分析不同时期对技能强国的理解。技能强国的理念在我国新世纪之初便曾经提起过。典型的观点是 2002 年，我国学者陈宇根据我国职业教育培训的现状，以及实现世界制造中心的目标，出版《走向世界技能强国》，并在导言中提出"把我们强大的祖国建设成世界技能强国"这一目标[①]。2013 年 4 月 2 日，时任教育部副部长鲁昕同志在教育部职教系统"中国梦"教育活动座谈会上，提出："中国职业教育梦是'中国梦'的重要组成部分，是技术技能强国的梦，是全面发展的梦，是人人成才的梦，是尽展其才的梦。"2016 年 5 月 8 日，中共中央政治局委员、国务院副总理刘延东在出席 2016 年职业教育活动周启动仪式暨全国职业院校技能大赛开幕式时，曾以"弘扬工匠精神 打造技能强国"为题作重要讲话，强调要全面贯彻党中央、国务院关于加快发展现代职业教育的决策部署，更加注重技术技能人才培养，大力弘扬工匠精神，办好中国特色、世界水平的现代职业教育。2017 年 10 月 18 日至 24 日，中国共产党第十九次全国代表大会在京召开。习近平总书记在《决胜全面建成小康社会　夺取新时代中国特色社会主义伟大胜利》的报告中明确指出"完善职业教育和培训体系，深化产教融合、校企合作"。由此，可以明晰地看到，我国职业教育发展战略已从"加快发展，构建体系"转向"完善体系，构建技能强国"。中国的职业教育正瞄准"中国教育现代化 2030"的远景目标，在中国特色社会主义道路上，向着"中国特色、世界水平的现代职业教育"目标阔步前行。党的十九大审时度势地提出了"完善职业教育与培训体系"的战略目标，具有科学、协调发展我国职业教育发展的深刻内涵，无疑这对我国职业教育的未来发展具有重大意义。

通过上述关于"技能强国"的命题演变，我们可以看出，从不同角度对技能强国有不同的认识，形成了不同的观点。第一种观点是"手段论"，其前提

---

① 陈宇.走向世界技能强国[M].北京:海洋出版社,2003:3.

假设是我们的职业教育发展与世界发达国家还有一定差距,认为我国正处于积累量的快速发展阶段,并朝着技能强国的方向发展,但离真正意义上的技能强国还有很长一段路,因此提出"技能强国"概念主要从战略角度讲,通过"技能强国"的目标来增强国家凝聚力和民族自豪感,树立国际形象。第二种观点是"目标论",该观点多从现状出发,认为虽然我国获得金牌不少,但并不能认为我国已经是技能强国了。因为无论从金牌的"含金量",还是从奖牌的绝对数来看,我国的职业教育还有很大的差距,金牌大户并不等于技能强国。将打造技能强国作为我国职业教育发展的中长期目标。第三种观点是"结果论"。即以我国在近几届世界技能大赛的优异成绩作为技能强国的标准,认为我国在世界技能大赛上获得金牌总数第一和总分第一,就目前我国职业教育的发展水平而言,已经达到了世界技能强国的水准。第四种观点是"伴生论"。即认为技能强国是伴生于我国人力资源强国战略发展之中的。而根据我国人口变化趋势,未来一段时期,我国在人力资源数量方面的人口红利将逐步降低,要维持人口红利,必须依靠人力资本质量,也就是公民技能水平的提高①。

上述观点为我们把握技能强国提供了有益的参考,但是综观上述观点也存在着一些问题。显然,对于"技能强国"这个命题的讨论更多的是停留在分析实质性内容和下定论的层面,而对于该命题的科学性和启发性的研究还很少。为此,我们认为这个命题还应从更深层次进行理论审视。

二、"技能强国":理论审视与发展维度

(一)技能强国命题的理论审视

技能强国战略这一具体问题的解决,首先需要我们认识清楚三个理论前提,这三个理论前提是:职业教育在国家发展中的角色定位,这个问题关系到对战略基础的认知与判断;技能强国作为战略目标的合理性辨析,这个问题关系到战略选择的指向与预期;职业教育与教育普及化的关系判断,这个问题关系到战略重点选择的认识依据。

1.战略基础的认知:职业教育在国家发展中的角色定位

本研究把职业教育在国家发展中的角色界定为:职业教育在国家的发展中所处的地位、国家赋予职业教育的权利、职业教育承担的义务和行为模

---

① 李玉静.技能强国:意义及要求[J].职业技术教育,2016,37(16):1.

式的综合表现形式。简单地说，也就是职业教育在国家发展过程中处于什么地位，起到什么作用，肩负什么样的使命。角色定位直接影响着战略实施的各个环节，合理的角色定位能够积极顺应和充分利用各种环境和条件的变化，为战略目标的最终实现服务。近年来，习近平总书记站在党和国家发展全局的高度，多次就职业教育作出重要批示指示，明确提出建设"中国特色、世界水平的现代教育"的重要思想。这一论述既源自中国教育现代化发展的历史与逻辑，又为教育改革发展提出了新目标新要求，揭示了中国特色社会主义教育的本质和发展规律，是建设技能强国必须遵循的指导方针。2017 年，上海成功申办第 46 届世界技能大赛，习近平总书记高度肯定申办工作，并在申办报告中作书面致辞，指出世界技能大赛在中国举办，将有利于推动中国同各国在技能领域的交流互鉴，带动中国全国民众尤其是近 2 亿青少年关注、热爱、投身技能活动，让中国人民有机会为世界技能运动发展作出贡献。发展职业教育越来越成为社会各界的广泛共识，我国职业教育的发展理念、模式和成就在国内外广受赞许，以更加开放和自信的姿态走向世界舞台。

2. 战略目标的预设：技能强国作为战略目标的辨析

战略目标主要是指我们的战略选择要达到一个什么样的境地，获得一个什么样的结果。"由职业教育大国向职业教育强国迈进"实际上就不能作为目标来理解，而是一个发展方向，或者说是更为宏伟的奋斗目标。另外，从战略学的角度讲，战略目标应该具有长期性、稳定性、全面性、可分性、可实现性等特点，而只有具备这些特点的战略目标才具有指导战略制定或选择的实际意义。仅仅把技能强国作为战略目标，显然过于笼统和缺乏战略制定层面的意义。参照现实背景而言，提出"技能强国"的主要基于我国世界技能大赛的突出表现，这一时间节点上主要有两大参照背景，一是中国经济发展取得了举世瞩目的成就；二是第 44 届世界技能大赛上中国代表团取得金牌榜第一的辉煌业绩。所以，可以说技能强国的提出是在经济实力的提升和职业教育取得辉煌成就的两大背景之下建立的。而我们说职业教育发展战略目标应该是针对职业教育发展总体而言的，而不是局部的，不能仅仅以技能大赛的发展水平来确定职业教育事业整体的战略目标。从技能强国这一术语本身讲，其最早并非作为一个学术术语使用，而是通过政府议程提出，合法化为政策术语，再经过媒体传播，转变为媒体术语，引起了学术界的关注和讨论，从而转变为一个学术术语。

3.战略重点的导向:高等教育普及化背景下的普职均衡发展

一个健康的教育生态一直是我们衡量一个国家教育事业发达程度的重要指标,这就涉及职业教育与其他教育类型的关系问题。当前,随着我国教育的发展,教育普及化成为我国当前教育发展的阶段目标和主要趋势,将引发教育对象由单一来源向多元结构过渡,培养目标由精英教育向优势教育转型,办学模式由相对封闭向逐步开放递进等转变。2016 年,教育部首次发布的《中国高等教育质量报告》数据显示,中国在校大学生规模达到 3700 万人,位居世界第一,毛入学率达到 40％,高于全球中高收入国家平均水平。高等教育普及化势必在生源、就业、人才培养及社会功能价值方面对职业教育产生强烈的虹吸作用,职业教育将面临着比以往更为艰巨的历史重任,把握高等教育普及化进程中职业教育面临的现实问题和发展定位,对于我国优化教育结构、完善教育体系、推进教育现代化具有十分重要的现实意义。分析近三年高等教育的招生总量,虽然近年来适龄人口基数减少以至于招生人数增速趋缓,却并未从根本上影响人民群众对高等教育的热切选择。那么,相对于普通教育,本就处于弱势地位的职业教育是否受到教育市场份额的绝对挤占?普通高中和中等职业学校招生规模大体相当是否还有其合理的现实依据,又当如何保障两者的均衡发展?职业教育与普通教育之间的关系又将发生什么样的变化?对这些问题的探讨是否站在客观辩证和历史发展的角度看待,将决定职业教育发展的走向问题。

(二)技能强国的维度解析

我们要实现技能强国,在厘清三个前提性问题之后,我们还应该对技能强国有个较为统一的认识或评估理念,否则,中国实现技能强国的发展目标就只能停留在一种形式上,而缺乏实质性内容。对于技能强国的标准,无论是实践角度还是理论角度,学界尚无公认的解释。从实践角度看,先后有两种导向:一是把德国、英国、澳大利亚这些职业教育相当发达,尤其是特色鲜明、体系完善、有着比较成熟的职业教育办学模式的国家称为职业教育强国。二是把目光聚焦在跟我国文化、经济等国情相当的,尤其是在世界技能大赛表现突出的国家如韩国、巴西等国家并作为参照的榜样,以发掘更适合我国国情的职业教育发展道路。这种参照论的观点客观反映了中国探索技能强国所经历的曲折历程。如果说大国是个客观的、物质的概念,那么,强国则更应该包含有精神层面的,即主观追求的范畴。

而在理论研究方面，不同的学者对一个国家是否技能强国或者是否职业教育发达国家有着不同的认识标准。目前代表性的观点有陈衍等认为职业教育强国的基本决定因素是职业教育的结构、规模、质量、效益；辅助因素是职业教育的机会和投入[①]。于志晶等认为在进一步完善体系的基础上，实现治理体系和治理能力的现代化，也就是形成一套更加成熟、更加定型的制度和机制，使职业教育的基础能力、服务能力和竞争能力全面提高，它主要体现"好"和"强"的特征[②]。石伟平则认为提升职业教育国际化水平和国际竞争力，需要把握好"适应规则"与"制定规则"的关系，"引进来"与"走出去"的关系，"顶层设计"与"基层创新"的关系[③]。

上述理论和事件都为我们评判技能强国提供了非常有价值的标准参考，结合上述观点，立足我国职业教育现实，我们认为，技能强国是我国职业教育事业未来发展的主导方向，我们应该把技能强国理解成一种引领性、号召性和动力性很强的宏伟奋斗目标，新时期中国职业教育发展的战略目标应该在技能强国的引领之下，进行具体的提炼和建构。通过对世界职业教育发达国家的系统研究，我们认为，职业教育强国应该具备以下基本条件：(1)普及程度与参与率，即是否拥有良好的职业文化和全面接纳、参与程度；(2)国民技能素质，即国民的技能水平和劳动力素质是否达到一定比例结构；(3)健康程度，即是否有一个合理、健全的职业教育结构体系以及有效的职业教育制度和治理结构；(4)充足的职业教育投入；(5)高水平的人才培养质量，人力资本和人力资源对经济发展的贡献率较高；(6)较高的国际化水平和竞争力，拥有"本土化"的办学模式和若干所世界知名的职业院校。

三、技能强国背景下职业教育现代化发展指向

迈向技能强国，服务技能型社会，将职业教育发展纳入整个经济社会建设全局，职业教育要实现五个"入"，即长入经济、汇入生活、融入文化、渗入人心、进入议程。要以体系、模式、人才、服务等推动职业教育现代化系统发展，

---

①　陈衍，李玉静，房巍，等.中国职业教育国际竞争力比较分析[J].教育研究,2009,30(6):63-68.

②　中国职业技术教育学会课题组，于志晶，刘海，等.从职教大国迈向职教强国——中国职业教育2030研究报告[J].职业技术教育,2016,37(6):10-30.

③　石伟平.职业教育国际化水平和国际竞争力提升:战略重点及具体方略[J].现代教育管理,2018(1):72-76.

实现国家尊重技能、社会崇尚技能、人人享受技能,将职业教育作为提升民生福祉,促进共同富裕的内生变量。

（一）职教体系:从"传统"到"类型"的跨越式发展

"类型化"是职业教育现代化体系构建过程中不可或缺的核心理念。新中国成立70余年来,我国职业教育事业发展坚持人才培养与职业培训并举,在不同阶段侧重发展不同层次类型的职业教育,逐渐形成面向人人的开放式终身教育。《国家职业教育改革实施方案》（国发〔2019〕4号,以下简称"职教20条"）强调"职业教育与普通教育是两种不同教育类型,具有同等重要地位",它全新界定了职业教育在教育体系中的地位,确立了职业教育作为"类型教育"的重要身份,这也是职业教育的类型属性首次在国家层面得以明确[1]。"类型"身份的明确意味着职业教育要通过构建一个各要素达到现代化水平、自身学制逐步完善的职业教育体系,以此来获得与普通教育平等的地位,这也是当前职业教育现代化改革的核心任务与逻辑主线[2]。一方面,从职业教育办学定位看,职业教育的"类型教育"身份明确了其在院校办学、人才培养目标规格制定、课程与教学计划安排等方面的定位,这对提升职业教育质量和认同职业教育是能力本位的"赋能"教育有着积极的作用。另一方面,从职业教育的功能定位看,它为各阶层劳动者提供了结构优化的教育体系。现代职业教育不仅延续了传统意义上对经济社会生产力的助推,它还在不断优化教育结构,职业教育要求保持高中阶段普职比大体相当,扩大中高职贯通培养的招生规模,巩固了中等职业教育的地位;要求地方本科高校向应用型转型,积极开展本科层次的职业教育试点,探索专业学位硕士研究生培养,开发高等职业教育的发展潜能。除此以外,现代职业教育还积极探索学历教育与继续教育的有机衔接,支持终身职业生涯发展,着眼于广大社会底层群众,举办多层次、多形式的现代职业教育,技术技能人才持续成长的通道得以打通,就业不再成为职业教育的终极目标。

---

[1]　国务院.关于印发国家职业教育改革实施方案的通知［EB/OL］.（2019-02-13）［2020-09-10］.http://www.gov.cn/zhengce/content/2019-02/13/content_5365341.htm?trs=1.

[2]　吴忠,朱德全.中国职业教育现代化改革的目标框架与行动路向——《国家职业教育改革实施方案》的现代化蓝图与实践方略［J］.高校教育管理,2020(1):115-124.

（二）产教融合：从"合作"到"互融"的深度化进阶

优化职业院校产教融合的政策环境，创新产教融合模式机制，是实现职业教育现代化的根本保证，也是增强职业教育经济功能和育人功能的必然要求。当前阶段，在职业院校、企业行业以及社会力量的共同努力下，产教融合和校企合作积累了大量的有益经验，但目前也出现了"职业院校偏重自身发展""企业方面缺少动力""产教供需的双向对接困难"等问题①，这说明我国的产教融合还未得到深度深化，许多工作还停留在单纯的合作上。随着产业创新水平的不断提高，"大智物移云"技术使信息技术与产业的转型升级不断交融渗透，这不仅掀起了新一轮的产业变革，也使得大数据、人工智能、物联网、移动互联网、云计算等技术广泛地渗透到经济社会的各个领域，技术在产业中的运用程度成为衡量国家科技实力的重要标准。人工智能、3D打印（增材制造）、超材料与纳米材料等技术取得重大突破，推动传统工业体系分化变革，将重塑以制造业为基础的产业发展国际分工格局，新能源革命正在改变现有的国际资源能源版图状况，而数字技术与文化创意、现代数字媒体技术等技术产业逐渐成为促进优质产品和服务有效供给的智力密集型产业②。由此可见，以新兴技术为核心的产业已成为新的经济增长点，正逐步成为影响推动经济增长的主要动力，而未来全球的产业发展会将重点放在智能制造业、交叉行业以及混合行业等产业，传统产业正面临着全球要素的重新分配与布局，以知识、技术和智能资源为支撑的新产业将成为经济现代化与经济全球化的主导力量。2035年是我国基本实现社会主义现代化建设的决胜期，也是我国职业教育发展大有可为的战略机遇阶段。因此，现代职业教育要按照正不断加速升级的产业结构要求，按照新职业发布与更新的制度机制做好人才培养的对接，联合行业企业与社会力量，整合好校园与企业的各项资源，建设好新时代职业教育的现代化。

（三）人才培养：从"隔断"到"衔接"的创新性提升

教育现代化的关键是实现人的现代化，职业院校作为培养高技术技能人才的主要阵地，同样承担着全面培育现代化职教人才的重要使命。《中国教

---

① 马树超，郭文富.高职教育深化产教融合的经验、问题与对策［J］.中国高教研究，2018(4):58-61.

② 张元.我国职业教育现代化2035发展探析［J］.教育与职业，2019(9):16-19.

育现代化 2035》明确指出，要提升一流人才培养与创新能力，优化人才培养结构，综合运用招生计划、就业反馈、拨款、标准、评估等方式，加强创新人才特别是拔尖创新人才的培养，加大应用型、复合型、技术技能型人才培养比重。当前的生产工艺的升级和岗位工作的迭代影响着职业教育对技术技能人才的培养，而其中最重要的影响因素是各个行业的生产组织方式。随着新技术的投入与大面积应用，整个产业链的生产组织方式会发生突破性的改变。以智能制造业为例，智能化生产的实现主要依靠两个方面的技术，即物联网技术和大数据技术。它应用物联网技术将资源、信息、物体以及人员紧密联系在一起，构建一个庞大的信息物理系统，并用智能控制生产过程，它同时运用大数据手段灵活配置生产资源，实现个性化定制生产，进行差异化管理，以替代传统的固定式流水线生产。这种生产系统对技术技能人才工作模式将带来工作过程、工作模式、技能操作、工作性质等方面的根本性影响，从而改变职业教育的人才培养模式。为此，我国职业教育现代化要更加畅通人才培养路径，并融入面向全民的、终身学习化的现代教育体系，与全面普及的高中阶段教育以及竞争力显著提升的高等教育有效衔接。在现代职业教育人才培养体系中，中高等职业教育与应用型本科将有效对接岗位人才需求，形成"中职—高职—本科—专业硕士—专业博士"为主线的多层次培养衔接模式，畅通人才培养的立交桥，培养"学会学习与学会做事相融合"的新时代职校生。在建立健全人才培养模式的基础上，国家资历框架、国家学分银行制度以及国家学习成果认证制度的建立将有助于现代职教人才的培育，有助于各类教育的衔接发展，为职教人才的成长营造良好的学习环境。

（四）社会服务：从"单一"到"完善"的多元化延伸

职业教育的服务能力指的是职业教育服务经济社会和服务受教育者的能力，而提升职业教育服务能力是教育现代化的重要指标之一。面向 2035 年"职业教育服务能力显著提升"的建设目标以及"要大幅提升新时代职业教育现代化水平，为促进经济社会发展和提高国际竞争力提供优质人才资源支撑"的发展要求，职业教育的社会服务职能不仅是时代赋予的重要使命，还是我国职业教育现代化改革的必然追求。长期以来，我国的职业教育办学坚持"以服务为宗旨"，因此实现职业教育服务能力的现代化提升，不仅要使职业教育继续满足国家经济社会发展需求，职业院校进一步完善教学设施与师资队伍建设，还要聚焦职业教育的服务内涵，打破服务对象方面的单一化倾向，不断完善职业教育的社会服务功能。具体而言,新时代职业教育改革要由向教育外部服务为主延伸到教育内部,增加对中小学教育和职业启蒙教育的服务内容;进一步强调职业教育的培训功能,在培训的管理体制、管理范围、督导监督等方面制定详细的规章制度;在服务的对象上,从单一的技能人才拓展到军人和农民等群体①。职业教育现代化发展旨在聚焦职业教育服务传统产业与新兴产业的转型升级、服务经济社会发展、服务"一带一路"国际化发展、服务精准扶贫和乡村振兴战略等方面的能力,为打造技术技能强国、全面建成小康社会作出应有贡献。

第二节 技能强国战略下职业教育服务产业转型升级的理论构建

新时期进一步推进职业教育现代化,要坚持发展一盘棋思想,在经济社会发展中明确职业教育发展定位,绘好职业教育发展蓝图。多年的改革实践证明,办好职业教育只凭教育自身是远远不够的。构建职业教育发展的图景需要从内到外、从点到线形成多维立体的设计。一方面从教育体系内部明确职业教育作为类型教育的定位,另一方面从外部经济社会发展厘清职业教育与产业发展的融合路径。同时,还要讨论技能作为职业教育与产业发展之间融合媒介的路径。

一、类型发展:职业教育作为一种类型教育的理论构建

在改革开放 40 多年的历程中,职业教育本质属性一直是学界关注的重大问题,因为它的定位直接影响着职业教育的发展方向与改革路径。2019 年,国务院发布《国家职业教育改革实施方案》,明确指出"职业教育与普通教育是两种不同教育类型,具有同等重要地位"。这是国家首次在政策文件中明确定位职业教育是一种类型教育,同时也意味着职业教育的发展建设要从原先的"层次观"转变为"类型观"。这一转变过程,同样也是职业教育自身系统性、整体性、结构性逐渐完善并摆脱原先普通教育印记、进一步凸显类型特色

---

① 孙兴洋."中国教育现代化 2035"视域下高职院校服务能力建设[J].教育与职业,2019(9):20-24.

的过程。

(一)类型概念之辩

到目前为止,对于职业教育作为一种教育类型的讨论,不同学者从不同的角度提出了各自独到的解读与阐释。通过梳理归纳,我国近年来关于职业教育作为一种教育类型主要有以下四种观点。

1."人才类型需求"说。该观点从社会人才类型需求的视角出发,将社会人才分为学术型、工程型、技术型和技能型四种类型,认为人才类型决定了教育类型,并将职业教育定位在培养技能型人才上,而技术性人才的培养则被归属在技术教育的范畴中。如杨金土认为培养技术型人才的教育,目前分由高中阶段和高等阶段进行,统称技术教育;培养技能型人才的教育,多数国家称为职业教育[①]。

2."大职业教育"说。该观点将职业教育放在了一个广义的语境中,认为职业教育是包含职业技术、职业技能、职业道德等任何与职业有关的教育类型。如李政云、欧阳河认为,长期以来,我国将教育划分为普通教育、职业教育、高等教育、成人教育四大块,存在逻辑偏颇、各类型间教育分工不明的缺陷,并提出教育类型"二分法",认为职业教育是一种广义的大职业教育,即与普通文化教育相对应的、涵盖针对职业的所有专门教育[②]。但这种观点存在难以界定职业教育作为一种教育类型边界的问题,会使得职业教育的功能模糊化。

3."体系类型结构"说。该观点在"大职业教育观"说的基础上,将职业教育内部进一步划分为不同的子类型,以清晰职业教育作为一种教育类型的外部边界,并认为职业教育体系由众多子类型构成,根据分类标准的不同可以划分出不同子类型,如按教育场所、教学方式等标准划分为学校职业教育、社会职业教育、远程职业教育等等[③]。也可以从培养目标、功能等标准划分为陶冶型职业教育、通用型职业教育、专门型职业教育和专业型职业教

---

① 杨金土.要重视教育类型的存在[J].职教论坛,1998(10):1.

② 李政云,欧阳河.从质疑教育类型的"四分法"说起——谈职业教育的本质[J].职教论坛,2003(7):52-54.

③ 董仁忠.演变、内涵界定及类型:职业教育概念再探讨[J].职业技术教育,2008(1):5-8.

育等①。

4."教育类型本质"说。该观点从职业教育本质出发，认为技术技能是职业教育作为类型教育最为本质的类特征，同时又包含着跨界性、职业性、普及性等与普通教育相互紧密联系的外在特征。如路宝利、缪红娟从揭示职业教育"本质"的属征出发，认为职业教育作为一种类型教育有着"匠器禀赋"的个体层面特征、"制造边界"的专业与岗位层面特征以及"技术逻辑"的知识、思维、伦理层面上的特征②。

基于此，对于职业教育作为一种教育类型的内涵认知，我们至今仍未有一个统一的结论，其因素一方面在于职业教育自身体系的复杂性，无论是个人还是团体都难以从宏观层面做到对其整体把握；另一方面在于从类型学看待教育类型，其关键并不在于类型划分的方法论层面，更多地在于类型划分的认识论层面。通过教育类型的划分来进一步指导、明晰各教育类型人才培养目标、院校建设等现实中教育发展的着力点。但是纵观近年来关于职业教育作为一种类型教育的各方观点，本书认为仍存在以下两个方面的共性问题：

一是在聚焦类型内部一致性的同时，缺少了对类型外部排他性的思考。对于事物类型的划分标准，理想状态下要求对内具有一致性，即同一类别中的成员具有相同的类别属性，对外具有排他性，即其他类别中的成员不应该具有本类别成员中的类别属性③。现有的研究多关注于探索职业教育自身类型下的特点。但职业教育这一教育类型的划分应是基于整个教育体系的。在依据特定的"类秩序"将职业教育划分为一种类型的同时，需要进一步思考剩下子项的类型特征又是如何，能否与职业教育的类型特征形成"对立"。

二是类特征多体现类型的特殊性，缺少对类型普遍性的体现。类型作为一个整体，其决定性特征之一是它总能由一个以上的事物去再现，即当我们指出两件事物属于同一个类型时，那么我们所发现的就是这两件事物共有的共同特征，而且把这共有的特征归结为类型④。这种特征体现的便是类型整

---

① 周明星.我国应尽快建立类型职业教育体系[J].教育与职业,2008(13):21.

② 路宝利,缪红娟.职业教育"类型教育"诠解:质的规定性及其超越[J].职业技术教育,2019(10):6-14.

③ 金立鑫.什么是语言类型学[M].上海:上海外语教育出版社,2011:3-4.

④ 赫施.解释的有效性[M].王才勇,译.北京:生活·读书·新知三联书店,1991:21-22.

体的普遍性,其内容属于集体而不是个体。相比于职业教育的本质,职业教育类型的普遍性特性是其在历史的发展过程中逐渐积累形成的。现有对于职业教育类型特征的描述多是从职业教育内部进行观察所总结而成的,并没有站在整个教育类型下去审视职业教育,使得对于职业教育类特征的归纳并没有真正体现职业教育这一类型的普遍性。

（二）类型学下的类型概念新思

类型学缘起于考古学中的"标准学"研究,以生物学、心理学为基础,生物学的分类法为类型学提供了方法论的指导,而心理学研究成果则是类型学认识论的来源。该理论重要的认识思想主要有三点:一是分类是有层次的,每一类别可以继续分类下去;二是类可依据不同的标准和不同的方法划分;三是在同一个分类标准下,各类型也可能不是单纯的,而是某种类型倾向①。教育无论从广义还是狭义上进行界定,其最后都会归结在人的活动上,即教育是一种人的社会活动。那么将教育放在类型学的学科视角下来审视,就是要以这类社会活动作为客观研究对象,并从中抽象出特定的秩序进行类型的划分。其目的并不在于追求各类教育的本质,而是清晰各类教育所具有的普遍性特征,这种特征可以说是各教育类型发展所需要遵循的各自的普遍法则。

基于此,本书提出以精神、逻辑、形态三维类秩序对教育进行类型划分。其中,精神作为人进行社会活动的内在表现,指随着个体在接受教育过程中逐渐形成的精神气质。逻辑是人进行社会活动的行为法则,人们在进行各类教育活动中所遵循的带有各类教育类型特色的思维、行为等方面的法则。形态是人们在进行教育这一社会活动时,与外界环境交互的表现、方式等。教育作为人的一种社会活动,涉及人的思维、情感等内心精神活动和与自然、他人等外部社会环境的交互。不同的教育类型在这两方面的表现与追求各不相同,那么将两者进行有机衔接的法则,即逻辑也会存在差异。若脱离了相应的逻辑,教育的内部活动与外部活动就会缺乏一致性,所培养的人才也难以体现相应教育的类型特色。

在此类秩序下,职业教育作为一种教育类型所体现的具有普遍性的类特征为:职业契约的精神特征、技术领域的逻辑特征、产教融合的形态特征。

---

① 汪丽君.建筑类型学[M].天津:天津大学出版社,2005:121-122.

1.职业契约精神是指人们对各职业特有价值的认知与信念。人们通过契约的方式让渡自己的一部分权利与利益，便能够实现将这些利益集中为同一目标服务，那么职业契约精神的实质可以理解为人们对于各职业非利益层面的精神约束。这种约束在现实中对内表现为对自己技术技能的自信、对职业最终层次境界的追求、不因名利而轻易妥协等精神气质，对外表现为对工艺精益求精、工作作风严肃认真等工作状态。职业契约一方面维护着各个职业规则以及职业内部秩序的遵守，另一方面也是在追求富有时代特征、个体特质等个性因素的自由多样性。相比于普通教育的学科契约精神，职业契约精神更多地体现个体或一类群体对于其所处的社会分工位置、所进行的社会生产活动的忠诚。这种契约精神的形成是一个复杂的系统工程，是区域文化、院校文化再到专业文化多因素层层影响的结果，并同时对劳动者劳动习惯的不断积累与精进也有着一定的依赖。职业契约精神是职业教育作为一种教育类型在个体层面最本质的类特征，同样也是职业教育人才培养中最重要的精神品质。职业契约的缺失将会使劳动者只关注在个体与个体之间的利益博弈，难以形成合作共同体以解决个体利益之上的社会集体性问题。

2.技术领域逻辑是指技术活动、技术创新、技术传承等技术领域中的认知规律与行为法则。科学所反映的是自然的本体，是不依赖于人的意识和人的活动而存在的；技术则是利用、控制自然，创造人工自然并协调人与自然界的关系[1]。可见，技术领域逻辑更是倾向于对生产效率、经济效益、环境影响的思考与最大化的追求。技术领域逻辑的产生有两大重要特征：一是劳动经验的高度依附性。从本体论上来讲，技术领域先于科学[2]。技术的出现起初是通过长期实践经验积累所提炼总结而成的规范、高效的认知策略、行为模式等。只有约束于这种规范、高效的实践，技术才得以实现一代又一代的传承。同时，这种实践所体现的规范、高效是相对的而不是决定性的，只有依靠长期实践所形成的劳动经验，才能实现对这种规范与高效的更进一步精进。二是科学知识生产化的中介性。通过经验来指导生产在时间与空间上都具有一定的局限性。将科学知识转化为生产力无疑可以有效解决上述的

---

① 陈昌曙.技术哲学引论[M].北京：科学出版社，2012：15-17.

② ［美］唐·伊德.技术哲学导论[M].洛月明，欧阳光明，译.上海：上海大学出版社，2017：44.

问题,如技术科学、应用科学都是科学通过技术转化为生产力的方式。在这里,科学与技术不再相互作为两个独立的个体,而是相互融合依赖。科学为技术的规范化与高效化提供理论指导,而技术则作为中介,将科学中理想的高效化与规范化转化为现实的生产力。总之,技术领域是职业教育作为一种类型教育的学理支撑,其知识的独立性、过程的复杂性决定、来源途径的多元性决定了职业教育人才培养过程、办学形态、管理模式的类型化①。

3.产教融合形态是指摆脱以学校为主要中心,转而以社会、学校、企业等多中心的教育活动形式。它是以生产与教育作为二元领域,涉及多元主体的外在表现形态,就如同区块链技术,职业教育的产教融合既是去中心化,同样也是多中心化。与普通教育的产教合作形态对比来看,产教融合所表现出的是在职业教育中各参与主体都有平等的话语权。由于职业教育所传递的知识、技能以及情感态度与社会生产紧密相关,因此对于职业知识、技术技能、情感态度价值观等方面的传承,各中心掌握着不同方面的话语权,如产业、行业、企业对人才、技术以及未来发展的需求决定了职业教育中知识技能传递的内容。而学校作为知识技能传递的主要场所,需要在满足产业、行业、企业相关需求的同时,考虑如何有效进行知识技能的教授。社会作为技术所带来的生产效益的受益者,同时也作为产业、教育发展的支持者,决定着职业教育发展的受支持力度。政府作为管理者,促进教育与经济二者的有机协调,同时也是职业教育平稳发展的有效保障。

二、适应产业:职业教育专业建设与产业发展的理论构建

国家产业转移、融合、集群等发展不断推进,对劳动力布局、规模调整及劳动力质量都提出了相应要求。合理的劳动力布局、规模及质量,将成为国家产业发展支撑。职业教育专业作为技能人才培养的基本单位,承担着为产业提供人才支撑、技术支撑的重担,是产业发展的重要推动力。《国家职业教育改革实施方案》指出,要"按照专业设置与产业需求对接、课程内容与职业标准对接、教学过程与生产过程对接的要求"。而我国仍存在职业教育专业建设严重滞后于产业发展的问题,这不仅导致技能人才供给数量短缺,更导致人才供给的层次、区域不合理。国内学者就专业设置与区域产业需

---

① 徐国庆.确立职业教育的类型属性是现代职业教育体系建设的根本需要[J].华东师范大学学报(教育科学版),2020(1):1-11.

求耦合性分析、专业结构适应区域产业结构动态调整机制、专业人才培养模式适应区域产业发展等问题进行了大量分析，但多呈现研究内容碎片化、片面化等特征，缺乏整体系统思考。本书试图借助霍利斯·钱纳里（Hollis B. Chenery）"发展型式"（patterns of development）理论，基于产业发展需求侧三维框架，论述职业教育专业建设与产业发展的匹配逻辑，在此基础上构建理论匹配框架。

（一）职业教育专业建设与产业发展匹配逻辑

1. 分析框架

职业教育专业建设与产业发展匹配实质可认为是两者供需利益的协调过程，匹配难度在于双方同时拥有供需双重角色。产业发展以盈利为目标，追求利用最小资本投入得到最大经济效益。产业在职业教育专业建设中承担供给者角色，需要优先满足产业作为需求侧对自身发展的需要，再将其作为供给侧满足专业建设各项推动需求。"发展型式"理论作为经济发展过程和型式长期研究的成果，对基于产业发展演变过程剖析产业发展产生的需求，具有重要借鉴意义。

"发展型式"理论是美国经济学家霍利斯·钱纳里在《发展型式，1950—1970》中提出的，为比较和评价不同类型国家产业发展战略和政策提供的理论依据和分析工具，是发展经济学的重要研究方法之一。该理论主要从产业结构演变、劳动力转移、技术水平制约三方面阐明产业发展历程：一是产业发展过程中产业结构经历"不发达经济阶段、工业化阶段（包含工业化初期、中期、后期）、发达经济阶段（包含后工业社会时期、现代化社会时期）"三个阶段六个层次变化。二是产业结构变化会影响劳动力就业，具体表现为第一产业劳动力就业占比下降，而第二产业与第三产业占比增长。三是产业发展滞后是由于生产效率与技术水平没有达到相应水平，从而出现产业结构与就业结构不对称[①]。

基于"发展型式"理论对产业发展型式的三方面判断，本书提出"产业结构—就业市场—产业技术"三维框架（见图 8-1），将产业发展作为需求侧分析与职业教育专业建设的匹配问题。在产业发展过程中，产业结构更多受国家

---

① 张梅，陈喜强. CAFTA 进程中粤、桂、云、琼四省区产业结构与就业结构协调问题研究[J]. 经济问题探索，2009(6)：30-34.

宏观调控影响,引导就业结构变化,体现为国家对劳动力类别与分布的需求。就业市场更多受区域市场调节影响,良好的就业市场能形成与产业结构匹配的就业结构,从而推动产业发展。区域对劳动力的吸收能力及选择倾向差异,体现为就业市场劳动力结构与层次的需求。产业技术是解释产业发展的重要因素,一方面,它对就业市场体现为破坏与补偿双重作用;另一方面,受就业市场选择,只有被市场接纳的技术才能进入生产过程成为生产力。产业技术体现出对劳动力掌握技能的黏性、弹性与韧性需求。

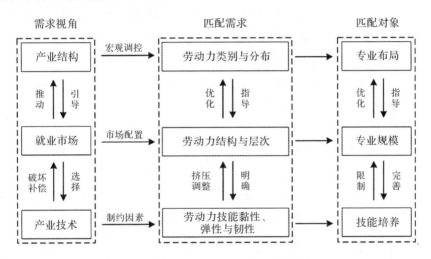

图 8-1 职业教育专业建设与产业发展匹配问题三维分析框架

2.三维分析框架的匹配逻辑

(1)结构匹配:产业结构与专业布局

产业结构反映的是各产业间资源占有关系,包括自然资源、技术、劳动力等。随着我国经济高速增长,产业结构不断升级势必对劳动力数量和类型占有提出要求。宏观看,职业教育定位于直接服务国家经济,各专业培养直接进入生产一线的产业生力军。职业教育专业布局是产业需求与职业教育教学紧密结合的纽带,反映我国职业教育产业高质量人才输出的类型与空间分布。

首先,产业结构构成与演进决定着职业教育专业布局调整方向。一方面,职业教育专业划分依据主要是产业和行业,兼顾学科体系。这种划分规则决定了不同类型专业布局需迎合国家产业发展需求而非学科发展需求。另一方面,从服务对象看,职业教育专业主要服务对象是区域主导产业和支柱产业,同时辐射相关辅助产业和基础产业。整体专业布局要满足不同区域产业发展。职业教育专业群建设即专业布局适应产业结构变化进行的调整,在原有专业布局基础上,基于产业逻辑,将产业链上的专业组合形成专业群,以适应产业各部门间界限模糊化发展趋势①。

其次,职业教育专业布局水平影响产业结构形成与演进速度。教育的经济功能决定了教育系统对社会经济发展起一定作用。相对于普通教育,职业教育对象更广泛,培养目标更具职业针对性,同经济、社会的关系更为直接和密切②。职业教育各专业直接向特定产业部门提供劳动力。而劳动力是推动产业发展的重要因素,知识、技术对产业发展的推动,需通过劳动力才能转化为生产力。合理的专业布局能有效满足区域产业行业对劳动力类别与数量的需求,宏观层面形成合理劳动力分布,能够加快国家产业结构优化与演进。

(2)市场匹配:就业市场与专业规模

就业市场是按市场机制对劳动力人力资源进行配置、调节的市场形式,③表现为劳动力供给的规模、结构和质量的需求。产业部门是就业的载体,产业转型升级不断深化,势必引起就业市场调整。中观看,就业市场是区域产业发展需求的显性表现,是区域职业院校专业人才供给与用人单位需求间的直接媒介。专业规模主要涵盖专业设置种数、布点数和招生人数④,能有效预测区域专业人才供给的结构占比及层级结构。

首先,就业市场需求是职业教育专业规模调整的重要依据。职业教育学生就业市场相比于大学生就业市场,具有更强的区域性就业的特点。一方面,专业规模调整要依据就业市场对劳动力数量与结构的需求。不同产业对劳动力的吸收能力不同,区域资源禀赋差异体现出的产业结构差异会进一步影响就业市场,表现为区域就业市场对劳动力数量与结构的需求差异。另一方面,专业规模调整依据区域不同层次人才需求。我国区域产业发展步伐并不划一,处于不同发展阶段的地区在人才需求的学历、技能等层次上会存在

---

① 徐国庆.基于知识关系的高职学校专业群建设策略探究[J].现代教育管理,2019(7):92-96.

② 杨金土.经济与职业教育相关性浅析[J].职教论坛,1996(1):8-9.

③ 马世洪.以供给侧改革破解大学生就业市场结构性矛盾[J].中国高等教育,2016(10):15-18.

④ 雷洪德.文学本科专业规模大发展的原因与代价[J].大学教育科学,2011(3):28-33.

差异。职业教育培养的是生产、服务、技术、管理一线需要的高素质劳动者和技术技能应用型人才,注重学生职业能力培养,具有以职业为导向、为就业服务的特点①。在职业院校人才供给中,培养多少人、培养什么样的人,主要是由专业规模进行调控。满足不同区域就业市场劳动力需求差异,专业规模必须依据就业市场需求进行调整。

其次,合理的职业教育专业规模是就业市场平稳运行的重要保障。产业结构反映的是人才供给结构的应然趋势,就业结构则反映人才供给结构的实然状态。两者的偏差程度直接影响产业发展的速度与质量。职业教育专业规模作为控制涌入就业市场劳动力的控制阀,协调着各专业培养的人才数量与专业人才培养结构。如果职业教育专业规模与就业市场需求脱节,就会出现人才供给的结构性过剩②,就业市场出现劳动力需求停滞,区域产业又无法短时间吸收过剩劳动力,职业教育对区域产业人力资源支撑作用就会弱化。

（3）技术匹配:产业技术与技能培养

产业转型升级在微观上具有越来越复杂的技术能力③。产业技术是生产技术的体系化,是生产特定产品或提供特定服务的技术④。相比于科学技术拥有的潜在生产力,产业技术具有直接生产力,决定产品的质量、成本、水平与性能。职业教育相比于其他教育类型,更聚焦于技能培养。对产业而言,技能更指在已有知识经验基础上,经过练习形成的对待某种任务的活动方式。产业技术间的差异使各产业所需专业技能不尽相同。这一差异是职业教育各专业培养人才的核心竞争力所在。

---

① 刘晓,周明星.近三十年来我国职业教育原理研究的回顾与展望[J].职业技术教育,2009,30(10):17-27.

② 马世洪.以供给侧改革破解大学生就业市场结构性矛盾[J].中国高等教育,2016(10):15-18.

③ 丘海雄,于永慧.中国制造的腾飞——珠三角产业转型升级的实证研究[M].北京:人民出版社,2018:121-123.

④ 远德玉.产业技术界说[J].东北大学学报(社会科学版),2000(1):22-25.

首先，产业技术是职业教育技能培养的出发点。传统职业教育对学生技能培养主要基于生产技术，即只聚焦于产品生产过程的某一部分或某一环节。这种培养方式具有明显的边界属性，更多强调劳动者技能掌握的纵向深度即熟练度、精准度，弱化了技能的横向发展路径。随着技术不断进步，机器能执行更为复杂的操作，参与更多生产环节，使人从生产一线解放出来。人们的角色不再是固定在特定生产线上与机器协作的操作者，更多作为旁观者，成为整条生产线的决策者、协调者、管理者。因此，技能培训不能局限于特定劳动环节的生产技术，而要面向体系化的产业技术。相比于生产技术，产业技术更富张力。它允许劳动者精专于某一产业环节，同时使劳动者拥有一定的技能广度，保证劳动者能在技术更迭的当下始终有生产活力。

其次，技能培养是产业技术发挥其生产力的重要途径。一方面，技能是产业技术发挥其生产力作用的重要载体。技术不仅依赖于人而产生，技术的全部丰富特性也在人的使用中展现出来的[①]。技术从出现开始便对人们形成了无形的制约力，即人们必须遵循技术规定的一招一式来驱动它，不然就达不到预期目的。技能则是人利用技术实现生活生产的重要驱动力，是满足技术带来的"规则"的手段。另一方面，技能规范化有助于提高产业技术的生产效益。人们利用技术的同时，也被技术规范在固定行为模式中。技能培养实质是利用技术行为规范化的过程，目的是减少技能与技术规范的偏差，只有偏差不断缩小，技术转化为生产力才能实现最大效率。如果技能培训与技术脱离，技能中个性化、随意性元素逐渐扩大，就会导致技能对技术的有效驱动大幅度下降，使技术无法在产业活动中提供最大生产力。在专业人才培养过程中，只有让劳动者切实掌握相对应专业技能，才能真正起到生力军作用。

3. 职业教育专业建设与产业发展匹配的理论框架

基于"产业结构—专业布局""市场需求—专业规模""产业技术——技能培养"三维框架，构建图8-2所示的职业教育专业建设与产业发展理论框架。

---

① 肖锋.技术的人性面与非人性面[M].北京:科学技术文献出版社,1991:28-29.

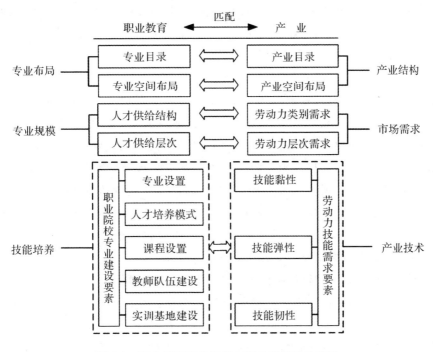

图 8-2 职业教育专业建设与产业发展理论框架

（1）职业教育专业目录与产业目录匹配

职业教育专业目录与产业目录匹配是指国家产业目录任一产业类别都可在专业目录对应到为其服务的若干专业，即基于国家层面，职业教育专业类别范围能覆盖国家所有产业类别。其主要是解决产业发展过程中对劳动力"要什么"的问题。国家产业转型升级中不断跨界融合及新技术的开发与引进，部分传统产业逐渐消失或与其他产业融合，新技术带来的新产业逐渐兴起。新旧产业呈现交叠更替导致在国家产业目录中一些传统产业逐渐消失，一些新兴产业则被录入。其迭代更新反映了国家对技术技能型人才的需求导向。职业教育专业目录作为职业院校培养各类专门人才的分类目录，是各职业院校进行专业设置、招生、教学等各项工作的重要参考依据。同时，它也反映我国职业教育人才供给端的人才供给类别现状。国家职业教育专业目录与产业目录相匹配，能满足国家产业发展对劳动力类别的多样性需求，实现"要什么给什么"，推动职业教育专业类别结构与现有产业匹配。

（2）职业教育专业空间布局与产业空间布局匹配

职业教育专业空间布局与产业空间布局匹配是指各区域职业教育专业

类别能覆盖该区域产业类别，主要是解决产业发展对劳动力"哪里要"的问题。产业空间布局指在区域划分标准下，产业在划分基本单位上的数量与类别的格局。划分标准不限于依照国家行政区块划分标准，同时包含国家地理区块、相关经济圈、经济带等政治经济区块等划分标准。国家产业空间布局受区域自然资源条件、社会发展历史、交通运输等影响。产业不可能也没有必要定位在所有区域，也不可能满足所有区域的需求。因此，各区域会在产业类别及产业规模上存在差异。宏观看，产业空间布局主要反映不同区域对劳动力不同类型的结构需求。职业教育专业空间布局反映区域职业教育对劳动力供给类别的现状。二者的匹配能实现国家产业劳动力"哪里需要哪里供给"的要求，有助于缓解区域职业教育专业设置追求泛而广的弊端，实现产业人才合理空间分布，满足区域重点优势产业与职业教育的对接，对周边地区形成辐射，形成区域间劳动力共享环境。

（3）职业教育人才供给结构与劳动力需求结构匹配

专业结构与产业结构匹配指区域职业教育各专业供给的劳动力数量结构与该区域劳动力类型结构相吻合，是解决产业发展中对劳动力"要多少"问题的主要途径。区域开放程度、基础设施建设程度、自然气候条件等不同，各区域在主导产业、消费需求结构等方面并不会一致，从而形成区域产业结构差异。区域产业结构不光反映该区域对生产与技术需求结构，同样反映该区域人才类型数量结构。合理的人才结构，能满足区域产业对劳动力类型数量的结构需求，防止劳动力市场陷入劳动力过剩、积压或紧缺。职业教育人才供给一定程度影响区域劳动力结构。区域职业教育专业结构是区域劳动力供给类别和数量结构的重要预测点，区域职业教育专业结构分析能对每年涌入劳动力市场的人员结构做出判断。区域专业结构与产业结构匹配一方面有助于实现职业院校学生"毕业即就业"的专业建设目标，提高职业教育办学质量与社会服务力；另一方面能促进建设稳定、高效的劳动力市场，缓解结构性失业，提高就业率，优化区域劳动力资源配置。

（4）职业教育人才培养层次与劳动力需求层次匹配

区域人才培养层次与劳动力需求层面匹配指区域内职业教育供给人才的学历结构满足就业市场对劳动力学历要求。这是解决产业发展对劳动力"要多好"的问题。就业市场而言，学历代表一个人在教育机构接受科学、文化、技能等知识的学习经历，是就业市场对劳动力进行层次分类的重要依据。产业转型升级实质是从劳动密集型产业转变为资源密集型产业，在此过程中我国原有人口红利逐渐消失,素质红利随之产生。同时,我国各区域产业转型升级程度,无论是产业类别、层次都存在一定差异,由此导致劳动力市场对劳动力类别、层次的需求差异。中高端产业需要更多高质量技术技能型人才,中低端产业需要能熟练操作技术的技能型人才。从中等职业教育到高等职业教育,不同学历层次职业教育对受教育者各方面培养程度及对就业市场供给的人才层次要求不尽相同。因此,区域人才培养层次与劳动力需求层次匹配能在满足产业劳动力类别与数量基础上,进一步满足产业劳动力技能层次需求,满足不同区域对产业发展"量"与"质"的差异。同时,促进区域不同层次职业教育规模合理配置,畅通专业人才成长路径。

(5)职业院校专业建设要素与劳动力技能需求要素匹配

职业教育专业建设要素与劳动力技能需求要素匹配是指各职业院校从专业规划到实际人才培养,所培养人才的技能储备符合产业劳动力技能需求。产业对劳动力技能需求体现的技能属性分为三部分:一是技能黏性,指产业对劳动力所掌握技能的依赖度;二是技能弹性,指劳动力所掌握的技能对产业发展中引起变化的敏感度;三是技能韧性,指劳动力在遭受产业发展过程中产生的系列冲击过程中,相关技能的动态调整跟随能力。产业技术升级使工作岗位技术性逐渐被淡化。技术外延性被日益重视,主要包括两个层面:一是强调拥有跨生产流程、专业知识界限的泛在知识技能体系,以提高技能黏性;二是通过深化对知识技能的理解,将下位技能聚类归纳到上位技能体系中,提高技能对产业技术变化的适应力。此外,技术快速发展意味着劳动力要能通过自主学习、参与培训或其他途径,快速形成适应技术需求的相关技能,即有着适应产业技术迅速变革的技能韧性。

职业院校不仅承担着满足国家对劳动力类别与数量的显性需求,同时承担满足产业发展对劳动力技能日益提高的隐性要求。根据不同专业服务产业的产业技术差异,对专业建设各要素进行相应调整,主要包括专业设置、人才培养模式、课程设置、教师队伍建设、实训基地建设五个要素。职业院校专业建设需要始终让这五个要素从目标取向、实践操作、评价评估三个阶段紧扣产业劳动力技能需求,实现劳动力技能需求要素与专业建设要素匹配。一方面,两者匹配有助于职业院校培养的人才在就业市场拥有核心竞争力,防止因技术进步或知识经济发展产生的结构性失业;另一方面,高质量人才涌入,能在生产制造过程中"干中学",推动资本密集型产业深度发展,实现"跟随"到"超越"的转变。①

4. 职业教育专业建设与产业发展匹配的思考

思考1：职业教育专业群建设如何进一步实现与产业群的精准对接？

近年来，随着专业建设相关研究的推动以及产业发展对整个职业教育提出了挑战，以专业群为对象的研究似乎代替了以独立专业为对象的研究，涌现出大量的学术研究文章以及各个院校实践案例。但是我们仍无法回避的一个现实问题是：什么是专业群？似乎还没有任何学者对这个问题给出明确清晰的回答。这不仅仅是对专业群的概念、内涵、特征等理论层面问题进行阐释，更需要进一步回答专业群在整个职业院校运行管理结构中的位置在哪里，专业群在运行过程中的实际组织形式是怎么样的等等一系列实体形态和实践操作层面的问题。基于现有对专业群建设的文献来看，虽然开始有学者指出专业群的建设不是简单的相关专业捆绑，其建设应是按照某种合理的逻辑的专业组合。这种思路虽然打破了若干专业之间的内部壁垒，但本质上并没有打破原先专业所存在的外部刚性边界。专业群始于本科院校的专业发展模式，其发展初衷是应对学科知识发展过程中越来越频繁的跨界交叉现象。但是职业教育作为与产业发展紧密对接的类型教育，在职业教育中提出专业群显然是需要立足产业的视角来进行分析。职业教育专业群的出现可应对产业集群环境下带来产业链的延伸以及产业技术的日益复杂化。后者更多地依托于普通高等教育，通过现在所提出的学科群建设，达到多学科交叉以实现高精尖技术的攻关。而前者则依托职业教育，但是需要看到的是，在产业链延伸的背后同时还紧跟着产业生产组织方式从刚性组织向液态组织方式的转变，即通过将组织层级扁平化以减少产业链延长所带来的组织协调成本的增加，而实现这一转变则是健全平台建设。诚然，对于职业教育专业群的建设，我们已经意识到需要与产业链对接，但是对于应对产业链背后的进一步发展的策略仍旧是空白。因此，对于进一步落实职业教育专业群建设，提高职业教育专业建设质量，实现与产业发展的精准对接，仅仅从传统专业建设的经验出发是远远不够的，需要站在一个更为上位的视角，尝试思考：专业群的建设是否会带来职业院校内部组织结构的变化？能否通过以群代院、以群建制，实现专业群建设从自发组合转变化自觉组织？当然，一切的基

---

① 李磊，刘常青，徐长生. 劳动力技能提升对中国制造业升级的影响：结构升级还是创新升级？[J]. 经济科学，2019(4)：57-68.

础还是需要建立在一个各专业课程等资源共享的平台之上。

思考 2：职业教育专业建设如何真正做到前瞻于产业发展的步伐？

职业教育专业建设需要具有一定前瞻性是一直被众多学者所强调的，这是从就业结构与产业结构相吻合的角度出发，同时考虑到职业教育人才培养具有周期性所提出的。现代学徒制的提出显然解决了后者的顾虑，通过入学即入职，相比于订单制，大大减少了学生培养的周期。然而摆在我们面前的问题是：究竟什么是前瞻？其现实形态如何？是将职业教育专业布点前瞻于产业更迭速度，还是将专业建设前瞻于产业技术发展速度？目前对于专业建设的前瞻性仿佛只拘泥于专业设置层面。我们不妨从市场经济体制的角度来看，学校宏观调控着学生这一"产物"，学生通过相关专业的培养被送进社会，其身上所"携带"的一是劳动力类别标签，二是自身所习得的技能，而就业市场则起着配置学生的作用。基于此，我们不难发现，通过对专业设置的控制，学校可以从宏观调控层面解决劳动力类别标签的前瞻问题，在类别数量层面实现专业设置前瞻于产业更迭速度。但是不解决学生的质量问题可能会导致产业无法及时吸收全部的劳动力，从而进一步出现结构性失业，这就需要进一步关注市场配置的作用。在这里，市场机制对资源进行配置体现在学生进入就业市场后企业的自由选择。只有满足企业对劳动力的需求，专业所输出的劳动力才能真正实现配置。因此，对于职业教育专业建设如何真正做到前瞻于产业发展的步伐，一方面，从宏观层面牢牢把握产业迭代的趋势，做好传统专业退出、调整、融合以及新专业设置的引导的工作。另一方面，从微观层面需要真正做好校企合作，在专业建设中各自所合作的企业对劳动力需求的痛点在哪里？是培养成本，还是培养条件，抑或是培养周期？那么进一步思考：如何培养前瞻于企业期望的劳动力？从企业层面满足产业发展的需求，才能使劳动力被就业市场及时吸收，专业建设前瞻于产业发展才能实现其意义。

思考 3：职业教育专业建设如何探寻特色化的发展道路？

纵观我国职业教育专业建设发展，其演变路径大致可以归纳为从重点专业建设到示范性专业建设，再到一流专业建设，最后到高水平专业群建设。而 2019 年《国家职业教育改革实施方案》中指出"由参照普通教育办学模式向企业社会参与、专业特色鲜明的类型教育转变"。这意味着职业教育专业建设上既要在重质量"建高峰"的同时也要做到寻特色"起高原"。那么首先应该厘清：究竟什么是专业特色？专业特色建设是否等同于高质量高水平专业建设？现有的研究大都认为专业特色建设的着力点应聚焦在师资、人才培养模式、设备等外部环境，其实质仍滞留在技能形成体系的层面，无异于高水平高质量的专业建设。因此，我们需要进一步明确"特色"一词的意涵。专业特色建设一方面体现在其特殊性上，从这一方面看，上述一系列的着力点就能够得到合理的解释，另一方面，专业特色建设体现在独特性上，即无法被复制。而着力于外部要素进行专业建设往往对其一般路径进行归纳总结，久而久之所谓的特色便会成为一种范式。因此，职业教育专业建设的特色化在着力于外部条件的建设的同时，更应该着眼于某种内部文化的建设。这种内部文化最后体现在专业所培养的学生身上便是职业承诺，即一种特有的职业认同感与对职业的依赖感。而这种契约精神的建立是一个复杂的系统工程，是从区域文化、院校文化再到专业文化层层影响的结果。它是专业被社会所辨识的烙印，也是专业之所以为特色的核心。如今我国不断推进现代学制工作以及强调工匠精神便是对这种契约精神的追求。然而国内鲜有对专业建设中对学生职业承诺的培养的相关研究，这就需要我们进一步思考：这种职业承诺是如何形成的？又有哪些因素影响着这一精神的塑造？是否每个专业建设都需要从技能形成层面精进到匠心精神这一层面？基于职业承诺的视角，探究专业建设过程对学生技能形成之外的培养，对专业建设实现特色化发展有着重要意义。

三、技能匹配：职业教育人才培养与技能习得的理论构建

目前，我国劳动力市场仍存在一定程度的工作错配问题，有 30% 的劳动者至少出现了"过度教育"和"技能不足"两种情形之一[①]。培养符合市场需求的技术技能人才仍是专业群建设的重要任务。2019 年，教育部、财政部在《关于实施中国特色高水平高职学校和专业建设计划的意见》（教职成〔2019〕5号）中也明确指出"发挥专业群的集聚效应和服务功能，实现人才培养供给侧和产业需求侧结构要素全方位融合"[②]。从现有的研究来看，学界对于专业群人才培养的探索主要集中于依据现实人才培养的需求和问题从学理上系统地提出相应的人才培养模式，也有部分学者基于高职院校实践经验总结特定

---

① 刘云波.教育错配和技能错配的发生率及其收入效应——基于中国 CGSS2015 的实证分析[J].东岳论丛,2019,40(3):60-68.

② 教育部,财政部.关于实施中国特色高水平高职学校和专业建设计划的意见[Z].2019-03-29.

专业的人才培养模式。总体来看,学界对于专业群的人才培养多关注于从外围宏观的视角进行审视,而鲜有从内部微观的视角进行讨论。人才培养的重心在于学生职业能力的习得。高职院校专业群建设在有效聚拢松散资源时,学生能够在更为贴近职业环境的系统情景下进行学习,那么对学生技能习得方式势必带来一定的变化。基于此,本书基于合法的边缘参与技能习得理论,尝试从实践情景、参与方式、教学特点等方面构建专业群人才培养的技能习得理论框架。

(一)高职院校专业群人才培养的愿景与困境

培养怎么样的人是高职院校专业群建设的基本逻辑出发点之一。在诉求专业资源的整合与结构优化的背景下,高职院校需要进一步重新审视专业群人才培养的定位,分析专业群人才培养的突破口。

1.培养掌握系统职业能力的人才是专业群人才培养的愿景

高职院校在人才培养方面要同时凸显"职业性"与"高等性"双重属性。那么培养怎么样的人才算"高"? 是面向高层次职业类别,还是面向高层次技术技能? 我国对于高等职业教育人才培养定位经历了"技术型人才—高等技术应用型专门人才—高技能人才—高端技能专业型人才—高素质技术技能人才"的转变过程。从中我们不难发现,我国对于高等职业教育人才培养定位的转变有两个特点:一是从单纯依附技能积累到以技术为路径依赖的专业技能积累;二是从强调实践技巧技能的累积到职业能力的提高。特别是 2019 年在《国家职业教育改革实施方案》中将职业教育人才培养定位为高素质技术技能人才,"素质"一词的加入极大地丰富了人才定位的内涵。而在学界,学者们也普遍认为单纯的高技术技能人才已经无法满足国家需求以及新时代赋予高等职业教育的使命与担当,如匡英认为新的时代要求高等职业教育不仅培育大批高技能人才,还要回应科技发展趋势,培育复合型、高端化人才,对创新、研发、升级、攻关提出了新要求。[①] 基于此,高职院校专业群对于人才培养的定位应聚焦在系统职业能力的培养,该能力包含两层含义,一是以系统的专业技术知识作为路径依赖的技能增长;二是基于个人层面的职业性格的系统增长,即对所从事职业的传统、价值等方面的

---

① 匡瑛.《"双高计划"背景下高职高等性意涵及其实现[J].高等工程教育研究,2020(1):148-152.

认同。

科学研究在实际生产中的应用丰富了传统以经验累积所总结的技术的内涵。同时，依靠科研所孕育的技术，其产生的生产力及习得所需要的时间都远远优于传统概念下的技术。应当看到，即使如今部分工作仍需要经验积累的技术技能来解决，以科学研究为基本的技术发明已经渗透在现实生产的各个环节中。同时，随着信息化、物联网、人工智能等新兴技术的进一步发展，机器在生产环节上能代替人工的地方愈来愈多，岗位间边界开始液化，岗位间的差异开始缩小。面对这样的生产组织方式，掌握单一生产环节技术的劳动力将会被逐渐淘汰，更需要的是掌握系统的专业技术知识，能够灵活应用在整个生产环节。系统的技能积累是一个长时间的过程，从"知道做 A"到"知道做 A，必须考虑 B"是知识与知识之间开始产生联系，逐渐变成系统技能的过程，在能力增长的过程中，同样也是自我增长的过程，系统的思考可以让劳动者更加看清所从事的职业，对于职业历史、价值也愈发有着认同感。因此，在科学研究不断转化为现代技术的当下，职业能力愈发重视系统的技术知识体系，对于技能的形成也对其有着更强的路径依赖。同时对于系统技能的积累，也要有着个人对职业的认同感，这种认同感在个人所处社会地方与文化的共性价值导向下，也拥有着自己的性格。

2. 技能习得过程中情景要素的滞后是专业群人才培养的重要困境

首先是任务情景中标准性技能练习难以触及实践逻辑。在以"行为—标准"为特征的任务情景中，技能的获得主要依赖于知识的转化，通过学校、培训等规定的标准化练习环境，不断熟练技能并使其达到自动化。这种知识的获得注重对实践逻辑的思考，即以解决现实问题作为逻辑出发点，帮助学习者加深对职业性知识的理解，实现"情景观察—问题判断—技能应用"的贯穿，拓宽学习者所习得技能的活动范围。从我国示范性高职院校建设时期开始，通过项目课程、工作过程系统化课程等一系列先进理论的指导，高职教育的课程内容从学科体系逐渐转向工作体系。然而，在延续"有用、够用、实用"的知识筛选原则中，却造成了职业教育中机械嫁接学科知识、凭借经验传递实践知识的课程内容来源格局①。对于停留在学科知识与任务行为对应的职业性知识开发显然难以满足任务情景对行为逻辑与任务行为相对应的知识

---

① 徐国庆.开发技术知识："双高计划"背景下高职院校课程建设的突破点[J].教育发展研究，2020,40(9):47-55.

开发需求。一方面,学生的知识获取大部分仍处在学科体系中,但是知识结构的片段化也闭塞了系统的学科知识获取通道;另一方面,知识与实践呈现机械的对应关系,学生对于技能应用的活动范围拓展大部分需要依赖于不同实践经验的被动积累,难以依据"现实观察—知识判断—技能选择"的判断逻辑进行自发性的技能活动范围的拓展。

其次是岗位情景中项目性技能实训难以凸显实践环境。岗位情景中的技能习得以实践结果导向的行为为主,如连接电机启动电路、搭建数字计时器等。这种基于岗位情景所形成的技能是学习者在不断"目标判断—任务拆解—结果检验"的过程中逐渐熟练内化形成。在以学校教育为主体的现代职业教育系统中,职业院校主要采取建设实训场所并通过从职业活动中提取各类典型项目的方式帮助学生习得相应的技能。而在实际操作中,各院校对于培养学生掌握岗位情景中所需技能的过程性、个性化要素存在一定的忽略。一是项目实训的过程往往进行了标准化的规定,对于项目执行的每一步进行了细致描述。这便将习得带有个性技能的岗位情景简化为习得标准化技能为主的任务情景,学生在借助项目学习过程中,仍是对各子任务的"目标—结果"差距间的判断训练。对于各子任务结果与整体项目目标之间的差距判断依旧缺失。二是项目实训的空间结构割裂,实训场所的设备为适应大量学生的训练,通常采取按照不同设备功能划分空间。这种划分逻辑将岗位情景变得碎片化,学生在项目实训过程中,只能观察到其他学习共同体在相同阶段的动作、交流情景,缺少关于系统项目工作环境中关于不同项目阶段学习共同体的动作、交流情景。

最后是职业情景中生产性技能活动难以保障边缘参与。职业院校通过校企合作的方式来打通学生职业技能习得与产业需求对接的关键一步。在校企合作过程中,学生得到进入实践场所的合法身份并进行一段时期的生产性活动以在真实环境中巩固内化在学校中所习得的相关技能。从教育自身的视角看,由于企业的有限理性特征、企业行为的投机性倾向,企业参与职业教育办学过程中多是从短期利益出发,将获取廉价劳动力置于重要地位,在人才培养方面的参与积极性不是很高[1]。但是,相反地,学校在校企合作过程中往往期望企业能够在人才培养方面提供与专业相关的生产岗位用以学生

---

① 郝天聪,石伟平.从松散联结到实体嵌入:职业教育产教融合的困境及其突破[J].教育研究,2019,40(7):102-110.

职业技能的巩固，对于机械劳动的工作岗位又加以拒绝。这无疑抵触于企业参与校企合作以实现经济利益与维持生产秩序的目的。学生在职业情景中需要在边缘不断观察、交流、实践，逐渐被实践共同体内成员接纳才能参与到更为中心、系统的工作中。此外，技术发展极大推动了生产效率的提升，也使得生产过程高度分工化。学校在关注学生在企业实习的岗位性质、安全保障、身份保障等方面的内容之外，忽视了对高度分工化的生产组织方式所形成的空间上的技术隔离，学生在企业进行生产性活动中无法观察到系统的生产组织流程，对于学生形成任务的系统整合、工作的前后端衔接等相关技能产生障碍。

（二）高职院校专业群人才培养的技能习得的分析框架

对于技能习得（skill acquisition）问题的思考，可以理解为在特定情景下，对外部肢体行为与内部认知体系相协同的学习过程。学习理论主要由经验主义、条件反射理念以及建构主义这三大传统理论占据主流①。在讨论技能是如何习得的问题时，除了依据学习理论从教育学、心理学的角度论证技能形成的过程外②，有学者从技能自身变化的角度讨论技能从习得到使用过程中的变化，如费茨（P. M. Fitts）和波斯纳（M. I. Posner）提出的三阶段模型，将技能习得的过程分为认知阶段（cognitive stage）、联系阶段（associative stage）和自动化阶段（autonomous stage）③。也有学者从社会学的视角，基于学习者身份的变化以及技能的外在表现讨论技能习得的过程，如德莱弗斯兄弟（H. L. Drefus, S. E. Drefus）、劳耐尔（F. Rauner）等都提出了技能习得五阶段模型，将技能习得学习者分为初学者（novice）、高级新手（advanced beginner）、称

① ［法］安德烈·焦尔当. 学习的本质［M］. 杭零，译. 上海：华东师范大学出版社，2015：21-22.

② Kirsner K，Speelman C. Skill Acquisition and Repetiton Priming：One Principle, Many Processes? ［J］. Journal of Experimental Psychology：Learning，Memory，and Cognition，1996(22)：563-575.

③ Kee Y H. Reflections on athletes' mindfulness skills development：Fitts and Posner's (1967) three stages of learning［J］. Journal of Sport Psychology in Action，2019 (4)：214-219.

职的从业者(competence)、熟手(proficiency)、专家(expertise)五个阶段①②。而贝雷特(C. Bereiter)与斯加达马里亚(M. Scardamalia)在注意到上述模型对技能习得过程性描述的不足,提出"过程—经验"(processual-experiential)的解释模型,认为仅仅靠长期的实践经验积累或与专家讨论实践中遇到的困惑不一定能够到达专家水平,需要在这一过程中不断进行自我反思(self-questioning)③。也有学者从人类学的视角进一步讨论学习者在技能习得过程中是如何与社会或物理情景之间形成联系与互动,如莱夫(J. Lave)和温格(E. Wenger)提出合法边缘参与模型,认为新手期初的技能习得往往是处于职业活动的边缘,通过不断观察和模仿以及获得实践共同体的接纳,逐渐承担更多职业活动并接近职业活动的核心④。基于此,可以看到,面对技能的复杂性与多样性,并没有一种理论可以解释技能习得的普遍性规律,但是,基本可以从以下几点来认识技能习得:一是"个体性",即技能习得是一个带有个性烙印的过程,而非简单标准化、机械化习得路径所能获取的;二是"渐进性",即技能习得是一个循序渐进的过程,同时在技能逐渐深化的过程中都是对先前技能认识与形态的冲突与重构;三是"情景性",即技能习得需要处于特定的活动背景,活动背景多丰富,更有利于技能的灵活迁移;四是"交互性",即技能习得并非个体独自能够进行的,需要与同水平的学习共同体相互经验交流,在边缘对实践共同体观察和模仿,或是借由高技能水平的专家帮助自身认知、动作的有效组织。

本书结合莱夫和温格提出的合法边缘参与模型以及温奇(Christopher Winch)从技能活动范围的视角对技能的分类,构建专业群人才培养的技能习得分析框架(见图 8-3)。温格从技能与活动范围的视角将技能分为任务(task)技能、工作(job)技能和职业(occupation)技能。其中,任务技能是时

①　Drefus H L,Drefus S E. The Ethical Implication of the Five-Stage Skill-Acquisiton Model[J]. Bulletin of Science,Technology&Society,2004(24):251-264.

②　Rauner F,Heinemann L,Maurer A,et al. Competence Development and Assessment in TVET (COMET)[M]. Berlin:Springer Netherlands,2013:41-42.

③　Winch C. Dimensions of expertise,A Conceptual Exploration of Vocational Knowledge[M]. Landon and New York:Continuum International Publishing Group,2010:149,161-162.

④　J. 莱夫,E. 温格. 情景学习:合法的边缘性参与[M]. 王文静,译. 上海:华东师范大学出版社,2004:60-62.

常被执行且包含一个或多个判断的行为，常与有限项目相联系，如木雕中凿、刻等技法；工作技能是在特定情景下，由个人独立执行若干任务集合的行为体系；职业技能是在执行任务集合基础上，还包括对任务整合、顺序以及与其他相关职业之间的协调，同时它还具有独特的个体属性，包括某种程度的独立性与判断力①。这种分类视角与莱夫和温格所提出的技能习得期初是从边缘的简单的、生产末端的技能开始逐渐向系统、充分的技能递进的方式极为相似，但是莱夫和温格所描述的基于合法的边缘参与的技能形成模式过于理想主义，一是强调技能的获得是隐性的，是在实践情景中潜移默化形成的，二是助产士、裁缝等学徒制案例的选取缺乏一定普遍性。基于此，本框架在分析技能形成的情景维度与参与维度基础上，尝试融于教学侧与学习侧两个方面，试图细化学生在技能习得过程中与教师之间的互动关系。

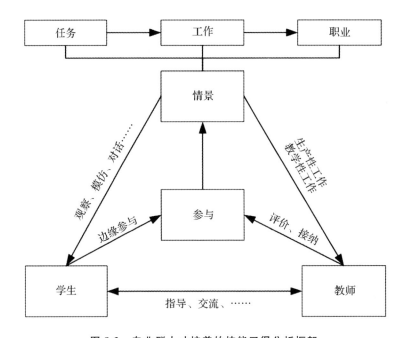

图 8-3 专业群人才培养的技能习得分析框架

---

① Winch C. Dimensions of expertise, a conceptual exploration of vocational knowledge [M]. London and New York：Continuum International Publishing Group，2010：149，161-162.

（三）高职院校专业群人才培养的技能习得阶段

依据上述专业群人才培养的技能习得分析框架，构建如表 8-1 所示的专业群人才培养的技能习得阶段。

表 8-1　专业群人才培养的技能习得阶段

维度		任务熟练阶段	工作胜任阶段	职业系统阶段
情景维度	情景特征	标准情景	模拟情景	真实情景
	情景内容	教学共同体	教学共同体	实践共同体
	情景条件	技术隔离	技术透明	合法准入 技术透明
参与维度	参与位置	边缘参与	局部参与	充分参与
	参与形式	以规定动作实践	理想目标实践	实际目标实践
	参与内容	学科知识 规定技能	学科知识 实践技能	实践文化 实践技能
教学维度	教学形式	教学型课程	学习型课程为主 教学型课程为辅	学习型课程
	教学主体	学校教师	企业师傅、学校教师	企业师傅
	教学评价	标准导向	结果导向	实践共同体接纳
学生维度	学生动机	外部激励	外部激励	内部接纳
	学生知识	结构性知识	结构性知识为主 个性化知识为辅	知识结构工作过程系统化
	学生认知	文化感知	文化感知	文化接纳

1. 基于标准情景的任务熟练阶段

任务熟练阶段是学习系统学科知识与掌握面向任务的技能的阶段，是建立学科知识与动作技能间联系，将基本技能练习到"动作执行—结果判断—动作修正"自动化的阶段。这一阶段，学生的技能习得呈现以下四个特点：一是学习情景的标准化。学生主要在"目标—过程—结果"一致化的环境下进行学科知识的学习与技能练习。在这一过程中，学生主要处于学校教师与其他学生构成的教学共同体中。但是由于所学技能脱离了系统的社会活动，学生在标准化情景中处于技术隔离的状态，无法观察到完整的生产性实践活动，也无法参与到实践者的共同体活动中去。二是参与位置的边缘性。学生在这一阶段习得的技能主要属于构成系统生产过程的基本单位，是保证生产活动顺利进行的基础。但是将这些技能孤立学习是无法全面体现生产价值的，因此学生在该阶段的技能习得过程中只需要依据课程所规定的既定动作进行练习并使其达到自动化的熟练度。同时，学生在该阶段需要进行系统的学科知识学习，理解动作技能背后的学理依据，提升技能弹性。三是教学过程的结构化。在这一阶段，主要由教师通过课程教学、技能实训等方式将系统的学科知识教授给学生。这一过程需要注重对学生技能学习的联系以及根据学生学习情况适当进行学科知识的纵向延伸。同时，采取标准导向的评价方式对学生学习结果进行评价，如测验、技能展示等，以实现技能操作的高效与安全。四是个体参与的感知性。在初始阶段，学生主要以学习结构性知识为主，保障成长路径的灵活性以及技能行动范畴的延展性。然而，学生在这一阶段并不会产生职业的个体素质，如工匠精神、服务精神等，而仅是通过技能的练习逐渐感知职业。同时，技能习得的目的往往是基于外部环境的激励，如升学、就业等。总之，在这一阶段，学生处在生产边缘进行技能练习，更多是逐渐感知自己之后的职业发展路径。

2. 基于模拟情景的工作胜任阶段

工作胜任阶段是对各个独立技能的整合阶段，基于实现工作岗位的任务分析，将依据工作目标实现"目标判断—任务整合—结果验证"独立执行的阶段。这一阶段学生的技能习得呈现以下四个特点：一是学习情景的模拟化。在这一阶段，学生所处的情景不再是以功能高度分化的标准情景，而是处于基于现实生产流程的模拟环境。学生仍处于学校教师与其他学生构成的教学共同体中。但是由于情景的连贯化，学生能够处于一定的技术透明的状态，一方面可以观察到其他同伴在不同工作阶段的操作，另一方面可以直观地感知到工作的前后衔接环境，帮助对任务整合的思考。二是参与位置的局部性。学生在这一阶段进行面向实际工作岗位任务进行技能练习，但是由于技能练习的闭环特征，学生在模拟情景中习得的是针对岗位工作的独立执行力，相较于充分参与到实践共同体中的生产活动中，仍旧缺少与内部成员间的充分交互，只处于局部参与的阶段。三是教学过程的灵活化。基于工作胜任的结果导向性，学生可以根据已习得技能的情况对完成工作的路径进行个性化的判断。在这一过程中，教师仍通过教学型课程教授学生学科知识，同时对学生在工作过程中进行判断的时候进行基于局部"现状—问题"的思考引导。此外，学生在模拟情景中进行练习的同时，配以企业师傅对学生实践结果质量进行把握，并同时授予学生在工作过程中的个人技巧与经验，帮助学生在系统工作项目的练习中自发地进行学习思考。四是个体参与的个性化。由于实践路径的多样性,学生在结果导向的技能练习中除了接受一定的结构性知识,也开始形成个性化的知识,如对工作分析的认知策略、任务整合的策略等。同时,学生对于相关职业的认知更为深刻,通过在技能练习过程中与企业师傅的接触,学生开始获得职业环境的知识信息。对于技能学习的驱动也开始从外部的考试、就业等激励手段转向内部自我发展的需求驱动。总之,在这一阶段,学生在模拟的工作情景中除了进一步固化单一任务的操作技能,更多的是开始对任务与任务间的整合、面向系统工作结果的判断等能力的习得。

3.基于真实情景的职业系统阶段

职业系统阶段是学生从学校走向社会的重要阶段,是进入实践共同体中获得其中成员认可并且作为实践环境中的新手与模拟环境中的熟手两种身份相互融合、更替融合的阶段。这一阶段学习的技能习得呈现以下四个特点:一是学习情景的真实化。在这一阶段,学生处于真实的工作生产情景中,合法地参与到了实践共同体中的生产活动中,并且可以观察到系统的生产过程以及实践共同体间的交互环境与特征,比如一些行话、实践价值观等。在这一过程中,学生将在模拟环境中所习得的技能与在真实环境过程中观察到的信息进行匹配,加深对技能所具有的生产价值的理解。二是参与过程的充分化。这里所谓的充分参与并不是指学生能够在真实情景中直接承担核心的工作任务,而是学生能够在真实环境中基于前期在标准情景与模拟情景中所习得的技能,加速从边缘到充分参与的过程。同时,通过对实践共同体间交互情景的观察,将独立的技能与真实情景充分整合。三是教学过程的个性化。在某个阶段,学生技能习得主要由企业主导。在企业生产的真实环境中,学生在实践工岗位上巩固技能的同时,在与实践共同体成员间交互的过程中感受所处情景的实践文化。对实践的评价并没有一个绝对客观的尺度,更多地体现在实践共同体成员对学生的接纳程度上。四是个体参与的内部自发性。学生在真实场景中所习得的知识往往是零散、非结构性的。学生在这一过程中会结合已习得的结构性知识和真实场景中所学到的非结构性知识,一起按照所观察到的生活组织方式进行重新系统化。同时,学生在具象的环境中,对职业文化感知的程度加深,能够逐渐接纳所从事的职业文化,并且在这样的认同理念下,学生会从内部发展需求的角度出发主动进行技能的延展。总之,在这一阶段,学生通过在真实情景中与实践共同体中成员的交互中,感受着职业文化、学习者成员间特有的实践话语体系,并将已有技能根据工作过程重新进行结构化的认知。

第三节　未来职业教育现代化发展的远景与走向

　　工艺非学不兴,学非工艺不显。发展现代职业教育是构建产业工人技能形成体系的基础,对于我国在新发展时期将巨大的人力资源优势转化为人力资本优势,推动产业工人队伍建设,振兴实体经济,提升综合国力,实现共同富裕具有重要意义。正因如此,未来职业教育要坚定不移推动职业教育现代化,沿着职业教育类型发展,坚持学校职业教育与职业技能培训并举,提升人才培养技能匹配与技能人才队伍规模。

一、坚定不移推动职业教育现代化

(一)优化职业教育的文化环境,提升职业教育的社会吸引力

　　一个发达国家职业教育体系的形成与演变,都是其内在扎根于各国的历史、政治、经济、文化等社会要素相互作用的结果。几千年来,我们深受以"反职业主义"为核心价值的儒家思想文化影响,致使我国从技能大国到技能强国仍然缺乏全社会对职业教育功能与价值认可的文化根基。在整个社会中,我们可以深感这种文化对我们今天所产生的影响,在中国历史的长河中,那些有技能的人被称为"小人",技术技能被贬低为"奇技淫巧",造成了今天全社会对职业教育地位的低认同感,成为中国职业教育发展至今永远的痛。正是缺乏良好的职业文化,使得我们今天在发展职业教育的道路上举步维艰,加之职业教育深受市场自然分流之苦,始终没有摆脱弱势地位的刻板印象,被误认为一种无可奈何的教育选择,根源在于其始终未能很好满足人民群众对于教育的美好期待。

　　基于此,打造技能强国,我们必须扭转社会认知偏见,增强社会吸引力,以此成为职业教育发展的立足之本。首先,切实提升职业教育的质量。职业教育不同于其他教育类型,有着特殊的属性特征和发展规律,为更加契合社会人才需求,职业教育必须深度融合职业教育体系与国家产业体系,改革创新职业教育多元主体办学模式,拓展职业教育经费来源渠道,健全财政经费管理体系,构建中国特色现代学徒制和建立第三方质量监控制度,为人才

培养质量提高提供全面保障。其次,提升职业教育人才培养层次。产业转型升级、经济结构调整和高等教育普及化引发现代社会劳动力市场的深刻变革,迫切需要完善现代职业教育体系以回应市场学历提升和技能升级需求。职业教育应突破目前仅限于大专层次的框架设计,以探索应用型大学建设为契机,进而构建本科、硕士,乃至更高层次完整的职业教育学历体系,满足人民群众日益高涨的接受优质教育的意愿和渴求。再次,建立学历与非学历、职业教育与普通教育衔接机制。一方面以国家资格框架为基,畅通职业教育与普通教育相互转化渠道,丰富学生多样化成长成才渠道。另一方面试行弹性学制和学分银行,以先前学习评价和认定为准,使学习者通过非正式教育所获得的知识和能力获得与正规教育同等的地位,为不同类型学习成果的互认和转化提供载体。最后,完善技术技能人才福利制度。一个国家技能体系的形成不仅需要全社会营造尊重劳动、崇尚技能的舆论氛围,更受益于落实技术技能人才福利的制度安排,以职业资格证书为依据建立技能等级制度,明确技术技能人才奖励政策,落实技术技能人才福利待遇。

(二)进一步丰富和拓展职业教育的内涵与功能

十九大报告对于职业教育论述的一个重要变化,就是在官方文件出现"职业教育与培训",丰富了职业教育的内涵,对现代职业教育体系的完善,开始从整个国家技能形成的角度构建。按照世界银行的说法,这个体系从范围上讲,主要包括了职前全日制的技能培养体系(Pre-Employment Technical and Vocational Education and Training)、在职培训体系(On-the-Job Training)以及劳动市场的专门化培训项目(Active Labor Market Programs)等[①]。过去,由于多方面的原因,我们对职业教育的理解,往往停留在狭义的学校职业教育系统内部,涉及的内容还是围绕职业学校人才培养层面如何改善和优化职业教育的办学模式改革,尚未站在全新的经济社会发展、技术变革、就业市场变化以及教育改革等宏观背景下,从一个国家技能形成体系的角度来审视职业教育集团化办学的内涵、价值与功能发挥,导致职业教育在全社会的主体地位不够突出,在深化职业教育与培训改革,完善国家技能形

---

① World Bank. The Right Skills for the Job: Rethinking Training Policies for Workers [EB/OL]. (2012-01-19) [2017-05-12]. https://openknowledge. worldbank. org/handle/ 10986/13075.

成体系方面发挥的作用还不够明显,在职业教育系统外部的认可度不高等问题。而将职业教育内涵拓展到国家技能形成体系角度,内涵上尽管与狭义层面的"职业教育"有诸多相关性,但也有其更加广义的内涵,即它以集体的方式、产业部门和教育部门合作的方式培养技能;它培养的是一种国家、集体层面的能力。

基于上述理解,我们对职业教育的重心,必须扭转以往注重职前教育而忽视职后培训的发展局势,进一步扩展服务面向,深度挖掘培训功能,以满足学习型社会人力资源开发的现实需要。首先,实施职业教育技能提升计划,将在职员工、下岗职工等纳入庞大的社会培训体系,为社会再生产和人力资源再开发提供智力支撑。其次,职业教育应进一步扩大开放,发挥多类办学机构优势,为非全日制学习人员提供便捷、灵活、弹性的学历提升教育,从而凸显竞争优势,解决制约从业人员晋升、转岗等关乎职业生涯长远发展的瓶颈问题。最后,加大职业教育扶贫攻坚力度。职业教育是实现教育公平的重要途径,教育公平又是实现社会公平的重要手段。因而,在东西部扶贫协作框架下,职业教育应以就业脱贫为导向,主动服务国家扶贫攻坚战略,一方面通过东西职业院校协作行动计划,建立对口援助关系,全面实现东部地区与西部地区职业教育的结对帮扶;另一方面为建档立卡贫困家庭、农村富余劳动力等提供公益性培训,形成精准脱贫与职教发展相互促进的良好局面。

(三)提升职业教育国际竞争力,强化职业教育的"国家品牌"

无论是高等职业教育,还是中等职业教育,国际化办学是职业教育现代化的应有之义,也是技能强国的应对举措。目前,中国经济正处于从中等收入向高收入转型阶段,意味着人民群众不仅对优质教育有着美好追求,还具备足够雄厚的教育投资能力。就职业教育而言,国际化办学可以相应借鉴高等教育发展经验,并从以下方面着手推进:首先,努力对接国际标准。与发达国家相比,我国职业教育各类标准与国际水准相距较远,应进一步秉承合作开放理念,引进国外先进职业教育制度标准、课程标准、教学标准等,为我国职业教育系列标准制定提供规范标本。其次,积极搭建国际交流平台。我国既是职业教育资源的输入国,也是职业教育资源的输出国,应始终坚持"引进来"和"走出去"并重原则,一方面吸收借鉴国外先进发展理念、模式方法和运行机制,另一方面鼓励职业院校走出国门,开展境外办学和外援培训,特别是为"一带一路"沿线发展中国家输送中国特色的职业教育办学模式。最后,丰富国际合作办学内容。职业教育国际化办学内涵丰富、范围广泛、形式多样,具体表现为如下方面:一是聚焦国际发展视野,承办世界性职业教育会议。如以承办国际职业技术教育大会、世界职业教育院校联盟会议、职业教育国际论坛等为契机,及时了解世界职业教育发展新趋势、新经验和新成果,深度融入国际化进程。二是密切合作伙伴关系,深化职业教育合作层次。当前,职业教育国际化合作办学主要围绕师生互访、参观考察、交流培训等方面开展,还需进一步拓展新的合作关系,深入职业教育课程、教学、研究等核心问题,开展深层次的教科研合作项目,以引领中国职业教育国际化发展新方向。

综上所述,技能强国战略的提出,对于我们在新的形势下正确认识职业教育的定位和目标,有利于全面把握职业教育的发展规律,更好地提升职业教育人才培养质量,提升我国技术技能人才对经济发展的贡献率。无论是从政策语境、战略角度还是学术语义角度,把技能强国战略作为新时期我国职业教育发展的战略目标具有重要指导意义。

二、勾勒类型教育下职业教育新发展

(一)技艺与匠心相兼顾:明确新时代职业教育人才培养类型特色

培养具有职业教育类型特色的人才是职业教育提高其自身吸引力的关键所在,也是国家职业教育办学的工作重心所在。但是从现实状况来看,社会对职业教育是较低层次教育的固有认识仍存在,使得如今对于职业教育人才培养定位认识存在误判。同时,职业教育,特别是中等职业教育,在打通升学通道之后,其教学内容成为普通高中教育的压缩版,失去了职业教育的类型特色。此外,职业教育在人才培养的过程中仍缺乏对于学校与企业、理论与实训这些二元主体的有机融合。新时期,我国对于职业教育供给的人才期望已经不再是传统掌握特定技能的专门人才,而是技艺与匠心兼具的高技术技能人才。因此,对于凸显职业教育类型特色的人才培养,我们先要从认识上做好以下三个方面的转变:首先,要认识到职业教育人才培养定位的转变。一是从面向劳动密集型产业转向资本、技术、知识密集型产业;二是从面向中低端劳动力市场转向中高端劳动力市场;三是从针对单一动作技能的掌握转向跨界多元的智慧、动作技能的掌握。其次,要认识到职业教育人才培养内容的转变。职业教育的人才素质要面向我国经济转型升级。一是技能的掌握要紧跟当下产业、行业、企业的现实需要；二是要实现专用技能与通用技能兼备，实现在产业链中的弹性调动与成长；三是要具备一定的认知策略技能，以支撑新旧技术迭代过程中对于新技能的掌握。最后，要认识到职业教育人才培养方式的转变。一是人才培养路径的延长，从"在校学习－市场就业"延长为"学前启蒙－在校学习－市场就业－在职培训"；二是从注重技术技能的培养到技术技能与职业契约精神共同兼顾；三是从工学结合转向研学做三位一体。

（二）技术与科学相融合：构建职业教育高技术技能人才培养通道

随着我国产业升级和经济结构调整不断加快，技术技能人才对于我国经济社会发展的支撑作用愈发显著。但是从现实状况来看，一方面，高技术技能人才的缺失掣肘着中国经济转型升级。各行各业中人才断层现象比比皆是。高自动化、智能化的设备难以大规模嵌入国家生产制造的环节中。另一方面，对于高技术技能人才培养成长的通道仍未完全畅通，校、企、政三方共同参与高技术技能人才的培养成长机制不够完善。而高技术技能人才是在长期劳动经验积累过程中成长而成的，并不是单纯地依靠在校学习。因此，要让职业教育为国家经济发展输出高素质人才，这就需要我们完善从新手到专家的成长通道。首先，各职业院校在院校专业建设过程中，要牢牢把握区域经济发展的趋势，做好区域产业需求分析工作，以产业标准、行业标准、职业标准、岗位标准层层推进，做好专业建设过程中人才培养、课程设置、教学方式等各项工作的顶层标准设计。其次，对于专业课程的开发，各级政府要牢牢根据区域产业发展现状与方向，统筹各产业通用课程的开发标准。而针对具体岗位的特殊课程，各职业院校要与企业实现紧密合作，共同参与开发符合企业生产实际的针对性课程。再次，各职业院校要落实专业教师聘用、考核等各项制度标准，构建"老教师＋新教师""企业师傅＋学校教师"素质互补的教师梯队，鼓励企业高技术技能人才有机嵌入教育教学的环节中，重视学徒制在高技术技能人才培养过程中不可替代的作用。高水平的技能训练需要采取学徒制形式，职业学校教师是无法承担这一训练任务的[①]。

---

① 徐国庆.我国二元经济政策与职业教育发展的二元困境——经济社会学的视角[J].教育研究，2019(1)：102-110.

最后,各级政府要重视中小企业的参与,通过宣传引导、统筹规划、制度保障等方式促进中小企业与职业院校紧密合作。同时,要进一步推动社会力量参与职业教育,让社会、企业成为职业教育发展最有效的支撑力量。

（三）产业与教育相匹配:完善多元协同的职业教育制度保障体系

产业与教育连接的需求整合,是职业教育生存发展的功能定位和社会价值[①],同时这也是实现我国现代职业教育始终保持活力的核心所在。但是现实中,我国现代职业教育体系建设仍没有完全摆脱对普通教育的模仿,同时与我国社会经济的联系依旧不紧密。因此,我国现代职业教育体系建设必须将产业与教育二元领域有机统一起来,并从人才培养、推动经济、服务社会、走向国际四个方面进行着力。首先,职业教育办学要逐渐从模仿普通教育办学模式向凸显产业融合形态特征的类型教育转变。一是要打通从专科一直延伸至博士的职业教育学历上升通道。二是要根据不同人群的特征采取理论测验与技能评定灵活结合的选拔考试制度。三是要完善高技术技能人才培养过程中的学分积累制度。在就业环节,形成人才技术技能水平与学历水平横向贯通的用人机制。其次,各级政府要鼓励职业院校,特别是高等职业院校积极参与产业、行业的重要技术的攻关科研工作。一方面,以研促教,推动职业院校教师素质提升,提高教育教学质量;另一方面,形成多元参与的经济发展战略格局,充分发挥出职业院校的经济推动能力。再次,各职业院校要进一步增强社会服务能力,为社会失业人群、退役军人、农民工等低技能人群提供技能补偿培训,同时积极与各大中小型企业开展高质量职业培训,推动高技术技能人才的发展。最后,各职业院校要积极响应国家"一带一路"倡议,坚持"引进来"与"走出去"相结合,认真学习德国、澳大利亚等职业教育强国的办学经验,同时为一带一路沿线国家积极供给技术、人才等方面的服务,让我国的职业教育在国家化的平台上向更高水平迈进。

三、加强学校职业教育人才培养技能匹配

（一）以职业特征明确技能发展过程,优化人才培养标准

人才培养标准是保障高职院校专业群人才供给质量的重要抓手。首先,

---

① 姜大源.跨界、整合和重构:职业教育作为类型教育的三大特征——学习《国家职业教育改革实施方案》的体会[J].中国职业技术教育,2019(7):9-12.

明确专业群所指向职业的技能发展阶段路径与特征。专业群在制定人才培养标准时不能仅停留于对指向培养结果的标准制定，同时也需要关注到培养过程中人才成长的标准设置。由于职业的多样性与复杂性，不同职业的技能成长路径存在巨大差异。高职院校在制定专业群人才培养标准过程中，可以通过与企业师傅沟通、观察等方式厘清职业的技能成长阶段，确定每一个阶段所需要的知识体系、实践经验，并以此为依据进一步对课程结构、教学内容、教学手段等进行安排。其次，以发展阶段为依据设置各阶段综合评价方式。技能发展的每一阶段的表现应是综合的系统表现。高职院校中往往以课程为单位进行考核。这种孤立的考核方式难以体现学生在实践过程中对所学知识技能的综合应用能力。专业群在人才培养过程中，可以依据前期所划分的技能形成阶段，制定相应的评价手段，并在每一阶段中展开测评，如在每一学年的学习结束后，可以设置综合性的实践能力测量，以把握学生在该阶段的技能掌握与应用能力，同时这种测量评价对于企业用人考量更加具有参考价值。最后，兼顾人才的多元成长路径，做好学分互认、转换机制。职业教育不等同于就业教育、岗位教育。专业群在集聚教学资源的过程中，要丰富学生在科研、技术创新、创业等方面的参与路径，同时对产生了一定成果的学生要做到相应的学分记录、抵免等，避免学习过程的单一化、僵硬化。

（二）以实践逻辑重组教学知识体系，开发类型特色教材

教材是人才培养过程中知识的重要载体。将教学知识以实践逻辑进行重新组合更有利于学生快速与实践经验进行联系，实现理实的共同内化。首先，根据新技术、新设备所带来的生产组织方式的变化，做好新业态下专业知识体系的梳理，做好理论知识与实践知识的区分，实现对既有教材中陈旧的知识的及时替换更新。其次，注重职业知识背后实践逻辑的挖掘。现有教材中职业知识与实践逻辑往往是割裂的，两者只是进行了简单的陈述，并没有通过生产过程的主线联系在一起，如在烹饪方向中，对原料挂糊上浆的讲解中除了对这一烹饪技术的目的、类型、技法进行说明外，更要深入挖掘不同糊衣选择的依据、原理。教材开发过程中，高职院校应联合企业师傅，共同明确知识所指向的生产问题是什么。同时，依据生产过程，将系列的生产问题进行串联，实现知识以"问题—实践"进行组合，形成完整的实践逻辑链。最后，在教材中融入系统的现实生产情景以作为知识学习的大背景。现有教材的知识一般以任务、项目作为载体帮助学生在实践中学习知识，但是这些项目

和任务往往是独立的,它们只是在整个生产过程中起到了局部的功能作用,学生在学习过程如同被高度割裂的流水线,对于知识学习的现实职业价值导向仍旧是模糊的。因此,高职院校在教材开发过程中需要考虑到"知识—实践—功能—生产"的系统性,在教材中设置系统的生产过程情景,帮助学生理解知识学习与生产过程前后端衔接的需求。

（三）以生产过程整合实训空间资源,深化校企共同育人

专业群的建设使得原来零散的资源有效聚拢在一起,使得在人才培养过程中提供多样的学习情景成为可能。高职院校在明确专业群组群基础上,要进一步考虑到专业群的空间治理问题,特别是跨多个学院的专业群,其专业资源分布更为松散,需要保障群内资源以一种高效的形态进行聚合。首先,以组群逻辑整合校内实训设备。高职院校通常以"结构—功能"进行实训场所的规划。这种规划方式使得学生在技能练习过程中常处于独立的机械状态,无法在技能练习过程中将生产过程的前后端衔接纳入考虑范围内。因此,高职院校可以采取"过程—体系"的方式,依据专业群所对应的产业链进行实训设备的空间布局,一方面,能够将不同学习阶段的学生纳入同一空间中,促进学生之间的交流;另一方面,学生能够在系统的工作环境中观察到之后需要做什么,自发地形成实践目标。其次,学校要与企业深入把握学生实习的过程。学校可以采取分阶段逐步递进的方式,初期安排学生在企业生产的边缘岗位进行实习,通过企业和学校的双边考核,将实习岗位逐渐上移,同时学生在实习过程中可以进一步感知,自主选择管理岗还是生产岗。在这过程中,学生在企业中的身份不再仅是一个简单的劳动力,而是通过学校和企业有意识地安排实践场景,实现从边缘到中心的过程。

四、发展以产业工人为重点的职业技能培训

（一）做好政府区域统筹工作,完善公共培训资源供给

对于产业工人的职业技能培训,更多是需要从服务区域产业经济发展的视角出发,有效提升产业工人的技术技能水平,与企业产业转型升级带来的生产组织方式相适应,同时也是倒逼企业加快引进新技术、新设备等转型步伐。市场主体的理性有限性、市场主体之间的异质性以及基于工具理性的行为活动容易带来社会的不合理性[①]。由此便需要地方政府做好对地方培训资

---

① 朱富强.市场失灵视域下的政府功能[J].人文杂志,2021(5):50-60.

源的统筹工作,有助于防止市场培训盲目追逐热点造成培训项目过度同质化,进一步优化产业工人结构与布局。一是要加大对公共培训平台的建设。依托职业院校、企业等单位面向社会共建共享一批公共实训基地,加大公共实训基地的布局密度,实现"一区县一基地"的布局,方便受培训者更为灵活地安排参与培训的时间。二是加强对公共培训项目的供给,一方面要面向农民工、零就业家庭成员、退伍军人等低技能人群提供公共技能托底项目,联合职业院校、社会培训机构、公共实训基地、社区等单位开展简单的生产技能的培训,同时也可给以自我雇佣式的创业培训。另一方面要面向区域产业发展重点,向产业工人需求短板领域提供专项技能培训项目。三是要健全职业技能培训的相关制度。以制度作为桥梁将职业技能培训与学校职业教育进行有机衔接,真正实施劳动者终身职业发展。一方面是健全职业技能培训学分认定工作,扩大当前已有的学分认定范围,借助大数据平台将技能培训以学分形式进行记录。同时,以制度形式给予累计学分一定的转换、抵扣价值,如技能等级鉴定免笔试等。另一方面是完善资历框架,贯通技能等级体系与学历体系、专业技术等级体系等,将劳动力技能等级与同水平的学历等级等形成对应,推动技能人才灵活成长与多维评价认定。

（二）发挥企业培训主体角色,形成先进技能培训引领

改革开放以来我国用廉价劳动力占领了世界上越来越多的就业岗位,很多企业已经习惯了使用低成本廉价劳动力的比较优势来参与全球化就业竞争和市场竞争[1]。然而当前企业的竞争力已经开始从以资本为核心转变为以技术创新为核心,企业对于劳动力的需求亟需从人力资源的开发转变为人力资本的开发。企业作为职业技能培训主体具有天然优势,20世纪美国著名学者福斯特便极力提供企业本位的职业技能培训,并认为相比于职业院校,企业拥有更为敏感的市场感知能力,能够对劳动力市场变化做出迅速而灵活的反应[2]。企业作为产业工人技能提升的重要利益相关者,应积极开展引领产业发展的培训项目。一是有条件的企业可以围绕产业链上下游,整合所在产业园区、经济开发区等企业资源面向产业链的独立执业技能培训中心。新一轮的产业转型升级是以产业链为单位的系统提升,企业能否顺利转型,除了

---

① 刘森.中国人力资源发展新战略下的职业教育和职业培训——访中国就业促进会副会长陈宇教授[J].现代教育技术,2008(3):5-7,42.

② 石伟平.福斯特的职业教育思想及其影响[J].外国教育资料,1995(2):56-62.

自身技术迭代、劳动力升级等要素，同时也关系到上游企业产品的规范性以及下游企业的产品承接性。因此，企业对自己员工开展职业技能培训的同时，更需要主动进行产业链上下游的辐射，使产业链同步跟进产业转型升级。二是企业要重视学徒培训，发展企业新型学徒制。传统学徒制的崩溃在于工业革命推动资本的快速积累使得师傅和徒弟分化为两个阶级，师傅开始逐渐滥用对徒弟的统治权力[①]。而在当前以技术作为重要产业发展驱动力的背景下，技术知识更新速度越发快速，新型的师徒关系不再是单方向的技术技能传授，而是相互取长补短的合作关系，师傅以其长期生产经验进行生产技术技能传授，徒弟则发挥对新生技术良好的接纳能力，与师傅形成良性的互补关系。三是强化企业开展技能竞赛、技能比武以巩固培训效果。产业工人技能的提升容易使拥有生产核心技能的工人逐渐掌握劳动过程控制权，由此会导致工人逐渐以一种非规范操作取代与科学技术无缝对接的规范操作，形成技能失范[②]。因此需要在工人之间形成良性的竞争关系，以规范操作作为评价标准，借助技能竞赛在工人中树立遵循技术知识的价值文化。

（三）筑实职业院校基础作用，加快技术知识系统开发

尽管企业对技术技能迭代有着良好的响应能力，但是企业职业技能培训方法单一粗浅，培训水平低，多限于入职培训、新技能培训，很少有较为深入系统的培训，也很少为高技能人才搭建和创造培训的平台和机会[③]。多数企业只是针对当前的生产组织现状设置产业工人的培训内容、培训形式，且在面向新技术技能的培训过程中，难以与先前的培训以及今后可能的培训内容形成系统，究其原因，在于多数企业缺少对技术知识的提炼开发能力。技术知识不仅在形态上与科学知识有本质区别，并且内容也不是通过科学知识的简单推理就可获得的，技术知识在内容上具有独立性，科学知识只在技术知识的结构中占较小比例[④]。职业学校作为系统传授技术技能的重要主体，在

①　［日］细谷俊夫.技术教育概论［M］.肇永和，王立精，译.北京：清华大学出版社，1984：26-27.

②　胡悦晗.技能失范：理解技能形成过程中的变异问题［J］.职业教育研究，2018（9）：5-8.

③　王淑霞.大力加强职业技能培训　全面提高劳动者素质［J］.中国劳动关系学院学报，2014，28（1）：68-73.

④　徐国庆.确立职业教育的类型属性是现代职业教育体系建设的根本需要［J］.华东师范大学学报（教育科学版），2020，38（1）：1-11.

日常课程开发、教材编写、人才培养等过程中应对技术知识系统整合。一是深化校企合作，加强对技术知识的挖掘整理。科学研究在现实生产中的不断转化极大地丰富了传统以经验为主的技术的内涵，但是这类技术在面向不同类型企业的生产场景过程中将会被进一步赋予新的内涵。这种技术知识将会与生产场景紧紧联系在一起。对于企业自身，仅会基于其生产组织方式挖掘技术知识。职业院校应该加深校企合作，主动帮助企业去挖掘、整理、归纳蕴含在产业链中的技术知识，并与企业共同探讨适合的教学方式。二是扩大面向社会、企业等培训项目供给，提升职业院校对外培训供给质量。职业院校实施职业技能培训能够有效根据受培训者的认知水平提供合适的学习路径，同时提升职业培训质量能够加强职业院校人才培养与产业发展的适应性，也有助于职业院校提升教师双师素质，优化教师队伍结构，有效释放教学活力。三是重视职业培训师的培育。职业培训师是从事面向全社会劳动者进行专业性、技能性、实操性职业（技能）培训一体化教学及培训项目开发、教学研究、管理评价和咨询服务等相关活动的教学人员[1]。完善职业培训师队伍能够为我国高素质产业工人培育提供基础性保障。职业院校在面向产业工人提供面向生产的技术技能之外，还可以面向企业中具有长期生产经验、高技术技能的工人提供诸如教学设计、课程开发等方面的教学，推进先进技术技能在企业中的传授。

（四）优化行业协会指挥功能，完善职业技能培训标准

行业协会作为由市场主体组织起来、维系共同利益的、介于政府与企业之间的公益性社会组织，有着提供信息、政策倡导、行业治理、抵制不公平等常态化治理作用[2]。行业协会作为一个中介角色，既能读懂政府政策导向，又能体会基层企业发展诉求，能够有效考虑两者之间的差异，形成协调作用，并且可以提供具体事务如制定行业标准、降低信息成本等。行业协会应在职业技能培训中发挥对整体产业、行业的指挥棒作用。一是完善职业技能培训标准。一方面，基于新一轮产业转型升级对所属产业、行业涉及的职业进行标准的修订以及新职业标准的制定，另一方面，针对培训本身，完善职业技能培

---

① 人力资源和社会保障部，等.关于发布集成电路工程技术人员等职业信息的通知[Z].2021-03-09.

② 郁建兴,吴昊岱,沈永东.在公共危机治理中反思行业协会商会作用——会员逻辑、影响逻辑与公共逻辑的多重视角分析[J].上海行政学院学报,2020,21(6):32-38.

训内容、职业技能培训场所、职业技能培训效果考核评价等标准,将职业技能培训进一步规范化。二是加强高技能产业工人培训。技能人才的价值除了熟练的技能操作,更为宝贵的是长期积累的生产经验对于生产场景变化产生的判断力。但是这些判断力多由于工人长期处在固定场景而具有一定局限。因此行业协会应发挥行业资源整合作用,通过企业间岗位互换交流、短期企业锻炼等方式对行业内高技术人才提供多场景的认识,提高技能人才优化生产工艺等创新能力。三是推动中小企业集体培训。中小企业往往由于培训员工规模小、工种较为单一等因素而没有独立的工人培训平台,同时委托培训结构开展培训工作也没有形成一定的规模效益,使得企业难以承担培训支持。因此,行业协会应有效分析区域内企业信息,帮助具有相近培训需求的中小企业形成培训联合体,分别负担培训经费。

第四节　本章小结

面向新时代发展职业教育,助推产业工人队伍建设,关键在于紧抓职业教育发展的定位问题、路径规划问题以及载体问题。首先,技能强国战略既是当下我国职业教育发展的理论问题,更是一个时间问题。新时期我国职业教育发展的战略目标应该在技能强国战略的引领之下进行具体的提炼和构建,应该在规模、质量、普及程度以及国际化竞争力和社会服务能力方面表现出应有的特征。由此,促使职业教育体系从"传统"向"类型"转变,产教融合从"合作"向"互融"转变,人才培养从"隔断"向"衔接"转变,社会服务从"单一"向"完善"转变。其次,在类型学视角下,以精神、逻辑、形态三维类秩序对职业教育进行重新审视,职业教育作为类型教育主要体现出职业契约的精神特征、技术领域的逻辑特征、产业融合的形态特征。基于"发展型式"理论,职业教育专业建设与产业发展匹配应以产业结构、市场需求、产业技术作为逻辑出发点,从产业目录、产业空间布局、劳动力类别需求、劳动力层次需求、劳动力技能需求五个方面形成对接。从合法的边缘参与的技能习得理论视角出发,职业教育人才培养的技能习得可以分为任务熟练阶段、工作胜任阶段、职业系统阶段。最后,对比职业教育发达国家,我国在职业教育的文化环境、社会认识、国际竞争力方面还有差距,需要进一步优化职业教育的发展环境,拓展职业教育的内涵,加强职业教育的社会服务能力,推进国际化进程。推动职业教育在现实发展中进一步凸显其类型特色,明确技艺与匠心相兼顾的新时代职业教育人才培养类型特色,构建技术与科学相结合的职业教育高技术技能人才培养通道,完善产业与教育相统一的多元协同的职业教育制度保障体系。推进人才培养的技能匹配,从过程性人才培养标准制定、符合实践逻辑的职业知识挖掘以及对应组群逻辑的专业资源空间整合等方面着力。发展以产业工人为重点的职业技能培训,需要政府做好公共培训资源供给统筹工作,发挥企业先进技能培训项目的主体角色,筑实职业院校对技术知识的系统开发,优化行业协会对培训标准的指挥功能。

参考文献

一、专著

1.［德］马克思.资本论(第一卷)[M].北京:人民出版社,1975.

2.［英］卡尔·波兰尼.大转型:我们时代的政治与经济起源[M].杭州:浙江人民出版社,2007.

3.［美］凯瑟琳·西伦.制度是如何演化的:德国、英国、美国和日本的技能政治经济学[M].上海:上海人民出版社,2010.

4.［美］乔治·梅奥.工业文明的人类问题[M].北京:电子工业出版社,2013.

5.［美］彼得·马什.新工业革命[M].北京:中信出版社,2013.

6.［美］阿兰·柯林斯,［美］理查德·哈尔弗森.技术时代重新思考教育:数字革命与美国的学校教育[M].上海:华东师范大学出版社,2013.

7.［德］乌尔里希·森德勒.工业4.0:即将来袭的第四次工业革命[M].北京:机械工业出版社,2014.

8.［德］阿尔冯斯·波特霍夫,［德］恩斯特·安德雷亚斯·哈特曼.工业4.0实践版:开启未来工业的新模式、新策略和新思维[M].北京:机械工业出版社,2015.

9.［德］施瓦布.第四次工业革命[M].李菁,译.北京:中信出版社,2016.

10.［美］约翰·布德罗,瑞文·杰苏萨森,［加］大卫·克里尔曼.未来的工作:传统雇佣时代的终结[M].北京:机械工业出版社,2016.

11.［美］乔治·梅奥.工业文明的社会问题[M].北京:机械工业出版社,2016.

12.［日］长岛聪.新工业革命:现场力和可视化下的日本工业4.0[M].北京:机械工业出版社,2017.

13.［日］尾木藏人.工业4.0:第四次工业革命全景图［M］.北京:清华大学出版社,2017.

14.［美］戴安娜·阿克曼.人类时代:被我们改变的世界［M］.北京:生活·读书·新知三联书店,2017.

15.［美］杰夫·科尔文.不会被机器取代的人:智能时代的生存策略［M］.北京:中信出版社,2017.

16.［美］乔治·J.鲍哈斯.劳动经济学［M］.北京:中国人民大学出版社,2018.

17.［德］乌尔里希·森德勒.无边界的新工业革命:德国工业4.0与"中国制造2025"［M］.北京:中信出版社,2018.

18.［德］克劳斯·施瓦布,［澳］尼古拉斯·戴维斯.第四次工业革命(实践版)·行动路线图:打造创新型社会［M］.北京:中信出版社,2018.

19.［日］野村直之.人工智能改变未来:工作方式、产业和社会的变革［M］.北京:东方出版社,2018.

20.［澳］托比·沃尔什.人工智能会取代人类吗？——智能时代的人类未来［M］.北京:北京联合出版公司,2018.

21.［美］保罗·多尔蒂,［美］詹姆斯·威尔逊.机器与人:埃森哲论新人工智能［M］.北京:中信出版社,2018.

22.［英］安东尼·赛尔登,［英］奥拉迪美吉·阿比多耶.第四次教育革命:人工智能如何改变教育［M］.北京:机械工业出版社,2020.

23.［美］奈杰尔·卡梅伦.机器会夺走你的工作吗［M］.北京:中国工人出版社,2020.

24.［德］克劳斯·施瓦布.第四次工业革命:转型的力量［M］.北京:中信出版社,2021.

25.何俊志.结构、历史与行为:历史制度主义对政治科学的重构［M］.上海:复旦大学出版社,2004.

26.姜大源.职业教育学研究新论［M］.北京:教育科学出版社,2007.

27.中国社会科学院工业经济研究所.2008中国工业发展报告:中国工业改革开放三十年［M］.北京:经济管理出版社,2008.

28.王超逸,李庆善.企业文化学原理［M］.北京:高等教育出版社,2009.

29.赵刚,汤世国,程建润.大变局:经济危机与新技术革命［M］.北京:电子工业出版社,2010.

30. 刘圣中. 历史制度主义[M]. 上海：上海人民出版社，2010.

31. 宫川彰. 解读《资本论》(第一卷)[M]. 北京：中央编译出版社，2011.

32. 李伟. 不完全竞争中的技术追赶与产业升级——后发国家产业演化研究[M]. 上海：上海财经大学出版社，2011.

33. 王星. 技能形成的社会建构：中国工厂师徒制变迁历程的社会学分析[M]. 北京：社会科学文献出版社，2014.

34. 李鸿. 社会转型背景下的职业技能培训研究——以吴江为例[M]. 苏州：苏州大学出版社，2014.

35. 夏妍娜，赵胜. 工业4.0：正在发生的未来[M]. 北京：机械工业出版社，2015.

36. 聂铁力. 塑造中国新型产业工人：城市化、转型升级与人力资本提升[M]. 北京：中国市场出版社，2015.

37. 祖田修. 近现代农业思想史——从工业革命到21世纪[M]. 北京：清华大学出版社. 2015.

38. 路风. 光变——一个企业及其工业史[M]. 北京：当代中国出版社，2016.

39. 王喜文. 工业机器人2.0[M]. 北京：机械工业出版社，2016.

40. 黄群慧，贺俊. 新工业革命理论逻辑与战略视野[M]. 北京：社会科学文献出版社，2016.

41. 李玉赋. 新的使命和担当——新时期产业工人队伍建设改革方案解读[M]. 北京：中国工人出版社，2017.

42. 刘云浩. 从互联到新工业革命[M]. 北京：人民邮电出版社，2017.

43. 姜大源. 职业教育要义[M]. 北京：北京师范大学出版社，2017.

44. 关凤利. 农民工就业转型研究[M]. 北京：人民出版社，2017.

45. 姚建华. 制造和服务业中的数字劳工[M]. 北京：商务印书馆，2017.

46. 中国通用机械工业协会. 中国通用机械工业发展史[M]. 北京：机械工业出版社，2018.

47. 中华全国总工会研究室. 产业工人队伍建设改革进行时[M]. 北京：中国工人出版社，2018.

48. 付守永. 新工匠精神：人工智能挑战下如何成为稀缺人才[M]. 北京：机械工业出版社，2018.

49. 唐德淼. 新工业革命背景下长三角产业体系转型升级研究[M]. 北京：

经济管理出版社,2018.

　　50 和震.职业教育产教融合制度创新[M].北京:科学出版社,2018.

　　51.李玉珠.技能形成制度的国际比较研究[M].北京:社会科学文献出版社,2018.

　　52.张春龙.工厂规训:从农民工到产业工人[M].上海:华东理工大学出版社,2018.

　　53.赵昌文.新工业革命的中国战略[M].北京:中国发展出版社,2018.

　　54.丘海雄,于永慧.中国制造的腾飞——珠三角产业转型升级的实证研究[M].北京:人民出版社,2018.

　　55.何应林.高职学生职业技能与职业精神融合培养研究[M].杭州:浙江大学出版社,2019.

　　56.许竞.职业技能形成:跨学科理论与国际比较[M].北京:社会科学文献出版社,2019.

　　57.徐岩,刘盾.职业技能提升与体面劳动[M].北京:中国工人出版社,2019.

　　58.李珂.迈向制造强国——建设新时代高素质产业工人队伍[M].北京:中国工人出版社,2019.

　　59.杨青峰.新工业思维(第二版)[M].北京:电子工业出版社,2019.

　　60.徐诺金.中国农民工转型问题研究:一个关乎亿万人民福祉的大问题[M].北京:中国金融出版社,2019.

　　61.施展.溢出:中国制造未来史[M].北京:中信出版社,2020.

　　62.李玉珠.中国技能形成模式与制度构建研究[M].北京:首都经济贸易大学出版社,2020.

　　63.杨钋.技能形成与区域创新:职业教育校企合作的功能分析[M].北京:社会科学文献出版社,2020.

　　64.推进产业工人队伍建设改革协调小组办公室.产业工人队伍建设改革工作文件汇编[M].北京:中国工人出版社,2020.

　　65.赵昌文,许召元,等.新工业革命背景下的中国产业升级[M].北京:北京大学出版社,2020.

　　66.陈增红,杨秀冬.职业教育产教融合人才培养模式研究[M].北京:中国社会科学出版社,2020.

　　67.尹丽波.2019—2020 新兴产业发展报告[M].北京:电子工业出版

社,2020.

68.朱永跃.新时代工匠型产业工人培养研究[M].北京:科学出版社,2021.

69.文一.伟大的中国工业革命:破解中国工业革命之谜[M].北京:清华大学出版社,2021.

70.王林生.拓展业态的边界:文化产业的转型升级与跨界融合[M].北京:中国工人出版社,2021.

71.赵晨.高质量发展背景下的工匠精神:成效、机制与启示[M].北京:北京邮电大学出版社,2021.

72.岳玲.建立现代技能体系:产业工人技能养成与规范化发展[M].北京:中国工人出版社,2021.

73.王星.走向技能社会:国家技能形成体系与产业工人技能形成[M].北京:中国工人出版社,2021.

二、期刊论文

1.路风.单位:一种特殊的社会组织形式[J].中国社会科学,1989(1):71-88.

2.王力平.论非智力心理品质与技能形成的相关性[J].职业技术教育,1997(12):44-45.

3.许震.民营企业薪酬管理误区研究[J].中国人力资源开发,2002(7):23-24.

4.李汉林,渠敬东,夏传玲,等.组织和制度变迁的社会过程——一种拟议的综合分析[J].中国社会科学,2005(1):94-108,207.

5.黄勇鹏,李志松."从新手到专家"——德莱弗斯模型在职业教育中的应用[J].中国职业技术教育,2006(14):38-39.

6.毕结礼.高技能人才培养的策略思考[J].中国职业技术教育,2006(32):22-23.

7.唐振龙.生产组织方式变革、制造业成长与竞争优势:从工厂制到温特制[J].世界经济与政治论坛,2006(3):60-65.

8.许竞.英国教育领域关于劳动者技能形成研究现状综述[J].比较教育研究,2007(12):85-89.

9.田毅鹏.单位制度变迁与集体认同的重构[J].江海学刊,2007(1):

118-124.

10.周明星,刘晓.现代职业技能的意涵、习得及其养成——基于隐性知识学习的语境[J].教育研究与实验,2008(3):53-56.

11.吴国兴.高技能人才培养的难点及其解决途径[J].教育与职业,2008(3):23-24.

12.刘玉斌.高技能人才隐性人力资本的界定与形成机理研究[J].现代财经(天津财经大学学报),2008(5):41-46.

13.王彦军,李志芳.日本劳动力技能形成模式分析[J].现代日本经济,2009(5):41-46.

14.刘冰.对我国民营企业内部激励机制发展现状的思考[J].农业经济,2009(4):92-93.

15.南亲江,刘建明,王化旭.高技能人才内涵及其培养途径的探究[J].中国职业技术教育,2009(30):68-70.

16.许竞.试论国家的技能形成体系——政治经济学视角[J].清华大学教育研究,2010,31(4):29-33.

17.赵曙明,裴宇晶.企业文化研究脉络梳理与趋势展望[J].外国经济与管理,2011,33(10):1-8,16.

18.郑耀洲,朱立和.新生代产业工人的激励研究——以Y公司生产部门为例[J].中国人力资源开发,2011(2):61-65.

19.李锦峰.国企改制过程中的国家与工人阶级:结构变迁及其文献述评[J].社会,2013,33(3):204-241.

20.孙兆阳.劳动控制与抵抗:西方劳动过程理论评述与启示[J].中国人力资源开发,2013(15):102-109.

21.张桂春,卢丽华.职普融通的教育理念与实践:基于公民素质培养的视角[J].教育科学,2014,30(5):22-26.

22.吴冰,刘志民.技能形成制度对高职产学关系的影响——基于新制度经济学的分析[J].教育发展研究,2014,34(Z1):59-66.

23.王星.技能形成的社会建构:德国学徒制现代化转型的社会学分析[J].社会,2015,35(1):184-205.

24.中国产业体系的制度结构研究课题组.建国初期的计划经济效率——基于制度变迁理论与DEA检验的经济史研究[J].当代经济科学,2015,37(5):116-123,128.

25.蔡伏虹.身份继替与劳工制度转型——基于子女接班顶替的制度文本解读[J].福建论坛(人文社会科学版),2015(9):167-173.

26.陈嵩,韩保磊.关于"现代学徒制"与"新型学徒制"的比较[J].职教论坛,2015(28):672.

27.张弛.技术技能人才职业能力形成机理分析——兼论职业能力对职业发展的作用域[J].职业技术教育,2015,36(13):8-14.

28.刘玉照.中国新产业工人技能养成难题[J].探索与争鸣,2015(8):35-37.

29.李鸿,王冰玉.布洛维劳动过程理论批判和启示[J].东北师大学报(哲学社会科学版),2015(4):88-93.

30.谈毅.工业4.0对德国二元制职业教育体系的冲击及其应对[J].职业技术教育,2015,36(1):70-74.

31.王晓晖.劳动过程的内涵及研究方法[J].山东社会科学,2016(10):176-181.

32.李玉珠.德国技能形成体系:演化、利益冲突与制度构成[J].职教论坛,2016(4):80-86,91.

33.鄢圣文.企业新型学徒制绩效评估机制研究[J].经济研究参考,2016(49):67-71.

34.唐林伟.技能熟化:意涵、过程与影响因素[J].中国职业技术教育,2016(18):18-23.

35.郭元凯.全人教育理念下新生代农民工职业教育的发展路径[J].中国职业技术教育,2016(25):50-53.

36.顾育斌.政府公共部门与企业培训体系的比较研究[J].财经问题研究,2016(S2):135-139.

37.汪亚青,许小青.生产组织方式主动演进:理论、趋势与策略[J].西部论坛,2016,26(6):22-30.

38.黄阳华.工业革命中生产组织方式变革的历史考察与展望——基于康德拉季耶夫长波的分析[J].中国人民大学学报,2016,30(3):66-77.

39.李政,苗岩伟.我国职业教育现代学徒制的发展策略——基于工厂师徒制百年变革的经验与启示[J].职教论坛,2016(31):10-16.

40.孔庆新.从三个领域的师徒关系研究探析"师徒制"[J].中国人力资源开发,2016(14):20-27.

41.董熙.差异化视角下单位员工关系管理艺术[J].领导科学,2017(25)：27-29.

42.周晶.历史进程中的中国特色学徒制改革：动因、经验与方向[J].职业技术教育,2017,38(7):25-31.

43.王迎春.如何构建高技能人才培养的校企合作长效机制[J].人民论坛·学术前沿,2017(22):126-129.

44.庄西真.技能人才成长的二维时空交融理论[J].职教论坛,2017(34)：20-25.

45.邢贞良.终身教育理念下职业学校功能拓展空间分析[J].中国职业技术教育,2017(3):37-39.

46.王静,沈亚强.企业新型学徒制之"新型"探究[J].职教通讯,2017(1)：66-69.

47.白永亮.劳务派遣的实质判定——雇佣与使用相分离的视角[J].社会科学研究,2017(6):54-60.

48.李一.德国面向工业 4.0 需求的职业能力体系构建与启示[J].职业技术教育,2017,38(34):69-73.

49.张宏亮.工业 4.0 时代技能人才职业能力结构需求变化与职业教育调适策略[J].现代教育管理,2017(10):108-112.

50.伍慧玲.产业工人队伍建设与高职意识形态教育的耦合及路径[J].求索,2017(8):98-102.

51.平和光.不断变化的技能：国际社会的行动策略——国际职业技术教育大会综述[J].职业技术教育,2017,38(21):16-22.

52.刘天宝,柴彦威.中国城市单位制度解体的表征、逻辑与过程[J].学习与探索,2017(11):45-51.

53.李军红.产业转移背景下产业工人素养评价[J].统计与决策,2018,34(8):56-58.

54.王娟.互联网企业知识型员工激励策略研究[J].技术经济与管理研究,2018(3):78-82.

55.高雪利.企业主导下的新型学徒制改革实践探索——河北省 5 市首批改革试点实证研究[J].职业技术教育,2018,39(5):22-25.

56.班小辉.从政策化到法制化：我国企业新型学徒制改革的现状与反思[J].当代青年研究,2018(6):86-93.

57.蒋丹兴,杜连森.产业工人技能形成体系的历史分析与建设对策[J].教育理论与实践,2018,38(30):23-25.

58.李俊.组织、协作关系与制度——从技能形成的不同维度透视职业教育发展[J].教育发展研究,2018,38(11):41-47,60.

59.涂伟,王若晶.历史制度主义视角下的劳动合同制度变迁[J].中国人力资源开发,2018,35(11):70-80.

60.赵文平.企业作为职业教育的学习地点:德国的经验分析与启示[J].中国职业技术教育,2018(12):82-87.

61.韩雪军,赵文平."工业4.0"视野下"职业教育4.0"的形态分析[J].职业技术教育,2018,39(28):6-11.

62.董伟,张美,王世斌,等.智能制造行业技能人才需求与培养匹配分析研究[J].高等工程教育研究,2018(6):131-138.

63.曹晔,盛子强,秦文.从工业0.0到工业4.0的职业教育演进与变革[J].中国职业技术教育,2018(25):39-45.

64.程舒通,徐从富.企业新型学徒制的研究[J].成人教育,2019,39(12):67-71.

65.任学慧.新型学徒制的实践探索[J].教育与职业,2019(10):52-55.

66.黄德桥,杜文静,李得发.企业新型学徒制视域下高职酒店管理专业技能型人才培养探索[J].中国职业技术教育,2019(14):56-60.

67.李善祥.新型学徒制在企业人力资源建设的应用与实践[J].现代国企研究,2019(12):61.

68.曾颢,勒系琳,黄丽华.新型学徒制中企业与新生代学徒的关系构建研究——基于心理契约理论的视角[J].职教论坛,2019(3):45-50.

69.喻术红,赵乾.企业新型学徒制实施中的工会定位问题[J].社会科学家,2019(4):36-45.

70.焦彦霜,陈嵩.企业新型学徒制实施的问题及方略[J].职教论坛,2019(3):40-44.

71.陈瑛,杨先明,姚晓兵.中国OFDI企业海外雇佣的劳动力技能提升:流动还是培训更起作用?[J].世界经济研究,2019(4):59-70,135.

72.宁高平,王丽娟.新时期技能人才培养培训机制研究[J].宏观经济管理,2019(8):59-67,74.

73.王琼艳.日本企业职业培训的发展现状以及对我国的启示[J].职业教

育研究,2019(11):92-96.

74. 夏晓峰,朱正伟,李茂国. 工业 4.0 及适应其价值链的工程人才培养模式关联性分析[J]. 高等工程教育研究,2019(4):96-100.

75. 陈莹. 德国职业教育对工业 4.0 的回应:提升劳动者数字能力[J]. 比较教育研究,2019,41(6):90-97.

76. 燕晓飞. 劳动生产率水平:产业工人队伍建设改革的逻辑起点[J]. 企业经济,2019,38(12):112-121.

77. 谢青松,许玲. 人工智能时代的职业技能失配:特征解析与应对策略[J]. 职业技术教育,2019,40(28):6-11.

78. 张帆. 论技能的社会规范性——基于对德雷福斯"技能模型"的反思[J]. 自然辩证法研究,2019,35(9):30-35.

79. 刘桃,李骥,刘敏,等. 可持续发展战略对企业社会责任的影响:员工技能培训的调节作用[J]. 中国人力资源开发,2019,36(5):22-33.

80. 杨子舟. 新型产业工人技能形成体系的构建研究[J]. 职业技术教育,2019,40(13):6-12.

81. 吴刚,胡斌,黄健,等. 新时期产业工人技能形成体系的国际比较研究[J]. 现代远距离教育,2019(2):52-63.

82. 杨进. 工业 4.0 对工作世界的影响和教育变革的呼唤[J]. 教育研究,2020,41(2):124-132.

83. 刘晓,刘婉昆. 构建新时代技能扶贫体系:内在逻辑、现实困境与路径选择[J]. 职教论坛,2020,36(12):15-21.

84. 耿艳丽. 产业工人技能形成的制度环境与路径优化[J]. 东岳论丛,2020,41(12):184-190.

85. 邓宏宝,李娜,顾剑锋. 产业工人工匠精神的时代内涵与培育方略——基于 31 个省或市级评选文件的分析[J]. 职教论坛,2020,36(10):75-79.

86. 刘晓,陆宇正. 新时代我国产业工人技能提升的政策寻迹与路径[J]. 现代教育管理,2020(9):97-104.

87. 王星,徐佳虹. 中国产业工人技能形成的现实境遇与路径选择[J]. 学术研究,2020(8):59-64,177.

88. 许冰冰. 职业技能提升培训:德国职业继续教育的经验与启示[J]. 成人教育,2020,40(8):90-93.

89. 黄茂勇. 社会关系网络如何形塑进城务工人员技能培训行为意

图——基于珠三角地区调查数据的实证分析[J].职业技术教育,2020,41(19):52-59.

90.陆宇正,刘晓.职业教育助推产业工人队伍建设:命题解析与行动路径[J].中国职业技术教育,2020(18):86-92,96.

91.田楠.京津冀产业转移中技术技能人才社会生态环境研究[J].中国职业技术教育,2020(13):77-88.

92.李雪,吴福象.要素迁移、技能匹配与长江经济带产业集群演化[J].现代经济探讨,2020(4):59-67.

93.李一.德国工业4.0"精益学习工厂"系统化构建与启示[J].职业技术教育,2020,41(10):68-73.

94.吴刚,邵程林,王书静,等.产业工人技能形成体系研究范式的新思考[J].现代远距离教育,2020(2):23-31.

95.何舰.论"工匠精神"与技能型产业工人队伍建设[J].青海社会科学,2020(1):199-204.

96.余祖光.发达国家技能形成制度的理论与案例分析——基于政治经济学的视角[J].教育与职业,2020(20):14-23.

97.张学英,朱轩,康璐.中国劳动者技能形成的历史逻辑及演进趋势[J].职业技术教育,2020,41(1):59-66.

98.唐林伟,黄思蕾.从"机器换人"到"人机共舞"——工业4.0进程中工程技术人才角色定位与教育形塑[J].高等工程教育研究,2020(4):75-82.

99.张苗怡,马君.培养知识型产业工人:职业高等教育人才目标的应然转向[J].教育与职业,2021(6):5-12.

100.刘金山.谁来当新时代的产业工人——产业基础高级化与产业链现代化的人才需求[J].青年探索,2021(1):69-77.

101.余玲铮,张沛康,魏下海.机器人如何影响劳动力市场雇佣关系:"技术—技能"重塑机制的解释[J].学术研究,2021(2):100-107,178.

102.韩美琳.新工业革命浪潮下我国产业转型升级的日德经验借鉴[J].当代经济研究,2021(8):70-78.

103.潘莉,俎岩.智能化进程中传统产业工人劳动困境及其突破[J].党政研究,2021(4):122-128.

104.吕建强,许艳丽.学习工厂:迈向工业4.0的技能人才培养新模式[J].电化教育研究,2021,42(7):106-113.

105. 刘霞. 欧洲技能指数构建与指标体系——兼议对我国国家技能指数构建的启示[J]. 中国职业技术教育, 2021(18): 35-39.

106. 石伟平. 稳步发展职业本科教育助推技能社会建设[J]. 国家教育行政学院学报, 2021(5): 42-44.

107. 张弛, 赵良伟, 张磊. 技能社会: 技能形成体系的社会化建构路径[J]. 职业技术教育, 2021, 42(13): 6-11.

108. 李政, 刘宁. 我国终身职业教育与技能培训制度构建: 一个嵌入性视角的分析[J]. 职业技术教育, 2021, 42(13): 32-37.

109. 张青, 刁哲军, 孙青. 职业院校全面开展职业培训: 时代价值、现实困境及推进策略[J]. 职业技术教育, 2021, 42(13): 38-44.

三、外文文献

1. Adams J A. A Closed-loop Theory of Motor Learning [J]. Journal of Motor Behavior, 1971(3): 125-130.

2. Harry B. Labor and Monopoly Capital: The Degradation of Work in the Twentieth Century[M]. New York: Monthly Review Press, 1974: 53.

3. Michael B. The Politics of Production: Factory Regimes under Capitalism and Socialism[M]. Thetford: The Thetford Press Ltd, 1985: 205-237.

4. Dreyfus S E, Dreyfus H L. A Five-stage Model of the Mental Activities Involved in Directed Skill Acquisition[M]. New York: The Free Press, 1986: 89.

5. Friedman A. Managerial Strategies, Activities, Techniques and Technology: Towards a Complex Theory of the Labour Process[M]. London: The Macmillan Press, 1990: 186-189.

6. Tampoe M, MD Iii. Managing the innovation process: matching project management style to project objectives[J]. International Journal of Project Management, 1992(5): 70-74.

7. Thelen K, Steinmo S. Historical Institutionalism in Comparative Politics[M]. Cambridge: Cambridge University Press, 1992: 9.

8. Hall P, Taylor R. Ploitical Science and the Three New Institutionalisms [J]. Political Studies, 1996(4): 936-957.

9. Johnson N C. Sandwich Placements in Law: Academic Tourism or a

Form of Clinical Legal Education? [J]. Current Legal Issues in Association, 1998(2):13-27.

10. Ashton D N, Felstead A. Organisational Characteristics and skill formation in Britain:Is there a link? [J]. Centre for Labour Market Studies, 1998(2-3):393-403.

11. Brown P. Globalization and the Political Economy of High Skills[J]. Journal of Education and work,1999(3):233-251.

12. Shibata H. A Comparison of American and Japanese Work Practices: Skill Formation, Communications, and Conflict Resolution [J]. Industrial Relations,1999,38(2):192-214.

13. Cates C, Jones P. Learning Outcomes: The Educational Value of Cooperative Education[M]. Columbia:Cooperative Education Association,1999.

14. David S. "Divergent Production Regime:Coordinated and Uncoordinated Market Economies in the 1980s and 1990s", in Kitschelt, Marks and Stephens, Continuity and Change in Contemporary Capitalism[M]. New York:Cambridge University Press,1999:101-102.

15. AshtonD N, Green F, James D, et al. Education and Training for Development in East Asia: The Political Economy of Skill Formation in Newly Industrialised Economies[M]. London:Routledge,1999:359.

16. Ashton D,Sung J,Turbin J. Towards A Framework For the Comparative Analysis of National Systems of Skill Formation[J]. International Journal of Training and Development,2000,4(1):8-25.

17. Brown J E,Butow P N,Culjak G, et al. Vocational Education and Training,Skill Formation and the Labour Market:Overview of the Major Contemporary Studies[J]. Nsw Board of Vocational Education & Training, 2000,83(11)::1448-1453.

18. Brown P,Green A,Lauder H. High Skills:Globalization,Competitiveness, and Skill Formation[M]. Oxford:Oxford University Press,2001:247-261.

19. Hall P A, Soskice D. Varieties of Capitalism: The Institutional Foundations of Comparative Advantage [M]. Oxford: Oxford University Press,2001:78-130.

20. Gorges M J. New Institutionalist Explanations for Institutional Change:A

Note of Caution[J]. Ploitics,2001,21(2):137-145.

21. Pierson P, Skocpol T. Historical Institutionalism in Contemporary Political Science [J]. Political science: the state of the discipline, 2002: 693-721.

22. Rauner F. Berufliche Kompetenzentwicklung-vom Novizen zum Experten [J]. Verlag sigma. 2002(5):120-123.

23. Ashton D, Green F, Sung J, et al. The Evolution of Education and Training Strategies in Singapore, Taiwan and S. Korea: A Development Model of Skill Formation[J]. Journal of Education and Work, 2002(15): 5-30.

24. Mitra A. Training and Skill Formation for Decent Work in the Informal Sector:Case Studies from South India[J]. Technical & Vocational Education & Training Issues Concerns & Prospects,2002(2):155-182.

25. Mahoney J,Dietrich R. Comparative Historical Analysis in the Social Sciences[M]. Cambridge:Cambridge University Press,2003.

26. Jamie G. Work, Locality and the Rhythms of Capital: the Labour Process Reconsidered, Continuum [M]. Brighton: Harvester Press, 2003: 101-150.

27. Pierson P. Polities in Time:History,Institutions,and Social Analysis [M]. Princeton:Princeton University Press,2004.

28. Nijhof W J. Lifelong Learning as a European Skill Formation Policy [J]. Human Resource Development Review,2005,4(4):401-417.

29. Williams M L,Mcdaniel M A,Nguyen N T. A Meta-analysis of the Antecedents and Consequences of Pay Level Satisfaction [J]. Journal of Applied Psychology,2006,91(2):392-413.

30. Brixiova Z, Li W, Yousef T. Skill Shortages and Labor Market Outcomes in Central Europe[J]. Economic Systems,2009,33(1):45-59.

31. Mccormick K. Career Paths, Technological Obsolescence and Skill Formation:R&D Staff in Britain and Japan[J]. R & D Management,2010,25 (2):197-211.

32. Fazekas M. Postsekundaere Berufsbildung in Deutschland [M]. Paris: OECD Publishing,2013:45-51.

33. Yeravdekar V R, Tiwari G. Internationalization of Higher Education and its Impact on Enhancing Corporate Competitiveness and Comparative Skill Formation[J]. Procedia-Social and Behavioral Sciences, 2014, 157(4): 203-209.

34. Baethge M, Wolter A. The German Skill Formation Model in Transition: from Dual System of VET to Higher Education? [J]. Journal for Labour Market Research, 2015, 48(2): 97-112.

35. Gessler M, Howe F. From the Reality of Work to Grounded Work-Based Learning in German Vocational Education and Training: Background, Concept and Tools[J]. International Journal for Research in Vocational Education and Training, 2015(3): 214-238.

36. Durazzi N, Benassi C. Going Up-Skill: Exploring the Transformation of the German Skill Formation System[J]. German Politics, 2018: 1-20.

37. Adenuga O T, K Mpofu, Boitumelo R I. Energy Efficiency Analysis Modelling System for Manufacturing in the Context of Industry 4. 0[J]. Procedia CIRP, 2019(80): 735-740.

38. Achtenhagen C, Achtenhagen L. The Impact of Digital Technologies on Vocational Education and Training Needs: An Exploratory Study in the German Food Industry[J]. Education and Training, 2019, 61(2): 222-233.

39. Seo Y, Lee S. A Study on the Relationship between Wage Effects by Participation in Workers' Skill Formation and Roles of Firms and Trade Unions[J]. Productivity Review, 2020, 34(4): 113-148.

40. Mitra S, Gupta K. Fragmentation, Skill Formation and International Capital Mobility[J]. The Singapore Economic Review (SER), 2020, 65(2): 335-350.

41. Liu-Farrer G, Shire K. Who are the Fittest? The Question of Skills in National Employment Systems in an Age of Global Labour Mobility[J]. Journal of Ethnic and Migration Studies, 2020, 47(17): 1-18.

42. Lekan A, Clinton A, Fayomi O, et al. Lean Thinking and Industrial 4. 0 Approach to Achieving Construction 4. 0 for Industrialization and Technological Development[J]. Buildings, 2020, 12(10): 221.

43. Bonoli G, Emmenegger P. The Limits of Decentralized Cooperation:

Promoting Inclusiveness in Collective Skill Formation Systems？[J]. Journal of European Public Policy,2020(4):1-19.

44. Sjlie E,Strmme A,Boks-Vlemmix J. Team-skills Training and Real-Time Facilitation as a Means for Developing Student Teachers' Learning of Collaboration[J]. Teaching and Teacher Education,2021,107(4).

45. Almazova N,Sheredekina O,Odinokaya M,et al. The Educational Technology of Monological Speaking Skills Formation of Future Lawyers [J]. Education Sciences,2021,11(7):330.

46. Graf L. How Country Size Matters for Institutional Change:Comparing Skill Formation Policies in Germany and Switzerland [J]. Comparative Education,2021(4):1-22.

47. Edinak E A. Estimation of Total Labor Costs in the Russian Economy Taking Into Account the Qualification Level of Employees[J]. Studies on Russian Economic Development,2021,32(1):59-67.

后　记

产业工人队伍是支撑中国制造、中国创造的重要力量。党的十八大以来，以习近平同志为核心的党中央高度重视产业工人队伍的建设，多次就产业工人队伍工作作重要部署，提出"造就一支有理想守信念、懂技术会创新、敢担当讲奉献的宏大产业工人队伍"。近年来，随着我国新工业革命进程的加快，产业转型升级不断深化，传统制造业转型迸发新活力，新职业大量涌现，新就业岗位需求量不断增大。因此进一步完善产业工人技能匹配，提升其技术技能水平，建设一支数量充足、技能精湛、素质优良的高素质技能人才队伍，推动"技能中国"建设，加快构建技能型社会教育体系具有重要意义。

本书以新工业革命引发的制造业相关领域变化作为影响劳动力市场的背景和变量，通过建立理论模型和基于国民经济整体和制造业的实证分析，探究劳动力就业在产业升级中受到的影响和变化情况，从而得出新工业革命下我国产业工人技能匹配的策略选择、劳动力市场运行的完善机制以及技术技能人才技能促进的策略，以期为我国加快产业工人队伍建设提供理论借鉴与实践指导。

本书作为国家社会科学基金教育学青年课题"新工业革命下我国产业工人技能匹配与提升策略研究"（课题编号：CJA170260）结题成果，同时得到了浙江工业大学人文社科后期资助项目基金支持。本书由浙江工业大学教育科学与技术学院刘晓教授主持并总体设计，汇集了苏州大学、江西科技师范大学、金华职业技术学院、浙江旅游职业学院、浙江交通职业技术学院、浙江建设职业技术学院以及浙江工业大学等单位一批优秀中青年学者，历时两年协同研究完成。全书各章既有整体逻辑，又各自相对独立。具体分工、写作情况如下：代序，刘晓；第一章，刘晓；第二章，徐珍珍、刘晓；第三章，刘婉昆、刘晓；第四章，刘晓宁、刘晓；第五章，邢菲、张佩佩；第六章，潘天君、欧阳忠明；第七章，刘晓；第八章，刘晓、钱鉴楠。全书最后由刘晓统稿并最终定稿，钱鉴楠、刘铭心、王露莹、王海英等几位研究生对全书的统稿和校对也做出了贡献。

　　本书得以顺利完成，也要感谢浙江工业大学教育科学与技术学院的领导及我的学科组同事和研究生们，他们或参与课题研讨，或提供前沿资料，或帮助介绍调研，或收集文献、整理资料，都付出了辛勤的劳动。与此同时，本书在撰写过程中，教育部职业教育与成人教育司、教育部职业技术教育中心研究所、浙江省教育厅、浙江省人社厅等多位领导以及十余所职业院校的同仁都对本书的写作提供了热情的指导和帮助，并提供了多次的调研机会和案例素材。在此向他们表示由衷的感谢！对于本书的出版，浙江大学出版社陈佩钰女士给予了热情的关心和支持，特别是她精益求精的工作态度，令我们受益匪浅，在此向她表示敬意！最后，本书在撰写过程中参考和引用了国内外专家、研究者的有关著作、论文和科研成果，因篇幅有限，书中未能一一说明，在此表示诚挚的感谢！

　　由于著者研究水平有限，书中难免存有疏漏和不妥之处，恳请专家、研究者、同仁和广大读者批评指正！

图书在版编目（CIP）数据

从"学历社会"走向"技能社会"：新工业革命下
的产业工人技能匹配与提升策略 / 刘晓等著. —杭州：
浙江大学出版社，2022.10(2024.5 重印)
　ISBN 978-7-308-22874-9

　Ⅰ.①从… Ⅱ.①刘… Ⅲ.①产业工人—人才培养—
研究—中国 Ⅳ.①C961

　中国版本图书馆 CIP 数据核字(2022)第 141703 号

从"学历社会"走向"技能社会"

新工业革命下的产业工人技能匹配与提升策略

刘　晓　等著

责任编辑	陈佩钰(yukin_chen@zju.edu.cn)
文字编辑	周　靓
责任校对	许艺涛
封面设计	雷建军
出版发行	浙江大学出版社
	（杭州市天目山路 148 号　邮政编码 310007）
	（网址：http://www.zjupress.com）
排　　版	杭州青翊图文设计有限公司
印　　刷	杭州钱江彩色印务有限公司
开　　本	710mm×1000mm　1/16
印　　张	24.75
字　　数	458 千
版 印 次	2022 年 10 月第 1 版　2024 年 5 月第 2 次印刷
书　　号	ISBN 978-7-308-22874-9
定　　价	98.00 元